Lohngleichheit durch Verfahren

Internationalrechtliche Studien

Beiträge zum Internationalen Privatrecht, zum Einheitsrecht und zur Rechtsvergleichung

Herausgegeben von Ulrich Magnus

Band 13

PETER LANG
Frankfurt am Main · Berlin · Bern · Bruxelles · New York · Oxford · Wien

Stephanie Scholz

Lohngleichheit durch Verfahren

Eine Studie zur Förderung der Lohngleichheit durch verfahrensrechtliche Ansätze

PETER LANG
Europäischer Verlag der Wissenschaften

Die Deutsche Bibliothek - CIP-Einheitsaufnahme

Scholz, Stephanie:

Lohngleichheit durch Verfahren : eine Studie zur Förderung der Lohngleichheit durch verfahrensrechtliche Ansätze / Stephanie Scholz. - Frankfurt am Main ; Berlin ; Bern ; Bruxelles ; New York ; Oxford ; Wien : Lang, 2000
(Internationalrechtliche Studien ; Bd. 13)
Zugl.: Hamburg, Univ., Diss., 1999
ISBN 3-631-36098-3

D 18
ISSN 0947-0395
ISBN 3-631-36098-3

Meiner Mutter

Constanze Curtius

VORWORT

Einen Beitrag auf dem Weg zur Gleichstellung der Frauen zu leisten, ist Anliegen dieser Arbeit.
Die Arbeit wurde im Wintersemester 1998/99 abgeschlossen und im Wintersemester 1999/2000 von der Rechtswissenschaftlichen Fakultät der Universität Hamburg als Dissertation angenommen.
Meinen ganz besonderen Dank möchte ich an erster Stelle meiner Doktormutter und Erstgutachterin Frau Professor Dr. Heide M. Pfarr aussprechen, die das Projekt über insgesamt fünf Jahre begleitet hat. Ihr großes Engagement gegenüber der frauenspezifischen Themenstellung, viele hilfreiche Anregungen und Weichenstellungen und ihre nachhaltige Hilfsbereitschaft haben entscheidend mit zum Gelingen der Arbeit beigetragen.
Genauso herzlich bedanken möchte ich mich bei Herrn Professor Dr. Armin Höland, der das Zweitgutachten übernommen hat.
Die fünf Jahre überdauert hat auch mein Ehemann Christoph Wich, dem ich für seine immerwährenden juristischen und menschlichen Hilfen unendlichen Dank schulde.
Erwähnen möchte ich noch die Freundinnen, Freunde und Verwandte, die das Manuskript gelesen haben, und deren kritische Anmerkungen mich alle weitergebracht haben:
Jörg Kruttschnitt, Annette Leeb, Monika Wengerzink, meine Brüder Joachim und Friedrich Curtius sowie meine Mutter Constanze Curtius.

Leipzig, im März 2000 Stephanie Scholz

Inhaltsverzeichnis

1 Einleitung

1.1 Einführung

1.1.1 Gleichberechtigungsdefizit und Lohnungleichheit

Die Beteiligung der Frauen an der Erwerbsarbeit hat sich in diesem Jahrhundert und gerade in den vergangenen 30 Jahren stark verändert[1]. Die Frauenerwerbstätigkeit nimmt kontinuierlich zu, insbesondere die Erwerbsbeteiligung verheirateter, mittelalter Frauen, das heißt von Frauen zwischen 30 und 50 Jahren[2]. Eine besondere Rolle nimmt das Erwerbsverhalten der Frauen in der ehemaligen DDR ein, wo es für Frauen üblich und aus wirtschaftlichen Gründen erforderlich war zu arbeiten. Die Erwerbsbeteiligung der Frauen auch in der sogenannten Familienphase war besonders hoch[3]. Dieser Trend zur Erwerbstätigkeit der Frauen in den neuen Bundesländern ist auch nach der Wende nicht verloren gegangen, wenngleich seitdem viele Frauen arbeitslos geworden sind, und ihr Wunsch zur eigenen Berufstätigkeit nur den Arbeitslosenstatistiken zu entnehmen ist.

Trotz des geänderten Erwerbsverhaltens der Frauen bestehen nach wie vor Unterschiede zwischen der Erwerbstätigkeit von Frauen und der von Männern. Die Rechtswirklichkeit des Arbeitslebens wird insofern von einem Gleichberechtigungsdefizit[4] der Frauen gegenüber den Männern geprägt.

Dieses Defizit ist in verschiedenen Bereichen des Erwerbslebens erkennbar und spürbar. Zu ihnen gehören insbesondere der Zugang zu einer Beschäftigung, die Möglichkeiten des beruflichen Aufstiegs, die Entlohnung und die Entlassung. In sämtlichen Bereichen des Erwerbslebens sind Frauen nach wie vor unterrepräsentiert, beziehungsweise werden gegenüber Männern benachteiligt und vor allen Dingen schlechter entlohnt.

Ein Bereich, in dem das Defizit der tatsächlichen Durchsetzung der Gleichberechtigung besonders deutlich hervortritt und auch besonders klar meßbar ist, ist die ungleiche Entlohnung. Eine Benachteiligung im Bereich der Entlohnung liegt vor, wenn Frauen bei gleicher oder gleichwertiger Arbeit weniger verdienen als Männer. Diese Definition erfaßt jedoch nur den Normalfall der geschlechtsspezifischen Einkommensunterschiede[5]. So gibt es beispielsweise im öffentlichen Dienst keine Diskriminierung im Bereich der Entlohnung durch unterschiedliche Bezahlung auf gleichen Stellen. Dennoch ist die effektive Lohngleichheit hier begrenzt durch eine Stellenbesetzungspraxis, die Frauen benachteiligt. Soweit diesbezüglich keine Arbeitsplatzgleichheit für Frauen hergestellt wird, besteht auch in diesem Sektor keine Möglichkeit für Lohngleichheit von Männern und Frauen.

---

[1] S. hierzu ausführliche Darstellung im folgenden Kapitel.

[2] Vgl. Raasch: Frauenquoten und Männerrechte, S. 25; Sacksofsky: Das Grundrecht auf Gleichberechtigung, S. 157.

[3] S. unten Kap. 2.1.2, sowie unten Kap. 2.3.8.

[4] Vom tatsächlichen Gleichberechtigungsdefizit sprechen auch: Benda: Notwendigkeit und Möglichkeit positiver Aktionen zugunsten von Frauen im öffentlichen Dienst, S. 9; Schmitt Glaeser: Abbau des tatsächlichen Gleichberechtigungsdefizits der Frauen durch gesetzliche Quotenregelungen, S. 9; Pfarr: Quoten, S. 122 ff.; Schlachter: Wege, S. 11; Sacksofsky: Das Grundrecht auf Gleichberechtigung, S. 157.

[5] Weiler: Lohngerechtigkeit durch Lohntechnik, in: Winter (Hg.): Frauen verdienen mehr, S. 61. Sie spricht sich dafür aus, Frauenlohndiskriminierung als den im Lohn quantifizierbaren Ausdruck der gesellschaftlichen Unterordnung der Frauen im Vergleich zu den Männern zu bezeichnen. Konsequenz dieser These ist es, daß allein durch gesetzliche oder tarifvertragliche Regelungen diese Diskriminierungen sich nicht beseitigen lassen.

1.1.2 Art. 3 Abs. 2 GG als Auftrag zur Durchsetzung der Gleichberechtigung

Nachdem bereits grundgesetzlich in Art. 3 Abs. 2 festgelegt ist, „Männer und Frauen sind gleichberechtigt", sollte es ein Anliegen des Staates und der Gesellschaft sein, die tatsächliche Gleichberechtigung der Frauen zu erreichen und vorhandene Mißstände zu beseitigen[6]. Dieses Verständnis von Art. 3 Abs. 2 GG war jedoch keineswegs von Anfang an selbstverständlich, vielmehr haben in den vergangenen Jahrzehnten seit Inkrafttreten des Grundgesetzes die öffentliche und die juristische Diskussion verschiedene Phasen im Hinblick auf das Verständnis von Gleichberechtigung der Frauen durchlaufen.

In den Anfangsjahren der Bundesrepublik ging es vor allem darum, diskriminierende Regelungen, die direkt an das Merkmal „Geschlecht" anknüpften, aus vorhandenen Gesetzen und Tarifverträgen zu entfernen, und damit die Herstellung formeller Gleichberechtigung zu erreichen. Nachdem diese Phase abgeschlossen und die formale Gleichstellung der Frauen weitgehend hergestellt war, mußte jedoch festgestellt werden, daß dennoch die Frauen in zahlreichen Bereichen des Erwerbslebens den Männern nicht gleichgestellt sind.

Es setzte eine neue Diskussion Ende der siebziger, Anfang der achtziger Jahre ein, die sich mit der Frage beschäftigte, ob vom Grundgesetz auch die Herstellung tatsächlicher Gleichberechtigung gewollt sei, und wenn ja, auf welche Weise diese zu erreichen sei[7].

Mittlerweile hat sich sowohl beim Bundesverfassungsgericht[8] als auch in der weit überwiegenden Mehrheit der Literatur die Meinung durchgesetzt, daß Art. 3 Abs. 2 GG auch einen Auftrag zur Herstellung tatsächlicher Gleichberechtigung mit enthalte[9].

Schließlich wurde 1994 das Grundgesetz geändert und Art. 3 Abs. 2 um seinen Satz 2 ergänzt, welcher lautet:

„Der Staat fördert die tatsächliche Durchsetzung der Gleichberechtigung von Frauen und Männern und wirkt auf die Beseitigung bestehender Nachteile hin"[10].

---

[6] BVerfGE 85, 191 v. 28.01.1992 (Entscheidung zum Nachtarbeitsverbot v. Frauen); NZA 1992, S. 270.

[7] Zur Interpretation von Art 3 Abs. 2 GG durch das Bundesverfassungsgericht, s. Sacksofsky: Das Grundrecht auf Gleichberechtigung, S. 91-94, Literaturmeinungen: Schmitt Glaeser: Abbau des tatsächlichen Gleichberechtigungsdefizits der Frauen durch gesetzliche Quotenregelungen, S. 9; Benda: Notwendigkeit und Möglichkeit positiver Aktionen zugunsten von Frauen im öffentlichen Dienst, S. 9 ff,, Friauf: Gleichberechtigung der Frau als Verfassungsauftrag, S. 9; Pfarr: Quoten und Grundgesetz, S. 122 .

[8] BVerfGE 85, 191, 208 ff.

[9] Sacksofsky: Das Grundrecht auf Gleichberechtigung, S. 381-418 zur diesbezüglichen Entwicklung in Deutschland zwischen 1991 und 1996.

[10] Gesetz zur Durchsetzung der Gleichberechtigung von Frauen und Männern (2. GleiBG), BGBl. I S. 3146, Gesetz zur Änderung des Grundgesetzes vom 27.10.1994.

1.2 Materiellrechtliche Lösungsansätze zur Durchsetzung der Gleichberechtigung

Zur Lösung der Frage, wie die Herstellung tatsächlicher Gleichberechtigung, insbesondere Lohngleichheit, zu erreichen sei, gibt es viele Lösungsansätze. Hier seien zunächst die Quotenregelungen[11], die Analyse von Tarifverträgen und die gesellschaftlich-strukturellen Ansätze genannt.

Solche Ansätze befassen sich mit Fragen zur Verbesserung der materiellen Rechtslage zur Herstellung tatsächlicher Gleichberechtigung der Frauen. All diese Ansätze verfolgen die Idee, daß Gleichberechtigung von Frauen und Männern im Berufsleben ein Gleichgewicht von Frauen und Männern im beruflichen Alltag beinhalten soll. Dieses zu erstrebende Gleichgewicht setzt aber voraus, daß Frauen wie Männer sowohl beim Zugang zu den verschiedenen Tätigkeiten gleiche Chancen haben sollen, als auch im Berufsverlauf selbst innerhalb der beruflichen Hierarchie mit gleichermaßen viel Verantwortung und Einfluß bedacht werden wie Männer (sogenannte vertikale Gleichberechtigung). Unbedingt zu diesem Problemkreis gehört die Forderung von benachteiligungsfreien Entlohnungen.

1.2.1 Quotenregelungen

Die Diskussion geht derzeit in materieller Hinsicht in die Richtung, daß Gleichberechtigung von selbst nicht zu erreichen sei, das heißt, sich von selbst nicht einstelle und daher im Wege der Bereitstellung materieller Rechtsgrundlagen - wie eben durch Quoten - so lange auf die Verteilung Einfluß genommen werden müsse, bis ein Gleichgewicht der Geschlechter erreicht sei. Erst dann wären Frauen auch in der Lage, ihre eigenen Interessen tatsächlich angemessen zu vertreten. Unabhängig davon, in welcher Form Quoten existieren, können sie jedoch allenfalls mittelbar zu gerechteren Löhnen beitragen. Mittelbar deswegen, weil durch eine paritätischere Arbeitsplatzverteilung Frauen auch mehr Gewicht beim Aushandeln von Löhnen haben könnten, und so gegebenenfalls auch auf eine andere Bewertung typischer Frauenarbeitsplätze oder auf andere, ähnliche Ziele hinwirken könnten. Außerdem könnten Frauen, wenn sie stärker in höheren Positionen vertreten wären, in diesen Positionen auch mehr verdienen. Im öffentlichen Dienst, in dem Lohndiskriminierung nur in Form von Benachteiligungen bei der Besetzung von Arbeitsplätzen vorkommen kann, könnte die konsequente Befolgung von Quoten allmählich zu einer Verbesserung des Einkommensgefälles zwischen Frauen und Männern beitragen.

Die Quotendiskussion wird nach wie vor sehr emotional geführt, viele Meinungen bleiben wenig verbindlich, Landesgleichstellungsgesetze und insbesondere auch das zweite Gleichberechtigungsgesetz des Bundes[12], die sich mit der Einführung von Quoten befassen, sind meist

---

[11] Aus der Fülle der Veröffentlichungen zur Diskussion der Quoten s.: Colneric: Quotenregelungen zur Frauenförderung, PersR 1994, S. 45-47; Degen: Frauenförderung und Verfassungsrecht, PersR 1991, S. 205-207; Fisahn: Rechtmäßigkeit von >>Quotenregelungen<< nach Änderung des Art. 3 Abs. 2 GG, Neue Justiz 1995, S. 352-356; Fuchsloch/Weber: Geschlechterquoten im öffentlichen Dienst, ArbuR 1994, S. 409-416; König: Die Grundgesetzänderung in Art. 3 Abs. 2, DÖV 1995, S. 837-846; Pfarr: Quoten und Grundgesetz; Raasch: Frauenquoten und Männerrechte; Sachs: Grenzen des Diskriminierungsverbots, sowie ders.: Die Quotenregelung und der Rentenalterbeschluß des BVerfG, NVwZ 1991, S. 437-442; Schlachter: Wege zur Gleichberechtigung, S. 56; Slupik: Die Entscheidung des Grundgesetzes für Parität im Geschlechterverhältnis, S. 119.

[12] Vom 24.06.1994, BGBl. I S. 1406.

wenig hilfreich, sei es, daß sie sich im Empfehlungscharakter ohne feste Zielvorgaben erschöpfen, sei es, daß sie zwar die Aufstellung von Frauenförderplänen mit verbindlichen Zielvorgaben vorsehen - so etwa § 4 Abs. 1 FFG, der durch das Zweite GleiBG neu eingeführt wurde -, aber bei Nichteinhaltung nicht mit wirkungsvollen Sanktionsmöglichkeiten ausgestattet sind[13]. Zum Quotenansatz ist darüber hinaus insgesamt zu bemerken, daß er bislang nur den öffentlichen Dienst betrifft. Der große Bereich der Privatwirtschaft bleibt hiervon unberührt.

1.2.2 Diskriminierung in Tarifverträgen

Ein anderer - materiellrechtlich ausgerichteter - Ansatz konzentriert sich für die Verwirklichung des Zieles gerechterer Entlohnungen für Frauen etwa auf die Beseitigung von Diskriminierungen in Tarifverträgen[14]. Geht man davon aus, daß in Deutschland der weit überwiegende Teil von Lohnregelungen in Tarifverträgen - und nicht etwa speziellen Gesetzen - geregelt ist, so verspricht ein Ansatz, der für diesen Bereich die Verwirklichung von tatsächlicher Lohngleichheit verfolgt, weite Bereiche von Lohnungleichheit zu erfassen. Es geht bei diesem Ansatz darum, Diskriminierungen als solche zu erkennen, zu benennen und in diesem Zusammenhang nach neuen, diskriminierungsfreien Arbeitsbewertungsmethoden zu suchen, die eine gerechtere Beurteilung zugunsten der Arbeitnehmerinnen beinhalten[15].

1.2.3 Gesellschaftlich-strukturelle Ansätze

Ein weiterer - letztlich ebenfalls materiellrechtlich orientierter - Ansatz ließe sich als gesellschaftlich-strukturell bezeichnen:
Statt nach einzelnen materiellrechtlichen Verbesserungsmöglichkeiten zu suchen, ist es grundsätzlich nämlich auch denkbar, das gesamte Lohngefüge als solches in Frage zu stellen, und auf lohnpolitischer Ebene eine Verbesserung zugunsten der Frauen herbeizuführen. Ein solcher Ansatz begreift das Frauenlohnproblem als ein strukturelles und begnügt sich nicht damit, auf dem Boden des bestehenden Systems nach vereinzelten Verbesserungen zu suchen, sondern hält jegliche Veränderungsmaßnahmen in diesem Zusammenhang für Maßnahmen kosmetischer Natur, die lediglich dazu dienen, die bestehenden Lohndifferenzen zwischen Frauen und Männern weiter zu etablieren, und sie nicht zu beseitigen[16].

Denkbar sind freilich verschiedene Ansätze zur Beseitigung von Frauendiskriminierungen und insbesondere Frauenlohnbenachteiligungen. Wie bei vielen anderen Problemen stellt sich jedoch die Frage, ob Veränderungen lediglich dann möglich sind, wenn das gesellschaftliche Bewußtsein dafür vorhanden ist, oder ob Veränderungen auch aufgrund von Gesetzen bewirkt werden können, die aufgrund ihrer Umsetzung erst allmählich zu einer Veränderung des gesellschaftlichen Bewußtseins beitragen.

---

[13] S. unten Kap. 4.1.
[14] Winter: Entgeltgleichheit in Tarifverträgen - Ein uneingelöster Rechtsanspruch, in: Winter (Hg.) Frauen verdienen mehr, S. 133-161; Feldhoff: Der Anspruch auf gleichen Lohn für gleichwertige Arbeit.
[15] Dieser Aspekt wird meist unter dem Stichwort der „Gleichwertigkeit“ von Arbeit behandelt. S. hierzu im einzelnen unten, Kap. 3.4.4.
[16] So Weiler in: Lang/Richter (Hg.): Geschlechterverhältnisse - schlechte Verhältnisse, S. 134, 135.

1.3 Verfahrensrechtliche Lösungsansätze zur Durchsetzung der Gleichberechtigung

Materiellrechtliche Ansätze sind sicherlich wichtig und erforderlich zur Bekämpfung des Gleichberechtigungsdefizits. Die vorliegende Arbeit möchte sich der Problematik des Gleichberechtigungsdefizites jedoch unter einem anderen Gesichtspunkt nähern: dem des Verfahrensrechts. Sie fragt damit nicht nach dem Bestehen von Anspruchsgrundlagen, sondern nach ihrer Durchsetzbarkeit; nicht, welche Rechte Frauen zustehen, sondern wie Frauen ihre Rechte durchsetzen können. Dabei soll das Gleichberechtigungsdefizit auf den besonders wichtigen Bereich der Lohnungleichheit konkretisiert werden.

Ziel dieser Arbeit ist es somit, die bestehende Situation im Entgeltbereich zu beleuchten und dabei nach Mitteln einer effektiveren verfahrensrechtlichen Verwirklichung des Gleichlohngebotes zu suchen.

Keineswegs soll mit einem solchen Ansatz die Qualität vorhandener Quotierungsgesetze oder Frauenförderprogramme bezweifelt werden. Vielmehr soll in Ergänzung zu den existierenden materiellen Regelungen nach effektiveren prozessualen Möglichkeiten gesucht werden, um die Gleichberechtigung der Frauen im Erwerbsleben durchzusetzen, also den bestehenden materiellen Regelungen verfahrensrechtlich besser zu ihrer Verwirklichung zu verhelfen.

1.3.1 Arbeitnehmerinnen als Gruppe und gruppenbezogene Verfahrensrechte

Frauen stellen oft in bezug auf die Arbeitsplätze, die sie besetzen, auf ihre Bewertung, sowie in bezug auf die Festschreibung von Einkommenspositionen eine Gruppe dar. Die Zugehörigkeit zu einer Gruppe ist ihnen jedoch aufgrund der Integration in eine differenzierte Sozialstruktur nicht erkennbar, und sie sind dadurch als Gruppe gar nicht aktionsfähig. Auf der anderen Seite sind sie aber gerade als Gruppe besonders schutzbedürftig[17].
Daß ein Bedürfnis nach verbesserten prozessualen Durchsetzungsmöglichkeiten besteht, hängt mit der spezifischen Schutzbedürftigkeit der Gruppe der Arbeitnehmerinnen zusammen.
Für die Gruppe der Arbeitnehmerschaft allgemein - nicht begrenzt auf die Arbeitnehmerinnen - bezeichnet das Bundesverfassungsgericht[18] als eine der Schwierigkeiten des Arbeitsgerichtsprozesses ihre strukturelle Unterlegenheit. Gerade der gestörten Parität im Einzelarbeitsvertrag verdankt der Tarifvertrag seine Existenz[19]. Der spezifischen Schutzbedürftigkeit der Arbeitnehmerschaft allgemein ist im geltenden Recht durch eine Reihe von Gesetzen wie dem Kündigungsschutzgesetz, Unfallverhütungsvorschriften, dem Mutterschutzgesetz, der Regelungen bezüglich der Entgeltfortzahlung im Krankheitsfall Rechnung getragen[20].

---

[17] Vgl. Weiler in Winter (Hg.): Frauen verdienen mehr, S. 61.

[18] BVerfG Beschluß v. 26.06.1991 - 1 BvR 779/85 - BVerGE 84, S. 212, 229.

[19] BVerfG a.a.O.

[20] Däubler: Kollektive Durchsetzung individueller Rechte, S. 307, zählt unter dem Aspekt des Bedürfnisses von kollektiver Durchsetzung der Arbeitnehmerrechte aus dem Tarifvertrag sowie sonstiger Rechte eine Reihe von Gründen auf, die die spezifischen Zugangsprobleme der Arbeitnehmer zu den Arbeitsgerichten erläutern. Hierzu zählt, daß die Arbeitnehmer ihre Rechte im einzelnen entweder gar nicht kennen, oder nicht wissen, ob sie dagegen etwas unternehmen können, oder Zeit- und Kostenaufwand scheuen.

1.3.1.1 Spezielle Schutzbedürftigkeit der Arbeitnehmerinnen

Für die Gruppe der Arbeitnehmerinnen bestehen spezifische soziale Hindernisse, einen Arbeitsgerichtsprozeß zu führen[21]: Sie befürchten, als illoyal oder gar als Außenseiterinnen zu gelten, wenn sie einen innerbetrieblichen Konflikt vor das Arbeitsgericht bringen[22]. Bei den Arbeitnehmerinnen besteht gewissermaßen sogar eine doppelte Illoyalität bei einer gerichtlichen Auseinandersetzung einerseits ihrem Arbeitgeber und andererseits ihren männlichen Kollegen gegenüber. Denn die männlichen Kollegen, die mehr verdienen, und die die besseren Stellen besetzen[23], sind in erster Linie Konkurrenten und werden von einem arbeitsgerichtlichen Prozeß auch betroffen: sie müssen befürchten, in Zukunft weniger zu verdienen, und die umstrittenen Posten mit ihren Kolleginnen teilen zu müssen[24].

Weitere, bei Frauen typischerweise anzutreffende Schwierigkeiten kommen hinzu:
Erwerbstätige Frauen üben oft unqualifizierte Tätigkeiten aus, die ohne große Bedeutung für den Arbeitgeber sind. Das heißt, sie werden als Arbeitskräfte ohnehin nicht sehr ernst genommen, sie haben keine Machtstellung gegenüber dem Arbeitgeber. Für den Fall einer Klage müssen sie befürchten, bei nächster Gelegenheit ihren Arbeitsplatz zu verlieren[25].
Frauen sind längst nicht so zahlreich gewerkschaftlich organisiert wie Männer. Daher können sie keinen Druck zur Verbesserung ihrer Situation, das heißt in bezug auf ihre Arbeitsbedingungen und die Lohnstruktur, ausüben[26].
Ein hoher Anteil der Erwerbstätigen arbeitet als Teilzeitbeschäftigte, die sich vielfach gegenseitig kaum kennen, oder gar nicht voneinander wissen und daher nicht die Arbeitsbedingungen miteinander vergleichen oder sich zusammenschließen können.

1.3.1.2 Gruppenzugehörigkeit als Wesensmerkmal einer Diskriminierung

Die Zugehörigkeit zur Gruppe der Frauen bedingt jedoch oft einen wesentlichen Teil der Benachteiligung im Bereich der Entlohnung. Dabei ist zum einen an die geschlechtsspezifische Spaltung des Arbeitsmarktes zu denken. Es gibt Teile des Arbeitsmarktes, innerhalb derer fast ausschließlich oder zumindest weit überwiegend Frauen arbeiten. Diese Bereiche sind auffällig schlecht entlohnt[27]. Weiterhin ist hierbei daran zu denken, daß Frauen dort, wo sie zusammen mit Männern arbeiten, weit überwiegend am unteren Ende der Lohnskala anzutreffen sind, wohingegen die Männer in den höheren und hohen Einkommensstufen entlohnt werden[28]. Man kann in diesem Zusammenhang auch von gegenüber der ganzen Gruppe der Frauen diskriminierenden Strukturen sprechen.

---

[21] So auch Pfarr/Kocher: Kollektivverfahren im Arbeitsrecht, S. 21-23.
[22] Vgl. Däubler: Tarifvertragsrecht, Rn. 1378, 1379 mit Verweis auf Kempff, AiB 1989, S. 67.
[23] S. hierzu im einzelnen 2.3.9.
[24] Auch zu Hause können Frauen meist nicht auf Verständnis bei ihren Ehemännern treffen, vielmehr sind sie vielfach auch hier noch Druck ausgesetzt. Vgl. diesbezüglich auch die eingängigen Beschreibungen der „Heinze"-Frauen in: Kaiser (Hg.): Wir wollen mehr als gleichen Lohn.
[25] Zu den Zugangsbarrieren s. auch Däubler: Arbeitsrecht 2, S. 1064 ff., sowie Gamillscheg: Durchsetzungsschwächen des Tarifvertrags, S. 355.
[26] Lappe: Die Arbeitssituation erwerbstätiger Frauen, S. 31.
[27] Vgl. im einzelnen Kap. 2.3. Auf die Problematik der unterschiedlichen Bewertung von Frauen- und Männerarbeit wird im folgenden in Kap. 3 eingegangen.
[28] S. hierzu im einzelnen Kap. 2.3.

Diese spezielle Benachteiligungssituation mit Auswirkungen für die ganze Gruppe von Frauen verlangt nicht zuletzt nach Verbesserungen auf prozessualer Seite, die gerade dem Gruppenanliegen Rechnung tragen. Es läßt sich daher ein spezifisches Bedürfnis nach einer Verbesserung der prozessualen Durchsetzungsmöglichkeiten für Frauen als typischerweise gruppenbenachteiligte Teilnehmerinnen am Arbeitsleben konstatieren. Dabei ist es naheliegend zu überlegen, ob diese verfahrensrechtlichen Institute nicht auch gruppenbezogen strukturiert sein sollten.

1.3.1.3 Art. 3 Abs. 2 GG als Gruppengrundrecht

Bezogen auf die materiellrechtliche Seite liegt eine solche, gruppenbezogene Interpretation bereits vor: Sacksofsky hat bei ihrer Auslegung des Grundrechts von Art. 3 Abs. 2 GG an dem Problem der in der gesellschaftlichen Wirklichkeit anzutreffenden, gegenüber Frauen benachteiligenden Strukturen angesetzt und Art. 3 Abs. 2 GG als spezielles Gruppengrundrecht ausgelegt, wonach die Benachteiligung einer einzelnen Person aufgrund ihrer Zugehörigkeit zur Gruppe der Frauen verboten ist (Dominierungsverbot)[29]. Verboten sind Regelungen, die benachteiligende Auswirkungen auf die geschützte Gruppe haben.

1.3.1.4 Gruppenbezogene Verfahrensrechte

Begreift man Art. 3 Abs. 2 S. 1 GG als Gruppengrundrecht in dem Sinne, daß die Vorschrift vor Benachteiligungen, die an die Zugehörigkeit zur Gruppe der Frauen anknüpfen, schützen soll, so stellt der neu hinzugefügte S. 2 eine Ergänzung hierzu dar, die das Hinwirken des Staates auf die Herstellung tatsächlicher Gleichberechtigung unter dem Aspekt der Gruppe verlangt[30]. Dieses „Hinwirken" muß gerade die Schaffung von Regelungen auf prozessualer Ebene einschließen, da dies der Rechtsbereich ist, der dazu dient, bestehende Rechtspositionen tatsächlich umzusetzen. Angesichts der in der Rechtswirklichkeit festzustellenden spezifischen Gruppenbenachteiligung muß das Rechtsschutzinstrumentarium, das dem Gebot des Art. 3 Abs. 2 GG gerecht werden will, also effektiv ausgestaltet ist, den Aspekt der massenhaft gleichartigen Rechtsverstöße - eben den Gruppenaspekt - angemessen berücksichtigen.
Selbst wenn man Art. 3 Abs. 2 S. 1 GG nicht als Gruppengrundrecht auslegt, verlangt Art. 3 Abs. S. 2 GG das Hinwirken des Staates auf die Herstellung tatsächlicher Gleichberechtigung[31]. Dies beinhaltet die Schaffung von Möglichkeiten, die unter anderem die effektive Durchsetzung dieses Anliegens garantieren, und die verfahrensrechtlich die besondere Schutzbedürftigkeit der Frauen als Arbeitnehmerinnen - und dabei eben als Gruppe - berücksichtigen.

Mit Klage- oder sonstigen Verfahrensmöglichkeiten, die der Schutzbedürftigkeit der Gruppe der Arbeitnehmerinnen Rechnung tragen, und die auch gruppenbezogen strukturiert sind, könnte im Zusammenhang mit der Forderung, sowohl nach gleichem Lohn für gleiche und gleichartige Arbeit, als auch für gleichwertige Arbeit Gleichberechtigung effektiv durchge-

---

[29] Sacksofsky: Das Grundrecht auf Gleichberechtigung, S. 312 ff. (Dominierungsverbot).
[30] Vgl. Sacksofsky: Das Grundrecht auf Gleichberechtigung, S. 399-405.
[31] Vgl. Rspr. des BVerfG zum Nachtarbeitsverbot (BVerfGE 85,191 v. 28.01.1992) sowie die weit überwiegende Meinung in der Literatur: Schmitt Glaeser, Abbau des tatsächlichen Gleichberechtigungsdefizits der Frauen durch gesetzliche Quotenregelungen, S. 9; Benda: Notwendigkeit und Möglichkeit positiver Aktionen zugunsten von Frauen im öffentlichen Dienst, S. 9 ff., Friauf: Gleichberechtigung der Frau als Verfassungsauftrag, S. 9; Pfarr: Quoten und Grundgesetz, S. 122.

setzt werden. Zum einen würde bei Klagen wegen Verstößen gegen den Grundsatz gleicher Lohn für „gleiche“ oder „gleichartige“ Arbeit durch eine Ausdehnung auf sämtliche Fälle gleichermaßen Betroffener mehr Breitenwirkung ermöglicht und damit der Lohngleichheitsgrundsatz effektiviert. An eine Effektivierung in dieser Form zu denken, drängt sich auf, da derartige Verstöße keine individuelle Erscheinung in Arbeitsverhältnissen einzelner Arbeitnehmerinnen sind, sondern grundsätzlich in entsprechenden Arbeitsverhältnissen sämtlicher Arbeitnehmerinnen anzutreffen - und also gruppenbezogen - sind.
Gerade aber auch im Zusammmenhang mit der Forderung von gleichem Lohn für gleichwertige Arbeit würden sich Durchsetzungsmöglichkeiten mit mehr Breitenwirkung anbieten. Dieser Bereich führt derzeit noch ein Schattendasein, obwohl, wie noch näher zu zeigen sein wird, gerade in diesem Bereich erhebliches Potential für eine Verbesserung zugunsten der Arbeitnehmerinnen liegt. Würde beispielsweise die Gleichwertigkeit zweier Tätigkeiten festgestellt, die laut Tarifvertrag unterschiedlich zu entlohnen sind, so würde eine Rechtskrafterstreckung eines derartigen Urteils, das auf Zahlung des höheren Lohns an die entsprechende Arbeitnehmerin lautet, eine enorme Breitenwirkung erfahren.

1.3.2 Strukturelemente eines verfahrensrechtlichen Ansatzes

Will man den Weg verfahrensrechtlicher Verbesserungen beschreiten, so bieten sich grundsätzlich folgende Ansatzpunkte:
Zum einen kann die Klage einer einzelnen Arbeitnehmerin von einer Gewerkschaft, einem Betriebsrat oder einem Verband teils finanziell, teils mit rechtlicher Beratung unterstützt werden[32]. Prozeßführend bleibt aber die Arbeitnehmerin selbst.
Es könnte aber auch die Organisation, das heißt die Gewerkschaft, der Betriebsrat oder der Verband in gewillkürter Prozeßstandschaft die Klage für die betroffene Arbeitnehmerin führen.
Es gibt weiterhin die Möglichkeit der Einrichtung einer Institution oder Behörde, die einerseits versuchen soll, Benachteiligungen aufzuspüren und im Verhandlungsweg auszuräumen. Zur Umsetzung dieses Ziels können der Institution zusätzlich unterschiedlich weitreichende Druckmittel eingeräumt sein. Darüber hinaus kann die Behörde auch legitimiert sein, Klagen für betroffene Arbeitnehmerinnen in gesetzlicher Prozeßstandschaft zu führen.
Schließlich können systematische kollektive Klagen zulässig sein, darunter sind Gruppenklagen mit dem Effekt von Rechtskrafterstreckung zu verstehen.

1.3.3 Zielsetzungen eines verfahrensrechtlichen, gruppenbezogenen Ansatzes

Mit einer Veränderung der prozessualen Möglichkeiten gilt es zum einen, differenziertere Abstufungsmöglichkeiten zu den bisher vorhandenen Durchsetzungsmöglichkeiten zu schaffen, das heißt, es soll ein Katalog von Möglichkeiten geschaffen werden, der je nach „Dringlichkeitsstufe“ verschiedene Druckmittel vorsieht.

Zum anderen soll damit aber überhaupt die Möglichkeit eröffnet werden, dem materiellen Recht im Bereich der Gleichberechtigung von Frauen zu mehr Effektivität zu verhelfen.
Denn, - wie zu zeigen sein wird - erweist sich das bisherige System zur Durchsetzung als in diesem speziellen Bereich ineffektiv. Der staatliche, gegebenenfalls strafbewehrte Druck soll

---

[32] Eyraud: Equal Pay: an International Overview, S. 12. Er nennt diese Art des Verfahrens „klassisches Verfahren“.

mit dazu beitragen, das Ziel der Gleichberechtigung von Frauen und Männern tatsächlich umzusetzen. Die besten Gesetze nützen nichts, wenn sie nur auf dem Papier stehen und keiner sich daran hält, beziehungsweise für ihre nachhaltige Durchsetzung sorgt und sorgen kann.

Verbesserte Durchsetzungsmöglichkeiten sollen den Vorteil bringen, daß sie nicht bloß einzelnen ein Mittel zur Bekämpfung von Benachteiligungen bereitstellen, das im Zweifel uneingelöst bleibt, beziehungsweise in der Vielzahl der Fälle umgangen wird, sondern dem spezifischen Bedürfnis der Arbeitnehmerinnen nach Schutz ihrer Gruppe durch entsprechende Breitenwirkung Rechnung tragen und damit ihrem Recht zu mehr Geltung zu verhelfen.
Die gegenwärtige prozessuale Situation hat aufgrund der aufgezeigten Mängel trotz verbreiteter Verstöße gegen das zur Herbeiführung der Gleichberechtigung geschaffene Recht nicht dazu beigetragen, daß Verstöße gegen das materielle Recht effektiv beseitigt werden konnten. Als Beispiele für die unbefriedigende Situation seien hier die Fälle der Lohnfortzahlung im Krankheitsfall bei Teilzeitbeschäftigten sowie die der Feiertagsregelungen genannt. Obwohl auch Teilzeitbeschäftigte im Krankheitsfall einen Anspruch auf Lohnfortzahlung haben (§ 1 LohnfortzG), kam und kommt es immer wieder vor, daß Arbeitnehmerinnen entweder keine Lohnfortzahlung erhalten oder ihre Fehlzeiten – bedingt durch die Krankheitstage – an anderen Tagen nachholen, um den vollen Lohn zu erhalten. Ähnlich gestaltet sich die Situation bei den Feiertagsregelungen im Hinblick auf Teilzeitbeschäftigte. Viele der teilzeitbeschäftigten Frauen glauben ihrem Arbeitgeber ohne weiteres, daß sie verpflichtet seien, an einem anderen Tag in der Woche zu arbeiten, wenn ein Feiertag auf den Tag fällt, an dem sie für gewöhnlich arbeiten.
Obwohl in beiden Beispielsfällen höchstrichterlich entschieden ist, daß ein Anspruch auf Lohnfortzahlung im Krankheitsfall besteht[33], beziehungsweise keine Pflicht zur Arbeit am Feiertag besteht[34], und die Arbeit auch nicht an einem anderen Tag nachzuholen ist, wird dies im Arbeitsleben oft von den Arbeitgebern solange ignoriert, bis sich die einzelne gerichtlich auf ihr Recht beruft. Einzelne wissen aber oft gar nichts von ihren Rechten und zwar gerade, weil Korrekturen von massenhaft praktizierten Rechtsverstößen so selten sind.
Die Wirksamkeit der materiellen Regelungen zum Schutze der Betroffenen soll dabei nicht in erster Linie von der Einsichtsbereitschaft und -fähigkeit derjenigen, vor denen geschützt werden soll, abhängig sein. Verbesserte prozessuale Möglichkeiten sollen das Auseinanderfallen von Recht und Rechtswirklichkeit verhindern. Die Konsequenz von nicht ausreichend „strafbewehrten" materiellen Regelungen ist nämlich in aller Regel, daß sie bewußt oder unbewußt nicht befolgt werden, selbst auf die Gefahr hin, in Einzelfällen dafür „bestraft" zu werden[35]. Bei einer Veränderung der Instrumentarien im weitesten Sinne sowie der prozessualen Bedingungen würde sich der gesetzgeberische Eingriff an die Betroffenen selbst beziehungsweise eine Institution, die mit dem Schutz der Rechte der betroffenen Gruppe betraut ist, wenden und nicht allein an die Einsichtsfähigkeit derjenigen, die zugunsten betroffener Arbeitnehmerinnen so manches verändern müßten, appellieren. Aufgrund der spezifischen Motivation selbst Betroffener, „ihr Recht" zu bekommen, böte eine Erweiterung der prozessualen Durch-

[33] BAG-Urteil v. 09.10.1991 - 5 AZR 998/90 Entscheidung zur Lohnfortzahlung im Krankheitsfall bei Teilzeitbeschäftigung aufgrund vorangegangener EuGH-Entscheidung (Rinner-Kühn) EuGH-Urt. v. 13.07.1989, Rs 171/88.
[34] BAG AP 4, 5 zu § 1 FeiertagslohnzahlungsG.
[35] Vgl. unten Kap. 3.4.2 (Weber-v. Hartz).

setzungsmöglichkeiten mehr Gewähr dafür, den materiellen Regelungen zu tatsächlich mehr Wirksamkeit zu verhelfen.

1.4 Gliederung

Mit dieser Arbeit soll somit nicht ein weiterer materiellrechtlicher Ansatz verfolgt werden, sondern es soll nach einer verfahrensmäßigen Effektivierung gesucht werden. Dabei ist der Gruppenbetroffenheit der Arbeitnehmerinnen besondere Beachtung zu schenken.

Solche Verfahrensrechte wären dann als flankierende Maßnahmen zu verstehen, die mit dazu beitragen, das Ziel der Gleichberechtigung tatsächlich und sachgemäß umzusetzen. Zu diesem Zweck gliedert sich die Arbeit wie folgt:

- Um einen Einblick zu vermitteln, in welchen Formen Benachteiligungen vorkommen, und in welchem Umfang sie existieren, wird zu Anfang der Arbeit durch ein statistisches Kapitel (2. Kapitel) ein Überblick über die Erwerbssitutation von Frauen allgemein, ihre Benachteiligungen beim Zugang zum Beruf, innerhalb der beruflichen Hierarchie und im Bereich der Entlohnung gegeben. Dieser Abschnitt wird bewußt nicht auf den Bereich Entgelt begrenzt, da es sinnvoll erscheint, den Bereich „Entgelt" vor dem Gesamteindruck der Situation von Frauen im Arbeitsleben zu behandeln. Im Zusammenhang mit dem Datenmaterial werden soziologische Erklärungsansätze für das vorhandene Einkommensgefälle vorgestellt.
- Sodann wird aus juristischer Sicht der Entgeltbegriff erläutert (3. Kapitel), und es werden diesbezüglich verschiedene Formen von Lohnungleichheit diskutiert, sowie die Klagemöglichkeiten bei Verstößen gegen § 612 Abs. 3 BGB und bei diskriminierenden Regelungen in Tarifverträgen behandelt. Am Beispiel des Falls der Klägerin Frau Weber-v. Hartz wird die Unzulänglichkeit der derzeitigen prozessualen Durchsetzungsmöglichkeiten vorgestellt.
- In dem sich anschließenden 4. Kapitel wird der Frage nachgegangen, welche verfahrensmäßigen Rechte derzeit Frauenbeauftragten, Verbänden, Gewerkschaften oder Betriebsräten eingeräumt sind, um sich für die Belange von Frauen einzusetzen. Weiterhin ist die Frage zu stellen, ob es Klagemöglichkeiten gibt, um für benachteiligte Frauen Lohndiskriminierungsklagen zu führen, die zugleich mit einer Breitenwirkung verbunden sind. Unter dem Aspekt der Brauchbarkeit für arbeitsgerichtliche Prozesse durch Diskriminierung betroffener Frauen im Bereich Entlohnung soll das Institut der Heimarbeitsklage nach dem Heimarbeitsgesetz vorgestellt werden.
- Um Anregungen für wirksamere Instrumentarien als Alternativen zu den im deutschen Recht vorhandenen Durchsetzungsmöglichkeiten zu bekommen, sollen in einem weiteren Kapitel (5. Kapitel) die in den USA, in Großbritannien, in Schweden und in der Schweiz vorhandenen Möglichkeiten zur Erreichung der tatsächlichen Gleichberechtigung von Frauen vorgestellt und gewürdigt werden. Schließlich können durch verbesserte prozessuale Verhältnisse die Rahmenbedingungen für eine Veränderung der privaten Lebensweisen der Geschlechter verbessert werden[36].

---

[36] Matthies/Mückenberger/Offe/Peter/Raasch: Arbeit 2000, S. 289.

- Das Schlußkapitel wird sich mit der Frage beschäftigen, welche Durchsetzungsmöglichkeiten sich am besten eignen könnten, um hierzulande zu einer effektiven Beseitigung des Gleichberechtigungsdefizits im Bereich Lohngleichheit beizutragen. Die vorgestellten ausländischen Lösungsansätze sollen hierbei als Anregung dienen.

Ein verfahrensrechtlicher Ansatz mag als rein technisch und unterkühlt erscheinen. Sinn und Zweck sachgemäßen (und das heißt vorliegend auch: gruppenbezogegenen) Verfahrensrechts ist es jedoch stets, die tatsächliche Geltungschance des materiellen Rechts zu erhöhen. Hierzu für den Bereich des Gleichlohngrundsatzes einen kleinen Beitrag zu leisten, ist Zielsetzung der vorliegenden Arbeit.

2 Die Situation erwerbstätiger Frauen in Deutschland - ein statistischer Überblick

Bei der Gleichberechtigung von Frauen geht es nicht mehr lediglich um eine formale Gleichstellung der Frauen, sondern mittlerweile auch und gerade um ihre tatsächliche, da mit ihrer formalen Gleichstellung die Gleichberechtigung noch nicht hergestellt ist.
Im folgenden Kapitel wird die Situation erwerbstätiger Frauen in Deutschland unter ausgewählten Aspekten anhand von Statistiken dargestellt, um einen Eindruck zu gewinnen, in welchen Bereichen und in welcher Größenordnung Frauen im Erwerbsleben benachteiligt sind.
Die Darstellung geht hier über den Aspekt der Entgeltdiskriminierung hinaus, um die Gesamtsituation der Benachteiligung der Frauen im Erwerbsleben, in der die Entgeltdiskriminierung freilich eine maßgebliche Rolle spielt, zu veranschaulichen.
Dabei wird das besondere Augenmerk auf etwaige Veränderungen im Sinne von Verbesserungen zugunsten von Frauen seit der Einführung von §§ 611a, 611b und 612 Abs. 3 BGB im Jahr 1980 zu richten sein.
Gemäß § 611a BGB ist eine Diskriminierung aufgrund des Geschlechts bei der Einstellung verboten. Konkret gesprochen heißt dies, daß ein Arbeitgeber eine Frau nicht aufgrund ihres Geschlechts nicht einstellen darf. Nun stellt es sich jedoch als unmöglich dar, Nachweise in Form von statistischen Erhebungen darüber zu führen, in wie vielen Fällen ein Arbeitgeber bei einer Einstellung aufgrund des Geschlechts diskriminiert hat. Denn der Arbeitgeber führt weder Buch darüber, in wie vielen Fällen er Frauen "wegen ihres Geschlechts" nicht eingestellt hat, noch gibt er dies in einer Begründung an, noch existieren Statistiken darüber, in wie vielen Fällen sich Frauen auf Stellenangebote hin beworben haben, und wie oft dann tatsächlich Männer eingestellt, das heißt vorgezogen wurden. Dieses Problem stellt gleichzeitig bei einem etwaigen Prozeß aufgrund der derzeitigen Beweislastregeln eine große Erschwernis beziehungsweise einen Hinderungsgrund für die prozeßführende Arbeitnehmerin dar. § 611a BGB enthält lediglich eine Beweislasterleichterung zugunsten benachteiligter Frauen, nicht jedoch eine wirkliche Beweislastumkehr zu Lasten der Arbeitgeber.
Die Darstellung soll einen Überblick über die Beschäftigungssituation von weiblichen Arbeitskräften insgesamt geben. Mit Hilfe eines solchen Überblicks können dann beispielsweise aus den Veränderungen im Verlauf der Zeit gegebenenfalls Rückschlüsse auf ein verändertes Verhalten der Arbeitgeber gegenüber weiblichen Bewerbern gezogen werden. Allerdings war es im Rahmen dieser Arbeit nicht möglich, eigene Untersuchungen zur Situation der Frauenerwerbstätigkeit durchzuführen. Die Darstellung muß sich auf eine Auswahl bereits vorhandener Statistiken beschränken. Die Verwendung von Statistiken, die im Rahmen anderer Untersuchungen zu bestimmten Fragestellungen erhoben wurden, bringt gewisse Probleme mit sich, nicht zuletzt deshalb, weil Fragen zu bestimmten Zahlen oder der getroffenen Auswahl offen bleiben, die sich nicht erklären lassen.
Es wird in der Darstellung zumeist zwischen der Situation im Bundesgebiet West und im Bundesgebiet Ost getrennt. Diese Unterscheidung ist aufgrund der grundverschiedenen gesellschaftlichen und wirtschaftlichen Verhältnisse im Bundesgebiet West und Ost, die vor „der Wende“ geherrscht haben, und die auch danach noch die Entwicklung in beiden Teilen Deutschlands entscheidend beeinflussen, erforderlich. Allein schon der Versuch, Unterschiede im Bundesgebiet Ost zu beschreiben, bringt die Gefahr mit sich, mit Argumenten aus „dem

Westen" Phänomene im „Osten" zu erklären. Trotz des Bewußtseins für dieses Problem lassen sich entsprechende Deutungsversuche nicht ganz ausschließen.
Die Darstellung beginnt mit der Erwerbsbeteiligung von Frauen, geht dann auf die berufliche Weiterbildung ein. Es folgt eine Darstellung der Einkommensunterschiede von Frauen und Männern.

2.1 Frauenerwerbstätigkeit

Insgesamt hat die Frauenerwerbstätigkeit in den letzten 100 Jahren stetig zugenommen. Insbesondere die gesellschaftlichen Rahmenbedingungen haben sich stark verändert. Im Unterschied zu der Zeit vor 50 Jahren ist ein Großteil der verheirateten Frauen berufstätig[37]. Beispielsweise bei den 30-39 jährigen verheirateten Frauen hat sich von 1933-1990 die Erwerbsquote der Frauen von 29% auf 58% genau verdoppelt.

Tabelle 1: Erwerbsquoten 1882-2010 (in %)

	Frauen insgesamt 15-69 Jahre effektive Erwerbsquoten[38] im Deutschen Reich	Verheiratete deutsche Frauen 30-39 Jahre [1)]	verheiratete deutsche Frauen 40-49 Jahre [1)]
1882	36	21,6	10
1907	45	26	29
1925	47	28	31
1933	47	29	32
1939	50	36	37
	15-64 Jahre Potentialerwerbsquoten[39] in den alten Bundesländern	30-34 Jahre	45-49 Jahre
1960	49	37	34
1970	46,2	39	41
1980	54	51	50
1990	60	58	61
2000	63-65	66-70	70-72
2010	68-72	73-82	79-85

[1)] Einschließlich Ausländerinnen
Quelle: Willms: BeitrAB 50, S. 12, Nürnberg 1980 und IAB-Berechnungen, entnommen aus: Klauder, ZfBevWiss. 4/1992, S. 437 Übersicht 1

Der weitere Anstieg der Erwerbsquoten von Frauen allgemein und gerade auch von verheirateten Frauen in den Jahren 2000 bis 2010, wie er in Tabelle 1 dargestellt ist, wird mit dem allgemeinen Trend zu Infrastruktur- und Dienstleistungstätigkeiten erklärt, der gerade die Frauenbeschäftigung begünstigt. Außerdem vermutet man, daß die Entwicklung mehr zu fle-

[37] Vgl. Engelbrech/Reinberg: Frauen und Männer in der Beschäftigungskrise der 90er Jahre, IAB-Werkstattbericht Nr. 11 v. 08.09.1997.
[38] Unter der effektiven Erwerbsquote versteht man die tatsächlich Erwerbstätigen im Unterschied zur potentiellen Erwerbsquote, die die stille Reserve und die Arbeitslosen mit einbezieht.
[39] Unter Potentialerwerbsquote versteht man das Potential an Erwerbspersonen. Damit sind dann neben den Erwerbstätigen auch die arbeitslos Gemeldeten und die stille Reserve mit eingerechnet.

xiblen Arbeitskräften mit breit angelegten und höheren Qualifikationen geht, und daß hiervon vor allem die Frauen profitieren könnten[40].

2.1.1 Bundesgebiet West

Wie die Tabelle 2[41] zeigt, hat sich die Erwerbsquote der Frauen, das heißt der Anteil der weiblichen Erwerbspersonen[42] an der weiblichen Wohnbevölkerung im erwerbsfähigen Alter (15-65 Jahre) im Bundesgebiet-West von 1970-1996 von 46,2% auf 59,7% erhöht. Sie hat damit um knapp 15 Prozentpunkte zugenommen. Bei den Männern hingegen hat die Erwerbsquote von 88,2% im Jahr 1970 auf 81,3% im Jahr 1995 abgenommen. Die Zahl der weiblichen Erwerbstätigen[43] hat sich in den alten Bundesländern von 9,5 Mio. im Jahr 1970 auf 12,28 Mio. 1996 erhöht[44].

Tabelle 2: Erwerbsquoten 1970-1996, bezogen auf die Wohnbevölkerung im erwerbsf. Alter (15-65 Jahre) - Bundesgebiet West

Jahr 1)	Erwerbsquoten in %	
	Männer	Frauen
	1	2
1970	88,2	46,2
1975	86,0	48,2
1980	84,4	50,2
1981	83,5	50,6
1982	83,0	51,0
1983	82,0	50,7
1984	81,4	51,7
1985	81,9	52,7
1986	82,0	53,4
1987	82,3	54,0
1988	82,5	55,0
1989	82,2	55,5
1990 2)	82,7	58,5
1995	81,3	59,9
1996		59,7

1) 1970-1982 und ab 1985 nach dem Mikrozensus; 1983-1984 nach der EGArbeitskräftestichprobe.
2) ab 1990 neues Leitfragenkonzept: Geringfügig sozialversicherungsfreie Beschäftigte werden nun als Erwerbstätige ausgewiesen. Ohne Erfassungsänderung: Erwerbsquote 1990 = Männer 81,1%, Frauen 56,2%

Quelle: ANBA 5/1993, S. 891, Tabelle 1; ibv 8/98, Abb. 4, S. 529

---

40 Vgl. Klauder: Wirtschaftliche und gesellschaftliche Entwicklung der Frauenerwerbstätigkeit heute und morgen, in: ZfBevWiss 1992, S. 445.

41 Statistisches Bundesamt in: ANBA 5/1993, S. 891, Tabelle 1.

42 Zu den Erwerbspersonen werden - wie im Mikrozensus – alle Männer und Frauen gerechnet, die sich selbst als Erwerbstätige oder als Erwerbslose bezeichnen. Bei dieser Definition sind die Erwerbspersonen nicht identisch mit der Potentialerwerbsquote, die neben den Erwerbstätigen und den arbeitslos Gemeldeten noch die stille Reserve mit einbezieht (vgl. Schulz/Kirner: Arbeitskräfteangebot von Frauen in Deutschland bis zum Jahr 2010, S. 74).

43 Erwerbstätige sind Personen, die am Erwerbsleben aktuell beteiligt sind im Unterschied zu den Erwerbslosen.

44 Arbeitsmarktreport für Frauen, Beilage zu ANBA I/1994, S. 3, sowie ibv 8/98, S. 509 (Zahlenangaben gem. Mikrozensus) m.V.a. Statistisches Bundesamt 1998. Inwieweit sich die absolute Zahl der Wohnbevölkerung in diesem Zeitraum verändert hat, war den Zahlenangaben nicht zu entnehmen. Dabei ist jedoch sicherlich davon auszugehen, daß auch ein nicht unbeträchtlicher Zuwachs der Wohnbevölkerung in diesem Zeitraum stattgefunden hat.

2.1.1.1 Frauenanteil in einzelnen Wirtschaftszweigen

Nachdem generell ein Beschäftigungszuwachs von Frauen festzustellen ist, stellt sich die Frage, wie sich dieser Zuwachs innerhalb einzelner Wirtschaftszweige darstellt, und worauf er zurückzuführen ist. Ob sich die Zunahme des Frauenanteils gleichmäßig auf alle Wirtschaftszweige auswirkt, oder ob andere Entwicklungen zu beobachten sind.

Es muß grundsätzlich unterschieden werden zwischen den Branchen, in denen der Frauenanteil traditionell eher gering ist (typische Männerdomänen = Frauenanteil 0-20%), bzw. sogenannten Mischberufen (Frauenanteil 20-40%) und sogenannten typischen Frauenberufen, in denen der Frauenanteil traditionell hoch ist. Zu den typischen Frauenberufen zählen auch die Berufe innerhalb des Dienstleistungssektors, der in den letzten fünfzehn Jahren stark "geboomt" hat. Von Anfang an lag hier der Frauenanteil bei etwa 50% oder mehr. Mittlerweile sind gemäß Mikrozensus gut drei Viertel aller erwerbstätigen Frauen im Dienstleistungssektor einschließlich Handel und Verkehr tätig (76% im Westen 1996)[45], gegenüber noch gut zwei Dritteln im Jahr 1991.

Mit der folgenden Tabelle 3[46] soll ein zahlenmäßiger und prozentualer Überblick über die sozialversicherungspflichtig beschäftigten[47] Frauen in bestimmten Wirtschaftszweigen in Voll- und Teilzeitbeschäftigungen gegeben werden.

In den sozialversicherungspflichtigen Beschäftigungsverhältnissen hat sich der Frauenanteil insgesamt, wie die Tabelle 3 zeigt, von 1980 bis 1994 von 38,6% an allen Beschäftigten auf 42,9% erhöht. Im Juni 1996[48] hatte sich der Frauenanteil nochmals auf nunmehr 43,1% erhöht. Er liegt damit im Bundesgebiet-West jedoch noch deutlich unter dem der Männer, der bei 56,9% liegt. Der wesentliche Anstieg ist einer Zunahme im Teilzeitbereich zuzuordnen. Dieser ist jedoch keineswegs nur positiv zu bewerten. Teilzeittätigkeiten werden fast ausschließlich von Frauen wahrgenommen. Diese rein weibliche Inanspruchnahme hat wiederum neue Benachteiligungsformen in den Bereichen Entlohnung, beruflicher Aufstieg und Beendigung der Beschäftigung nach sich gezogen[49].

Die fast ausschließliche Belegung der Teilzeitstellen durch Frauen führt gerade auch zu einer Fortschreibung der schlechten Vergütungen von Frauen. So sind insbesondere in typischen Frauenbereichen, in in denen der Frauenanteil ohnehin sehr hoch ist, Frauen in Teilzeittätig-

---

[45] Vgl. ibv 8/1998, S. 513.

[46] Tabelle zusammengestellt aus: ANBA 12/1980, S. 1686, 1687; ANBA 11/1986, S. 1570-1572; ANBA 11/1990, S. 1622-1625; ANBA 12/1994, S. 1884-1887, sowie eigene Berechnungen.

[47] Sozialversicherungspflichtig Beschäftigte sind nach den Definitionen des Sozialrechts, insbesondere von § 7 SGB IV des sowie §§ 101, 168 AFG und jetzigen § 118 SGB III Beschäftigte, die in einem regelmäßigen abhängigen Beschäftigungsverhältnis stehen und keine geringfügige Beschäftigung (§ 8 SGB IV, bzw. § 104 AFG, seit 01.10.1998 § 118 SGB III) von weniger als 15, bzw. 18 Stunden wöchentlich ausüben. Mit Einführung des SGB III wurde zum 01.01.1998 die Geringfügigkeitsgrenze auch für das Arbeitsförderungsrecht auf 15 Stunden herabgesetzt.

[48] Arbeitsmarkt 1996, S. 98, Tab. 2.

[49] S.u. Kap. 2.4.

keiten praktisch „unter sich“ – ohne Vergleichsmöglichkeiten zu Einkommen männlicher Kollegen - .

Inwiefern hier ein gezieltes Arbeitgeberinteresse an einer Verdrängung der Frauen in Teilzeittätigkeiten vorhanden ist, oder aber auch spezifische eigene Interessen – etwa an flexibler Arbeitszeitgestaltung der teilzeitbeschäftigten Frauen - ausschlaggebend für die Entwicklung sind, kann anhand des Zahlenmaterials nicht abschließend beantwortet werden. Hierfür wären gezielte Untersuchungen notwendig. Die Tabelle beginnt mit dem Jahr 1980, weil in diesem Jahr die §§ 611a, 611b und 612 Abs. 3 BGB eingeführt wurden. Aus Platzersparnisgründen und im Interesse einer besseren Übersichtlichkeit wurden bestimmte Jahre dazwischen ausgelassen. 1992 und 1994 wurden aufgenommen, um einen Eindruck über neuere Entwicklungen und Tendenzen zu verschaffen. Die Tabellen sind den vierteljährlich erscheinenden Amtlichen Nachrichten der Bundesanstalt für Arbeit entnommen.

Tabelle 3: Sozialversicherungspflichtig beschäftigte Frauen nach Wirtschaftsabteilungen - Bundesgebiet West (Bestand jeweils 30. Juni)

Wirtschafts-abtei-lungen	1980			1985			1990			1992			1994		
	insge-samt	%-Ant. an allen Besch.[1]	dar. (Sp.1) %-Ant. Teilzeit	insge-samt	%-Ant. an allen Besch.[1]	dar. (Sp.4) %-Ant. Teilzeit	Insge-Samt	%-Ant. an allen Besch.[1]	dar. (Sp.7) %-Ant. Teilzeit	insge-samt	%-Ant. an allen Besch.[1]	d. (Sp. 10) %-Ant. Teilzeit	insge-samt	%-Ant. an allen Besch.[1]	d. (Sp. 13) %-Ant Teilzeit
	1	2	3	4	5	6	7	8	9	10	11	12	13	14	15
Insgesamt	8 098 000	**38,6**	19,1	8 091868	**39,7**	21,6	9 173 221	**41,0**	24,0	9 816 291	**41,7**	25,7	9 730261	**42,8**	26,8
Land- u. Forstw., Fischerei	57 493	**26,0**	9,6	63246	**27,4**	10,4	65 733	**29,4**	14,0	66 391	**29,9**	15,3	63 363	**29,4**	16,9
Energiew.-, Bergbau	43 165	**9,0**	18,9	46679	**9,9**	18,6	50 997	**11,5**	20,3	52 548	**12,3**	21,2	53 893	**13,4**	21,6
Verarb. Gew. 2)	2 500 572	**29,0**	11,6	2211311	**27,8**	12,6	2 374 626	**27,8**	13,7	2 381 472	**27,6**	14,3	2 084551	**27,2**	15,2
Darunter:															
Masch. Bau	160 933	**15,8**	13,8	147 196	**15,4**	15,1	172 759	**15,9**	15,1	173 028	**16,2**	15,5	147 548	**16,2**	16,1
Elektrotechn.	389 009	**37,5**	10,3	352 360	**35,3**	9,8	391 523	**34,9**	11,9	379 419	**34,1**	12,4	310 701	**32,3**	13,4
Feinmechanik u.ä.	81 506	**42,3**	10,8	114 432	**45,0**	13,0	124 172	**45,6**	13,1	126 482	**46,4**	13,3	86 270	**44,7**	13,2
Drucker., Vervielfältg	76 945	**34,3**	21,5	72 041	**34,1**	24,1	83 898	**35,8**	22,5	88 909	**36,1**	22,0	80 535	**35,4**	20,9
Text., Bekl., Leder	489 591	**66,5**	12,5	372 460	**64,6**	13,3	319 917	**62,9**	14,0	291 218	**62,0**	14,8	230 243	**60,7**	15,9
Baugew.	128 507	**7,5**	16,3	128 801	**8,8**	20,1	141 955	**9,7**	23,5	157 026	**10,0**	23,9	165 289	**10,3**	24,7
Dienstleistungsber.	5 373 434	**54,2**	23,1	5 639 222	**55,1**	25,3	6 538 006	**56,0**	27,9	7 158 300	**56,5**	28,9	7 317 693	**56,9**	29,8
Darunter:															
Handel	1 559 467	**53,6**	25,0	1 491 113	**54,1**	27,9	1 666 953	**54,7**	30,4	1 812 003	**54,6**	31,2	1 779 778	**54,5**	32,6
Verk., Nachr.überm.	252 553	**25,3**	36,2	267 122	**26,8**	38,4	311 983	**28,3**	36,0	345 798	**28,8**	34,7	339 713	**29,4**	34,7
Kreditinst., Vers.gew.	385 111	**50,5**	18,0	408 488	**50,8**	19,5	460 070	**51,7**	21,1	502 188	**53,0**	21,7	522 004	**53,9**	22,5
Weitere Dienstl.	2 311	**65,3**	19,2	2 551 073	**65,8**	21,5	3 051 207	**65,2**	24,5	3 372 112	**65,1**	25,9	3 561 626	**65,5**	27,4
Organis., priv.Hsh. 3)	428	**66,7**	25,9	279 198	**65,7**	30,8	332 575	**66,1**	36,0	366 662	**66,3**	37,8	389 987	**66,9**	39,9
Gebietskörpersch.,	238 546	**45,9**	27,3	642 228	**46,3**	30,4	715 308	**49,2**	34,0	759 537	**51,3**	34,8	769 657	**53,0**	36,3
Sozialvers.	616 329														

1) Anteil in % an den sozialversicherungspflichtig Beschäftigten insgesamt

2) ohne Baugewerbe; 3) Organisationen ohne Erwerbscharakter, private Haushalte

Quelle: ANBA 3/1981, S. 360, 361; ANBA 5/1993, S. 892, ANBA 3/1995, S. 400, 401, sowie eigene Berechnungen

Tabelle 4 a: Sozialversicherungspflichtig Beschäftigte nach Wirtschaftsabteilungen; Bestand jeweils 31. März 1980 und 1986 - Bundesgebiet West

	1980					1986				
Wirtschafts-zweig	Soz.vers.pflicht. Beschäftigte		Vollzeitbeschäft.		Teil-zeitbe.	Soz.vers.pflicht. Beschäftigte		Vollzeitbeschäft.		Teil-zeitbe.
	ins-gesamt	dar. Frauen	ins-gesamt	dar. Frauen	ins-gesamt	ins-gesamt	dar. Frauen	ins-gesamt	dar. Frauen	ins-gesamt
Chemische Industrie	619 055	163 503 =26,4%	599 660	144 909 =24,2%	19 395 =3,1%	609 714	158 051 =25,9%	587 623	137 841 =23,4%	22 091 =3,6%
Stahl-,Leicht-metallbau	356 080	40 819 =11,5%	350 017	35 142 =10,0%	6 063 =1,7%	342 386	40 061 =12,3%	317 618	33 723 =10,6%	6 768 =2,1%
Elektrotechnik	1 043 650	390 396 =37,4%	1002248	350 207 =35,0%	41 402 =4,0%	1 037549	366 475 =35,3%	991 785	322 815 =32,5%	45 764 =4,4%
Feinmechanik u. Optik	193 355	81 605 =42,2%	184 053	72 787 =39,5%	9 302 =4,8%	198 960	83 011 =41,7%	188 468	73 048 =38,7%	10 492 =5,3%
Dienstleist. Bereich	9 893 259	5363078 =54,2%	8594103	4 148 666 =48,3%	1299156 =13,1%	10 359103	5740141 =55,4%	8777 232	4 271391 =48,7%	1581871 =16,0%

Quelle: ANBA 12/1980, S. 1686, 1687, ANBA 11/1986, S. 1570-1572, Stand jeweils 31.März des Jahres, sowie eigene Berechnungen

Tabelle 4 b: Sozialversicherungspflichtig Beschäftigte nach Wirtschaftsabteilungen; Bestand jeweils 31. März 1990 und 1994 - Bundesgebiet West

	1990					1994				
Wirtschafts-zweig	Soz.vers.pflicht. Beschäftigte		Vollzeitbesch.		Teil-zeitbe.	Soz.vers.pflicht. Beschäftigte		Vollzeitbesch.		Teil-zeitbe.
	ins-gesamt	dar. Frauen	ins-gesamt	dar. Frauen	ins-gesamt	ins-gesamt	dar. Frauen	ins-gesamt	dar. Frauen	ins-gesamt
Chemische Industrie	635 814	170 726 =26,9%	610 231	146 969 =24,0%	25 583 = 4,0%	583 737	161 842 =27,7%	556 862	136 838 =24,6%	26 875 =4,6%
Stahl-, Leichtme-tallbau	353 522	46 737 =13,2%	344 893	38 791 =11,2%	8 629 =2,4%	373 153	51 834 =13,9%	362 367	42 067 =11,6%	10 786 =2,9%
Elektro-technik	1 114993	388 316 =34,8%	1065651	342 075 =32,1%	49 342 = 4,4%	973 065	314 449 =32,3%	926 517	272 117 =29,3%	46 548 =4,8%
Feinmechanik und Optik	205 401	87 166 =42,2%	193 821	76 157 =39,3%	11 580 = 5,6%	193 910	86 545 =44,6%	181 660	75 181 =41,4%	12 250 =6,3%
Diensleist. bereich	11 561731	6487102 =56,1%	9611937	4690535 =48,8%	1949794 =16,9%	12839670	7371199 =57,4%	10436644	5154025 =49,4%	2403026 =18,7%

Quelle: ANBA:11/1990, S. 1622-1625; ANBA 12/1994, S. 1884-1887 Stand jeweils 31. März des Jahres

Die Beschäftigungssituation für Frauen seit 1980 muß differenziert betrachtet werden.
Zum einen war sie zwischen 1980-1994 zwei größeren Wirtschaftskrisen ausgesetzt. Ein erster starker Beschäftigungsabbau erfolgte 1983, und auch Anfang der 90er Jahre - ab 1991 - setzte ein umfangreicher Stellenabbau in weiten Bereichen ein. Dem Stellenabbau fielen in einigen Bereichen in besonderem Maße Frauenarbeitsplätze zum Opfer. In diesen Branchen ist der Frauenanteil sogar rückläufig.
Zu diesen Bereichen zählen die Elektrotechnik und auch der Bereich Textil/Bekleidung/Leder. Im Bereich Elektrotechnik sank der Frauenanteil von 37,5% im Jahr 1980 auf nur 32,3% im Jahr 1994. Im Bereich Textil/Bekleidung/Leder sank der Frauenanteil von 66,5% auf 60,7% im selben Zeitraum.

2.1.1.1.1 Beispiel Chemische Industrie

In anderen Bereichen ist der Frauenanteil prozentual gestiegen, wenngleich die Beschäftigtenzahl insgesamt zurückgegangen ist und dort inzwischen zahlenmäßig weniger Frauen beschäftigt sind. In der Chemischen Industrie ist der Frauenanteil zwischen 1990 und 1994 zwar um 0,8% (von 26,9% auf 27,7%) gestiegen, 1994 waren im Vergleich zu 1990 etwa 9.000 weniger Frauen beschäftigt. So haben in der Chemischen Industrie im Jahr 1990 insgesamt 635.814 sozialversicherungspflichtig Beschäftigte gearbeitet[50]. Der Frauenanteil betrug damals mit 170.726 Beschäftigten 26,9%. Im Jahr 1990 arbeiteten 610.231 als Vollzeitkräfte, davon waren 146.969 weiblich. 25.583 Personen arbeiteten teilzeitbeschäftigt. Das macht einen Teilzeitanteil von 4% aus. Bis auf etwa 2.000 Teilzeitbeschäftigte waren alle Teilzeitkräfte weiblich.

Im Jahr 1994 haben in der Chemischen Industrie noch 583.737 sozialversicherungspflichtig Beschäftigte gearbeitet. Der Frauenanteil betrug mit 161.842 Beschäftigten 27,7%, hat sich also in vier Jahren um 0,8 Prozentpunkte erhöht, obwohl die Beschäftigtenzahl insgesamt um gut 50.000 Arbeitsplätze (davon 9.000 Frauenarbeitsplätze) zurückgegangen ist.

Der Teilzeitanteil hat sich auf 26.875 (4,6%) Arbeitsplätze erhöht. Der Arbeitsplatzabbau hat sich demzufolge bei den Frauen nicht so gravierend ausgewirkt wie bei den Männern, weil eine gewisse zahlenmäßige Zunahme im Teilzeitbereich stattgefunden hat.

Der Frauenanteil der Teilzeitbeschäftigten belief sich 1994 auf einen Anteil von 93% gegenüber 92,9% im Jahr 1990.

Vergleicht man den Abbau der Vollzeitarbeitsplätze von Frauen und Männern in den Jahren 1990 und 1994 miteinander, so stellt man fest, daß im Verhältnis 6,9% der Frauen- und 9,3% der Männerarbeitsplätze abgebaut wurden. Der Anstieg des Frauenanteils im Jahr 1994 resultiert also unter anderem daher, daß prozentual weniger Frauen- als Männerarbeitsplätze abgebaut wurden.

2.1.1.1.2 Beispiele: Stahl- und Leichtmetallbau, Kreditinstitute/Versicherungsgewerbe, Dienstleistungssektor

Schließlich soll der Blick auf Bereiche gerichtet werden, in denen sowohl die Beschäftigtenzahl (einschließlich der Frauen) angestiegen ist als auch der prozentuale Anteil der Frauen an den Beschäftigten.

Im Bereich Stahl- und Leichtmetallbau hat sich die Zahl der Beschäftigten zwischen 1990 und 1994 von 353.522 auf 373.153 erhöht. Der Frauenanteil ist in dieser Zeit von 13,2% auf 13,9% angestiegen. Während insgesamt 20.000 neue Arbeitskräfte eingestellt wurden, hat sich der Frauenanteil - 5.097 Frauen wurden neu eingestellt - nur geringfügig verbessert.

Der Anteil der Frauen an den Neueinstellungen liegt damit bei 25%, wodurch sich der Frauenanteil um 0,7 Prozentpunkte erhöht hat. Auch hier ist ein überproportionaler Anstieg im Teilzeitbereich zu verzeichnen. Von den neu Eingestellten wurde der Vollzeitanteil von 344.893 auf 362.367 erhöht, das heißt ein Anstieg um 8,6% gegenüber einem Anstieg bei den Männern um 4,6%. Bei den Teilzeitkräften stieg die Zahl von 8.629 auf 10.786. Damit stieg der Teilzeitanteil insgesamt von 2,4% auf 2,9%. Der relativ hohe Anteil der Frauen an neu geschaffenen Arbeitsplätzen wirkt sich unterproportional auf die Vollzeitquote aus.

Womit es zusammenhängt, daß im Bereich Stahl- und Leichtmetallbau zwischen 1990 und 1994 von etwa 20. 000 Neueinstellungen immerhin 25% Frauen eingestellt wurden, läßt sich

[50] ANBA 11/1990, S. 1622.

allein anhand der Datenmaterialien nicht erklären. Aufgrund des bereits vorhandenen größeren Männeranteils wirkt sich der Anteil der Erhöhungen sowohl im Bereich der Vollzeitstellen als auch im Bereich der Teilzeitstellen bei den Frauen stärker aus als bei den Männern.

Ein weiteres Beispiel in diesem Zusammenhang soll der in Tabelle 3 aufgeführte Wirtschaftszweig Kreditinstitute/Versicherungsgewerbe liefern. In diesem Zweig ist sowohl die Anzahl der weiblichen Beschäftigten als auch ihr prozentualer Anteil gestiegen. Die Betrachtung soll hier bereits im Jahr 1980 beginnen.
In diesem Bereich stieg der Anteil der weiblichen Beschäftigten von etwas über 50% im Jahr 1980 auf 53,9% im Jahr 1994 an. Allein von 1990 bis 1994 erhöhte sich der Frauenanteil von 51,5 % auf 53,9 %. Die Beschäftigtenzahl ist von 762.116 (davon 385.111 Frauen) im Jahr 1980 auf 968.712 (davon 522.004 Frauen) im Jahr 1994 gestiegen.
Der Teilzeitanteil der Beschäftigten erhöhte sich von etwas über 10% (72.301 Frauen) auf 12,5% (121.294 Frauen). Noch im Jahr 1990 machte der Teilzeitanteil nur 11,1% aus. Während 18% der Frauen im Jahr 1980 teilzeitbeschäftigt waren, gingen 1994 22,5% einer Teilzeitbeschäftigung nach. Der Anteil der teilzeitbeschäftigten Frauen wuchs in dieser Zeit um 4,5%.
Während von 1990 bis 1994 knapp 80.000 neue Beschäftigte eingestellt wurden, von denen 62.000 weiblich waren, wurden nur 38.000 als Vollzeitkräfte aber gut 24.000 als Teilzeitkräfte eingestellt. Die 18.000 männlichen Beschäftigten, die von 1990 -1994 neu beschäftigt wurden, wurden zu über 80% als Vollzeitkräfte eingesetzt.

Im gesamten Dienstleistungsbereich hat sich nach der Tabelle 3 seit 1980 die Beschäftigtenzahl insgesamt von etwa 9,9 Mio. auf 12,9 Mio[51]. im Jahr 1994 erhöht. Der weibliche Beschäftigungsanteil hat sich von etwas über 54,2% auf 56,9% vergrößert. Die Anzahl der weiblichen Beschäftigten ist von knapp 5,4 Mio. auf 7,3 Mio. angestiegen. Der starke Beschäftigungszuwachs bei den Frauen ist auf eine überproportional starke Expansion des Dienstleistungssektors zurückzuführen. Frauen sind ganz verstärkt in expandierenden und damit neuen, bislang von Männern nicht besetzten Bereichen eingestellt worden. Von 1980-1994 hat sich die Zahl der Frauenarbeitsplätze im Dienstleistungssektor um 36% erhöht.
Der Teilzeitanteil im Dienstleistungssektor macht mit gut 2,4 Millionen Teilzeitbeschäftigten knapp 19% aller Beschäftigten aus. Von den weiblichen Beschäftigten arbeiten im Jahr 1994 29,8% als Teilzeitbeschäftigte. Allein zwischen 1990 und 1994 ist der Teilzeitanteil unter den weiblichen Beschäftigten noch einmal um 1,9% gestiegen. Im Bundesgebiet-West ist der Beschäftigungsanstieg der weiblichen Beschäftigten vor allem auf einen Zuwachs im Teilzeitbereich zurückzuführen.

[51] Vgl. ANBA 3/1995, S. 400.

2.1.1.1.3 Zusammenfassung

Der eingangs angesprochene Beschäftigungszuwachs von Frauen bringt nur in manchen Bereichen einen allmählichen Anstieg des Frauenanteils mit sich. Er beruht auf höchst unterschiedlichen Entwicklungen, und ist keineswegs gleichbedeutend mit einer tatsächlich gleichmäßig ansteigenden Zahl der weiblichen Beschäftigten in den jeweiligen Bereichen verbunden mit einer Gleichstellung mit den männlichen Kollegen in den jeweiligen Vergleichsberufen.

Der Beschäftigungszuwachs bei den weiblichen Beschäftigten im beschriebenen Zeitraum betrifft in erster Linie den Dienstleistungssektor, einen von jeher frauendominierten Bereich. Der Anstieg der beschäftigten Frauen führte jedoch nicht zu einer Erhöhung des Arbeitsvolumens, vielmehr ist die Zunahme auf einen Anstieg von Teilzeitarbeit zurückzuführen. Der Anteil der teilzeitbeschäftigt Arbeitenden wuchs von 13%[52] im Jahr 1980 auf knapp 20% im Jahr 1996[53].

Aus dem vorhandenen Zahlenmaterial läßt sich nicht entnehmen, ob die Frauen sich als Vollzeitkräfte beworben hatten, aber dann entweder gar nicht oder nur als Teilzeitkräfte genommen worden sind, denn man hat keine Daten über den weiblichen Bewerberanteil. Die Daten belegen jedoch, daß ein Interesse an vermehrter Einstellung weiblicher Teilzeitkräfte besteht. Inwiefern hier ein wechselseitiges Interesse von Arbeitgebern und Frauen an der Teilzeitbeschäftigung besteht, läßt sich nicht abschließend klären. Vorhandene Daten aus den Jahren 1984 bis 1990 belegen[54], daß insbesondere im Bundesgebiet West Frauen gerade während der Familienphase vermehrt teilzeit arbeiteten. Neueren Untersuchungen zufolge[55] hat ein Abbau von Vollzeitarbeitsplätzen verbunden mit einer Verschiebung hin zu mehr Teilzeitarbeitsplätzen stattgefunden. Diese Verschiebung erfolgte aufgrund des Arbeitsangebots und nicht aufgrund des Wunsches der Frauen[56]. Dieser Trend hat sich in den letzten fünf Jahren weiter verstärkt und hält ungebrochen an. Der weitere Zuwachs der Erwerbstätigenquote ist ausschließlich auf einen Anstieg der Teilzeitarbeit zurückzuführen[57]. Auch im Bundesgebiet Ost ist ein Anstieg der Teilzeitbeschäftigungen zu verzeichnen. Allerdings würden auch hier die Frauen häufig lieber Vollzeit arbeiten[58].

In den männerdominierten Bereichen ist ein minimaler Anstieg des Frauenanteils zu beobachten. Auch in diesen Bereichen ist der Anstieg jedoch vor allem auf die Zunahme im Teilzeitbereich zurückzuführen. Wie im Zusammenhang mit der Verdienstsituation von Frauen[59] noch zu sehen sein wird, bedingt der niedrige Frauenanteil in den männerdominierten Berufen aber auch in den typischen Frauenberufen eine Fortschreibung der schlechten Vergütung von Frauen. Denn durch den geschlechtsspezifisch gespaltenen Arbeitsmarkt hält sich die niedrigere Vergütung von Frauen noch viel eher, als wenn Männer und Frauen sich die Arbeitsplätze in den jeweiligen Sparten teilten. Dies gilt sowohl für die typischen Männerberufe, in de-

---

[52] ANBA 3/1981, S. 360, 361, Bestand 30. Juni 1980.

[53] ANBA 1996, S. 98, Tab. 2.

[54] Vgl. die von Holst/Schupp in: Perspektiven der Erwerbsbeteiligung von Frauen, S. 161, ausgewerteten Daten des Sozio-ökonomischen Panels, einer Langzeitstudie zur Beschreibung und Analyse des sozialen Wandels des DIW, im Zusammenhang mit Teilzeitbeschäftigung.

[55] Vgl. ibv 8/98, S. 510.

[56] Vgl. ibv 8/98, S. 510 für das Bundesgebiet West.

[57] Vgl. ibv 8/98, S. 510.

[58] Engelbrech/Reinberg: Frauen und Männer in der Beschäftigungskrise der 90er Jahre, S. 7;

[59] Vgl. unten 2.3.

nen der Frauenanteil nur sehr gering ist, als auch für die typischen Frauenberufen, in denen fast keine Männer anzutreffen sind.

2.1.1.2 Geringfügige Beschäftigungsverhältnisse

In die Betrachtung mit einfließen müssen auch die geringfügig Beschäftigten, da sie zahlenmäßig einen erheblichen Teil der weiblichen Beschäftigten ausmachen.

Wieviele geringfügige Beschäftigte es tatsächlich gibt, läßt sich aufgrund unterschiedlicher Untersuchungsergebnisse verschiedener Untersuchungen nicht genau beziffern. Die Zahlen schwanken zwischen 1,6 Mio.[60] ausschließlich geringfügig Beschäftigten und 3,3 bis 3,5 Mio.[61] oder sogar 4,21 Mio.[62]. Damit lassen sich auch die Zahlenangaben hinsichtlich Frauen in geringfügigen Beschäftigungsverhältnissen nur jeweils im Hinblick auf die jeweilige Untersuchung machen.

Die Behandlung geringfügiger Beschäftigungsverhältnisse wurde mit dem zum 01.04.1999 in Kraft getretenen Gesetz zur Neuregelung geringfügiger Beschäftigungsverhältnisse[63] verändert.

Die Definition eines geringfügigen Beschäftigungsverhältnisses ist in dem neu gefaßten § 8 Abs. 1 SGB IV[64] gegeben. Eine geringfügige Beschäftigung liegt vor, wenn

1. die Beschäftigung regelmäßig weniger als fünfzehn Stunden in der Woche ausgeübt wird und das Arbeitsentgelt regelmäßig im Monat 630 Deutsche Mark nicht übersteigt,
2. die Beschäftigung innerhalb eines Jahres seit ihrem Beginn auf längstens zwei Monate oder 50 Arbeitstage nach ihrer Eigenart begrenzt zu sein pflegt oder im voraus vertraglich begrenzt ist, es sei denn, daß die Beschäftigung berufsmäßig ausgeübt wird und ihr Entgelt 630 Deutsche Mark im Monat übersteigt.

Geändert gegenüber bisher hat sich, daß keine Unterscheidung mehr zwischen Beschäftigungsverhältnissen im Bundesgebiet-Ost und –West getroffen wird[65].

Außerdem sind solche Beschäftigungsverhältnisse nunmehr durch §§ 28a ff. SGB IV mit in das allgemeine Meldeverfahren einbezogen. Neugeregelt ist nunmehr, daß die Arbeitgeber für derartige Beschäftigungsverhältnisse 12,5% des Arbeitsentgeltes an die gesetzliche Rentenversicherung (§172 Abs. 3 S. 1 SGB VI)[66] und 10% an die gesetzliche Krankenversicherung (249b SGB V)[67] – statt wie bisher 20% Pauschalsteuern – zahlen.

---

[60] Ergebnis des Mikrozensus 1996, vgl. ibv 8/98, S. 511.

[61] Ergebnis von Betriebsbefragungen des IAB 1995, vgl. ibv 8/98, S. 511.

[62] Ergebnis von Befragungen des Instituts für Sozialforschung und Gesellschaftspolitik 1997, vgl. ibv 8/98, S. 511.

[63] Gesetz zur Neuregelung der geringfügigen Beschäftigungsverhältnisse, BGBl. I v. 24.03.1999, S. 388 ff..

[64] Zur Definition der geringfügigen Beschäftigung im Arbeitsförderungsrecht (§ 104 AFG bzw. seit dem 01.01.1998 § 118 SGB III) s.o. Fn. 47.

[65] Bisher: 530,- DM Bundesgebiet-Ost, 630,-DM Bundesgebiet-West.

[66] Eingeführt durch Art. 4 Nr. 25 b) des Neuregelungsgesetzes.

[67] Eingeführt durch Art. 3 Nr. 4 des Neuregelungsgesetzes.

Die Ausübung eines solchen Beschäftigungsverhältnisses führt allerdings bei Vorliegen der maßgebenden Voraussetzungen weiterhin im Grundsatz zur Versicherungsfreiheit[68], das heißt, die geringfügig Beschäftigten erhalten durch die Arbeitgeberbeiträge keine eigenen Ansprüche auf Versicherungsleistungen[69].
Gemäß § 163 Abs. 8 SGB VI und § 168 Abs. 1 Nr. 1 b SGB VI[70] können geringfügig Beschäftigte lediglich dann Ansrüche auf Leistungen der Rentenversicherung erwerben, wenn sie für einen Status der Versicherungspflicht optieren (§ 5 Abs. 2 S. 2 SGB VI)[71] und freiwillig 7,5% Arbeitnehmerbeiträge zahlen.

Gemäß Mikrozensus 1996[72] wird eine ausschließlich geringfügige Beschäftigung überwiegend von Frauen ausgeübt. Der Anteil der Frauen an ausschließlich geringfügigen Beschäftigungen macht danach rund 75% aus, im Westen sind es 66% und im Osten 49%. Die Tendenz der sozialversicherungsfrei beschäftigten Frauen ist dabei steigend[73].
Zwischen 1991 und 1995 ist allein im Westen die Zahl der sozialversicherungsfrei arbeitenden Frauen um 529.000 (+ 29%) angestiegen.
Bezogen auf die Arbeitsform - sozialversicherungspflichtig oder geringfügig beschäftigt arbeitet gemäß der Untersuchung des Mikrozensus im Bundesgebiet West inzwischen fast jede zehnte abhängig beschäftigte Frau geringfügig, das heißt weniger als 15 Stunden wöchentlich. Ganz anders stellt sich die Situation für das Bundesgebiet Ost dar. Hier wird diese Beschäftigungsform von unter 2% der Frauen und unter 1% der Männer ausgeübt.
Zu einem deutlich anderen Ergebnis gelangte das Sozio-ökonomische Panel 1996[74]. Danach arbeitete im Bundesgebiet West fast jede fünfte erwerbstätige Frau geringfügig, und im Bundesgebiet Ost war fast jede zehnte der erwerbstätigen Frauen geringfügig beschäftigt.
Etwa zwei Drittel sind Haushaltsführende, die überhaupt keinen eigenen Sozialversicherungsschutz besitzen. In der Altersstruktur unterscheiden sich die sozialversicherungsfrei arbeitenden Männer und Frauen auch deutlich voneinander: während die Mehrzahl der Männer entweder arbeitslos oder noch in der Ausbildung und dabei jünger als 35 Jahre alt ist, sind die meisten weiblichen sozialversicherungsfrei Arbeitenden zwischen 25 und 59 Jahren. Die vorhandene geschlechtsspezifische Spaltung des Arbeitsmarktes setzt sich auch bei den sozialversicherungsfreien Beschäftigungen fort. Frauen sind meist in Privathaushalten, im Handel und im Reinigungsgewerbe[75] sowie im Gastgewerbe und Gesundheits- und Veterinärwesen

---

[68] Das alleinige Abstellen auf die Sozialversicherungsfreiheit zur Bestimmung eines geringfügigen Beschäftigungsverhältnisses wird z.T. von Sozialwissenschaftlern kritisiert, und es werden drei weitere Kriterien zur Bestimmung einer geringfügigen Beschäftigung vorgeschlagen. Hierzu zählen die tarifrechtliche Einbindung, die Dauerhaftigkeit des Arbeitsverhältnisses und die existenzsichernde Entlohnung. Sowie eines dieser Kriterien nicht erfüllt sei, handele es sich um ein geringfügiges Beschäftigungsverhältnis. (vgl. Wagner: Organisation weiblicher Erwerbsarbeit im Umbruch, in: BeitrAB 167, S. 75 m.w.N.).
[69] § 7 SGB V regelt die Freistellung dieser Personen von der Krankenversicherungspflicht, § 5 Abs. 2 S. 1 Nr. 1 SGB VI regelt den Grundsatz der Rentenversicherungsfreiheit.
[70] Art. 4 Nr. 17 lit. b des Neuregelungsgesetzes.
[71] Eingeführt durch Art. 4 Nr. 2 des Neuregelungsgesetzes.
[72] In diesem Zusammenhang muß darauf hingewiesen werden, daß die vorliegenden Daten über geringfügige Beschäftigungen infolge unterschiedlicher Meßkonzepte (einerseits Bevölkerungsbefragungen, andererseits Betriebsbefragungen) unterschiedlich ausfallen (vgl. ibv 8/98, S. 511).
[73] Vgl. ibv 8/98, S. 511.
[74] DIW: Einführung der Sozialversicherungspflicht für 610-Mark-Jobs und Abschaffung der Pauschalbesteuerung, DIW-Wochenbericht Nr. 45.
[75] Im Reinigungsgewerbe macht der Frauenanteil 94% aus, Friedrich: Sozialversicherungsfreie Beschäftigung, S. 34.

anzutreffen, mittlerweile auch in Bürotätigkeiten sowie dem privaten und ambulanten Pflegebereich[76]. Männer werden hingegen überwiegend im Baugewerbe (94% aller sozialversicherungsfrei beschäftigten Männer) und im Verkehrsgewerbe beschäftigt[77]. Bereits an der Verteilung auf die verschiedenen Tätigkeitsbereiche wird ersichtlich, daß Frauen die Tätigkeiten im Haushalt oder als Reinigungskraft - den „klassischen Frauendomänen" - vor allem ausüben, weil diese Art der Tätigkeit für sie die einzige Beschäftigungsmöglichkeit darstellt, wenngleich damit nur ein Zuverdienst und keine Existenzgrundlage geschaffen wird. Männer hingegen nehmen die sozialversicherungsfreien Tätigkeiten zumeist nur als vorübergehende Beschäftigungschance wahr, solange bis sie wieder ein sozialversicherungspflichtiges Beschäftigungsverhältnis gefunden haben. Während den Frauen auf dem Arbeitsmarkt also zumeist gar keine andere Möglichkeit bleibt, als eine geringfügige Beschäftigung aufzunehmen, um überhaupt arbeiten zu können, nutzen Männer geringfügige Beschäftigungsverhältnisse meist als eine Art Zwischenjobs. Besonders auffällig bei den sozialversicherungsfrei Arbeitenden ist insbesondere der hohe Anteil an ungelernten Frauen im Vergleich zu den Männern[78].

2.1.2 Beschäftigungssituation Bundesgebiet Ost

Eine Gegenüberstellung mit der Beschäftigungssituation im Bundesgebiet-Ost bringt eine Reihe von beachtlichen Unterschieden hervor. Das Gesellschaftssystem in der DDR hat zu einer deutlich verschiedenen Erwerbssituation der Frauen dort geführt. Der Anteil der rund 8,55 Mio. Berufstätigen in der DDR lag am 30.9.1989 bei 49% Frauen[79]. Das Erwerbsverhalten der Frauen hat sich kaum von dem der Männer unterschieden. An dem Erwerbsverhalten der Frauen hat sich auch nach dem „Fall der Mauer" nichts Grundsätzliches verändert[80]. So lag 1996 die Erwerbsquote der Frauen mit 73,3 % um 13,6 Prozentpunkte höher als die der Frauen im Westen (59,7%)[81]. Allerdings ist die Zahl der Erwerbstätigen stark zurückgegangen[82], die Zahl der Erwerbslosen hingegen hat überproportional stark zugenommen. Die Zahl der Erwerbstätigen ist von etwa 66,7% im Jahr 1991 auf 57,5% im Jahr 1996 zurückgegangen[83], der Anteil der Frauen an den Erwerbstätigen sank von 46,5% (1991) auf 44,8% im Jahr 1996[84]. Der Wunsch zur Erwerbstätigkeit ist unvermindert vorhanden, wesentlicher Grund dafür ist die ökonomische Notwendigkeit[85].

Schon seit den fünfziger Jahren entfielen auf die Frauen in sämtlichen Wirtschaftszweigen höhere Beschäftigungsanteile als im Bundesgebiet-West, wenngleich auch hier eine ge-

---

[76] Vgl. ibv 8/98, S. 511.
[77] Friedrich: Sozialversicherungsfreie Beschäftigung, S. 34.
[78] Ders., S. 28: im Untersuchungszeitraum 1988 belief er sich auf 49% bei den Frauen gegenüber 37% bei den Männern (Bundesgebiet West).
[79] ANBA 5/1991, S. 730.
[80] Engelbrech: Der Arbeitsmarkt für Frauen in den alten und den neuen Bundesländern in: BeitrAB 167, S. 21: Im Unterschied zum Erwerbsverhalten im Bundesgebiet West kommt es kaum zu Unterbrechungen bei den 20-35jährigen.
[81] Ibv 8/98, S. 507.
[82] Vgl. unten 2.4.
[83] Ibv 8/98, S. 507.
[84] Ibv 8/98, S. 510.
[85] Engelbrech/Reinberg: Frauen und Männer in der Beschäftigungskrise der 90er Jahre, S. 7.

schlechtsspezifische Teilung des Arbeitsmarktes existierte[86]. Zwar waren und sind die acht meistgewählten typischen Frauenberufe in West und Ost nicht identisch, jedoch gab es auch in der ehemaligen DDR klassische Frauendomänen, so zum Beispiel im sozialen Bereich sowie im Gesundheits- und Veterinärwesen. Auffällig im Unterschied zum Bundesgebiet West ist der hohe Ausbildungsstand der erwerbstätigen Frauen in den neuen Bundesländern[87]. 87% der erwerbstätigen Frauen verfügten 1992 über eine abgeschlossene Berufsausbildung. Allerdings läßt sich am Beispiel der ehemaligen DDR zeigen, daß selbst das hohe Ausbildungsniveau der Frauen nicht automatisch zu verantwortungsvollen, leitenden Tätigkeiten und höherem Einkommen führte[88].

2.1.2.1 Frauenanteil in den einzelnen Wirtschaftszweigen

Etwa ein knappes Drittel der Frauen arbeitete in der Industrie und ihr Anteil an den Beschäftigten dort betrug immerhin 40,9%. Dennoch entsprach – wie eben bereits angesprochen - ihr Beschäftigungsanteil nicht ihrer Repräsentation in Leitungsfunktionen.
In der Land- und Forstwirtschaft lag ihr Anteil mit 37,4% um etwa 8 Prozentpunkte höher als im Bundesgebiet-West[89]. In den Bereichen Handel, Bildung, Gesundheits- und Sozialwesen arbeitete knapp ein Drittel aller Frauen. Insgesamt war der Frauenanteil in einzelnen typisch männerdominierten Branchen im November 1991 noch immer deutlich höher als im Bundesgebiet-West. Beispielsweise im Industriezweig Bergbau, Energiegewinnung lag der Frauenanteil von 27,6% noch um 16,2 Prozentpunkte höher als im Bundesgebiet-West (dort 11,8%). Genauso lag in der Chemischen Industrie der Frauenanteil 1991 mit 40,9% 13,8 Prozentpunkte über dem Frauenanteil im Bundesgebiet West (27,1%)[90].

2.1.2.2 Geringfügige Beschäftigungsverhältnisse

Wie bereits oben angedeutet[91] spielt in den neuen Bundesländern diese Beschäftigungsform sowohl für Frauen als auch für Männer bislang –noch - eine untergeordnete Rolle, wenngleich die Tendenz steigend ist[92]. 1996 gingen gemäß Mikrozensus unter 2% der erwerbstätigen Frauen gegenüber unter 1% der Männer einer ausschließlich geringfügigen Tätigkeit nach[93].

2.1.2.3 Teilzeitarbeitsmarkt

(Noch) deutlich verschieden stellt sich der Teilzeitarbeitsmarkt dar. Während im Bundesgebiet-West im Juni 1996 13,4% der Erwerbstätigen in Teilzeitbeschäftigung tätig waren, und die Tendenz steigend ist, waren es mit 10,2% im Osten (Juni 1995) gut 3 Prozent weniger.

---

[86] S. hierzu Sessar-Karpp/Harder: Erwerbstätigkeit, Arbeitslosigkeit und Weiterbildung von Frauen in den neuen Bundesländern in: BeitrAB 179, S. 574 mit Verweis auf Gensior: Berufliche Weiterbildung für Frauen in den neuen Ländern, S. 44, 20.
[87] Vgl. Schenk: Qualifikationsstruktur und Qualifikationsbedarf erwerbstätiger Frauen in den neuen Bundesländern, in: BeitrAB 167, S. 33, 34.
[88] Dieselbe, ebda., S. 42, 43 mit Tabellen zum Anteil der Frauen in Leitungspositionen nach Wirtschaftsbereichen 1988, sowie dem Anteil der Frauen in Leitungspositionen nach der Höhe der Hierarchiestufe und den Bereichen 1989.
[89] Vgl. ANBA 11/1990, S. 1625 (Stand: 31. März 1989).
[90] Vgl. ANBA 11/1991, S. 1645.
[91] Vgl. oben 2.1.1.2
[92] Vgl. Arbeitsmarkt 1996, S. 183.
[93] Vgl. ibv 8/98, S. 511, sowie Arbeitsmarkt 1996, S. 183. Danach gingen gemäß Mikrozensus 1995 nur 56.000 Erwerbstätige einer ausschließlich geringfügigen Beschäftigung nach. Auch hier muß auf die unterschiedlichen Ergebnisse je nach Meßkonzept hingewiesen werden, s. oben Fn. 72.

Einer sozialversicherungspflichtigen Teilzeittätigkeit gehen 20,0% der erwerbstätigen Frauen nach gegenüber 28,2% der erwerbstätigen Frauen im Westen.

Frauen in Ostdeutschland arbeiten weniger teilzeitbeschäftigt als Frauen im Westen und wünschen häufig, wenn sie einer Teilzeittätigkeit nachgehen, wieder vollzeit arbeiten zu können, da die Teilzeittätigkeit meist unfreiwillig, das heißt aufgrund erfolgloser Suche nach einer Vollzeittätigkeit, erfolgt[94]. Der Wunsch nach einer Vollzeittätigkeit hängt unter anderem mit der nach wie vor bedeutend besseren Kinderbetreuungssituation[95] als im Westen zusammen. Teilzeitarbeit wird im Bundesgebiet-Ost hauptsächlich von Frauen ab 50 Jahren in Anspruch genommen. Selbst Frauen mit Kindern unter 18 Jahren nehmen kaum die Möglichkeit von Teilzeitarbeit in Anspruch[96].

2.1.2.4 Zusammenfassung

Betrachtet man die Entwicklung der Frauenerwerbstätigkeit von 1990-1996, so präsentiert sich die Situation auffällig negativ zu Lasten der Frauen. Frauen sind wesentlich stärker durch Entlassungen betroffen[97], werden in weiten Teilen regelrecht vom Arbeitsmarkt verdrängt. Zusätzlich haben sie größere Probleme als Männer, wieder einen Arbeitsplatz zu finden[98]. Man kann in diesem Zusammenhang davon sprechen, daß die schwierige Umbruchsituation in der ehemaligen DDR, die durch den Wandel von einer sozialistischen Marktordnung zur sozialen Marktwirtschaft westlichen Gepräges entstanden ist, auf Kosten der erwerbstätigen Frauen ging. Beleuchtet man diese Tendenz gerade unter dem Aspekt der vom EG-Gesetzgeber in den Richtlinien 76/207 EWG und 75/117 EWG, im Grundgesetz in Art. 3 Abs. 2 und in §§ 611a, 612 Abs. 3 BGB geforderten und gewünschten Entwicklung hin zu tatsächlicher Gleichberechtigung von Mann und Frau, so muß man am Beispiel der neuen Bundesländer die genau gegenteilige Entwicklung feststellen:
Der Beschäftigungsanteil ist in den Wirtschaftszweigen, in denen Frauen anteilig deutlich stärker vertreten waren als im Westen, hinsichtlich des Frauenanteils an den Beschäftigten rückläufig. Die Konsequenz hieraus ist eine geschlechtsspezifische Strukturierung und Polarisierung des Arbeitsmarktes auch im Bundesgebiet-Ost. Daran schließt sich dann wie im Bundesgebiet-West die unterschiedliche, d.h. schlechtere, Entlohnung sowie hierarchische Unterrepräsentation der Frauen an.
Zusammenfassend ist zu sagen, daß am Beispiel der Situation erwerbstätiger Frauen in den fünf neuen Bundesländern deren schwache Position deutlich hervortritt. Trotz entsprechender Gesetze, die der tatsächlich bereits vorhandenen Frauendiskriminierungssituation im Bundesgebiet-West entgegensteuern sollten, und die eben auch im Bundesgebiet Ost gelten, reguliert sich der Arbeitsmarkt-Ost "von selbst" in dieselbe, Frauen benachteiligende Richtung wie im Bundesgebiet-West, obwohl im Osten die Situation bereits besser im Sinne von mehr Gleichberechtigung der Frauen war.

---

[94] Vgl. Arbeitsmarkt 1996, S. 183; Engelbrech/Reinberg: Frauen und Männer in der Beschäftigungskrise der 90er Jahre, S. 7.
[95] Ibv 8/98, S. 507, 510.
[96] Vgl. Arbeitsmarktreport für Frauen, Beilage zu ANBA 1/1994, S. 26, Übersicht 2.12.
[97] Ibv 8/98, S. 502.
[98] Ibv 8/1998, S. 521.

2.1.3 Arbeitsmarktsituation im EG-Vergleich 1980-1990

Mit der nun folgenden Tabelle 5 soll die für Deutschland festgestellte geringere Erwerbsbeteiligung der Frauen gegenüber der der Männer sowie die festgestellte steigende Frauenerwerbstätigkeit der Situation der Erwerbstätigkeit der Frauen in der Europäischen Gemeinschaft gegenüber gestellt werden.

Hierzu läßt sich allgemein sagen, daß Frauen genau wie in Deutschland auch in den übrigen europäischen Ländern zu einem geringeren Anteil als die Männer an der Gesamtbeschäftigung beteiligt sind. In Dänemark, dem Land mit dem höchsten Frauenanteil an den Erwerbspersonen, machte ihr Anteil im Jahr 1990 46,1% aus; in Irland, dem Land mit dem niedrigsten Frauenanteil an den Erwerbspersonen, machte ihr Anteil im Jahr 1990 31,6% aus. Von den untersuchten Ländern hatten sechs Länder eine Erwerbsbeteiligung der Frauen von über 40% gegenüber sechs Ländern mit einer Erwerbsbeteiligung von unter 40%.

Es läßt sich aus der Tabelle entnehmen, daß auch in den anderen EG-Ländern in der Zeit zwischen 1980 und 1990 die Frauenerwerbsquote insgesamt von 36,5% auf 40,2% gestiegen ist.

Tabelle 5: Frauenerwerbstätigkeit in EG-Ländern, 1980-1990

	Weibliche Erwerbspersonen in 1000			Anteil der Frauen an allen Erwerbspersonen in %		
	1980	1985	1990	1980	1985	1990
Belgien	1.513	1.631	1.739	37,2	39,7	41,6
Dänemark	1.144[1)]	1.254	1.341	43,5[1)]	45,6	46,1
Frankreich	9.307	9.982	10.500	39,8	41,7	42,9
BR Deutschland[2)]	10.866	11.321	12.329	38,9	39,2	40,7
Griechenland	1.037	1.379	1.467[3)]	31,9	35,4	37,0 3)
Irland	358	385	412	28,7	29,6	31,6
Italien	7.515	8.189	8.946	33,3	34,9	36,8
Luxemburg	49	55	66	30,9	33,9	34,5
Niederlande	1.642	2.006	2.693	30,4	34,5	39,2
Portugal	1.733	1.867[4)]	2.041	39,7	41,4	42,9
Spanien	3.837	4.174	5.335	28,4	29,9	34,8
Großbritannien	10.520	11.230	12.174	39,2	40,5	43,8
EG-Länder insgesamt	49.521	54.473	59.043	36,5	38,0	40,2

1) Zahl für 1979; 2) alte Bundesländer; 3) Zahl für 1989; 4) Darin enthalten sind eine größere Zahl von Erwerbspersonen unter 15 Jahren bzw. über 64 Jahre

Quelle: OECD (1992), Labour Force Statistics und Berechnungen der BfA (aus Konle-Seidl/Walwei) entnommen aus: Arbeitsmarktreport für Frauen, ANBA Beilage zu 1/1994, S. 76, Tabelle 7.1.

Dabei läßt sich anhand der Tabelle 5 erkennen, daß der Anteil der weiblichen Erwerbspersonen an allen Erwerbspersonen im EG-Gebiet von 1980-1990 in etwa mit dem Anteil im Bundesgebiet-West übereinstimmt. Deutschland lag 1990 mit einer Frauenerwerbstätigkeit von 40,7% im Westen 0,5% über dem EG-Durchschnitt. Dänemark, Frankreich, Portugal, Großbritannien und Belgien haben zum Teil einen deutlich höheren Anteil der Frauen an den Erwerbspersonen.

2.1.4 Beschäftigungssituation für Frauen in Ausbildungsverhältnissen

Um einen repräsentativen Eindruck über die Beschäftigungssituation von Frauen in Deutschland vermitteln zu können, ist es besonders wichtig, die Entwicklung des Frauenanteils unter den Auszubildenden zu beobachten. Denn gerade die Verteilung des Arbeitsmarktes auf die neue Generation läßt erkennen, ob sich an der geschlechtsspezifischen Strukturierung sowie der Unterrepräsentation der Frauen etwas geändert hat. Während die schulische Vorbildung der Frauen sich immer mehr der der Männer angleicht, und man hier inzwischen von nahezu den gleichen Voraussetzungen ausgehen kann, setzt sich die auf dem Arbeitsmarkt vorhandene geschlechtsspezifische Spaltung bei den Auszubildenden überwiegend fort[99]. Eine Ausnahme bilden die weiblich dominierten Berufe mit 80-100% weiblichen Auszubildenden, bei denen der Anteil zurückging. Während sich 1977 noch 47% aller weiblichen Auszubildenden für einen derartigen Beruf ausbilden ließen, waren es 1990 nur noch 38% und 1991 nur noch 37,5%[100].

Tabelle 6: Anteil der weiblichen Auszubildenden an allen Auszubildenden nach Ausbildungsbereichen im Bundesgebiet West, 1973 bis 1991, in Prozent

Jahr	Weibliche Auszubildende							
		davon im Ausbildungsbereich						
	Insgesamt	Industrie und Handel	Handwerk	Landwirtschaft	Öffentlicher Dienst	Freie Berufe	Hauswirtschaft[1)]	Seeschiff.
1973	35,4	41,1	17,4	19,4	21,1	93,4	100,0	0,0
1975	35,4	39,4	19,1	19,2	29,5	93,9	100,0	0,0
1977	36,5	40,4	21,7	21,6	34,6	94,9	99,9	0,0
1979	37,8	43,1	22,5	24,0	40,0	95,6	99,9	0,6
1981	38,6	43,4	22,5	27,0	44,0	95,8	99,9	0,7
1983	39,3	42,5	23,8	31,4	47,5	95,6	99,6	0,9
1985	40,6	43,5	25,6	31,4	47,3	95,7	99,7	0,2
1987	42,1	43,8	27,8	32,4	48,0	95,7	98,5	2,2
1989	43,1	43,8	28,0	33,4	48,5	96,2	98,1	2,9
1990	42,6	42,9	27,0	32,9	46,6	95,9	97,8	4,9
1991	42,2	41,9	25,5	31,9	48,4	95,9	97,8	2,7
[1)] Hauswirtschaft im städtischen Bereich								

Quelle: BMBW (Hg.), Berufsbildungsbericht 1993, S. 54, entnommen aus: Arbeitsmarktreport für Frauen, S. 41, Übersicht 3.8

[99] Übersicht über die dreißig am stärksten von Männern und Frauen besetzten Ausbildungsberufe nach Rangfolge für das Bundesgebiet West und Ost in: Arbeitsmarktreport für Frauen, S. 98, 99, Übersicht 3.9, 3.10.

[100] BMBW Berufsbildungsbericht 1993, S. 56

Dies beginnt mit der Wahl "frauentypischer" Berufe, wie zum Beispiel Arzthelferin, Kauffrau im Einzelhandel, Friseurin, Bürokauffrau, Zahnarzthelferin, oder Bankauffrau[101]. Sie begeben sich damit bereits in ein Berufsfeld, in dem der Frauenanteil zwischen 60% und fast 100% liegt. So lag beispielsweise der Frauenanteil der Arzthelferinnen unter den Auszubildenden dieses Berufes 1991 im Bundesgebiet West bei 99,9 %[102].

Demgegenüber ist in den eindeutig männerdominierten Berufen wie Kraftfahrzeugmechaniker, Elektroinstallateur, Industriemechaniker, Maurer, Tischler oder Maler eine durchschlagende Veränderung nicht zu erkennen.
Zwar hat die auf Bundes-, Länder- und Kommunalebene vorgenommene Initiative zur Erweiterung des beruflichen Spektrums von Frauen insbesondere im gewerblich-technischen Bereich zu einer Erhöhung des Frauenanteils unter den Auszubildenden in den sogenannten Männerberufen von 2,3% auf mittlerweile knapp 9% geführt (1977-1989)[103]. Jedoch erfolgte in diesem Zusammenhang keine wirkliche Öffnung des Arbeitsmarktes für die weiblichen Auszubildenden. Vielmehr beschränken sie sich jetzt innerhalb der sogenannten Männerberufe wiederum auf eher traditionelle Frauenberufe. So lassen sich 45% aller Frauen, die einen klassischen Männerberuf wählen, zur Bäckerin, Konditorin, Gärtnerin, Köchin oder Restaurantfachfrau ausbilden. Diese Berufe liegen überwiegend auf der unteren Verdienststufe bei Männern und die Möglichkeit, in ein späteres Beschäftigungsverhältnis übernommen zu werden, ist geringer. Außerdem ist das Arbeitslosigkeitsrisiko hoch.
Eine Ausnahme bildet lediglich der öffentliche Dienst, wo sich der Anteil weiblicher Auszubildender von 21% im Jahr 1973 auf 48,4% im Jahr 1991 erhöht hat. Eine Erklärung für die starke Zunahme des Frauenanteils in diesem Bereich sind sicher die am ehesten familienfreundlichen Arbeitsplatzaussichten im Unterschied zu anderen Wirtschaftszweigen nach Abschluß der Ausbildung, die sich gerade durch die Einführung von Teilzeitarbeitsplätzen und Erziehungsurlaub herausgebildet haben.

2.1.4.1 Bundesgebiet West

Für die sogenannten weiblich dominierten Berufe, das heißt Berufe mit einem Anteil von 80-100% weiblichen Auszubildenden entschieden sich 1991 nur noch 37,5% aller weiblichen Auszubildenden im Vergleich zu 47,1% im Jahr 1977[104]. Frauen entscheiden sich sehr viel häufiger für eine schulische als für eine betriebliche Berufsausbildung. Männer entscheiden

---

[101] Die wichtigsten Ausbildungsberufe nach Rangfolge waren 1991:
für das Bundesgebiet West: Arzthelferin (Frauenanteil: 99,9%), Kauffrau im Einzelhandel (62,8%), Friseurin (94,1%), Bürokauffrau (80,0%), Industriekauffrau (59,9%);
für das Bundesgebiet Ost: Kauffrau im Einzelhandel (Frauenanteil: 81,4%), Bürokauffrau (95,1%), Friseurin (95,2%), Köchin (56,9%), Zahnarzthelferin (100%). Für ganz Deutschland 1996: Bürokauffrau, Arzthelferin, Zahnarzthelferin, Kauffrau im Einzelhandel (ibv 8 /98, S. 535, Abb. 1.1).
Bei den Männern waren die wichtigsten Ausbildungsberufe im Bundesgebiet West:
Kraftfahrzeugmechaniker (Männeranteil: 98,2%), Elektroinstallateur (99,0%), Industriemechaniker (Maschinen- und Systemtechnik) (97,3%), Kaufmann im Groß- und Einzelhandel (58,3%), Industriemechaniker (Betriebstechnik) (97,6%).
Im Bundesgebiet Ost: Industriemechaniker - Betriebstechnik (96,8%), Maurer (99,7%), Kraftfahrzeugmechaniker (99,8%), Maler und Lackierer (97%), Tischler (97,8%).

[102] BMBW (Hg.), Grund- und Strukturdaten 1992/93, S. 130/131.

[103] Arbeitsmarktreport für Frauen, Beilage zu ANBA 1/1994, S. 35.

[104] Entnommen aus BMBW (Hg.), Berufsbildungsbericht 1993, S. 56; Übersicht 3.1, Arbeitsmarktreport für Frauen, Beilage zu ANBA, S. 33.

sich hingegen hauptsächlich für betriebliche Berufsausbildungen. Dies bedeutet zum einen, daß Frauen meist diese Ausbildung bezahlen müssen, wohingegen Männer in der betrieblichen Ausbildung sogar bezahlt werden. Darüber hinaus ist der betriebliche Abschluß in aller Regel besser angesehen[105], zumindest finden Männer mit einem betrieblichen Abschluß meist schneller und leichter eine Anstellung, die zusätzlich besser bezahlt wird. Insbesondere die Absolventinnen und Absolventen von mehrjährigen Berufsfachschulen - hauptsächlich Frauen - fanden überdurchschnittlich oft nicht sofort eine Anstellung (26%)[106].

2.1.4.2 Bundesgebiet-Ost

Die deutlich höhere Repräsentation von Frauen in den neuen Bundesländern in den sogenannten männlichen Berufen spiegelt sich nur zum Teil in den Ausbildungsverhältnissen wider. In den männlich dominierten Lehrberufen[107] sind Frauen teilweise stärker vertreten, teilweise aber auch nicht. In den mathematisch-naturwissenschaftlichen und technischen Studienfächern läßt sich allerdings ein deutlicher Unterschied zum Bundesgebiet West ausmachen. Hier fangen 50,6% der Frauen diese Studienfächer an im Unterschied zu 35,6% im Bundesgebiet West[108]. Aber in der Studienfach- und Ausbildungswahl macht sich bereits jetzt eine Anpassung an "westliche" Verhältnisse bemerkbar, d.h. der Frauenanteil an den Studierenden mathematisch-naturwissenschaftlicher Fächer geht stark zurück[109]. Frauen haben unter den derzeitigen konjunkturellen Schwierigkeiten erheblich größere Probleme als Männer, überhaupt eine Ausbildungsstelle zu bekommen[110]. Sie müssen sich häufiger bewerben, erhalten öfter eine Absage und finden auch oft keine Ausbildungsstelle für den Beruf, den sie ursprünglich erlernen wollten. So erklärt es sich, daß Frauen sehr viel häufiger als Männer auf schulische oder außerbetriebliche Ausbildungsmöglichkeiten - in diesem Zusammenhang sind vor allem die von der Bundesanstalt für Arbeit nach § 40c Arbeitsförderungsgesetz[111], seit dem 01.01.1998 nach § 242 SGB III bereitgestellten außerbetrieblichen Arbeitsplätze zu erwähnen - zurückgreifen müssen. Ähnlich wie schon im Bundesgebiet West haben auch im Osten die von den Ländern zur Verfügung gestellten speziellen Förderprogramme nichts an der schwierigen Lehrstellensituation für Frauen ändern können. Nach den Förderprogrammen erhalten Betriebe, die Frauen in frauenuntypischen Berufen ausbilden, spezielle Ausbildungszuschüsse vom jeweiligen Land. Auch wenn derzeit noch keine Auswertung dieser Programme vorliegt, so ist dennoch bereits ersichtlich, daß die öffentlichen Zuschüsse nicht zu einer erhöhten Einstellung weiblicher Lehrlinge geführt haben[112].

---

[105] Krüger: Geschlecht als Strukturkategorie, SAMF 1989-16, S. 80, 85.
[106] Damm-Rüger: Ausbildung und Berufssituation von Frauen und Männern, S. 35.
[107] Frauenanteil Industriemechaniker: Ost: 3,2%, West: 2,4%; KFZ-Mechaniker: Ost: 0,2%, West: 1,8%; Zerspanungsmechaniker: Ost: 10,2%, West: 5,5%; Tischler: Ost: 2,2%; West 10,3%; Elektroinstallateur: Ost: 0,2%, West 1,0%.
[108] Arbeitsmarktreport für Frauen, Beilage zu ANBA 1/1994, S. 42, Abbildungen 3.11, 3.12.
[109] Arbeitsmarktreport für Frauen, Beilage zu ANBA 1/1994, S. 36 (aber ohne genaue Zahlenangaben).
[110] Schober: Junge Frauen beim Übergang vom Bildungs- ins Beschäftigungssystem, in BeitrAB 179, S. 543.
[111] Berufsausbildung von ausländischen, lernbeeinträchtigten oder sozial benachteiligten Auszubildenden.
Als Gründe für den starken Rückgang der betrieblichen Ausbildungsplätze werden
a) die Branchen genannt, in denen Frauen vor der „Wende" tätig waren, die aber jetzt nicht mehr gefragt sind,
b) die allgemeinen wirtschaftlichen Umstrukturierungsmaßnahmen,
c) die öffentlichen Weiterbildungs- und Umschulungsprogramme, die es Arbeitgebern ermöglichen, kostengünstig, zeitlich befristet, weibliche Arbeitskräfte für sich zu beschäftigen, und es auf diese Weise zu umgehen, Lehrstellen zu schaffen.
[112] Wolfinger: Der schwierige Weg ins duale System, in MittAB 2/1993, S. 188.

Die Benachteiligung der Frauen gegenüber männlichen Bewerbern manifestiert sich insbesondere beim Übergang von einer abgeschlossenen Ausbildung in den Beruf. Frauen sind häufiger zunächst arbeitslos[113] oder lassen sich auf Beschäftigungsverhältnisse ein, die unter ihrem Ausbildungsniveau liegen[114].

2.2 Berufliche Weiterbildung

Anhand der beruflichen Weiterbildungsmaßnahmen, die in Form von Fortbildungen[115], Umschulungen[116] und betrieblichen Einarbeitungen[117] existieren, und die den Kern arbeitsmarktpolitischer Instrumentarien darstellen, läßt sich feststellen, ob und inwieweit Frauen seit 1980 aufgestiegen sind, beziehungsweise inwieweit die Voraussetzungen für einen Aufstieg gefördert wurden. Auch hier ist die Trennung in Ost-Bundesgebiet und West-Bundesgebiet notwendig und sinnvoll, da sich die Situation in beiden Teilen unterschiedlich darstellt.
Gemäß § 611a Abs. 1 BGB darf der Arbeitgeber die Arbeitnehmerinnen und Arbeitnehmer unter anderem nicht beim beruflichen Aufstieg wegen ihres Geschlechts benachteiligen. Tatsächlich sind Frauen jedoch in höheren, verantwortungsvollen, leitenden Stellungen in nahezu allen Berufen und Berufsfeldern, das heißt sowohl in der Wissenschaft als auch in der Privatwirtschaft als auch im öffentlichen Dienst entweder noch überhaupt nicht vertreten oder erheblich unterrepräsentiert.
Anhand von einzelnen Zahlen aus dem Bereich Wissenschaft soll hier veranschaulicht werden, in welchen Zahlenkategorien sich die Repräsentation von Frauen in leitenden Positionen abspielt. Obwohl der Anteil weiblicher Studentinnen seit den siebziger Jahren kontinuierlich von damals rund 32% auf 41% im Jahr 1990 angestiegen ist, haben in Deutschland nur 5,5% Frauen eine Professur inne, eine C4-Professur sogar nur 2,6%. In diesem Bereich gibt es keinen nennenswerten Unterschied zwischen den alten Bundesländern und der ehemaligen DDR.
Eine Untersuchung, die an der TU-Dresden im Zeitraum 1992-1994 durchgeführt wurde, kommt zu dem Ergebnis, daß Frauen, die sich um hohe Stellen beworben haben, eindeutig schlechtere Chancen haben als ihre männlichen Kollegen. Obwohl die Berwerberinnen um die jeweiligen Stellen gute Plazierungen erhielten, wurden nur 59% der erstplazierten Frauen berufen. Bei den männlichen Bewerbern lag die Erfolgsquote der Erstplazierten bei 73%. Das Wissenschaftsministerium Sachsens entschied sich dafür, an Frauen eher Dozenturen als Professuren zu vergeben[118]. Dies entspricht dem weit verbreiteten Klischee, daß Frauen am besten für den „Mittelbau" geeignet sind[119]. Ein zusätzliches Problem der Frauen in den Wissen-

---

[113] Ibv 8/98, S. 505, 506. 51% der unter 20jährigen und 44% der 20 bis 25jährigen Arbeitslosen mit abgeschlossener betrieblicher Ausbildung in den alten Ländern waren Ende 1997 Frauen. Der Anteil der arbeitslosen Frauen liegt damit deutlich über ihrem Anteil an den Auszubildenden.

[114] Im weiteren beruflichen Verlauf werden sie dann wesentlich weniger oder später befördert, und erreichen prozentual kaum leitende, verantwortungsvolle Tätigkeiten.

[115] Berufliche Fortbildung hat zum Ziel, den beruflichen Aufstieg, die Anpassung der Kenntnisse und Fähigkeiten an die beruflichen Anforderungen sowie den Eintritt oder Wiedereintritt in das Berufsleben zu fördern.

[116] Die Umschulung hat zum Ziel, den Übergang in eine andere geeignete berufliche Tätigkeit zu ermöglichen.

[117] Die berufliche Einarbeitung dient dem Erwerb arbeitsplatzorientierter beruflicher Kenntnisse und Fähigkeiten in einem bestehenden Arbeitsverhältnis.

[118] Reiche: Studie zur Gleichstellung von Frau und Mann an der TU-Dresden, S. 32, Tab. 16a, 16b.

[119] Zu demselben Ergebnis gelangen Felber/Monté/Röhl, BeitrAB 179, S. 511 in ihrer Untersuchung zur Situation von Wissenschaftlerinnen im Transformationsprozeß der Universitäten und Hochschulen in (Ost-) Berlin und im Land Brandenburg. Danach sind Wissenschaftlerinnen in den unteren Statusgruppen überproportional, in den oberen Statusgruppen unterproportional vertreten. Lediglich 70% der habilitierten Frauen wurden zur Hochschullehrerin berufen gegenüber 86% der habilitierten Männer.

schaften - und ganz besonders in den Naturwissenschaften - ist der niedrige Bewerberinnenanteil bei Professuren im Verhältnis zum Promotionsanteil.
Nach einer Studie über die Lage von Naturwissenschaftlerinnen im interkulturellen Vergleich haben es Frauen in den hochindustrialisierten Ländern am schwersten, in hohe wissenschaftliche Positionen zu gelangen[120]. Daß Frauen es in den nicht hochentwickelten Ländern einfacher haben, wird unter anderem mit dem geringeren Prestige und der damit einhergehenden schlechten Bezahlung der Naturwissenschaften dort erklärt. Da die Stellen mit wenig Prestige verbunden sind, haben Frauen ungehinderten Zugang.
Aber auch in anderen Bereichen des Erwerbslebens wie der Privatwirtschaft stellt sich die Situation nicht anders dar. Je nach Erhebungsmethode und Definition wird von einem Frauenanteil von 2-5% auf Managerebene ausgegangen. Bezogen auf Vorstandsposten in deutschen Aktiengesellschaften sind 12 von insgesamt 600 Vorständen weiblich. Das entspricht einem Frauenanteil von 2%[121]. Etwas besser als in Großunternehmen stellt sich die Situation für Frauen in mittelständischen Unternehmen dar. Hier belegen sie Führungsposten auf Managerebene etwa zweieinhalbmal so häufig wie in Großunternehmen[122].
Ähnlich wie im Wissenschaftsbereich sind auch in der Privatwirtschaft Frauen sowohl in Mittelstands- als auch in Großunternehmen eher im unteren und mittleren Management anzutreffen als im oberen[123].
Auch im öffentlichen Dienst ist belegt, daß Frauen häufig niedriger eingruppiert sind als Männer, was nur zu einem Drittel auf unterschiedliche Qualifikationen zurückgeführt werden kann. Insbesondere die Beamtinnen des höheren Dienstes sind besonders benachteiligt, was ihre Repräsentation in Führungspositionen anbelangt[124].

2.2.1 Bundesgebiet West

Die Teilnahme von Frauen an beruflichen Weiterbildungsmaßnahmen hat seit 1980 stark zugenommen[125]. Allerdings ist die Zahl der Teilnehmenden seit 1993 stark zurückgegangen, weil die von der Bundesanstalt für Arbeit zur Verfügung gestellten Mittel für berufliche Weiterbildungsmaßnahmen drastisch zurückgenommen worden sind. Der Anteil von Frauen an beruflichen Weiterbildungsmaßnahmen allgemein betrug 1996 46%[126].
Bereits innerhalb der Verteilung auf die einzelnen Weiterbildungsmaßnahmen lassen sich jedoch entscheidende Unterschiede zwischen den Weiterbildungsmaßnahmen von Frauen und

---

[120] Ulbig, Phys.Bl. 50, Nr.7/8 1994, S. 633 mit Verweis auf „Science" v. 11.03.1994.
[121] Ibv 8/98, S. 516 m.V.a. Neumann: Nur fünf Prozent an der Spitze, Informationen des Deutschen Frauenrates, 5/1997; Zu einem ähnlichen Ergebnis gelangte eine Befragung des Instituts der Deutschen Wirtschaft (iwd) aus dem Jahr 1997, wonach 2,3% der befragten Führungskräfte Frauen waren.
[122] Ibv 8/98, S. 516.
[123] Bischoff: Top-Arbeitgeber für Frauen, S. 23,25,26.
[124] Autorengemeinschaft Paderborn: Eingruppierungsunterschiede von Frauen und Männern beim Staat als Arbeitgeber, S. 252-254. Die Autorengemeinschaft bezieht ihre Ergebnisse auf Untersuchungen aus dem Jahr 1980 bei 50 Arbeitsstätten des öffentlichen Dienstes in zwei Arbeitsamtsbezirken. Sie gelangen zu dem Ergebnis von Eingruppierungsbenachteiligungen gegenüber Beamtinnen im höheren Dienst, weiblichen Angestellten im mittleren Dienst sowie un- und angelernten Arbeiterinnen. Die Frauen erzielten hier bei gleichem Alter und gleicher beruflicher Qualifikation dennoch geringere Verdienste als ihre männlichen Kollegen.
[125] Nahmen 1980 noch nur 80.264 Frauen (52.795 Fortbildung, 15.561 Umschulung, 11.908 betriebliche Einarbeitung) von insgesamt 246.975 Teilnehmern (Männer: 123.672 Fortbildung, 22.366 Umschulung, 20.673 betriebliche Einarbeitung) an derartigen Maßnahmen teil, so waren es 1987 rund 217.000, 1992 gut 246.000, 1994 (Zeitraum Januar bis November) allerdings nur noch 117.258. Ihr Anteil betrug damit 1992 42,9% und entsprach in etwa ihrem Anteil an den Erwerbstätigen, nicht jedoch ihrem Anteil an den Arbeitslosen mit 46%.
[126] Arbeitsmarkt 1996, S. 102.

Männern ermitteln. Frauen nutzen Weiterbildungsmaßnahmen in erster Linie dazu, um ihre Arbeitsplätze zu sichern oder zu erhalten. Beispielsweise besuchten 1988 mit rund 18% nur halb so viele Frauen wie Männer Fortbildungsmaßnahmen, die auf einen beruflichen Aufstieg zielen sollten[127]. An diesem Zahlenverhältnis hat sich auch 1992 nichts verändert, tatsächlich traten sogar nur noch 15% der Frauen im Unterschied zu 32% der Männer die Fortbildung mit dem Ziel des beruflichen Aufstiegs an[128]. Männer (25%) bilden sich häufiger als Frauen (19%) berufsbegleitend[129] in sogenannten Teilzeitmaßnahmen fort, die über einen längeren Zeitraum gehen. Während der berufsbegleitenden Maßnahme bleiben die Männer bei ihrem Arbeitgeber beschäftigt.

Daß Frauen seltener als Männer berufsbegleitende Fortbildungsmaßnahmen wahrnehmen, hängt mit ihrer spezifischen Doppel- beziehungsweise Dreifachbelastung durch Haushalt, Familie und Beruf zusammen. Ihnen ist es meist nur möglich, wenn überhaupt, ausschließlich die Fortbildungsmaßnahme zu besuchen. Hinzu kommt, daß die Frauen sehr häufig vor der Weiterbildungsmaßnahme arbeitslos waren, und für sie daher die Möglichkeit einer berufsbegleitenden Fortbildung gar nicht existiert.

Am stärksten sind Frauen an Umschulungen beteiligt. Ihr Anteil hieran ist seit 1980 konstant von ca. 20% auf 46% im Jahr 1992[130] und auf 50% im Jahr 1996[131] gestiegen. Bei einem Anteil von 43% in Fortbildungsmaßnahmen und 40,0% in Maßnahmen der betrieblichen Einarbeitung kommt deutlich zum Ausdruck, daß die schlechte Arbeitsmarktsituation für Frauen diese zwingt, sich in andere Berufe umschulen zu lassen, um überhaupt eine Chance auf dem Arbeitsmarkt zu haben. Die beruflichen Weiterbildungsmaßnahmen dienen also gerade nicht dazu, beruflich aufzusteigen. Auffällig schlecht vertreten sind Frauen in Maßnahmen der betrieblichen Einarbeitung. Diese Maßnahmen, die ganz speziell arbeitsplatzorientiert sind, und damit im eigentlichen Sinne keine weiterführende Qualifikation vermitteln, werden hauptsächlich in männerdominierten Berufen in der Produktion angeboten. Hier besteht ein besonderer Einarbeitungsbedarf. Die schlechte Repräsentation der Frauen bei dieser Weiterbildungsmaßnahme wirkt sich wiederum besonders benachteiligend für sie aus, weil sich gerade innerhalb der Betriebe diese Form der Weiterbildung als besonders aussichtsreich für ein späteres Aufsteigen erwiesen hat[132].

Absolut ist in den Jahren 1993 und 1994 die Zahl der Teilnehmer an Maßnahmen zur beruflichen Weiterbildung bei Frauen und Männern stark zurückgegangen. Dies hängt mit der oben bereits angesprochenen drastischen Kürzung der öffentlichen Mittel zur Konsolidierung des staatlichen Defizits zusammen, das durch die Kosten im Zuge der Wiedervereinigung entstanden ist.

2.2.2 Bundesgebiet-Ost

Für diesen Teil der Bundesrepublik existieren neuere Zahlen zur beruflichen Weiterbildung erst seit 1991. Vor der „Wende" gab es zwar etliche Beispiele von Frauen mit beruflichem Aufstieg, jedoch gelang es auch dort den Frauen kaum, über die mittleren Führungsebenen hinauszukommen. Dieser oberste Bereich blieb auch in der ehemaligen DDR ausschließlich

[127] ANBA 6/1989, S. 946.
[128] ANBA 5/1993, S. 896.
[129] Dauer der Fortbildung: zwischen drei Monaten und zwei Jahren.
[130] Arbeitsmarktreport für Frauen, Beilage zu ANBA 1/1994, S. 89, Übersicht 8.10.
[131] Arbeitsmarkt 1996, S. 102.
[132] Arbeitsmarktreport für Frauen, S. 89.

Männern vorbehalten[133]. In den neuen Ländern wurden und werden Weiterbildungsmaßnahmen in erster Linie zu einer Sicherung der Chancen von Frauen auf dem Arbeitsmarkt wahrgenommen und nicht, um durch eine Weiterbildungsmaßnahme die Aufstiegschancen zu verbessern. Wie bereits oben erwähnt waren Frauen im Bundesgebiet Ost in weit stärkerem Maße als Männer von regionalen Umstrukturierungsmaßnahmen verbunden mit einem großen Arbeitskräfteabbau betroffen. In dieser Situation waren und sind Umschulungsmaßnahmen zum Teil die einzige Hilfe, um eine ganze Region vor Arbeitslosigkeit zu bewahren. Bedauerlicherweise wurde staatlicherseits trotz eindeutig vorherzusehender Anzeichen dem starken Arbeitsplatzabbau von Frauenarbeitsplätzen nicht entgegengewirkt.

Auch in den neuen Ländern ist die Zahl der Teilnehmer an beruflichen Weiterbildungsmaßnahmen aufgrund der Kürzung staatlicher Mittel absolut gesehen seit 1993 stark zurückgegangen.

Zahlenmäßig machten die Fortbildungsmaßnahmen mit einem Anteil von jeweils gut zwei Dritteln (70%)[134] von je her den größten Anteil unter den beruflichen Weiterbildungsmaßnahmen der Frauen aus.

Während der Frauenanteil bei einer beruflichen Weiterbildungsmaßnahme im Bundesgebiet-West bis 1994 unter dem der Männer liegt, ist er im Bundesgebiet-Ost von Anfang an deutlich höher. 1991 nahmen 57,1%, 1992 62,0%, 1996[135] immer noch 62% an einer solchen Maßnahme teil. Der Anteil der Frauen an Einarbeitungsmaßnahmen entspricht mit etwa 38%[136] dem im Bundesgebiet-West.

Auch bei den beruflichen Weiterbildungsmaßnahmen zeigt sich, wie bedroht die Arbeitsplatzsituation für Frauen im Osten ist, wieviel stärker sie als Männer von dem Umbruch im Wirtschaftssystem betroffen sind. Die ausgeprägte Teilnahme von Frauen an beruflichen Weiterbildungsmaßnahmen ist dabei sicherlich auch Ausdruck ihrer Erwerbsneigung, die aufgrund verschiedener, bereits angesprochener Faktoren stärker ist als die der Frauen im Westen.

2.3 Einkommensunterschiede

Der immer noch bestehende Einkommensunterschied zwischen den Einkommen von Frauen und Männern ist einer der Hauptindikatoren für das nach wie vor vorhandene Gleichberechtigungsdefizit. Im Jahr 1996 belief sich der Einkommensunterschied vollzeitbeschäftigter Arbeiterinnen und weiblicher Angestellter für das gesamte Bundesgebiet auf etwa ein Viertel gegenüber dem Einkommen vergleichbarer Männer[137].

Frauen und Männer sind nicht gleichmäßig innerhalb der einzelnen Verdienstgruppen verteilt, sondern Frauen sind besonders stark in den Berufen auf unterem Verdienstniveau vertreten. Die wenigen Männer, die in den Berufen auf niedrigem Einkommensniveau arbeiten, verdienen meist erheblich mehr als ihre weiblichen Kolleginnen. In den mittleren und höheren Ver-

---

[133] Sessar-Karpp/Harder: Erwerbstätigkeit, Arbeitslosigkeit und Weiterbildung, BeitrAB 179, 1994, S. 579, 580 (Tabelle 8); Engelbrech, BeitrAB 167, S. 8. Wegen der schwierigen Arbeitsmarktsituation in den neuen Bundesländern nahmen 1991 und 1992 jeweils knapp 900.000 Menschen an beruflichen Weiterbildungsmaßnahmen teil. Die weiblichen Teilnehmer an Weiterbildungsmaßnahmen sind entweder bereits vorher arbeitslos gewesen, oder die Arbeitslosigkeit stand unmittelbar bevor und sollte durch die Weiterbildungsmaßnahme verhindert werden (ANBA 2/1992, S. 177).

[134] Arbeitsmarkt 1996, S. 182.

[135] Arbeitsmarkt 1996, S. 182.

[136] A.a.O., S. 182.

[137] Vgl. ibv 8/98, S. 519.

dienstgruppen, in denen der Abstand längst nicht so groß ist, sind Frauen weniger bis überhaupt nicht repräsentiert.
Wären die Lohnabstände zwischen den Löhnen und Gehältern von Frauen und Männern nicht heute noch so eklatant vorhanden, wäre ein ganz wesentlicher Teil der Gleichberechtigung von Frauen erfüllt. Die Forderung nach gleichen Löhnen existiert daher genauso wie zu Beginn der Frauenbewegung.
Trotz des gesetzlich verankerten Verbots der Schlechterbezahlung von Frauen wegen ihres Geschlechts (§ 612 Abs. 3 BGB) verdienen Frauen durchschnittlich ein Drittel weniger als Männer. Dies setzt sich später in der Altersversorgung fort. Die über die Jahre seit 1980 wie auch schon vorher konstant beibehaltenen Lohnabstände legen die Vermutung nahe, daß ohne gerichtlichen Zwang sich an den Lohnabständen nichts ändern wird[138].
Nach einer Klage, in der der Arbeitgeber unterlegen ist mit der Folge einer Lohnnachzahlungspflicht, werden in aller Regel die Gehälter in vergleichbaren Arbeitsverhältnissen nicht angepaßt. Vielmehr wird abgewartet, ob jede einzeln Betroffene Klage erhebt. Nur einer gerichtlichen Entscheidung beugen sie sich, und dann eben auch nur in jedem Einzelfall. Dies belegen zahlreiche Einzelfälle aus der Praxis. Ein besonders anschauliches Beispiel hierfür bietet der Fall der Frau Weber- v. Hartz, in dem es um eine betriebliche Altersversorgung ging[139]. In diesem Fall hat der Arbeitgeber, obwohl er der Klage der Arbeitnehmerin unterlegen ist, lediglich die betriebliche Altersversorgung an die klagende Frau Weber-v. Hartz ausgezahlt. Gleichermaßen Betroffene haben nie eine betriebliche Altersrente erhalten.

2.3.1 Adäquater Lohnabstand

Von Seiten der männlichen Arbeitnehmer wird zum Teil ganz ausdrücklich Wert auf einen "adäquaten" Lohnabstand zu weiblichen Kolleginnen gelegt. So entstand beispielsweise in einem Unternehmen der Mannheimer „Getreidemühle“ in Süddeutschland im Jahr 1993 massiver Protest der männlichen Arbeitnehmer gegen die Neueingruppierung einer Gruppe von Arbeitnehmerinnen in der Abteilung Kleinpack. Drei Mitarbeiterinnen aus der Abteilung Kleinpack war es nach mehr als eineinhalb Jahren gelungen, in dieselbe Lohngruppe wie ihre männlichen Kollegen eingruppiert zu werden. Für sie bedeutete das eine Lohnerhöhung um 336,- DM monatlich[140]. Die männlichen Kollegen begründeten ihren Widerstand damit, daß so ja der Lohnabstand zu den Frauen nivelliert worden sei. Der Mehrwert der männlichen Arbeitskraft „als Hauptfamilienernährer“ müsse aber klar aus den Löhnen hervorgehen. Diese Gruppe von Männern sprach beim Betriebsrat und bei der Gewerkschaftssekretärin vor und verlangte, selbst auch höher eingruppiert zu werden. Zwar ließ sich diese Gruppe dann von weiteren Schritten abhalten, aber aus der Reaktion geht ganz klar die immer noch weit verbreitete Haltung hervor, daß Männerarbeit „per se“ mehr wert sei.
Auch werden üblicherweise selbst nach erfolgreichen Eingruppierungsklagen die Lohnabstände bei der nächsten Gehaltserhöhung zwischen Frauen- und Männerlöhnen wieder vergrößert. Das heißt die betroffenen Arbeitnehmerinnen rücken bei der nächsten Gehaltserhöhung nach einer gewonnenen Eingruppierungsklage nicht automatisch entsprechend so höher, daß der Abstand zu den männlichen Kollegen sich allmählich aufhebt, sondern eher das Gegenteil ist der Fall. Dies hängt damit zusammen, daß sich die prozentuale Lohnerhöhung in den Tarif-

---

138 S. oben Kap. 1.3.3.
139 Vgl. im einzelnen unten Kap. 3.4.2.
140 Seibert: Endlich Gleichbehandlung, Einigkeit (Zeitschrift der Gewerkschaft NGG) 1/94, S. 13.

verträgen jeweils nur an den Ecklohngruppen orientiert mit der Folge, daß die tatsächliche Lohndifferenz zwischen den einzelnen Lohngruppen durch die prozentuale Lohnerhöhung steigt. Wenn beispielsweise die Ecklohngruppe des Entgelttarifvertrags für die Beschäftigten in Privathaushalten[141] von 12,87 DM um 5% auf 13,51 DM angehoben wird, dann wird gleichzeitig die unterste Lohngruppe von 9,01 DM auf 9,45 DM angehoben, entsprechend werden auch die anderen Lohn- und Gehaltsgruppen angehoben. Absolut vergrößert sich bei dieser Lohnerhöhung der Abstand von der untersten Lohngruppe, in der weit überwiegend Frauen eingruppiert sind, zur Ecklohngruppe von 3,86 DM auf 4,05 DM. Auch prozentual vergrößert sich der Abstand zwar nur minimal, jedoch zu ungunsten der untersten Lohngruppe, und das heißt zu ungunsten der Frauen. Somit ist das derzeitige Modell der Lohnerhöhung, das sich an den bisher vorhandenen Eingruppierungskriterien orientiert, nicht dazu geeignet, das Lohndefizit der Frauen allmählich abzubauen. Denn bei dieser Methode bleibt der weitaus überwiegende Teil der Arbeitnehmerinnen immer in derselben (untersten) Lohngruppe, genauso wie sich die männlichen Arbeitnehmer weit überwiegend auf die oberen Lohngruppen verteilen, ohne daß sich die Löhne der Frauen und Männer einander annähern.

Demnach haben sich die bisherigen Klagen und die dadurch erzielten "kleinen Erfolge" nicht als probate Mittel erwiesen, um dem Lohngleichheitssatz nachhaltig Wirkung zu verleihen. Diese Feststellung gilt in erster Linie als Kritik an der vorhandenen strukturellen Diskriminierung, die durch das derzeitige Eingruppierungssystem erfolgt, und die sich auch nicht allein durch Gruppenklagen beheben ließe, sondern die einen ganz anderen Ansatz im Sinne von Aufwertung der Arbeit oder konsequenter Umsetzung des Grundsatzes „gleicher Lohn für gleichwertige Arbeit" bräuchte. Sofern dieser Ansatz allerdings systematisch angewandt würde, könnten auch hier Gruppenklagen zu einer Effektivierung bei der Durchsetzung entscheidend beitragen.

[141] Entgelttarifvertrag für die Beschäftigten in Privathaushalten in Schleswig-Holstein, gültig ab 1. Juli 1994: Einkommensgruppen, geregelt in § 3 des Tarifvertrags, Ecklohngruppe ist Gruppe IV. Sie erfaßt Tätigkeiten, die eine abgeschlossene fachbezogene Schulausbildung, eine abgeschlossene Berufsausbildung oder eine mindestens sechsjährige Berufstätigkeit voraussetzen.

2.3.2 Lohn- und Gehaltsrelation der männlichen und weiblichen Vollzeitbeschäftigten im Bundesgebiet

Einen Überblick über die Lohn- und Gehaltsrelation der Vollzeitbeschäftigten1)2) im Bundesgebiet–West und –Ost im Oktober 1991 in Prozent vermittelt die

Tabelle 7

	Weibliche Beschäftigte		Bundesgebiet Ost	
	Bundesgebiet Ost	Bundesgebiet West	weiblich	männlich
	männl. Beschäftigte der gleich. Leistungsgruppe = 100		Bundesgebiet West= 100	
Arbeiter [3]				
Leistungsgruppe 1	81,6	75,2	55,1	50,7
Leistungsgruppe 2	78,0	75,3	53,8	51,9
Leistungsgruppe 3	76,0	80,6	52,6	55,9
Alle	76,2	70,7	55,9	51,8
Angestellte in Handel, Kreditinstituten und Versicherungsgewerbe				
Leistungsgruppe II	92,2	83,3	50,1	45,2
Leistungsgruppe III	92,5	84,9	56,3	51,7
Leistungsgruppe IV	98,4	84,5	63,3	54,3
Leistungsgruppe V	96,8	88,8	60,9	55,9
Alle	87,6	70,7	59,5	48,1

[1] Ergebnisse der vierteljährlichen Verdienststatistik, 1991; [2] Oktober 1991; [3] Industrie, einschließlich Hoch- und Tiefbau mit Handwerk, Leistungsgruppe 1: Facharbeiter; Leistungsgruppe 2: Angelernte Arbeiter; Leistungsgruppe 3: Ungelernte Arbeiter.
Leistungsgruppe II: Angestellte, die selbständige Leistungen in verantwortlicher Tätigkeit mit eingeschränkter Dispositionsbefugnis erbringen;
Leistungsgruppe III: Angestellte mit besonderen Fachkenntnissen oder längerer Berufserfahrung, die nach Anweisung selbständig arbeiten
Leistungsgruppe IV: Angestellte mit abgeschlossener Lehre
Leistungsgruppe V: Angestellte ohne Berufsausbildung

Quelle: Arbeitsmarktreport für Frauen, S. 48 Übersicht 4.10. entnommen aus: Stat. Bundesamt (Hg.), Zur wirtschaftlichen und sozialen Lage in den neuen Bundesländern, Dez. 1992, S. 22 und S. 24

Die Einkommensdifferenz zwischen Frauen und Männern variierte zwischen 75,2% bei den Arbeitern im Bundesgebiet-West in der Leistungsgruppe 1 (unterste Leistungsgruppe) und 98,4% in der Leistungsgruppe IV bei den Angestellten in Handel, Kreditinstituten und Versicherungsgewerbe im Bundesgebiet West. Der Einkommensunterschied war im Bundesgebiet-West deutlich stärker ausgeprägt als im Bundesgebiet-Ost. Die höchste Annäherung an die Männerlöhne lag hier bei 88,8% in der Leistungsgruppe V, d.h. der untersten Lohngruppe der Angestellten im Bereich Handel, Kreditinstitute und Versicherungsgewerbe. Insbesondere in den höheren und höchsten Leistungsgruppen lag der Unterschied zwischen 15-25% Mehrverdienst der Männer.

Die Abstände der Löhne von Frauen zu Männern im Bundesgebiet-Ost nähern sich eher den im Bundesgebiet-West vorhandenen Lohndiskrepanzen an. Daß die absoluten Lohnabstände in den Betrieben im Zeitraum von 1980-1990, also seit Inkrafttreten von § 612 Abs. 3 BGB, sich keineswegs verkleinert haben, sondern oft sogar noch vergrößert, belegen anschaulich die folgenden Tabellen.

2.3.3 Angestelltenverdienste

Die Einkommensabstände zwischen den Einkommen der weiblichen Angestellten und denen der männlichen variieren im Bundesgebiet West, je nachdem, ob es sich um eine Beschäftigung im produzierenden Gewerbe oder im Handel-, Kredit- und Versicherungsgewerbe handelt. Im Jahr 1996 betrug die durchschnittliche Einkommensdifferenz der weiblichen Angestellten gegenüber den männlichen im produzierenden Gewerbe 31% gegenüber 25% im Handel-, Kredit- und Versicherungsgewerbe[142].

Die Einkommensabstände der Angestellten im Bundesgebiet Ost sind nicht so stark ausgeprägt wie im Bundesgebiet West. So verdienten die weiblichen Angestellten 1996 im produzierenden Gewerbe etwa 25% weniger monatlich als die männlichen Angestellten. Im Handel, Kredit- und Versicherungsgewerbe fallen die Lohnabstände mit etwa 15% weniger als bei den dort beschäftigten Männern deutlich geringer aus[143].

Zu erklären sind die niedrigeren Einkommensunterschiede bei den Angestellten damit, daß Frauen im Osten einen größeren Anteil an den Erwerbspersonen ausmachen[144], und damit auch innerhalb der jeweiligen Leistungsgruppen stärker vertreten sind[145]. Hinzu kommt, daß das Qualifikationsniveau der Frauen im Osten durchschnittlich höher ist[146], und damit Frauen bessere Möglichkeiten für höhere Einstufungen als Frauen im Westen mitbringen.

Tabelle 8: Angestelltenverdienste in DM jeweils im Juli des betreffenden Jahres für das Bundesgebiet West

	Kaufmännische Angestellte				Technische Angestellte			
	1980	1985	1990	1994	1980	1985	1990	1994
	Männlich							
Leist.-gruppe II	4.125	5.031	6.110	7.178	4.336	5.291	6.422	7.520
III	3.004	3.560	4.280	4.997	3.419	4.077	4.908	5.746
IV	2.250	2.584	3.126	3.742	2.726	3.220	3.825	4.487
V	2.013	2.557	2.680	3.305	2.277	2.538	2.884	3.611
	Weiblich							
II	3.281	4.099	4.928	5.816	3.703	4.633	5.569	6.644
III	2.525	3.050	3.651	4.312	2.714	3.303	3.936	4.754
IV	1.884	2.233	2.706	3.259	2.160	2.583	3.095	3.669
V	1.679	1.884	2.357	2.910	1.803	2.134	2.629	3.116

Quelle: Statistisches Bundesamt, Fachserie 16, Löhne und Gehälter, Reihe 2.2, Juli 1980, S. 4; Juli 1985, S. 6; Juli 1990, Eilbericht, S. 2; Juli 1994, Eilbericht, S. 3

Betrachtet man allerdings die Entwicklung der Prozentabstände zwischen den Verdiensten von diesen Frauen und Männern (Tabelle 9), so stellt man fest, daß sich diese Abstände im Unterschied zu den absoluten Abständen zwischen 1980 und 1994 durchweg verringert haben.

---

142 Vgl. ibv 8/98, S. 540, Abb. 12, entnommen aus: Zahlenkompaß 1997, Statistisches Bundesamt 1997. Im Handel-, Kredit und Versicherungsgewerbe verringerte sich die Einkommensdifferenz zwischen 1991 und 1996 um 4%.

143 Vgl. ibv 8/98, S. 540, Abb. 12, entnommen aus: Zahlenkompaß 1997, Statistisches Bundesamt.

144 S. oben 2.1.2.

145 Einen Überblick über die Lohn- und Gehaltsrelation der Vollzeitbeschäftigten im Bundesgebit West und Ost vermittelt die Tabelle 7 sowie: Matthies/Mückenberger/Offe/Peters/Raasch: Arbeit 2000, S. 116.

146 Arbeitsmarktreport, S. 5.

Tabelle 9: Angestelltenverdienste in Prozent (Männer= 100) jeweils im Juli des betreffenden Jahres für das Bundesgebiet West

	Kaufmännische Angestellte				Technische Angestellte			
Jahr	1980	1985	1990	1994	1980	1985	1990	1994
II	79,5%	81,4%	80,6%	81%	85%	87,6%	86,7%	88%
III	84,0%	85,6%	85,3%	86%	79%	81,0%	80,1%	83%
IV	83,7%	87,3%	86,5%	87%	79%	80,2%	80,9%	82%
V	83,4%	73,6%	87,9%	88%	79%	84,1%	91,1%	86%

eigene Prozentberechnungen anhand der Tabelle 7

Tabelle 10: Angestelltenverdienste in DM sowie in Prozent in den neuen Ländern und Berlin-Ost im Juli 1994

	Kaufmännische Angestellte		Technische Angestellte	
	männlich	weiblich	männlich	weiblich
Leistungsgruppe II	5.125	4.265 = 83%	5.006	4.444 = 88,8%
III	3.804	3.441 = 90%	4.167	3.656 = 87,7%
IV	2.850	2.749 = 96%	3.272	2.801 = 85,6%
V	2.625	2.546 = 97%	2.788	2.362 = 84,7%

Quelle: Statistisches Bundesamt, Löhne und Gehälter, Fachserie 16, Reihe 2.2, Eilbericht Juli 1994, S. 3, sowie eigene Prozentberechnungen

Beispielsweise bei den männlichen Kaufmännischen Angestellten West sind absolut betrachtet die Bruttomonatsverdienste in der Leistungsgruppe II von 4.125,- DM im Jahr 1980, über 6.110,- DM 1990 auf 7.178,- DM 1994 angestiegen. Bei den weiblichen Angestellten sind die Löhne in derselben Zeit von 3.281,-DM 1980 über 4.928,-DM 1990 auf 5.816,- DM 1994 gewachsen. Während die durchschnittliche Differenz sich 1980 auf 844,- DM belief, beträgt sie 1994 in 1.364,- DM. Der Abstand ist damit in absoluten Zahlen gemessen größer geworden, prozentual gesehen hat er sich verringert. Das Einkommen hat sich damit von 80% auf 81% dem Einkommen der Männer angenähert.
Bei den Technischen Angestellten fällt das unterschiedliche Wachstum je nach Gehaltsgruppe auf. Während zwischen 1980 und 1994 bei den männlichen Angestellten der Leistungsgruppe II der durchschnittliche Bruttomonatsverdienst etwa um 3.200,- DM gestiegen ist, ist er bei den weiblichen Angestellten derselben Leistungsgruppe nur um ca. 3.050,- DM gewachsen. Im Unterschied dazu hat sich der Lohnabstand in der untersten Leistungsgruppe bei männlichen und weiblichen Technischen Angestellten in absoluten Zahlen gemessen in etwa gleich um jeweils ca. 1.300,- DM erhöht. Auch hier haben sich prozentual die Lohnabstände zwischen den Einkommen der Frauen und Männer von 85% auf 88% verringert.

Zusätzlich muß die unterschiedliche prozentuale Verteilung von Frauen innerhalb der einzelnen Leistungsgruppen (vertikale Verteilung) gegenüber der Verteilung von Männern auf die Leistungsgruppen Berücksichtigung finden: während 40,5% von 100 % der männlichen Angestellten in der höchsten Leistungsgruppe vertreten sind, finden sich nur 8,8% der weiblichen Angestellten in Leistungsgruppe II. In etwa umgekehrt verhält es sich mit den beiden unter-

[146] Arbeitsmarktreport, S. 5.

sten Lohngruppen. Denn in diesen Gruppen sind 49,6% der Frauen gegenüber 13,8% der Männer eingestuft[147].
Bei den Verdiensten der Angestellten im Bundesgebiet Ost stehen keine Zahlen zur Verfügung, die die Entwicklung der Jahre vor 1989 darstellen. Für die Zeit danach fällt der insgesamt deutlich geringere Abstand zwischen den Löhnen und Gehältern der männlichen und weiblichen Angestellten in den jeweiligen Gehaltsgruppen auf. Insbesondere bei den kaufmännischen Angestellten beträgt der Unterschied in Leistungsgruppe IV und V nur jeweils etwa 100,- DM. Auch wenn man berücksichtigt, daß die Löhne im Bundesgebiet Ost insgesamt noch deutlich niedriger sind als im Bundesgebiet West, so ist dennoch die Relation deutlich günstiger für die weiblichen Kaufmännischen Angestellten als im Bundesgebiet West. Im Bundesgebiet Ost verdienen die weiblichen Kaufmännischen Angestellten der Leistungsgruppe V 97% der Gehälter der männlichen Kollegen im Unterschied zu nur 88% im Bundesgebiet West. In der Leistungsgruppe IV verdienen die weiblichen Angestellten 96,4% im Unterschied zu 87,0% im Bundesgebiet West.

Erklärungen für die geringeren Verdienstabstände der Löhne und Gehälter der Frauen im Osten im Vergleich zu der Verdienstabständen von Frauen und Männern im Westen lassen sich aus verschiedenen Aspekten herleiten:
Zum einen wirkt sich die diskontinuierliche Erwerbsbiographie von Frauen negativ auf die Einkommensentwicklung der Frauen aus. So muß beim Wiedereinstieg nach einer beruflichen Unterbrechung mit einem durchschnittlich 4,3% niedrigeren Einkommen als ohne Unterbrechung gerechnet werden[148]. Da die Erwerbsverläufe der Frauen im Osten deutlich weniger von Unterbrechungen gekennzeichnet sind als die Erwerbsverläufe von Frauen im Westen, wirkt sich dies positiv auf die Einkommensabstände zwischen den Einkommen von Frauen und Männern aus.
Die Arbeitszeiten der Frauen im Bundesgebiet Ost sind mehr denen der Männer angepaßt als im Bundesgebiet West, insbesondere gibt es weniger Teilzeitbeschäftigungen.
Schließlich sind die Ausbildungsunterschiede nicht so ausgeprägt wie im Bundesgebiet West, das Qualifikationsniveau der Frauen im Osten ist höher als das Qualifikationsniveau der Frauen im Westen[149].

2.3.4 Arbeiterverdienste

Neuesten Untersuchungen des Statistischen Bundesamtes zufolge lag der durchschnittliche Bruttowochenverdienst der vollzeitbeschäftigten Arbeiterinnen im produzierenden Gewerbe 1996 bei 72,1% (Bundesgebiet West) beziehungsweise 77,1% (Bundesgebiet Ost) des durchschnittlichen Bruttowochenverdienstes der Männer[150].

[147] Vgl. Übersicht 4.9. in: Arbeitsmarktreport für Frauen, ANBA I/94, S. 48.
[148] Matthies/Mückenberger/Offe/Peter/Raasch: Arbeit 2000, S. 117 m.V.a. Hujer/Löwenbein: Einkommensverläufe von Frauen unter besonderer Berücksichtigung betrieblicher Seniorität, in Mayer u.a. (Hg.), S. 185 ff., 199.
[149] S. oben 2.3.3.
[150] Ibv 8/98, Abb. 12, entnommen aus: Zahlenkompaß 1997, Statistisches Bundesamt 1997.

Anhand der Tabelle 11 soll im folgenden die Verdienstrelation bei männlichen und weiblichen Arbeitern dargestellt und erläutert werden, wie sie sich über den Zeitraum von 1980 bis 1994 entwickelt hat.

Tabelle 11: Arbeiterverdienste in DM jeweils im Juli des betreffenden Jahres für das Bundesgebiet West

	1980		1985		1990		1994	
	BSV	BWV	BSV	BWV	BSV	BWV	BSV	BWV
	männliche Arbeiter							
Leist. Gr. 1	14,82	628	18,08	737	21,89	875	26,77	1.032
2	13,38	564	16,40	668	19,72	788	24,27	928
3	11,92	501	14,59	594	17,84	713	21,19	827
	weibliche Arbeiter							
1	11,02	438	13,66	538	17,02	655	21,33	793
2	10,29	411	12,75	501	15,34	588	19,13	707
3	9,96	399	12,16	479	14,79	566	18,25	679

Durchschnittliche Bruttostundenverdienste (abgek.: BSV) und Bruttowochenverdienste (abgek.: BWV) der männlichen und weiblichen Arbeiter in der Industrie
Quelle: Statistisches Bundesamt, Löhne und Gehälter, Fachserie 16, Reihe 2.1, April 1980, S. 6; April 1985, S. 5; Eilbericht April 1990, S. 3; Eilbericht, April 1994, S. 3

Tabelle 12: Bundesgebiet Ost: Neue Länder und Berlin Ost Juli 1994

	BSV	BWV	BSV	BWV
	männlich		weiblich	
Leistungsgr. 1	17,87	710	14,55	556
2	16,22	653	13,05	495
3	15,05	611	12,21	472

Quelle: Statistisches Bundesamt, Löhne und Gehälter, Fachserie 16, Reihe 2.1., Eilbericht Juli 1994, S. 3

In den Statistiken des Statistischen Bundesamtes sind die Löhne und Gehälter in der Einteilung nach drei Leistungsgruppen erfaßt:

- Leistungsgruppe 1: Facharbeiter
- Leistungsgruppe 2: Angelernte Arbeiter
- Leistungsgruppe 3: Ungelernte Arbeiter

Diese Einteilung ist, auch wenn sie nur sehr grob ist, da sie für alle Branchen und Tarifverträge gilt, dennoch mehr als genug geeignet, das Lohngefälle zwischen den Löhnen und Gehältern von männlichen zu weiblichen Arbeitern über die Jahre hinweg zu demonstrieren. Es läßt sich unschwer feststellen, daß im Bundesgebiet-West von 1980 bis 1994 durchgängig jeweils die höchsten Bruttostunden- und Bruttowochenverdienste der Arbeiterinnen konstant unter den Bruttostunden- und -wochenverdiensten der männlichen Arbeiter in Leistungsgruppe 3, also der untersten Verdienstgruppe geblieben sind. Der Abstand zwischen Leistungsgruppe 1 bei Frauen und Männern ist während dieser Zeitspanne sogar noch größer geworden. Betrug er 1980 nur 3,80 DM, so beläuft er sich 1994 auf 5,44 DM pro Stunde. Außerdem vergrößert sich der Abstand von der niedrigsten zur höchsten Leistungsgruppe. Da - wie im folgenden noch gezeigt wird - die geschlechtsspezifische Verteilung in den drei Leistungsgruppen aber nicht gleichmäßig ist, sondern da knapp 51% Frauen in der untersten gegenüber ca. 8% Frauen in der obersten Leistungsgruppe und bei den Männern zwischen 50% - 60% in Leistungsgruppe 1 im Unterschied zu 10,5% in der untersten Leistungsgruppe sich befinden[151], ist dieser sich vergrößernde Abstand zusätzlich von Bedeutung. Denn er kommt den männlichen Arbeitnehmern, die überwiegend in Leistungsgruppe 1 eingestuft sind, vielmehr zugute als den Arbeiterinnen, die sich hauptsächlich in Leistungsgruppe 3 befinden. Bei den Verdiensten der Arbeiterinnen im Bundesgebiet-Ost im Jahr 1994 stellt sich die Situation sehr vergleichbar dar. Auch hier liegt der Verdienst der Arbeiterinnen in Leistungsgruppe 1 unter dem der Arbeiter in Leistungsgruppe 3. Absolut liegen allerdings die Bruttostundenverdienste der Arbeiter im Bundesgebiet-Ost noch erheblich unter denen der Arbeiter und Arbeiterinnen im Bundesgebiet-West.

2.3.5 Lohngefälle in der ehemaligen DDR

Auch in der ehemaligen DDR gab es ein Lohngefälle zwischen den Löhnen der männlichen und weiblichen Arbeitnehmer (vgl. Abbildung 1). Etwa 50% der Frauen verdienten durchschnittlich zwischen 800 und 1.000,- Mark der DDR. Dagegen verdienten etwa 40% der Männer zwischen 1.200,- bis 1.700,- Mark und mehr. Insgesamt fielen die absoluten Lohnunterschiede jedoch geringer aus als im Bundesgebiet-West. Der durchschnittliche Monatsverdienst der Arbeiterinnen betrug 71% des Männerlohns, bei den Angestellten der Industrie rund 67% und im Bereich Handel, Kreditinstitute und Versicherungsgewerbe verdienten die Frauen rund 71% der Männerlöhne[152]. Außerdem trugen die erwerbstätigen Frauen der ehemaligen DDR immerhin zu 44% zum Haushaltseinkommen bei[153]. Die unterschiedlichen Verdienste von Frauen und Männern wirkten und wirken sich auch nach dem Ausscheiden aus dem Berufsleben bei den Frauen negativ auf die Höhe der erzielten Renten aus[154].

---

[151] Vgl.Tabelle 15.

[152] Arbeitsmarktreport für Frauen, S. 51.

[153] Schwarze/Gornig/Steinhöfel: Die Bedeutung der Frauenerwerbstätigkeit, in: Arbeit und Sozialpolitik 6/1990, S. 202.

[154] Vgl. Sessar-Karpp/Harder, Erwerbstätigkeit, Arbeitslosigkeit und Weiterbildung, BeitrAB 179, 1994, S. 579.

Abbildung 1: Verteilung der weiblichen und männlichen vollbeschäftigten Arbeitnehmer der Volkswirtschaft der ehemaligen DDR nach Lohnstufen, 1988

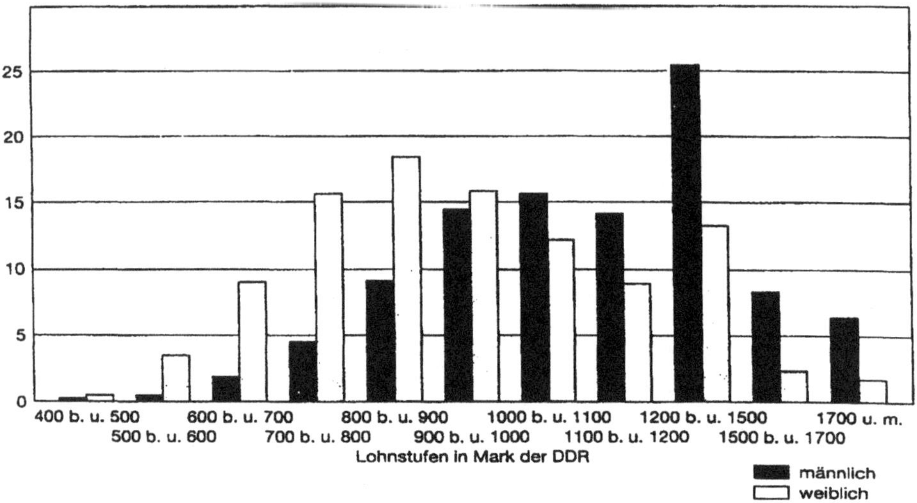

Quelle: Statistisches Bundesamt (Hg.), Zur wirtschaftlichen und sozialen Lage in den neuen Bundesländern, Dez. 1992, S. 23 in Arbeitsmarktreport für Frauen, S. 51, Abb. 4.1.

2.3.6 Verdienst teilzeitbeschäftigter Arbeitnehmer

Von sämtlichen Erhebungen des Statistischen Bundesamtes nicht erfaßt ist der Verdienst teilzeitbeschäftigter Arbeitnehmerinnen[155]. Dieser wäre aber für die Relation von Frauen- und Männerlöhnen besonders wichtig, da Teilzeitbeschäftigung sehr schlecht bezahlt wird[156]. Teilzeitbeschäftigte befinden sich am unteren Ende der Verdienstskala und erhöhen damit noch den Anteil der ohnehin schon überdurchschnittlich vielen erwerbstätigen Frauen in unteren und untersten Verdienstgruppen. Unter diesem Aspekt ist daher die Expansion von Arbeitsplätzen auf dem Teilzeitarbeitsmarkt äußerst skeptisch zu werten. Da der Teilzeitmarkt ein Arbeitsmarkt ist, der so gut wie ausschließlich von Frauen in Anspruch genommen wird, bedeutet eine Zunahme des Teilzeitarbeitsmarktes zugleich eine Verstärkung der geschlechtsspezifischen Spaltung des Arbeitsmarktes. Dies ist verbunden mit den üblichen, für Frauen negativen Konsequenzen: schlechte Vergütung, schlechtere Aufstiegschancen, größeres Arbeitsplatzrisiko und geringere Rentenanwartschaften.

2.3.7 Lohnunterschiede von Anbeginn der beruflichen Tätigkeit

Wie bereits oben angesprochen hat sich die schulische und berufliche Qualifikation der Frauen denen der Männer in hohem Maße angenähert. Die Einkommensunterschiede lassen sich also nicht damit erklären, daß die Frauen den Männern aufgrund schlechterer Ausbildung unterlegen seien, und sie deswegen nur einfachere Tätigkeiten ausführen könnten, für die sie dann auch entsprechend niedriger entlohnt werden. Dennoch werden Frauen mit denselben Qualifikationen fast durchweg von Anfang an niedriger eingestuft. Der Abstand setzt sich im

[155] Zur Beschäftigungssituation teilzeitbeschäftigter Frauen vgl. oben, 2.1.2.3.
[156] Arbeitsmarktreport für Frauen, Beilage zu ANBA 1/1994, S. 49.

weiteren Verlauf fort, bzw. vergrößert sich noch. Denn Männer steigen hierarchisch bereits nach kürzester Zeit auf, wohingegen Frauen längst nicht so schnell, nicht so häufig und nicht so hoch befördert werden[157].
Beispielsweise verdienten im Jahr 1980 ein Jahr nach Abschluß der betrieblichen Berufsausbildung männliche Erwerbstätige im Schnitt ein Viertel mehr als weibliche[158].
Der Verdienstunterschied variiert zwischen Berufen mit überwiegend mittlerem und höherem Einkommensniveau und Berufen mit überwiegend niedrigem Einkommensniveau. Verallgemeinernd läßt sich sagen, daß, je niedriger das Einkommensniveau ist, desto größer die absoluten Verdienstabstände zwischen Männern und Frauen sind. Dagegen ist bei Berufen mit mittlerem und höherem Einkommensniveau der Verdienstabstand zunächst geringer[159].

2.3.8 Verdienstsituation durchgehend vollzeitbeschäftigter Arbeitnehmerinnen

Als eine der Ursachen der unterschiedlichen Verdienste von Frauen und Männern wurde vor allem die sogenannte weibliche Erwerbsbiographie gesehen. Man sprach hier von dem klassischen Drei-Phasen-Modell[160], wonach Frauen zwischen 16 und 25 Jahren (1. Phase) in etwa genauso stark wie Männer unter den Arbeitnehmern vertreten sind. Danach gehe die Erwerbstätigkeit der Frauen zwischen 25 und 40 Jahren (2. Phase) durch die Kinderphase stark zurück. In der sich anschließenden dritten Phase versuchen Frauen, sich wieder in den Arbeitsmarkt einzugliedern. Dieses Modell trifft jedoch auf das Erwerbsverhalten vieler Frauen in der heutigen Zeit nicht mehr zu. Es gilt ohnehin nicht für den Arbeitsmarkt im Bundesgebiet-Ost. Dort kommt es kaum oder nur kurz zu Unterbrechungen von Frauen mit Kindern im Kleinkindalter. Aber auch im Bundesgebiet-West werden die Unterbrechungen kürzer und die Kinderphase setzt allgemein später ein. Anhand der Verdienste von durchgehend vollzeitbeschäftigten Arbeitnehmerinnen aus dem Jahr 1985 läßt sich anschaulich zeigen, daß die durchgängige Beschäftigungssituation nicht zu einer Angleichung der Frauenlöhne an Männerlöhne geführt hat.

---

[157] Vgl. in diesem Zusammenhang die Untersuchung von Fiedler/Regenhard: Arbeitseinkommen der Frauen, S. 99-109, die für das Gebiet von West-Berlin im Jahr 1986 durchgeführt wurde. Für die Bereiche 1) Volks- bzw. Hauptschulabschluß und Berufsschulabschluß, 2) Mittlere Reife und Berufs- bzw. Berufsfachschulabschluß, 3) Hochschulabsolventen ohne Lehre und 4) Frauen und Männer ohne Berufsausbildung legen sie anhand von Statistiken dar, wie Frauen systematisch trotz gleicher Qualifikation von Berufsbeginn an in niedrigeren Positionen beschäftigt und entlohnt werden.

[158] Engelbrech, MittAB 3/1991, S. 538, mit Verweis auf die Beschäftigtenstatistik der BfA (durchschnittlicher Bruttomonatsverdienst der Frauen: 1.674,-DM; durchschnittlicher Bruttomonatsverdienst der Männer: 2.096,-DM).

[159] Durchschnittlicher Bruttomonatsverdienst 1980 und 1984, in: Engelbrech, BeitrAB 3/1991, S. 553 im Anhang.

[160] Engelbrech, MittAB 2/1987.

Tabelle 13: Qualifikation und monatliches Bruttoeinkommen. Monatliches Bruttoeinkommen von kontinuierlich und vollzeitbeschäftigten männlichen und weiblichen Erwerbstätigen nach Altersgruppen (bis unter 40 Jahre und älter) und höchstem beruflichen Abschluß in %.

Höchster beruflicher Abschluß	Monatliches Bruttoeinkommen bei unter 40jährigen Erwerbstätigen												
	bis 2000 DM		2000 bis 2500 DM		2500 bis 3000 DM		3000 bis 4000 DM		mehr als 4000 DM		nicht bekannt		Sum m/w
	m	w	m	w	m	w	m	w	m	w	m	w	
Hochschule, Fachhochschule	5	13	8	14	11	14	29	38	38	17	9	5	100
Betriebliche Ausbildung für Angestelltenberufe	16	45	20	29	23	12	21	7	13	2	6	5	100
Betriebliche Ausbildung für Arbeiterberufe	22	64	25	12	25	12	16	5	7	2	5	5	100
Schulische Ausbildung	23	31	34	35	21	23	12	5	5	1	5	5	100
Keine	40	59	17	22	21	8	11	5	8	2	3	4	100
Höchster beruflicher Abschluß	Monatliches Bruttoeinkommen bei über 40jährigen Erwerbstätigen												
	bis 2000 DM		2000 bis 2500 DM		2500 bis 3000 DM		3000 bis 4000 DM		mehr als 4000 DM		nicht bekannt		Sum m/w
	m	w	m	w	m	w	m	w	m	w	m	w	
Hochschule, Fachhochschule	3	4	-	2	2	-	17	31	66	54	11	9	100
Betriebliche Ausbildung für Angestelltenberufe	4	21	10	24	16	26	29	17	32	6	9	6	100
Betriebliche Ausbildung für Arbeiterberufe	8	21	18	35	31	17	25	12	12	8	6	8	100
Schul. Ausbdg.	10	17	13	28	23	17	23	23	21	11	10	4	100
Keine	24	42	22	24	22	14	18	8	9	4	5	8	100

Quelle: IAB-Projekt 3/4-322, 1985, entnommen aus Engelbrech, MittAB 3/1991, S. 548, Übersicht 12

Tabelle 14: Stellung im Beruf und monatliches Bruttoeinkommen. Verteilung der vollbeschäftigten Männer und Frauen (bis unter 40 Jahre und 40 Jahre und älter) ohne Unterbrechung im Berufsverlauf nach monatlichem Bruttoeinkommen (1985) und Stellung im Beruf - in %.

Stellung im Beruf	Monatliches Bruttoeinkommen bei unter 40jährigen Erwerbstätigen												Sum m/w
	Bis 2000 DM		2000 bis 2500 DM		2500 bis 3000 DM		3000 bis 4000 DM		Mehr als 4000 DM		Nicht bekannt		
	m	w	m	w	m	w	m	w	m	w	m	w	
Hilfsarbeiter	41	71	20	17	22	7	11	2	2	-	4	3	100
Facharbeiter	25	57	24	14	26	18	18	5	3	1	4	5	100
einf. Angestellte	31	60	32	27	22	7	8	3	3	1	4	2	100
mittl. Angestellte	14	34	21	31	27	18	25	9	8	2	5	6	100
Gehob./ höh. Angest.	4	18	4	25	9	14	28	27	47	10	8	6	100
Beamte	8	18	26	26	25	11	22	27	13	10	6	8	100
Selbständige	11	20	8	7	7	7	12	20	43	28	19	18	100
Stellung im Beruf	Monatliches Bruttoeinkommen bei über 40jährigen Erwerbstätigen												Sum m/w
	Bis 2000 DM		2000 bis 2500 DM		2500 bis 3000 DM		3000 bis 4000 DM		Mehr als 4000 DM		Nicht bekannt		
	m	w	m	w	m	w	m	w	m	w	m	w	
Hilfsarbeiter	23	62	25	25	27	9	18	1	2	-	5	3	100
Facharbeiter	11	47	21	29	32	18	26	13	6	3	4	-	100
einf. Angestellte	7	43	24	48	35	16	14	2	9	-	11	1	100
mittl. Angestellte	4	16	12	16	24	23	38	32	19	8	3	5	100
Gehob./ höh. Angest.	3	4	1	9	3	19	23	11	58	25	12	32	100
Beamte	2	8	12	13	27	15	19	19	35	32	5	13	100
Selbständige	11	26	6	7	11	9	12	15	41	34	19	9	100

Quelle: IAB-Projekt 3/4- 322, 1985, entnommen aus: Engelbrech, MittAB 3/1991, S. 548, Übersicht 13

Die beiden Tabellen unterscheiden nach dem Ausbildungsabschluß (berufliche Qualifikation, Tabelle 13) im Verhältnis zum Verdienst und nach der beruflichen Stellung im Verhältnis zum Verdienst (Tabelle 14). Aus diesen Übersichten geht sowohl bei den unter 40jährigen als auch bei den über 40jährigen hervor, daß in den Verdienststufen bis 2.500,- DM die Frauen stärker repräsentiert sind und ab 2.500,- DM die Männer. Zu Tabelle 13 läßt sich sagen, daß Frauen mit Hochschul- oder Fachhochschulabschuß bis zu einem Einkommen von 3.000,- DM bis 4.000,- DM monatlich mit 38% der Frauen anteilmäßig stärker vertreten sind als die Männer, deren Anteil in dieser Verdienstgruppe sich auf 29% beläuft. Erst bei einem Verdienst von über 4.000,- DM monatlich liegt der Männeranteil bei 38%, wohingegen von den Frauen nur noch 17% diese Verdienststufe erreichen. Bei den übrigen beruflichen Qualifikationen wird prozentual von überhaupt nur wenigen ein montaliches Einkommen über 4.000,- DM erzielt. Dort verteilen sich daher die Prozentanteile mehr auf die niedrigeren Verdienste. Bei der betrieblichen Ausbildung für Arbeiterberufe verdienen 64% der Frauen nur bis 2.000,- DM brutto. 50% der Männer verdienen hingegen zwischen 2.600,-DM und 3.000,- DM (davon 25% 2.000,- DM bis 2.500,- DM und weitere 25% 2.500,- DM bis 3.000,- DM). Bei der betrieblichen Ausbildung für Angestellte ist die Situation ähnlich, allerdings verdienen hier fast 75% der weiblichen Angestellten bis zu 2.500,- DM monatlich. Von den Männern verdienen 44% zwischen 2.500,- DM und 4.000,- DM monatlich.

Zusammenfassend ist hierzu festzustellen:
Trotz gleicher Qualifikationsvoraussetzungen verteilen sich Frauen und Männer zuungunsten der Frauen unterschiedlich auf die jeweiligen Einkommensstufen.
Während also 38 von 100 Frauen der unter 40jährigen mit Fachhochschul- oder Hochschulabschluß 3.000 - 4.000 DM verdienten, erzielten 38 von 100 Männern derselben Altersstufe mit den gleichen Ausbildungsvoraussetzungen mehr als 4.000 DM monatlich. Der gleiche Ausbildungsabschluß führt demnach nicht von vorneherein zu einer gleichmäßigen Verteilung von Männern und Frauen auf die entsprechenden Einkommensstufen.

Bei den über 40jährigen haben sich die Verdienste etwas mehr nach oben verschoben, bleiben aber in der Verteilung sehr ähnlich. Ein Einkommen über 4.000,- DM haben 54% der Frauen mit Hochschul- oder Fachhochschulabschluß. Vergleicht man dies mit Tabelle 14 (berufliche Stellung der über 40jährigen), so stellt man fest, daß diese Frauen überwiegend als Beamtinnen und Selbständige tätig sein müssen.
Der gleiche Ausbildungsabschluß sowie eine gleichermaßen kontinuierliche Vollzeitbeschäftigung führen nicht im Laufe des Berufslebens bei den über 40jährigen zu einer Nivellierung dieser Unterschiede. Nach wie vor erreichen die Männer durchschnittlich höhere Verdienste. So sind etwa 66 gegenüber 54 Frauen in der Verdienstgruppe von über 4.000 DM mit Hochschul- beziehungsweise Fachhochschulabschluß.

Der Vergleich der beruflichen Stellung von unter und über 40jährigen ergibt ein Bild, wonach die Verdienstsituation von Frauen sich im Laufe des Berufslebens anders als bei Männern nicht deutlich nach oben verschiebt. Bei den Frauen hat ein Großteil der unter 40jährigen ein Einkommen von bis zu 2.000,- DM monatlich. In dieser Einkommenssparte bleibt ein großer Teil auch der über 40jährigen. Beispielsweise reduziert sich der Anteil der Hilfsarbeiterinnen nur von 71% bei den unter 40jährigen auf 62% bei den über 40jährigen. Bei den Facharbeiterinnen reduziert er sich von 57% auf 47%. Bei den männlichen Hilfsarbeitern sinkt der Anteil von 41% auf 23%, und bei den Facharbeitern von 25% auf 11%. Im Unterschied zu den Frauen verteilen sich die über 40jährigen Männer vor allem auf die Gehaltsgruppen zwischen 2.500,- DM und 4.000,- DM. In der Gruppe der gehobenen und höheren Angestellten, sowie Beamten und Selbständigen verdienen sogar zwischen 35% und 58% der Männer dieser Berufsgruppe über 4.000,- DM.
Zusammenfassend ist zur beruflichen Stellung in Verbindung mit den jeweiligen Einkommensstufen zu sagen:
In den einzelnen Berufsgruppen verteilen sich die Frauen durchgängig auf die schlechteren Einkommensstufen im Verhältnis zur Verteilung bei den Männern. An dieser Frauen benachteiligenden Situation ändert sich nichts wesentliches im Berufsverlauf durchgehend vollzeitbeschäftigter Frauen. Das heißt, auch bei den über 40jährigen Hilfsarbeiterinnen ist ein fast drei mal so hoher Anteil an Frauen gegenüber Männern (62 : 23) in der Einkommensstufe bis 2.000 DM anzutreffen. Auch bei den Facharbeitern und einfachen Angestellten ist jeweils ein wesentlich höherer Anteil an Frauen als an Männern in den niedrigen Einkommensstufen anzutreffen.
Inwiefern diese Ergebnisse auch darauf zurückzuführen sind, daß Frauen sich nicht entsprechend wie Männer im Berufsverlauf weiterqualifiziert haben, kann anhand der Tabelle 15

nicht beurteilt werden. Der durchgehende vollzeitbeschäftigte Berufsverlauf böte an sich gleiche Weiterqualifizierungsvoraussetzungen.

2.3.9 Verteilung der Männer und Frauen auf die jeweiligen Leistungsgruppen

Auch die prozentuale Verteilung von Frauen und Männern auf die jeweiligen Leistungsgruppen gibt Aufschluß über das Einkommensgefälle zwischen den Löhnen von Männern und Frauen. Nicht nur, daß Frauen in den einzelnen Verdienstgruppen schlechter bezahlt werden als Männer. Darüberhinaus sind sie in den am schlechtesten bezahlten Leistungsgruppen am stärksten vertreten, wohingegen die Männer in den am besten bezahlten Leistungsgruppen prozentual am stärksten vertreten sind.

Tabelle 15: Vollzeitbeschäftigte Arbeiter und Angestellte nach Leistungsgrupen[1)], in %.

	Bundesgebiet Ost				Bundesgebiet West	
	Januar		Oktober		Oktober	
	weiblich	männlich	weiblich	männlich	Weiblich	männlich
Arbeiter[2)]						
Leistungsgruppe 1	34,7	57,8	28,2	63,2	7,4	58,7
Leistungsgruppe 2	46,8	35,8	52,3	31,2	41,7	30,8
Leistungsgruppe 3	18,5	6,4	19,5	5,6	50,9	10,5
Alle	100	100	100	100	100	100
Angestellte[3)]						
Leistungsgruppe II	13,3	35,9	11,7	32,7	8,8	40,5
Leistungsgruppe III	33,8	46,4	40,4	53,9	41,6	45,6
Leistungsgruppe IV	44,8	14,3	40,1	11,7	42,7	12,4
Leistungsgruppe V	8,1	3,4	7,9	1,7	6,9	1,4
Alle	100	100	100	100	100	100

[1)] Ergebnisse der vierteljährlichen Verdienststatistik, 1991
[2)] Industrie (einschl. Hoch- und Tiefbau mit Handwerk);
Leistungsgruppe 1: Facharbeiter; Leistungsgrupppe 2: Angelernte Arbeiter;
Leistungsgruppe 3: Ungelernte Arbeiter
[3)] Industrie sowie Groß- und Einzelhandel, Kreditinstitute und Versicherungsgewerbe;
Leistungsgruppe II: Angestellte, die selbständige Leistungen in verantwortlicher Tätigkeit mit eingeschränkter Dispositionsbefugnis erbringen;
Leistungsgruppe III: Angestellte mit besonderen Fachkenntnissen oder längerer Berufserfahrung, die nach Anweisung selbständig arbeiten;
Leistungsgruppe IV: Angestellte mit abgeschlossener Lehre;
Leistungsgruppe V: Angestellte ohne Berufsausbildung

Quelle: Statistisches Bundesamt (Hg.), Zur wirtschaftlichen und sozialen Lage in den neuen Bundesländern, Dez. 1992, S. 24 in: Arbeitsmarktreport für Frauen, S. 48 Tabelle 4.9.

Während der weitaus größte Teil der weiblichen Beschäftigten bei den Arbeitern im Bundesgebiet-West in Leistungsgruppe 3 (zu 50,9%) eingestuft ist, und nur 7,4% in Leistungsgruppe 1 eingestuft ist, sind bei den Männern 58,7% in Leistungsgruppe 1 und nur 10,5% in Leistungsgruppe 3 tätig.
Im Bundesgebiet-Ost, wo es innerhalb der Hierarchie nicht eine solche Diskrepanz zwischen unteren und oberen Stufen, verteilt auf Frauen und Männer, gab, sah zumindest im Januar 1991 das Bild noch deutlich anders aus. Gerade in Leistungsgruppe 1 waren die Frauen mit 34,7% im Verhältnis zu 57,8% bei den Männern deutlich besser, wenn auch nicht annähernd gleich repräsentiert. Allerdings hat sich das Verhältnis leider geradezu erschreckend deutlich

bereits im Oktober 1991 zuungunsten der Frauen auf 28,2% im Verhältnis zu 63,2% bei den Männern in Leistungsgruppe 1 verändert.
Bei dieser Betrachtung ist zu berücksichtigen, daß die Kategorien von Leistungsgruppe 1 bis 3 nur verhältnismäßig undifferenziert zwischen Facharbeitern (Leistungsgruppe 1), angelernten Arbeitern (Leistungsgruppe 2) und ungelernten Arbeitern (Leistungsgruppe 3) unterscheiden. Die Einstufung in eine der drei Leistungsgruppen erfolgt nach Qualifikation durch Berufsausbildung sowie Erfahrung. Bereits im Jahr 1987 wurde von Pfarr[161] in diesem Zusammenhang bemängelt, daß keine Statistiken anhand der Lohn- und Gehaltsgruppen von Tarifverträgen geführt würden, die wesentlich differenzierter seien. Da jedoch in dieser Hinsicht bis jetzt kein ausreichendes Material zur Verfügung steht, muß auch in dieser Darstellung auf die Statistiken des Statistischen Bundesamtes zurückgegriffen werden.
Im Verhältnis zu 1987 hat bis 1991 der Frauenanteil in Leistungsgruppe 1 um 1% im Bundesgebiet-West zugenommen. In der untersten Leistungsgruppe (Leistungsgruppe 3) hat er sich von 49,5% auf 50,9% erhöht. In der mittleren Leistungsgruppe ist der Frauenanteil von 44,0% auf 41,7% gesunken. Damit läßt sich feststellen, daß der Frauenanteil in allen Leistungsgruppen um etwa einen Prozentpunkt angestiegen ist, die Verteilung des Frauenanteils auf die einzelnen Leistungsgruppen sich also nicht zugunsten eines stärkeren Anstiegs in der mittleren oder höchsten Leistungsgruppe entwickelt hat.
Bei den Angestellten, bei denen sich die Leistungsgruppen insgesamt in vier Untergruppen[162] unterteilen, ist das Ergebnis ähnlich auffällig, insbesondere im Bundesgebiet-West. Auch hier sind nur 8,8% der Frauen in Leistungsgruppe II, d.h. der höchsten Leistungsgruppe beschäftigt. Dagegen sind in dieser Leistungsgruppe 40,5% Männer beschäftigt. Im Vergleich hierzu waren im Bundesgebiet-Ost zum gleichen Zeitpunkt 11,7% Frauen im Verhältnis zu 32,7% Männern. Nur ein gutes halbes Jahr vorher sah das Verhältnis sogar mit 13,3% und 35,9% Männern noch besser aus. Während also im Osten das Verhältnis von Frauen zu Männern in der höchsten Verdienstgruppe 1:3 ist, beträgt es im Westen fast genau 1:5[163]. In Leistungsgruppe IV und V sind im Bundesgebiet-West insgesamt nur 13,8% der Männer beschäftigt, wohingegen von den Frauen hier 49,6%, das heißt knapp die Hälfte, tätig sind. Im Bundesgebiet-Ost liegt die Verteilung in Leistungsgruppe V mit einem Verhältnis von 1:3 nicht ganz so extrem wie im Bundesgebiet-West. In den Leistungsgruppen III und IV ist die anteilmäßige Verteilung im Bundesgebiet-West und -Ost verhältnismäßig ähnlich.
Zusammenfassend läßt sich für diesen Teil der Untersuchung sagen, daß sich statistisch bei den Angestellten und Arbeitern im Bundesgebiet-West jeweils anteilig gleich viele Frauen in den untersten Lohnstufen befinden wie Männer in der obersten. Die Löhne sind pyramidenförmig angeordnet: bei den Arbeiterinnen und den weiblichen Angestellten gibt es unten einen breiten Sockel von Niedrigverdienerinnen und nach oben hin nehmen die Löhne ab. Bei den Arbeitern und männlichen Angestellten ist der breite Sockel entweder oben und läuft nach unten spitz zu, oder die Verteilung auf die einzelnen Lohngruppen stellt sich zumindest „bauchig" dar, das heißt der meiste Teil befindet sich in der mittleren Lohnstufe.

---

[161] Pfarr: Quoten und Grundgesetz, S. 137.

[162] Definition der einzelnen Leistungsgruppen s. oben Tabelle 15.

[163] Diese Aussage über die Verhältnisse gilt uneingeschränkt nur für den Fall, daß insgesamt gleichviel Männer wie Frauen in einem Unternehmen beschäftigt sind. Sind beispielsweise in einem Unternehmen 100 Männer und 1000 Frauen angestellt, so ist das Verhältnis Frauen zu Männern in Leistungsgruppe II (West) 88 : 40,5., das heißt etwa 2 : 1. Allerdings wird von diesem Extremfall wohl grundsätzlich nicht auszugehen sein.

2.4 Ergebnis

Die vorhandenen Diskriminierungsverbote greifen für bestimmte Bereiche nur sehr schleppend, für andere Bereiche dagegen überhaupt nicht. So gibt es, wie eingangs erwähnt, nach wie vor keine Möglichkeit, Frauen einen gleichberechtigten Zugang zum Beruf zu gewährleisten. Aufgrund von verschiedensten Faktoren wie der Berufsauswahl, die die Frauen schon auf ein ganz bestimmtes eingegrenztes Spektrum reduziert haben, dem Wunsch nach Familie und familienfreundlichen Arbeitszeiten, der Koordination mit dem Partner und den geringeren finanziellen Erwartungen, bewerben sich Frauen nicht in gleichem Maße wie Männer um jede Art von Stellen. Dann aber haben sie bei den Stellen, für die sie sich bewerben, und bei denen sie mit Männern konkurrieren, auch noch wesentlich schlechtere Chancen als diese.

Dies gilt für die Lehrstellensuche sowie den Übergang nach einer Berufsausbildung ins Berufsleben[164], wo sich Frauen sehr viel schwerer tun, überhaupt eine Stelle zu finden, und dann oft auf eine Stelle unter ihrer Ausbildungsqualifikation ausweichen müssen. Dies gilt aber auch für sämtliche Bereiche, in denen Frauen um Arbeitsplätze mit Männern konkurrieren[165], sofern ihr Zugang nicht durch verbindliche Quoten abgesichert ist.

Von einer spürbaren Veränderung im Sinne einer Verbesserung zugunsten der Frauen seit 1980 kann nicht gesprochen werden. Weder hat sich der Frauenanteil in den Ausbildungsberufen, die traditionell männerdominiert waren, deutlich erhöht, noch hat sich die insgesamt erheblich verbesserte berufliche Qualifikation der Frauen in der Beschäftigungspraxis bemerkbar gemacht. Von einer besonderen Berücksichtigung des § 2 Nr. 5 AFG[166] kann nicht die Rede sein. Obwohl gerade für Frauen in Ausbildungsverhältnissen zwischen 1980 und 1995 gezielte Förderprogramme stattgefunden haben, ist insbesondere im Bundesgebiet West keine Durchbrechung des geschlechtsspezifisch gespaltenen Arbeitsmarktes gelungen. Dort, wo Frauen sich in bisher typischen Männerberufen ausbilden lassen, beschränken sie sich nur auf ein kleines Spektrum.
Folgen der geschlechtsspezifischen Verteilung der Ausbildungsplätze sind eine Antizipation und Fortschreibung des geschlechtsspezifisch strukturierten Arbeitsmarktes mit allen negativen Konsequenzen. Dadurch wird eine bessere Repräsentation von Frauen in gehobenen und leitenden Stellungen von vorneherein für weite Bereiche - nämlich die, in denen Frauen als Beschäftigte unterrepräsentiert sind - völlig unterbunden. Nun könnte man meinen, daß dafür die hohe Repräsentation von Frauen in Frauenberufen ein Ausgleich sei. Aber nicht einmal dort entspricht der Anteil der Frauen in leitenden Stellungen auch nur annähernd ihrem Verhältnis an der Beschäftigtenzahl. Vielmehr kommt bei den reinen Frauenberufen erschwerend die Isolation vom Männerarbeitsmarkt hinzu mit der Folge der niedrigeren Entlohnung. Frau-

[164] Vgl. oben 2.1.4.2.
[165] Vgl. beispielsweise für die Wissenschaft oben unter 2.2.
[166] Wortlaut § 2 Nr. 5 AFG: „Die Maßnahmen nach diesem Gesetz haben insbesondere dazu beizutragen, daß der geschlechtsspezifische Ausbildungs- und Arbeitsmarkt überwunden wird und Frauen, deren Unterbringung unter den üblichen Bedingungen des Arbeitsmarktes erschwert ist, beruflich eingegliedert und gefördert werden; Frauen sollen entsprechend ihrem Anteil an den Arbeitslosen gefördert werden.“ § 2 Nr. 5 AFG wurde zuletzt geändert m.W.v. 01.01.1993 durch Gesetz v. 18.12.1992 (BGBl. I S. 2044). Seit dem 01.01.1998 ist nunmehr § 8 SGB III maßgeblich.

en verdienen am wenigsten in den typischen Frauenberufen und am meisten in etablierten Mischberufen.

Bei der allgemein knappen Beschäftigungssituation böte Teilzeitarbeit theoretisch eine gute Möglichkeit, die vorhandene Arbeit auf möglichst viele zu verteilen. Trotz des Verbots der Benachteiligung von Frauen bei der Ausübung, der Beförderung, der Entlohnung sowie der Beendigung eines Arbeitsverhältnisses hat sich stattdessen mit der Teilzeitarbeit ein neuer Bereich zur „versteckten" Diskriminierung herausgebildet, der erst mittels der Rechtsprechung des EuGH zur „mittelbaren Diskriminierung" überhaupt als Diskriminierungsform entdeckt und verboten wurde. Dennoch bietet gerade Teilzeitarbeit nach wie vor ein weites Feld für Diskriminierungen gegenüber Frauen. Teilzeitarbeit ist unter Männern nicht anerkannt[167]. Das führt dazu, daß sie im Bundesgebiet West nahezu ausschließlich von Frauen ausgeübt wird. Dadurch ist Teilzeitarbeit eine rein weibliche Domäne mit niedrigerer Bezahlung, schlechteren Aufstiegschancen und hohem Arbeitsplatzrisiko. Die Zunahme der Frauenerwerbstätigkeit, die vor allem auf einen enormen Zuwachs der Teilzeitbeschäftigungen zurückzuführen ist, ging nicht einher mit einer Beachtung des Benachteiligungsverbots, sondern hat vielmehr zu einer Verlagerung des Problems auf einen neuen Bereich und damit letzten Endes auf eine Ausweitung der Bereiche geführt, in denen Frauen diskriminiert werden.
Gerade das Problem der fehlenden gesellschaftlichen Akzeptanz von Teilzeitarbeit bei Männern macht deutlich, daß es sich nicht in erster Linie um einen Mangel an materiellen Regelungen zum Verbot von Benachteiligungen der Frauen handelt, als vielmehr um eine fehlende Durchsetzung und Durchsetzbarkeit der vorhandenen Regelungen. Die Forderung nach immer mehr Teilzeitstellen ist daher nicht nur positiv als ein Versuch zu werten, dem Bedürfnis nach flexiblen Arbeitszeiten zugunsten der Familiensituation von Frauen nachzukommen, sondern auch als eine gefährliche Entwicklung der Verdrängung von Frauen aus einem Konkurrenzbereich mit Männern in einen Bereich, in dem „die Frauen unter sich" sind, für den notwendig andere, Frauen benachteiligende Gesetzmäßigkeiten gelten. Außerdem hat die Zunahme der Frauenerwerbstätigkeit auf dem Teilzeitarbeitsmarkt zu einer noch weiteren Polarisierung des geschlechtsspezifisch gespaltenen Arbeitsmarkts geführt. Die Bereiche, in denen Frauen Teilzeitbeschäftigungen nachgehen, sind gewissermaßen begriffsnotwendig reine „Frauenbereiche".

Die Frauenerwerbstätigkeit hat deutlich zugenommen und steigt noch weiter. Im Bundesgebiet Ost geht die Frauenerwerbsneigung trotz der wesentlich erschwerten Umstände nach der „Wende" nicht zurück. Dennoch hat sich die Situation der erwerbstätigen Frauen innerhalb der beruflichen Karriereverläufe und ganz besonders bei den Einkommen nicht nennenswert verbessert. Dieses Ergebnis berücksichtigt auch, daß sich die schulischen und beruflichen Qualifikationen von Frauen in den letzten zwanzig Jahren ganz erheblich verbessert haben und von einem Ausbildungsdefizit gerade junger Frauen im Verhältnis zu entsprechenden Männern nicht mehr gesprochen werden kann.
Der Unterschied im Qualifikationsniveau von Frauen in Ost und West mit einem noch deutlich höheren Qualifikationsniveau der Frauen im Bundesgebiet Ost zeigt, daß nicht allein das Qualifikationsniveau der Frauen im Unterschied zu dem der Männer ausschlaggebend ist für die deutlich schlechtere Arbeitsmarktsituation von Frauen gegenüber Männern. Gerade im

---

[167] S. auch Holst/Schupp: Perspektivern der Erwerbsbeteiligung von Frauen, BeitrAB 179, 1994, S. 168.

Osten, wo Frauen als Folge des sozialistischen Bildungssystems gleichermaßen ausgebildet und qualifiziert waren wie Männer, sind sie nach der „Wende" in wesentlich stärkerem Maße als Männer vom Arbeitsmarkt verdrängt worden. Sobald also die vom sozialistischen Arbeitsmarkt herrührenden speziellen Rahmenbedingungen für Frauen wie die ausreichende Kinderbetreuung, die wirtschaftliche Notwendigkeit der Frauenerwerbsarbeit und das staatliche Ziel der Vollbeschäftigung[168] wegfielen, haben dieselben auf dem westlichen Arbeitsmarkt vorherrschenden Vorurteile gegenüber der Berufstätigkeit von Frauen Platz gegriffen. Trotz der gleichen Ausgangssituation wie bei Männern waren und sind die Frauen im Bundesgebiet Ost von den Folgen des Zusammenbruchs des Wirtschaftssystems der ehemaligen DDR viel stärker betroffen als die Männer.

Im Bereich der Lohndiskriminierung hat sich das geltende Lohngleichheitsgebot nicht als effektiv genug herausgestellt, um der Schlechterstellung der Frauen von etwa einem Viertel im Vergleich zum Einkommen der Männer entgegenzuwirken. Einen „Mangel" im materiellen Recht stellt derzeit vor allem die Frage der Bewertung von Arbeit dar. Obwohl sich das Lohngleichheitsgebot dem Wortlaut des Gesetzes nach auch auf gleichwertige Arbeit erstrecken soll, fehlen bisher allgemein definierte, nicht diskriminierende, akzeptierte Bewertungsmethoden. So ist auch keine durchgreifende Handhabe für die Gerichte gewährleistet. Gleichzeitig bilden aber die vorhandenen Eingruppierungssysteme keine Möglichkeit, die Lohnabstände der Frauen dauerhaft zu beseitigen, da sich an der geschlechtsspezifischen Verteilung auf die jeweiligen Lohngruppen nichts ändert. Trotz existierender Verbote (Lohngleichheitsgebot) auf allen gesetzlichen Ebenen (EG, Grundgesetz, BetrVG, BGB) werden Frauen nach wie vor oft für dieselben Tätigkeiten niedriger entlohnt.
Man hat gegen zwei Arten von Diskriminierung zu kämpfen: Zum einen wird die Arbeit, die von Frauen ausgeübt wird, einfach von vorneherein niedriger bewertet als die Arbeit, die von Männern ausgeübt wird. Damit ist nicht identische Arbeit gemeint, sondern typische Frauenarbeit im Unterschied zu typischer Männerarbeit. Zum anderen werden Frauen vielfach unterhalb ihrer Ausbildungsqualifikation eingestuft im Unterschied zu Männern, bei denen dies nicht der Fall ist. Dadurch befinden sich Frauen überproportional oft in unteren beziehungsweise untersten Lohn- und Gehaltsgruppen, wohingegen Männer überproportional oft in den obersten Lohn- und Gehaltsgruppen vertreten sind[169].
Und schließlich werden Frauen sogar für identische Tätigkeiten niedriger entlohnt als Männer. Der Unterschied im Lohn ergibt sich hier meist nicht aus dem zu zahlenden Grundgehalt, sondern vielmehr aus den zu zahlenden zusätzlichen Leistungen wie Nachtarbeitszulagen, Verheiratetenzulagen, Arbeitsmarktzulagen[170] bei denen sich die Arbeitgeber[171] als sehr erfinderisch erwiesen haben, was die Notwendigkeit zusätzlicher Zahlungen an männliche Arbeitnehmer anbelangt.

---

[168] Das staatliche Ziel der Vollbeschäftigung wurde gerade auch dort verfolgt, wo es ökonomisch nicht effizient war.
[169] Vgl. oben 2.3, 2.3.7, 2.3.8.
[170] S. in diesem Zusammenhang die zahlreichen Beispiele bei Pfarr/Bertelsmann: Diskriminierung im Erwerbsleben, S. 334 ff.
[171] Pfarr/Bertelsmann, a.a.O., S. 334, weisen in diesem Zusammenhang darauf hin, daß gerade die einzelvertraglich – und nicht etwa die tariflich - vereinbarten Zulagen einen Schwerpunkt der Ungleichbehandlungen im Entgeltbereich bilden.

Ein weiteres Problem stellen die vielen unterschiedlichen Tarifverträge für die verschiedenen Branchen, Regionen etc. dar. Durch diese zu große Diversifizierung ist Lohngleichheit kaum mehr möglich. Durch immer weitere Verästelungen besteht dic Gefahr von immer größeren Lohnungleichheiten. Die Tarifverträge müßten speziell im Hinblick auf die Lohngleichheit von Frauen und Männern überarbeitet werden. Unter diesem Aspekt müßten tarifvertraglich entweder vereinheitlichende Regelungen getroffen werden oder aber mit Hilfe neuer Bewertungskriterien – die beispielsweise bestimmte Tätigkeitsmerkmale aufwerten – Tarifverträge neu konzipiert werden.

Auf dem Boden der grundgesetzlich geforderten tatsächlichen Gleichstellung von Mann und Frau im Erwerbsleben zeichnet sich auch nach Einführung der §§ 611a und 612 Abs. 3 BGB in bezug auf die Verteilung leitender Stellungen auf Frauen ein mehr als enttäuschendes Bild ab. Hieran haben auch durchgeführte Fort- und Weiterbildungsmaßnahmen nichts geändert. Die Repräsentation von Frauen in sämtlichen Bereichen des Erwerbslebens in herausgehobenen, verantwortungsvollen, gut bezahlten Positionen entspricht bei weitem nicht ihrem Anteil an den Erwerbspersonen. Das Instrumentarium beruflicher Fort- und Weiterbildungsmaßnahmen dient für Frauen fast ausschließlich der Arbeitsplatzsicherung. Weiterbildungsmaßnahmen werden von Frauen nur halb so oft wie bei Männern mit dem Ziel des beruflichen Aufstiegs durchgeführt. Dies belegt besonders stark die Entwicklung im Bundesgebiet Ost, wo zahlreiche Umschulungsmaßnahmen oft zu wesentlich unqualifizierteren Tätigkeiten durchgeführt wurden, nur um einer sofortigen Arbeitslosigkeit zu entgehen. Es gab keine gezielte staatliche Förderung, um dieser Entwicklung entgegenzuwirken, von der Frauen weitaus häufiger betroffen waren als Männer. Was sich jetzt bereits abzeichnet, ist eine Tendenz, die der der alten Länder entspricht. Männer nehmen von Arbeitgeberseite angeregt mit dem Ziel beruflichen Aufstiegs an Fortbildungsmaßnahmen teil, wohingegen Frauen in dieser Richtung nicht gefördert werden.
Fort- und Weiterbildungsmaßnahmen müßten gerade vor dem Hintergrund der zunehmenden Langzeitarbeitslosigkeit von Frauen eine entscheidende Rolle spielen. Denn die Langzeitarbeitslosigkeit der Frauen führt notgedrungen zu einer Dequalifizierung und damit zu einer sich zunehmend verschlechternden Situation der Frauen auf dem Arbeitsmarkt. Hier müßten arbeitsmarktpolitische Maßnahmen ansetzen, um gegen ein mit dem Verlust des Arbeitsplatzes einsetzendes Veralten der Kenntnisse anzugehen, und so dem automatisch einsetzenden Verlust von Chancen auf dem Arbeitsmarkt entgegenzuwirken. Derartige Weiterbildungsmaßnahmen müßten gezielt darauf gerichtet sein, das Qualifikationsniveau arbeitsloser Frauen zu halten und zusätzlich zu erhöhen, um ihnen überhaupt wieder eine Chance am Arbeitsmarkt zu geben. Es müßten die für neue, zukunftsträchtige Arbeitsplätze erforderlichen Berufs- und Qualifikationsstrukturen ganz gezielt vermittelt werden.

Im Zusammenhang mit Arbeitslosigkeit liefert das Bundesgebiet Ost seit 1990 Zahlenmaterial, das belegt, daß die Geschlechtszugehörigkeit zur Gruppe der Frauen ausgereicht hat, um von einem vormals nahezu ausgewogenen Geschlechterverhältnis bei der Verteilung der Erwerbstätigkeit auf Frauen und Männer die Verhältnisse extrem zu ungunsten der Frauen zu verändern. Seit der großen Entlassungswelle Ende 1991, als ein Großteil der finanzierten ABM- und Umschulungsmaßnahmen auslief, liegt die Arbeitslosenquote der Frauen mittler-

weile bei 23,6 %,[172] während die der Männer bei 15,9%[173] liegt. Der Arbeitslosenanteil der Frauen liegt bei 57,6%. Die Entwicklung ist in diesem Bereich seit 1995 weniger schlecht als die der Männer. Frauen finden allerdings nach wie vor sehr viel schwerer wieder einen neuen Arbeitsplatz als Männer.
In den alten Bundesländern lag der Anteil der Frauen an den Arbeitslosen bei 44%. Die Arbeitslosenquote der Frauen lag zu diesem Zeitpunkt im Bundesgebiet West bei 10,7% gegenüber 10,6% bei den Männern[174].
Die Gefahr, den Arbeitsplatz zu verlieren, ist im Bundesgebiet-West und -Ost umso höher, je niedriger die Berufsqualifikation ist. Im Bundesgebiet-Ost hat allerdings gerade bei den besonders qualifizierten Facharbeiterinnen auch ein besonders starker Arbeitsplatzabbau stattgefunden[175]. Schon im Frühjahr 1991 waren fast überhaupt keine Frauen mehr in leitenden Funktionen beschäftigt[176]. Einmal arbeitslos geworden, tun sich Frauen sehr viel schwerer, wieder einen Arbeitsplatz zu finden.
Diese Entwicklung, die innerhalb von weniger als drei Jahren nach der „Wende" eingetreten ist, läßt erkennen, daß die vorhandenen Regelungen zum Schutz von Frauen vor Benachteiligung im Erwerbsleben nicht geeignet sind, wirksam Schutz zu gewährleisten. Selbst aus einer Situation heraus, in der Frauen bereits einmal zahlenmäßig nahezu vollständig gleichberechtigt am Erwerbsleben beteiligt waren, fallen sie in Krisensituationen aufgrund der Zugehörigkeit zur Gruppe der Frauen „durchs Netz". Diese einmalige Situation, wie sie sich durch den Fall der Mauer für das Erwerbsleben in Deutschland dargeboten hat, zeigt auf, wie ungeschützt Frauen ungeachtet sämtlicher Bestimmungen sind, die darauf zielen, die Gleichberechtigung der Frauen im Erwerbsleben zu ermöglichen.

2.5 Erklärungsansätze für die benachteiligte Situation der Frauen im Erwerbsleben

Nachdem im vorangegangenen Teil die tatsächliche Situation erwerbstätiger Frauen nach bestimmten Kriterien anhand von statistischen Erhebungen dargelegt wurde, sollen nun Erklärungsansätze aufgezeigt werden, die sich mit der Frage befassen, warum Frauen nach wie vor im Erwerbsleben so stark benachteiligt sind.
Für die geschlechtsspezifische Spaltung des Arbeitsmarktes mit der negativen Folge der sozialen Ungleichheit für Frauen gibt es eine Reihe von verschiedenen Erklärungsansätzen.
Die sogenannten ökonomischen Erklärungsansätze führen die schlechtere Arbeitsmarktsituation der Frauen auf ein unterschiedliches Arbeitgeberverhalten gegenüber männlichen und weiblichen Arbeitskräften zurück.
Neuere Ansätze erklären die benachteiligte Situation der Frauen nicht allein mit den Bedingungen des klassischen Arbeitsmarkts, sondern sie beziehen darüber hinaus die gesamte gesellschaftlich geleistete Arbeit mit ein, die sich in Hausarbeit und Berufsarbeit unterteilt (soziologischer Erklärungsansatz).

---

[172] Stand September 1997, ibv 8/98, S. 520, 542, Abb. 13.2.
[173] Ibv 8/98, S. 519.
[174] Stand September 1997, ibv 8/98, S. 519.
[175] Holst/Schupp, Perspektiven der Erwerbsbeteiligung von Frauen, BeitrAB 179, 1994, S. 144.
[176] Holst/Schupp, a. a. O., S. 143, Tab.1.

2.5.1 Humankapitaltheorie[177] [178]

Ausgangspunkt der Überlegungen dieser Arbeitsmarkttheorie ist ein betriebswirtschaftliches Kalkül der Arbeitgeber in bezug auf die menschlichen Arbeitskräfte. Der Arbeitgeber bezieht in seine betriebswirtschaftlichen Planungen nicht lediglich die sachlichen Produktionsmittel (das sachliche Kapital) mit ein, sondern auch das menschliche Produktionsvermögen, das heißt die menschlichen Kenntnisse und Fähigkeiten. Die schlechtere Arbeitsmarktsituation und der niedrigere Verdienst der Frauen werden damit erklärt, daß die Arbeitgeber im Hinblick auf den Arbeitskräfteeinsatz von Männern gegenüber Frauen mehr und bevorzugt in Männer investieren, da diese ihnen als Arbeitskräfte im Unterschied zu Frauen dauerhaft zur Verfügung stünden. Die männlichen Arbeitskräfte akkumulieren mehr Humankapital als die weiblichen. Es werden dabei also der weiblichen Arbeitskraft im Unterschied zur männlichen ein anderes Arbeitsmarktverhalten und auch andere Arbeitskrafteigenschaften zugeordnet. Ursache des geschlechtsspezifisch gespaltenen Arbeitsmarktes mit den bekannten Nachteilen für Frauen seien die geringeren Qualifikationsvoraussetzungen der Frauen gegenüber den Männern. Daher seien zunächst ihre Berufseinstiegsmöglichkeiten schlechter, später dann ihre Karriere- und vorallem auch Verdienstmöglichkeiten. Das Problem der niedrigeren Löhne von Frauen wird mit der vergleichsweise geringeren Ausbildungs- und Berufsqualifikation der Frauen zu erklären versucht.

Diese Theorie kann insgesamt aus den verschiedensten Gründen als überholt und nicht mehr aussagekräftig bewertet werden. Nach übereinstimmenden Ergebnissen - so auch unter anderem der Bericht der Enquête-Kommission „Bildung 2000“[179] - ist das Qualifikationsniveau junger Frauen ganz erheblich gestiegen. Zumindest, was die schulischen Abschlüsse anbelangt, sind junge Frauen jungen Männern völlig gleichgestellt. Gerade in schulischen Ergebnissen sind sie den Männern sogar oft überlegen. Das Phänomen der unterschiedlichen Verdienste junger Frauen und Männer von Anbeginn an bei gleicher Ausbildung wird überhaupt nicht erfaßt[180]. Innerhalb der letzten zwanzig bis dreißig Jahre hat sich die Verteilung der Stellen und Positionen auf Männer und Frauen in keiner Weise auch nur annähernd entsprechend ihren gestiegenen Ausbildungsqualifikationen angepaßt. Gerade die Darstellung der Arbeitsmarktsituation für Frauen in den neuen Bundesländern hat gezeigt, daß die nahezu gleichen Qualifikationsvoraussetzungen der Frauen und das auf die ganze Bevölkerung verteilte hohe Qualifikationsniveau nicht dazu geführt haben, Frauen auf dem Gebiet der ehemaligen DDR nach dem Beitritt die gleichen Arbeitsmarktchancen wie gleichqualifizierten männliche Konkurrenten zu geben.

---

[177] Die Ansätze der Humankapitaltheorie wurden von Arrow, Becker, Mincer und Polachek entwickelt. Arrow: The Theory of Discrimination, S. 3-33; Becker: The Economics of Discrimination; Human Capital (jeweils bezogen auf das Verhältnis weiß-schwarz); Mincer und Polachek: Family Investments in Human Capital: Earnings of Women, S. 76-102.

[178] Der Humankapitaltheorie gingen die sogenannten neoklassischen Arbeitsmarkttheorien voraus. Sie beruhen auf der Hypothese, daß Arbeit im Unterschied zu Sachkapital ein vollständig variabler Produktionsfaktor sei, so daß alle Arbeitskräfte uneingeschränkt mobil sein müßten sowie jederzeit bereit, ihren Arbeitsplatz zugunsten eines attraktiveren Arbeitsplatzes aufzugeben. In bezug auf die Arbeitsmarktsituation der Frauen liegen hier kulturelle Annahmen wie die über die „natürliche Rolle der Frau als Hausfrau“ zugrunde, oder daß Männer Frauen als Kollegin oder Vorgesetzte nicht so akzeptieren würden wie Männer. Die Arbeitgeber hätten einen „taste of discrimination“. Folge davon seien die Unterschiede im Einkommen zwischen Männern und Frauen nicht jedoch überhaupt keine Einstellung der Frauen.

[179] Enquête-Kommission: Zukünftige Bildungspolitik - Bildung 2000, Anhangsband, S. 8.

[180] Vgl. oben, Kap. 2.3.7.

Vielmehr haben die Arbeitgeber ein ausgesprochenes Interesse an einem niedrigqualifizierten, hoch arbeitsteiligen, niedrig eingruppierten Arbeitskräftepotential[181], dies hat sich gerade auch für die neuen Bundesländer gezeigt.
Auch der Ansatz, die schlechtere Arbeitsmarktsituation der Frauen läge an den häufigen Unterbrechungen infolge von Kinderpausen und ihrem häufigen Arbeitsplatzwechsel, vermag nicht zu überzeugen.
Denn tatsächlich wechseln Männer aus Karrieregründen viel häufiger den Arbeitsplatz zu einem anderen Arbeitgeber nach Abschluß der Ausbildung als Frauen. Deshalb müßten Arbeitgeber, die rein nach betriebswirtschaftlichen Gesichtspunkten planen, bei Männer- und Mischberufen eigentlich gerade Frauen einstellen, da sie weniger häufig den Betrieb wechseln und zusätzlich weniger verdienen.
Außerdem belegen die Statistiken, daß die Unterbrechungen im Berufsverlauf von Frauen immer kürzer und berechenbarer werden, die Erwerbsbeteiligung der Frauen weiter steigt, das Argument der unberechenbaren weiblichen Erwerbsbiographie also statistisch nicht mehr zutrifft[182].
Von dieser Theorie werden all die weiblichen Arbeitskräfte nicht erfaßt, die keine Kinder bekommen, und die deshalb genauso viel „Humankapital" akkumulieren wie ihre männlichen Kollegen. Dennoch unterscheiden sich die Karriereverläufe durchgehend berufstätiger Frauen aber nicht entscheidend von den Berufsverläufen der Frauen, die infolge Kindererziehung ihre Berufstätigkeit unterbrechen mußten[183]. Mit anderen Worten entspricht ihre Berufssituation eben gerade nicht der vergleichbarer Männer.
In Krisensituationen werden Frauen verstärkt entlassen, obwohl sie die billigeren Arbeitskräfte sind[184].
Die Theorie ist nur für verheiratete Frauen mit Alternativrolle zur Erwerbstätigkeit - nämlich Haushalt und Familie - gültig. Frauen, die keinerlei Alternative zur eigenen Erwerbstätigkeit hätten, und die nicht nach einer individuellen Kosten-Nutzen-Analyse zur Berufstätigkeit kommen, werden nicht erfaßt.

2.5.2 Segmentationstheorie

Um den geschlechtsspezifisch strukturierten Arbeitsmarkt zu erklären, wurde angenommen, es existierten zwei völlig voneinander getrennte Teil-Arbeitsmärkte für Männer und Frauen. Danach gäbe es ein „primäres Segment", das als abgeschotteter Arbeitsmarkt mit stabilen Stamm-Arbeitsplätzen[185], guten Verdienst- und Aufstiegschancen lediglich für Männer zugänglich sei.

---

[181] Lappe: Arbeitssituation erwerbstätiger Frauen, S. 2 m.w.N.; Sessar-Karpp/Harder: Erwerbstätigkeit, Arbeitslosigkeit und Weiterbildung , BeitrAB 179, S. 567 ff.; Pfau-Effinger: Geschlechtsspezifische Unterschiede, S. 16, 17.
[182] S.o., Kap. 2.3.8.
[183] Vgl. oben, Kap. 2.3.8.
[184] Zur individuellen Kosten-Nutzen-Analyse s. Lappe: Arbeitsmarktsituation erwerbstätiger Frauen, S. 11.
[185] Offe/Hinrichs: Opfer des Arbeitsmarktes, S. 39.

Diese Stammarbeitsplätze seien durch wenige sogenannte „ports of entries" zu erreichen, die an bestimmte Qualifikationsbedingungen gebunden seien[186], sowie ein „sekundäres (unspezifisches) Segment", dem mit sogenannten „Jedermanns Tätigkeiten" die Frauen zugeordnet werden[187]. An den unqualifizierten Tätigkeiten des sekundären Segments bestünde ein starkes Arbeitgeberinteresse, da es sich um hoch arbeitsteilige, niedrig eingruppierte Arbeitsplätze handele. Die weiblichen Arbeitskräfte stünden so als flexibles Arbeitskräftereservoir zur Verfügung[188]. Sie bilden nach Offe/Hinrichs die Randbelegschaft[189]. Diese den Frauen zugänglichen Arbeitsplätze zeichnen sich vor allem dadurch aus, daß sie sich als berufliche Sackgasse erweisen, denn ein Aufstieg aus diesen unqualifizierten Tätigkeiten ist aufgrund der Art der Tätigkeit meist gar nicht möglich[190]. Von Segmentierung wird deswegen gesprochen, weil nicht jede Arbeitskraft dieselbe Chance hat, in den Primär- oder Sekunkärbereich zu gelangen. Daß der primäre Arbeitsbereich für Frauen abgeschottet sei, hinge insbesondere mit den schlechteren Qualifikationen der Frauen zusammen[191]. Die Ausführung einfacher und ungelernter Tätigkeiten durch Frauen im sekundären Bereich habe gleichzeitig deren weitere Dequalifizierung zur Folge. Das niedrige Niveau der Frauenarbeitsplätze berge zusätzlich ein hohes Arbeitsplatzrisiko in sich[192]. Wie oben bereits angesprochen würden die Frauen zumeist in den untersten Lohngruppen eingestuft, die sich fast immer als unüberwindliche Grenzen für einen möglichen Lohnaufstieg erwiesen hätten[193] [194]. Diese „Problemgruppen" seien den allgemeinen Arbeitsmarktrisiken stärker ausgesetzt. Kennzeichnend für diese Gruppen sei, daß ihnen gesellschaftlich arbeitsmarktexterne Alternativrollen zugeschrieben würden, auf die sie ausweichen könnten. Bei Frauen bedeute die Alternativrolle der Rückzug auf Haushalt und Familie.

Einen Spezialfall des sekundären Segments bilde der Teilzeitarbeitsmarkt. Dieser Bereich erfülle alle negativen Kriterien wie geringe Qualifikationsanforderungen, niedrige Entlohnung, kaum oder keine Aufstiegschancen sowie hohes Arbeitslosigkeitsrisiko. Die Ausweitung der Teilzeitarbeitsplätze in den vergangenen zehn bis fünfzehn Jahren sei keine Reaktion der Arbeitgeber auf die Forderung familienfreundlicherer und damit rücksichtsvollerer Arbeitsplätze im Hinblick auf die Bedürfnisse berufstätiger Frauen als vielmehr ein Ausnutzen betrieblicher Interessen an der flexiblen Arbeitskraft dieser Menschen. Denn so sei es dem Arbeitgeber möglich, entsprechend dem Arbeitsanfall Kräfte für sich zu beschäftigen, ohne durchgehend Personalkosten tragen zu müssen[195].

---

186 Beschrieben bei Lappe: Arbeitsmarktsituation erwerbstätiger Frauen, S. 15, 36.

187 Diese Theorie wurde in bezug auf die Arbeitsmarktsituation von Frauen vor allem von Lappe aufgrund des Segmentationsansatzes von Lutz/Sengenberger entwickelt. Lappe: Arbeitsmarktsituation erwerbstätiger Frauen, S. 12 ff.; Lutz/Sengenberger: Arbeitsstrukturen und öffentliche Arbeitsmarktpolitik, S. 47-70, sowie Sengenberger in: Der gespaltene Arbeitsmarkt. Als Beispiel für Jedermannstätigkeiten ohne jede Aufstiegschance werden Verlese- oder Abfüllarbeiten im Verpackungsbereich sowie NäHeimarbeiten in der Bekleidungsindustrie genannt (Lappe, S. 36).

188 Gensior/Lappe: Arbeitsmarkt und Frauenerwerbsarbeit, SAMF 1983-2, S. 6.

189 Offe/Hinrichs: Opfer des Arbeitsmarkts, S. 39.

190 Dieselben, ebda., S. 14.

191 Lappe: Arbeitsmarktsituation erwerbstätiger Frauen, S. 15.

192 Ders., S. 22.

193 Lappe: Arbeitsmarkt erwerbstätiger Frauen, S. 37; Gensior/Lappe: Arbeitsmarkt und Frauenerwerbsarbeit, SAMF 1983-2, S. 15.

194 Offe/Hinrichs: Opfer des Arbeitsmarktes, S. 34 beschreiben diese Entwicklung in etwas abstrakterer Form mit der Bildung sogenannter Problemgruppen auf dem Arbeitsmarkt, denen auch Frauen zuzurechnen sind.

195 Dies. ebda., S. 17, 18, 20. Sie sprechen in diesem Zusammenhang von einer Rationalisierungsreserve und einem Konjunkturpuffer der Arbeitgeber.

Aus verschiedenen Gründen wie etwa einem Interesse an der flexiblen Arbeitskraft der Frauen, einem Bedürfnis nach niedrigqualifizierten Arbeitskräften, dem Ersparen von aufwendigen, teuren Fort- und Weiterbildungsmaßnahmen, vermuteten Unterbrechungen oder unterstellten häufigeren Arbeitsplatzwechseln unterließen die Arbeitgeber bei den weiblichen Arbeitskräften zumeist Qualifikationsinvestitionen. Als Folge hiervon blieben die Frauen von betriebsinternen Aufstiegsmöglichkeiten ausgeschlossen[196]. Die geschlechtsspezifische Segmentierung des Arbeitsmarktes zu durchbrechen, wird nur dann für möglich gehalten, wenn - beginnend in den Grenzbereichen der beiden Segmente - Frauen an ihren Arbeitsplätzen innerhalb des Betriebs eine Chance zu weiterer Qualifikation und zum Aufstieg genauso wie Männer erhielten. Die Verwirklichung der Forderung: „Gleicher Lohn für gleiche Arbeit" würde allein nicht ausreichen, um Frauen eine Möglichkeit zu qualifizierteren Arbeitsplätzen mit Aufstiegschancen und besseren Verdienstmöglichkeiten zu eröffnen. Unterstützend müßten Frauenförderquoten geschaffen werden und eine Gesetzgebung, die zu gleichen Chancen der Frauen gegenüber Männern auf dem Arbeitsmarkt beiträgt[197].

Diese Theorie ist nur sehr begrenzt tauglich. Sie liefert schlüssige Erklärungen nur für die Erwerbstätigkeit von Frauen in der Industrie, wo aber nur ein geringer Teil der erwerbstätigen Frauen beschäftigt ist[198]. So ergab beispielsweise die Auswertung des sozio-ökonomischen Panels, die sich auf das Jahr 1984 bezog, daß nur 30% aller erwerbstätigen Frauen im sekundären Segment tätig waren[199]. Im Vergleich hierzu waren immerhin auch 17% der erwerbstätigen Männer im sekundären Segment tätig.
Die geschlechtsspezifische Spaltung des Arbeitsmarkts läßt sich nicht mit einer Zuordnung der Frauen allein zum sekundären Segment erklären, sondern die Spaltung existiert quer zu beiden Segmenten. Pfau-Effinger[200] weist darauf hin, daß beispielsweise im zweiten Segment Frauen die unattraktiven Arbeitsplätze nicht etwa mit anderen unterprivilegierten Gruppen wie männlichen Ausländern teilen, sondern diese Arbeitsplätze unter sich teilen. Die Theorie liefert nur Erklärungsansätze dafür, daß eine geschlechtsspezifische Spaltung in den Segmenten besteht, es trifft aber nicht zu, daß sich ein vom Männer-Arbeitsmarkt abgeschotteter eigener Teilarbeitsmarkt gebildet hat, bei dem die Frauen die schlechteren, niedriger bezahlten Arbeitsplätze mit geringeren Aufstiegschancen einnehmen.

2.5.3 Theorie der Rollenzuweisung[201] bzw. der betrieblichen Nutzung[202]

Den Frauen werden ganz bestimmte rollentypische Verhaltensweisen zugeschrieben. Hierzu gehören die Übernahme familiärer Pflichten und das Hintanstellen des eigenen beruflichen Fortkommens gegenüber der Karriere des Ehemanns sowie den Aufgaben der Familie.
Mit diesem Bild vor Augen werden den Frauen vor allem Ausbildungsplätze in sogenannten typischen Frauenberufen angeboten, und sie werden bevorzugt in „weiblichen" Tätigkeitsbereichen und Berufen eingesetzt. Aufgrund unterstellten, rollenspezifischen Verhaltens werden

---

196 Gensior/Lappe: Arbeitsmarkt und Frauenerwerbsarbeit, Arbeitspapiere SAMF 1983-2, S. 11.
197 Lappe: Arbeitsmarkt erwerbstätiger Frauen, S. 4: er nennt dies „equal opportunity legislation".
198 Pfau-Effinger: Geschlechtsspezifische Unterschiede auf dem Arbeitsmarkt, Arbeitspapiere SAMF 1990-1, S. 4, 6: 1990 arbeiteten in der Industrie nur noch 15% der sozialversicherungspflichtig beschäftigten Frauen im Unterschied zu 67% , die als Angestellte in qualifizierten Tätigkeiten arbeiteten.
199 Vgl. Szydlik: Die Segmentierung des Arbeitsmarkts in der BRD, S. 112 ff.
200 Pfau-Effinger: Geschlechtsspezifische Unterschiede auf dem Arbeitsmarkt, S. 8.
201 Verweis hierauf bei Offe/Hinrichs: Opfer des Arbeitsmarktes, S. 82.
202 Gottschall: Vom weiblichen Arbeitsvermögen, SAMF 1990-1, S. 41.

Frauen auch nur als dem Rollenmuster entsprechend für den Arbeitsmarkt brauchbar erachtet. Den Frauen gesellschaftlich zugeschriebene Eigenschaften korrespondieren dann mit entsprechendem Verhalten der Frauen, die sich überwiegend für die ihnen nach dem gesellschaftlichen Rollenverständnis zugeschriebenen Aufgaben und Berufe sowohl familiär als auch bei der Berufswahl und Berufsausübung entscheiden. Auch ein mittlerweile stark verändertes Erwerbsverhalten der Frauen[203] konnte weder an der traditionellen gesellschaftlichen Rollenzuschreibung noch an dem Spektrum der von Frauen ausgeübten Berufe wesentliches verändern. Dies wird deutlich an den geringen Erfolgen in Ost und West, die die kommunalen Förderprogramme und die Länderförderprogrammebei dem Versuch gehabt haben, mehr Frauen in männerdominierte Ausbildungsbereiche zu holen.
Die hier getroffenen Aussagen werden grundsätzlich für richtig gehalten, sie können aber zur Erklärung der Benachteiligung der Frauen im Arbeitsleben nur Hinweise, keine abschließende Begründung liefern.

2.5.4 Theorie des weiblichen Arbeitsvermögens

Daraufhin entwickelte sich Ende der 70er Jahre die Theorie des „weiblichen Arbeitsvermögens“[204]. Die Benachteiligung der Frauen wird im Zusammenhang mit aller in den gesamten Industrienationen geleisteten Arbeit zu erklären versucht. Grundsätzlich wird dabei zwischen zwei verschiedenen Arten von Arbeiten - nämlich der reproduktionsbezogenen Hausarbeit[205] und der Berufsarbeit - unterschieden, wobei den Frauen traditionell die Hausarbeit, den Männern die Berufsarbeit zukommt. Es habe sich also historisch eine grundlegende Arbeitsteilung zwischen Mann und Frau entwickelt[206]. Aufgrund der Zuweisung von Haus- und Familienarbeit an Frauen sollen sich ganz bestimmte „weibliche Fähigkeiten und Fertigkeiten“[207] entwickelt haben, die sich dann auch in der Wahl der Berufsfelder bei Frauen niederschlagen. Bei den Arbeitgebern führen sie zur Zuweisung ganz bestimmter „typisch weiblicher“ Berufe an Frauen. Denn es bestehe von Arbeitgeberseite her ein Interesse an der Ausführung solcher Berufe, die diese unmittelbar reproduktionsbezogenen Fähigkeiten zum Inhalt haben. Der Ansatz führt die schlechtere Arbeitsmarktsituation der Frauen nicht auf die unterschiedliche Sozialisation von Frauen und Männern zurück, sondern vielmehr auf das historisch geprägte unterschiedliche Arbeitsvermögen, als dessen Folge sich der geschlechtsspezifisch gespaltene Arbeitsmarkt herausgebildet hat[208]. Das unterschiedliche Arbeitsvermögen der Frauen bringe gleichzeitig für die Frauen im Berufsleben ein ganz spezifisches Spannungsverhältnis mit sich. Denn die typisch weiblichen Fähigkeiten und Fertigkeiten, die im Zusammenhang mit der Haus- und Familienarbeit erworben werden, seien Fähigkeiten, die im Widerspruch zu den im männlich geprägten Berufsleben geforderten Eigenschaften stünden[209]. Das weibliche Arbeitsvermögen beeinflusse auch die Berufswahl junger Frauen stark, führe zur Wahl von we-

---

203 Vgl. oben 2.1.

204 Das Konzept des „weiblichen Erwerbsvermögens wurde von Beck-Gernsheim und Ostner entwickelt. Beck-Gernsheim: Der geschlechtsspezifische Arbeitsmarkt, S. 9-13, 25 ff.; Ostner: Kapitalismus, Patriarchat und die Konstruktion der Besonderheit „Frau“.

205 Beck- Gernsheim: Der geschlechtsspezifische Arbeitsmarkt, S. 35: Reproduktionsbezogene Aufaben sind auf die Befriedigung unmittelbarer Lebensbedürfnisse ausgerichtet. Der Begriff der Reproduktion ist an dem Marxschen Reproduktionsbegriff der Arbeitskraft durch die Bereitstellung primärer Existenzmittel orientiert.

206 Beck-Gernsheim: Der geschlechtsspezifische Arbeitsmarkt, S. 8.

207 Dieselbe, a.a.O., S. 46, 47.

208 Beck-Gernsheim, a.a.O., S. 10.

209 Dieselbe, a.a.O., S. 75.

nig angesehenen Berufen mit wenig Aufstiegschancen und schlechter Bezahlung. Hinzu komme, daß die jeweiligen Qualifikationen von männlichem und weiblichem Arbeitsvermögen am Arbeitsmarkt unterschiedlich nachgefragt würden. Bei den typischen Frauenberufen herrsche oft ein Überangebot, was dann wiederum die Löhne der Frauen nach unten drücke.
In dem Erklärungsansatz liegt die Gefahr, die Frauenerwerbstätigkeit nur auf ganz bestimmte „hausarbeitsnahe" Bereiche zu reduzieren. Dadurch werden Erscheinungsformen weiblicher Erwerbstätigkeit zu stark generalisiert und vereinfacht, so daß ein verzerrtes, zu eindimensionales Bild entsteht[210].
Auch dieser Erklärungsansatz, der sich zunächst an den pflegerischen, sozialen Berufen orientierte, vermag nur Teile des Phänomens weiblicher Diskriminierung im Erwerbsleben zu erfassen. Indem weibliche Erwerbstätigkeit auf die Bereiche reduziert wird, in denen das „weibliche Arbeitsvermögen" zum Einsatz kommt, bleiben tatsächlich jedoch viele Bereiche weiblicher Erwerbstätigkeit unangesprochen und damit unerklärt. Für viele Bereiche weiblicher Erwerbstätigkeit beispielsweise in der Industrie greift der Ansatz zu kurz. Nicht beantwortet wird die Frage, warum in Krisenzeiten wie beispielsweise während des Kriegs Frauen Stellen gleich welcher Art, die sonst ausschließlich männlich besetzt waren, sehr wohl besetzen konnten, dann aber nach Ende des Krieges von diesen Stellen wieder verdrängt wurden. Auch das Phänomen der sich vom Männerberuf zum Mischberuf oder vom Mischberuf zum Frauenberuf[211] wandelnden Bereiche vermag die Theorie nicht überzeugend zu erklären. Zwar beschreibt sie den Strukturwandel, den bestimmte Berufe durch den Wandel der Zeit erfahren haben und damit auch den Wandel in der personellen Besetzung. Wenn es jedoch ganz bestimmte „typisch weiblichen" Fähigkeiten geben soll, die zu ganz bestimmten Berufen im häuslichen und sozialen Bereich befähigen, so überzeugt es nicht, daß sich im Laufe der Zeit die Tätigkeitsbereiche der Frauen in Richtung der für Männer unattraktiv gewordenen Berufe verändern. Tatsächlich ist es aber so, daß bestimmte Bereiche ursprünglich einmal typische Männerarbeit waren, dann zur Frauenarbeit wurden[212], als die Männer in attraktivere Beschäftigungen abwanderten[213]. Schließlich wird bei der Klassifizierung in ein „weibliches Arbeitsvermögen" die historische Entwicklung außer Acht gelassen: denn wesentliche, heutzutage dem „weiblichen Arbeitsvermögen" zugeordnete Kompetenzen haben sich erst im Laufe der Entstehung der bürgerlichen Gesellschaft herausgebildet[214]. Wenn man von „dem weiblichen Arbeitsvermögen" spricht, werden schichtenspezifische und sozialisationsbedingte Unterschiede zu sehr generalisiert. Weiterhin muß darauf hingewiesen werden, daß weite Bereiche weiblicher Erwerbstätigkeit, nämlich der gesamte Bürosektor, keine Tätigkeiten sind, die allein dem „weiblichen Arbeitsvermögen" zugeordnet werden können, da sie keine sozialen oder pflegerischen Fähigkeiten verlangen.
Die Theorie bietet keine Erklärung für das in Ost- und Westdeutschland unterschiedliche Geschlechterverhältnis in typischen Frauen-, Misch- und Männerberufen. Gerade in der ehemaligen DDR waren die Frauen neben ihrer Erwerbstätigkeit genauso wie im Westen für Haushalt und Familie zuständig, wohingegen die Männer ausschließlich mit der Berufstätigkeit zu

---

210 Maier: Arbeitsmarktsegregation und patriarchale Gesellschaftsstruktur, SAMF 1990-1, S. 70; Gottschall: Vom „weiblichen Arbeitsvermögen" zur „doppelten Vergesellschaftung", SAMF 1990-1, S. 47.
211 Beck-Gernsheim, a.a.O., S. 149 ff.
212 Gottschall: Vom „weiblichen Arbeitsvermögen", SAMF 1990-1, S. 45, 46.
213 Hier wird als bekanntestes Beispiel auf den Beruf des Sekretärs hingewiesen, der in den USA 1879 zu 96% von Männern ausgeführt wurde und 60 Jahre später zu 95% von Frauen.
214 Rabe-Kleberg: Frauenberufe, S. 101.

tun hatten. Der Theorie zufolge wären die Frauen im Osten demselben Spannungsverhältnis ausgesetzt gewesen wie die Frauen im Westen. Gerade im gewerblich-technischen Bereich und in den naturwissenschaftlichen Fächern war der Frauenanteil in der DDR jedoch sehr viel höher als in der damaligen Bundesrepublik.

2.5.5 Kritische Würdigung

Sämtliche Erklärungsansätze, die sich rein am Arbeitsmarkt orientieren, liefern keine befriedigende, im Sinne einer alle Aspekte beleuchtenden Analyse zur Erfassung der strukturellen Benachteiligung von Frauen. Die Herausbildung von geschlechtsspezifisch unterschiedlichen Arbeitsmärkten läßt darauf schließen, daß Mechanismen wirken, die - unabhängig von Humankapitalüberlegungen und der individuellen Anpassung an die erwartete Rollenverteilung - institutionelle und strukturelle Bedingungen für unterschiedliche berufliche Möglichkeiten bei Männern und Frauen schaffen. Traditonelle Erklärungsansätze haben an empirischer Bedeutung verloren, da Frauen mittlerweile ein vergleichbares Qualifikationsniveau erreicht haben, oft durchgehend vollzeitbeschäftigt waren oder sind, und dennoch sich ihre strukturelle Situation nicht ansatzweise in punkto Stellung, Bezahlung, Aufstiegschancen und Arbeitslosigkeitsrisiko der der Männer angeglichen hat. Es sind demnach eher vom Geschlecht abhängige strukturelle Diskriminierungsmechanismen, die zu einer unterschiedlichen Arbeitsmarktsituation für Frauen und Männer führen.
Die Versuche zur Erklärung müssen vielmehr weiter greifen. Es überzeugt nicht, allein auf ein unterschiedliches Arbeitsmarktverhalten und andere Arbeitskrafteigenschaften von Frauen gegenüber Männern abzustellen. Einzelne Aspekte, die bei dem Versuch einer Erklärung mit berücksichtigt werden müssen, sollen dabei angedeutet werden.
Für eine repräsentative Erklärung muß die patriarchale Gesellschaftsstruktur, die in sozialer, politischer, rechtlicher und finanzieller Hinsicht herrscht, mit berücksichtigt werden[215]. Den Hintergrund hierfür bildet die ungleiche gesellschaftliche Arbeitsteilung, die den Frauen Haushalt und Familienaufgaben nach wie vor als zusätzliche Belastung aufbürdet, wohingegen dies nicht eine gleichermaßen vorhandene Belastung der Männer darstellt. Der Mann als Familienernährer hat die Berufsarbeit zur Aufgabe, die Frau hat Haushalts- und Familienaufgaben als wichtigste Arbeit. Daraus folgt, daß der Mann all seine Kraft in die Erwerbsarbeit stecken kann, denn die Frau hält dem Mann den „Rücken von anderen Dingen frei“. Ihre eigene Berufstätigkeit steht hinter der des Mannes zurück, ihr Verdienst ist nicht zum Erhalt der Familie erforderlich und fällt zwangsläufig entsprechend geringer aus (sogenanntes weibliches Alternativverhalten).
Folglich sind die Beziehungen zwischen Männern und Frauen als Beziehung zwischen ökonomisch Ungleichen gekennzeichnet[216]. Die ökonomische Unabhängigkeit der Frauen - gleichwie immer zu erreichen - wäre ein entscheidender Schritt zur Durchbrechung der patriarchalen Gesellschaftsstruktur.
Bei den Arbeitgebern spielen Vorurteile qua Geschlecht eine nicht zu unterschätzende Rolle. Die ideale Erwerbsbiographie ist die männliche Erwerbsbiographie, das heißt ohne Unterbrechungen und ohne Teilzeittätigkeit. Teilzeittätigkeit wirkt sich wiederum nachteilig für Aufstiegschancen aus, da die Erwerbsarbeit auf Vollzeittätigkeit zugeschnitten ist. Daran orientiert sich der Arbeitgeber bei der bevorzugten Einstellung eines Mannes.

---

[215] Maier: Arbeitsmarktsegregation und patriarchale Gesellschaftsstruktur, SAMF 1990-1, S. 75.
[216] Dieselbe, a.a.O., S. 77.

Auch die Sozialisationseinflüsse der Frauen spielen für das unterschiedliche Erwerbsverhalten und die unterschiedliche Erwerbssituation von Frauen und Männern eine nicht zu unterschätzende Rolle. Bei vielen Frauen existiert eine Orientierung an der traditionellen Rollenerwartung. Der Wunsch nach einer individuellen Lösung der sogenannten „Frauenfrage", das heißt der Kinderfrage, führt zu einem ängstlichen, antizipierten Berufswahl- und Berufsausübungsverhalten, das in einer Fortschreibung der geschlechtsspezifischen Spaltung des Arbeitsmarktes verharrt.

2.5.6 Bedürfnis nach spezifischer Unterstützung der Frauen durch Gruppenklagen

Sämtliche Erklärungsansätze beschäftigen sich mit der Frage, warum ein den Geschlechtern entsprechend gespaltener Arbeitsmarkt existiert. Weder qualifikationsabhängige Defizite, noch eine angeblich geringere zeitliche Verfügbarkeit der Frauen haben das Phänomen befriedigend zu erklären vermocht. Festzuhalten bleibt jedoch, daß Frauen grundsätzlich auf dem Arbeitsmarkt eine gegenüber Männern minderwertige, benachteiligte Rolle einnehmen. Trotz der empirischen Untersuchungen, die auf eindeutige Art das Gleichberechtigungsdefizit der Frauen belegen und trotz sozialwissenschaftlicher Erklärungsansätze sowie umfassender gesetzlicher Benachteiligungsverbote konnte in den vergangenen Jahren die Situation erwerbstätiger Frauen nicht im Sinne von mehr Gleichberechtigung, insbesondere im Sinne von Lohngleichheit zugunsten der Frauen verbessert werden. Das Aufzeigen der Diskriminierung von Frauen in weiten Bereichen der Erwerbstätigkeit drängt die Überlegung auf, daß nur Maßnahmen, die gruppenbezogen, am Merkmal Geschlecht orientiert, in der Lage sein können, an den strukturellen Diskriminierungen von Frauen durchgreifend etwas zu verändern. Unter struktureller Diskriminierung versteht man dabei die Situation, in der Frauen nicht nur in einzelnen Berufen oder einzelnen Unternehmen benachteiligt sind, sondern die umfassende Situation. Der „spezifischen Machtasymmetrie im Arbeitsverhältnis"[217], der bereits durch eine Vielzahl von materiellen Schutzgesetzen, aber auch durch die besondere Ausgestaltung des Arbeitsgerichtsverfahrens im Vergleich zum sonstigen Zivilprozeß auf vielfältige Art und Weise Rechnung getragen wird, entspricht es, eine Verstärkung zugungsten der als Gruppe betroffenen Arbeitnehmerinnen einzuführen.
Die spezifische Schutzbedürftigkeit der Gruppe der Arbeitnehmerinnen im Hinblick auf ein Bedürfnis nach einer Unterstützungsform, die ihrem Anliegen als betroffener Gruppe Rechnung trägt, wurde bereits im Eingangskapitel näher ausgeführt.

Wie in diesem Kapitel aufgezeigt, herrscht derzeit keine gleichberechtigte Situation der Frauen im Erwerbsleben. Es wurde versucht, an einzelnen Bereichen aufzuzeigen, daß ein Bedürfnis nach mehr Durchschlagkraft der vorhandenen materiellen Regelungen zum Verbot der Benachteiligung von Frauen existiert.

[217] Matthies/Mückenberger/Offe/Peter/Raasch: Arbeit 2000, S. 119.

3 Lohngleichheit und ihre Durchsetzbarkeit

3.1 Einführung

Im folgenden Kapitel soll die bestehende materielle Rechtslage im Hinblick auf ihre Effektivität aus dem Blickwinkel ihrer Durchsetzbarkeit diskutiert werden. Dabei sei vorangestellt, daß die geringen Prozeßanstrengungen derjenigen, die eigentlich klagebefugt wären, die Durchsetzung der Lohngleichheit derzeit entscheidend lähmen.
Es sollen nicht die Probleme im Vordergrund stehen, die auf materieller Ebene im Hinblick auf die Verbesserung der Situation diskriminierter Frauen diskutiert werden - wie etwa die Diskussion um die Einführung von Quoten[218] und „affirmative actions" (übersetzt: unterstützende Fördermaßnahmen)[219], Aufwertungskampagnen zur gerechteren Bewertung der Arbeit von Frauen in Tarifverträgen[220] zusammen mit der Diskussion um die Schaffung neuer Bewertungssysteme[221], Eingruppierungsklagen, die Diskussion um die angemessene Berücksichtigung „gleichwertiger" Arbeit[222]-. Die Darstellung im folgenden Kapitel erstreckt sich zum einen auf die Erklärung des Begriffs „Entgelt", sowie auf einen Überblick über die Bereiche und Formen, in denen Lohnungleichheit vorkommt.
Da sich die Darstellung jedoch in erster Linie auf die Frage konzentriert, was erforderlich ist, um den Lohngleichheitsgrundsatz effektiver zu machen, soll hier keine detaillierte Rechtsprechungsanalyse über den Bereich der Entgeltdiskriminierung[223] vorgenommen werden. Daß ein Bedürfnis nach mehr Lohngleichheit für Frauen besteht, ist bereits anhand des im statistischen Teil dargestellten, vielfältigen Einkommensgefälles zwischen den Löhnen und Gehältern von Frauen und Männern belegt worden. Es werden daher nur überblickhaft die Bereiche angesprochen, mit denen sich die Rechtsprechung des EuGH und der deutschen Arbeitsgerichte in den letzten Jahren befaßt haben. Die Darstellung erhebt jedoch diesbezüglich keinerlei Anspruch auf Vollständigkeit. Die Diskussion wird zu bestimmten Themenkomplexen, die dem Bereich „strukturelle" Diskriminierung zuzuordnen sind, aufgegriffen.
Zugleich soll vor dem Hintergrund des eben Angesprochenen der derzeitige Klageweg einer durch Diskriminierung betroffenen Klägerin aufgezeigt werden und auf die hierbei vorhandenen typischen Probleme aufmerksam gemacht werden.

---

[218] Zum Begriff der Quoten sowie der Quotendiskussion s.o. Kap. 1, Fn. 11.
[219] Eingehend beschrieben bei: Sacksofsky: Das Grundrecht auf Gleichberechtigung, S. 233 ff. Die Arbeit von Sacksofsky stellt eine umfassende und grundlegende rechtsdogmatische Untersuchung zur Auslegung von Artikel 3 Absatz 2 GG dar. In der Arbeit werden die Entwicklung der Rechtsprechung des Bundesverfassungsgerichts zu Art. 3 Abs. 2 GG seit Beginn der Bundesrepublik Deutschland sowie die maßgeblichen Literaturmeinungen dargestellt. In einem rechtsvergleichenden Teil wird die US-amerikanische Diskussion zu den Gleichheitsrechten mit einem Überblick über die Rechtsprechung des Supreme Court zu den Problemen der Rassendiskriminierung dargestellt. Sacksofsky entwickelt ein überzeugendes neues Auslegungsverständnis für Art. 3 Abs. 2 GG.
[220] Vgl. hierzu beispielsweise die Darstellung von Dürk: Vom Aufschrei in die Niederungen der kleinen Schritte - Die Aufwertungskampagne von Frauen in der ÖTV, in: Winter (Hg.): Frauen verdienen mehr, S. 117-131.
[221] Vgl. hierzu im folgenden die eigene Darstellung unter 3.3.2.
[222] Jochmann-Döll: Gleicher Lohn für gleichwertige Arbeit; dieselbe in: Die Methoden haben gewechselt, die „Geschlechtsabzüge" sind gleich geblieben, in: Hausen, K./Krell, G.(Hg.): Frauenerwerbsarbeit. Forschungen zu Geschichte und Gegenwart, S. 133-148.
[223] Vgl. für die Zeiträume der fünfziger Jahre bis 1989 die eingehenden Darstellungen bei Pfarr/Bertelsmann in: Lohngleichheit (für den Zeitraum von den fünfziger Jahren bis 1980) sowie in: Diskriminierungen im Erwerbsleben (für den sich anschließenden Zeitraum bis 1989); Für den gesamten Zeitraum sowie die Zeit danach vgl. die Rechtsprechungsübersicht bei: Bertelsmann/Colneric/Pfarr/Rust in: Handbuch der Frauenerwerbstätigkeit (Bd. 2, P 20-30 für sämtliche Rechtsprechungsbereiche im Zusammenhang mit Entgelt).

3.2 Entgeltbegriff - gesetzliche Grundlagen

Die Entgeltdiskriminierung macht im Arbeitsleben neben den Benachteiligungen beim Zugang zum Beruf und beim Bewährungsaufstieg einen großen Teil, den „klassischen" Teil der Benachteiligung von Frauen aus. So hat zwar die Frauenerwerbstätigkeit im Laufe dieses Jahrhunderts enorm zugenommen, die Abstände zwischen den Löhnen und Gehältern von Frauen und Männern sind jedoch nach wie vor deutlich ausgeprägt[224].

Es ist daher ein Anliegen nicht nur der „Frauenlobby", sondern mittlerweile von Gesetzgebung[225], Rechtsprechung[226], Gewerkschaften[227] und Frauenbeauftragten an dieser seit Jahrzehnten in Deutschland verhältnismäßig gleichbleibend mißlichen Situation etwas zu verändern.

Der Begriff des Entgelts ist wesentlich durch Art. 119 EGV[228] und die Rechtsprechung des EuGH im Bereich des Entgelts geprägt, da diese Bestimmung des EGV in den Mitgliedstaaten der EG unmittelbar geltendes Recht ist[229]. Dies bedeutet, daß der/die einzelne Arbeitnehmer/in vor den nationalen Arbeitsgerichten sich direkt auf Art. 119 EGV berufen können, und sie Ansprüche gegen ihren Arbeitgeber mit Art. 119 EGV begründen können. Art. 119 EGV steht nicht nur diskriminierenden Bestimmungen der Mitgliedstaaten entgegen, sondern ergreift alle Tarifverträge, die die abhängige Erwerbstätigkeit kollektiv regeln, sowie alle priva-

---

[224] Vgl. Maier: Zwischen Arbeitsmarkt und Familie - Frauenarbeit in den alten Bundesländern, in: Helwig/Nickel (Hg.): Frauen in Deutschland 1945-1992, S. 257 (272); Nickel: „Mitgestalterinnen des Sozialismus" - Frauenarbeit in der DDR, in: Helwig/Nickel (Hg.): Frauen in Deutschland 1945-1992, S. 233 (238).

[225] Als Beispiel hierfür kann auf Bundesebene das 1980 mit der Einführung von § 612 Abs. 3 BGB angestrebte Ziel der Lohngleichheit von Frauen genannt werden.

[226] Durch Art. 119 EGV, eine der zentralen Vorschriften des EGV im Kapitel der Sozialvorschriften, ist die Verwirklichung der Lohngleichheit von Frauen und Männern nicht nur ein Anliegen nationaler Gerichte geworden sondern auch ein Anliegen des EuGH. Durch den Anwendungsvorrang des EG-Rechts (EuGH-Urt., Costa/ENEL, Rs 6/64, Slg. 1964, S. 1251; EuGH-Urt., Internationale Handelsgesellschaft, Rs 11/70, Slg. 1970, S. 1125) gegenüber nationalem Recht und die diesbezügliche Bindung nationaler Gerichte an Entscheidungen des EuGH und die damit verbundene Auslegung des EG-Rechts, ist dem EuGH eine entscheidende Rolle bei der Entwicklung der Rechtsprechung zur Lohngleichheit zugekommen und kommt ihm weiterhin zu.

[227] Beispielsweise in der ÖTV formierten sich seit Ende der achtziger Jahre von Krankenschwestern ausgehend Forderungen nach besseren Bewertungen von Arbeit sowie humaneren Arbeitsbedingungen. Hieran schlossen sich Erzieherinnenkonferenzen 1990 und 1991, sowie im Herbst 1991 eine Konferenz für Frauen im Schreibdienst an. Die Bundesfrauendelegiertenkonferenz der ÖTV verabschiedete 1990 einen Antrag, der die Aufwertung der Frauenberufe im öffentlichen Dienst zu einer der zentralen Aufgaben der Gewerkschaft ÖTV erklärte. Auf dem Gewerkschaftstag der ÖTV 1992 bekannte sich der geschäftsführende Hauptvorstand zum Ziel einer gerechteren Bewertung von Frauenarbeit (Darstellung der Aufwertungskampagne der Frauen in der ÖTV bei Dürk, in: Winter, a.a.O., S. 120, 121). Ähnliche Aufwertungskampagnen und beispielsweise Eingruppierungsklagen fanden auch in anderen Gewerkschaften statt, bzw. laufen noch. Es muß allerdings darauf hingewiesen werden, daß gerade aufgrund des zumeist deutlich höheren Männeranteils in Gewerkschaften die Verfolgung frauenpolitischer Interessen keineswegs innerhalb der Gewerkschaften unumstritten ist und gleichermaßen vordringlich betrieben wird. Die Verfolgung des Ziels gleicher Löhne hängt in diesem Bereich sehr stark vom Mitgliederanteil in den jeweiligen Gewerkschaften ab (s. hierzu Dürk, in: Winter, a.a.O., S. 128).

[228] Wortlaut von Art. 119:

„Jeder Mitgliedstaat wird während der ersten Stufe den Grundsatz des gleichen Entgelts für Männer und Frauen bei gleicher Arbeit anwenden und in der Folge beibehalten.

Unter „Entgelt" im Sinne des Artikels sind die üblichen Grund- oder Mindestlöhne und -gehälter sowie alle sonstigen Vergütungen zu verstehen, die der Arbeitgeber aufgrund des Dienstverhältnisses an den Arbeitnehmer mittelbar oder unmittelbar in bar oder Sachleistungen zahlt.

Gleichheit des Arbeitsentgelts ohne Diskriminierung aufgrund des Geschlechts bedeutet:

a) daß das Entgelt für eine gleiche nach Akkord bezahlte Arbeit aufgrund der gleichen Maßeinheit festgesetzt wird;

b) daß für eine nach Zeit bezahlte Arbeit das Entgelt bei gleichem Arbeitsplatz gleich ist."

[229] EuGH-Urteil v. 08.04.1976 (Defrenne II), Rs 43/75, Slg. 1976, S. 455 ff. = NJW 1976, S. 2068.

ten Rechtsbeziehungen[230]. Im Rahmen von Art. 119 EGV ist nach der Rechtsprechung des EuGH zudem ein Vergleich zwischen Arbeitsvertägen, die auf privater Basis, und solchen, die auf öffentlich-rechtlicher Basis geschlossen wurden, zulässig[231].

Gemäß Art. 119 Abs. 2 EGV fallen unter Entgelt die Grund- oder Mindestlöhne und -gehälter sowie alle sonstigen Vergütungen, die der Arbeitgeber aufgrund des Dienstverhältnisses dem Arbeitnehmer mittelbar oder unmittelbar in bar oder in Sachleistungen zahlt.

Nach der Rechtsprechung des EuGH sind hierunter alle gegenwärtigen und zukünftigen Vergütungen, die der Arbeitgeber wenigstens mittelbar aufgrund eines Arbeitsvertrags, aufgrund von Rechtsvorschriften oder freiwillig zahlt, zu verstehen[232]. Unmaßgeblich ist dabei, ob die Leistung erst nach Beendigung des Arbeitsverhältnisses erbracht wird, ohne vertragliche Grundlage gewährt wird oder unmittelbar durch Gesetz geregelt ist[233].

Von Art. 119 EGV sind sowohl unmittelbare als auch mittelbare Diskriminierungen untersagt[234]. Eine unmittelbarer Diskriminierung aufgrund des Geschlechtes ist gegeben, wenn die unterschiedliche Behandlung ausdrücklich mit dem Geschlecht begründet wird[235]. Als mittelbar diskriminierend versteht man eine Regelung, die zwar von ihrem Wortlaut her nicht ausdrücklich zwischen Männern und Frauen unterscheidet, von der jedoch prozentual wesentlich mehr Frauen als Männer negativ betroffen sind, und die nicht durch objektive, diskriminierungsfreie Faktoren gerechtfertigt ist[236].

Eine objektive Rechtfertigung ist nach der Rechtsprechung des EuGH dann gegeben, wenn die Gründe einem wirklichen, wirtschaftlichen Bedürfnis des Unternehmens dienen, sowie erforderlich und verhältnismäßig erscheinen.

Die Feststellung des Vorliegens einer mittelbaren Diskriminierung hat durch einen Gruppenvergleich mittels Statistik zu erfolgen[237].

Anhand dieser zentralen Vorschrift hat der EuGH zahlreiche Urteile gesprochen[238], die den Geltungsbereich des Entgeltgleichheitsgebots ganz entscheidend geprägt haben[239].

„Entgelt" wird nach der Rechtsprechung des EuGH weit gefaßt - beispielsweise gehören dazu der im Krankheitsfall von Unternehmen weitergezahlte Lohn[240], die betrieblichen Renten[241], betriebliche Hinterbliebenenrenten[242], Zahlungen, die zum Bereich der sozialen Sicherheit

---

[230] Handkommentar zum Vertrag über die EU, Hailbronner, Art. 119 Rn. 2; zuletzt EuGH-Urt. v. 28.09.1994 (van den Acker), Rs C 28/93, Slg. 1994, Bd. 9, S. I 4527 ff.

[231] EuGH-Urt. v. 21.05.1985 (Kommission/Bundesrepublik), Rs 248/83, Slg. 1985, S. 1459 ff.

[232] EuGH-Urteil v. 04.06.1992 (Bötel), Rs C-360/90, Slg. 1992-6, S. I-3589 (3607).

[233] Vgl. Grabitz/Hilf: Kommentar zur EU, Langenfeld/Jansen, Art. 119 Rn. 23 mit Hinweisen auf die entsprechenden EuGH-Entscheidungen.

[234] Vgl. Grabitz/Hilf-Langenfeld/Jansen, Kommentar zur EU, Art. 119 Rn. 10 ff.

[235] Grabitz/Hilf-Langenfeld/Jansen, Kommentar zur EU, Art. 119, Rn. 12. Typisches Beispiel für unmittelbare Diskriminierung sind die Lohnabschlagsklauseln, die in Tarifverträgen enthalten waren, und die einen prozentualen Lohnabschlag für Arbeitnehmrinnen vorsahen.

[236] EuGH-Urteil v. 13.05.1986 (Bilka-Kaufhaus), Rs 170/74, Slg. 1986, S. 1607 ff.

[237] Vgl. Schlachter: Probleme der mittelbaren Benachteiligung im Anwendungsbereich des Art. 119 EGV, S. 398.

[238] Zur Beschreibung der Verfahren und des Verfahrensablaufes beim EuGH im Bereich der Entgeltgleichheit sowie zur Bindungswirkung von EuGH-Urteilen und ihrer politischen Wirkung vgl. die Darstellung von Bertelsmann: Ein Weg zur Verwirklichung? - Der Europäische Gerichtshof und die Entgeltgleichheit, in: Winter, a.a.O., S. 163 ff.

[239] S. in diesem Zusammenhang auch die eingehende Darstellung bei Pfarr/Bertelsmann: Lohngleichheit (für den Zeitraum bis 1980).

[240] EuGH-Urt. v. 13.07.1989 (Rinner-Kühn), Rs 171/88, Slg. 1989, S. 2743 = DB 1989, 1574 f.

[241] EuGH-Urteil v. 13.05.1986 (Bilka-Kaufhaus), Rs 170/74, Slg. 1986, S. 1607 ff. = NJW 1986, 3020 f.

[242] EuGH Rs C-109/91(Oever), Slg. 1993, I-4879, 4944 Rn. 13.

gehören[243], Ausgleichszahlungen für Entlassungen wegen Arbeitskräftemangels[244], Übergangsgeld nach Ausscheiden aus dem öffentlichen Dienst, das heißt Leistungen, die nach Beendigung eines Arbeitsverhältnisses erbracht werden[245], sowie übertariflichen Leistungen, die nicht nur einem Geschlecht zugute kommen dürfen[246]. Der Grundsatz des gleichen Entgelts gilt für jeden einzelnen Entgeltbestandteil, nicht etwa nur nach Maßgabe einer Gesamtbewertung der dem Arbeitnehmer gezahlten Vergütung[247].
Nach der Rechtsprechung des EuGH handelt es sich bei dem Arbeitsbegriff von Art. 119 EGV um einen rein qualitativen Begriff, so daß für die Beurteilung der Frage, ob eine Arbeit gleich oder gleichwertig ist, andere Faktoren wie beispielsweise die tägliche oder wöchentliche Arbeitszeit nicht zu berücksichtigen sind[248].
Der Begriff des Entgelts wird also sehr weit ausgelegt, um sicherzustellen, daß der Grundsatz des gleichen Entgelts für Männer und Frauen für alle relevanten Bereiche des Arbeitsverhältnisses gelten soll, und der Arbeitgeber sich nicht bei jeder Art von Zulage, Sonderzuwendung, Vergünstigung oder ähnlichem darauf berufen kann, es handele sich dabei gar nicht um "Entgelt".

Ergänzt wurde die Bestimmung des Artikels 119 EGV durch die Lohngleichheitsrichtlinie (RL 75/117/EWG)[249], mit Hilfe derer die Rechtsvorschriften der Mitgliedstaaten zum Grundsatz des gleichen Entgelts für Männer und Frauen angeglichen werden sollen. In Art. 1 Abs. 1 der RL 75/117/EWG ist ausdrücklich die Unterscheidung gleiche und gleichwertige Arbeit mitaufgenommen. Damit hat der Rat der EG bei Verabschiedung dieser RL bereits im Jahr 1975 das Problem unterschiedlicher Diskriminierungsformen im Bereich der Entgeltdiskriminierungen erkannt, und das Ziel der Beseitigung sämtlicher Formen von Entgeltdiskriminierung als Aufgabe der Mitgliedstaaten in Form der Richtlinie gesetzlich normiert.
Für die Beurteilung der Frage, ob eine Arbeit als gleichwertig anzusehen ist, setzt die Richtlinie Arbeitsbewertung als Möglichkeit voraus. Diese Bewertung muß auf einer objektiven Grundlage unter Einbeziehung aller im Einzelfall maßgeblichen Kriterien vorgenommen werden und darf nicht ausschließlich einzelne Kriterien wie etwa die muskelmäßige Beanspruchung bei der Arbeit berücksichtigen[250]. Auch die Kriterien von Eingruppierungssystemen müssen danach so beschaffen sein, daß Diskriminierungen aufgrund des Geschlechts ausgeschlossen sind.
In Ergänzung zu dieser Richtlinie wurde im Jahr 1986 die RL 86/ 378/EWG[251] erlassen, die zur Verwirklichung des Grundsatzes der Gleichbehandlung von Männern und Frauen bei den betrieblichen Systemen der sozialen Sicherheit beitragen soll[252].

---

243 EuGH-Urteil v. 08.04.1976 (Defrenne II), Rs 43/75, Slg. 1976, 445 (451 f.), diese Zahlungen sind jedenfalls grundsätzlich dazugerechnet worden.
244 EuGH-Urteil v. 17.05.1990 (Barber), Rs C 262/88, Slg. 1990, I, S. 1889 ff. = NZA 1990, S. 775.
245 EuGH-Urteil v. 27.06.1990 (Kowalska), Rs C-33/89, Slg. 1990, I, S. 2591 ff. = EuZW 1990, S. 316.
246 BAG-Urteil v. 23.09.1992-4 AZR 30/92.
247 EuGH-Urt. v. 17.05.1990 (Barber), Rs C-262/88, Slg. 1990, S. I-1889, 1954 Rn. 35.
248 EuGH-Urt. v. 07.02.1991(Nimz), Rs C-184/89, Slg. 1991, S. I-297, 319, Rn. 12.
249 RL 75/117/EWG v. 10.02.1975 zur Angleichung der Rechtsvorschriften der Mitgliedsstaaten über die Anwendung des Grundsatzes des gleichen Entgelts für Männer und Frauen, ABl. EG Nr. L 45/19 v. 19.02.1975.
250 EuGH-Urteil v. 01.07.1986 (Rummler), in: Slg. 1986, S. 2101, 2115, sowie dazu Colneric: Gleichberechtigung von Mann und Frau im Europäischen Gemeinschaftsrecht, in: BB 1988, S. 968, 970.
251 RL 86/378 v. 24.07.1986, ABl. EG Nr. L 225/40.
252 Diese Richtlinie hat unter anderem Bedeutung für die Gleichbehandlung im Bereich der betrieblichen Altersversorgung.

Auch die Richtlinien der EG können unter der Voraussetzung, daß sie von den Mitgliedstaaten nicht oder unzureichend innerhalb der in der Richtlinie gesetzten Frist umgesetzt worden sind, und sie selbst inhaltlich hinreichend bestimmt sind, direkt angewandt werden[253]. Die Möglichkeit, sich direkt auf die Richtlinie zu berufen, besteht allerdings nur gegenüber dem Staat als Arbeitgeber und nur dann, wenn die öffentliche Hand wie ein privater Arbeitgeber handelt[254]. Wie bei der Verletzung des Artikels 119 EGV kann sich die/der Betroffene in diesem Fall auf die ihr/ihm günstigere Regelung berufen. In anderen Fällen ist der Mitgliedstaat verpflichtet, für den Fall der Diskriminierung eine geeignete Sanktionsregelung zu erlassen.

Gesetzliche Grundlage des Lohngleichheitsgebots von Mann und Frau im deutschen nationalen Recht ist das auf die Lohngleichheitsrichtlinie der EG (RL 75/117/EWG) 1980 ins BGB eingefügte Lohngleichheitsgebot des § 612 Abs. 3. Bis dahin galt der arbeitsrechtliche Gleichbehandlungsgrundsatz, dieser wurde nun in Umsetzung der RL 75/117/EWG[255] im BGB gesetzlich verankert. Nach der Entscheidung des EuGH im Fall von Colson und Kamann[256] hat die Anwendung des nationalen Rechts auch unter Berücksichtigung der im Zusammenhang mit der Auslegung der Richtlinie durch den EuGH aufgestellten Grundsätze („gemeinschaftskonforme" Auslegung) zu erfolgen[257].

Gemäß § 612 Abs. 3 BGB (Wortlaut)

> „darf bei einem Arbeitsverhältnis für gleiche oder für gleichwertige Arbeit nicht wegen des Geschlechtes des Arbeitnehmers eine geringere Vergütung vereinbart werden als bei einem Arbeitnehmer des anderen Geschlechts. Die Vereinbarung einer geringeren Vergütung wird nicht dadurch gerechtfertigt, daß wegen des Geschlechts des Arbeitnehmers besondere Schutzvorschriften gelten. § 611 a Abs. 1 S. 3 ist entsprechend anzuwenden".

Weder der Begriff der gleichen Arbeit noch der Begriff der gleichwertigen Arbeit sind im Gesetz selbst ausdrücklich definiert.
Um gleiche Arbeit handelt es sich, wenn Arbeitnehmer an verschiedenen oder nacheinander[258] an denselben technischen Arbeitsplätzen „identische" oder „gleichartige" Arbeit ausüben[259]. Gleichartige Arbeiten liegen dann vor, wenn die zu vergleichenden Tätigkeiten zwar nicht identisch, jedoch in der „Gesamtschau der Tätigkeiten unter Berücksichtigung der Vorkenntnisse, Ausbildung, Anstrengung, Verantwortlichkeit und Arbeitsbedingungen keine ins Gewicht fallenden Unterschiede äußerlich erkennen lassen"[260]. Soweit Tätigkeiten oder ihre

---

[253]EuGHE 1984, S. 1075 (1085); Slg. 1986, S. 723, 749 f.; EuGHE 1988, S. 4689, 4722 m.w.N.; Grabitz/Hilf-Grabitz, Kommentar zur EU, Art. 189 Rn. 60; Nessler: Richterrecht wandelt EG-Recht, in: RIW 1993, S. 203 (204)
[254] Vgl. Geiger, EG-Vertrag, Art. 119 Rn. 20 m.V.a. die Entscheidung Marshall, EuGH-Urt. v. 26. Febr. 1986, Slg. 1986, S. 723.
[255] ABl. EG 1975, L 45/19.
[256] EuGH-Urteil v. 10.04.1986 (v. Colson und Kamann) - Rs 14/83, Slg. 1984. S. 189 ff.
[257] Vgl. BAG, Urt. v. 23.08.1995 - 5 AZR 942/93, NZA 1996, S. 579-581; BAGE 73, S. 166 (174) = NZA 1994, S. 413.
[258] Folgt aus der Entscheidung des EuGH (Macarthys), Urt. vom 27.03.1980 - Rs. 129/79, Slg. 1980, S. 1275-1297.
[259] Vgl. Münchener Kommentar-Schaub, § 612 Rn. 256; Staudinger-Richardi, § 612 Rn. 53; Pfarr/Bertelsmann: Lohngleichheit, S. 56 ff.
[260] Vgl. Pfarr/Bertelsmann: Lohngleichheit, S. 57.

Merkmale voneinander abweichen, ist auf die jeweils überwiegend auszuübende Tätigkeit abzustellen.

Mit dem Begriff der gleichwertigen Arbeit ist hingegen ein ganz anderer Fall gemeint, nämlich der Vergleich verschiedenartiger Arbeiten, die nach ganz bestimmten Vergleichskriterien miteinander vergleichbar sein sollen. Nach der Begründung des Regierungsentwurfs zu § 612 Abs. 3 BGB sind Arbeiten gleichwertig, wenn sie nach objektiven Maßstäben der Arbeitsbewertung denselben Arbeitswert haben[261]. Dabei können die Praxis der Tarifvertragsparteien und die allgemeine Verkehrsanschauung Anhaltspunkte geben. Für die Frage der Gleichwertigkeit ist wie bei Art. 119 Abs. 1 EGV auf den Gegenstand der Arbeitsleistung abzustellen.
„Ob die Arbeiten gleichwertig sind, kann nur festgestellt werden, indem die geschuldeten Tätigkeiten insgesamt miteinander verglichen werden. Für die qualitative Wertigkeit einer Arbeit ist unter anderem das Maß der erforderlichen Vorkenntnisse und Fähigkeiten nach Art, Vielfalt und Qualität bedeutsam. Je größer diese Anforderungen sind, desto höher ist der Wert der Arbeit einzuschätzen. Steht ein Arbeitnehmer nach seinem Arbeitsvertrag für eine Vielzahl verschiedener Arbeiten zur Verfügung, so kann schon dies eine insgesamt höhere Bewertung der von ihm insgesamt geschuldeten Arbeit rechtfertigen oder gar erfordern, als für die jeweilige Einzeltätigkeit anzunehmen sein kann. Allerdings wird die Feststellung gleichwertiger Arbeit erheblich erschwert, weil objektive Maßstäbe der Bewertung nicht vorhanden sind“[262].

Der Lohngleichheitsgrundsatz gilt sowohl für den öffentlichen Dienst als auch für die Privatwirtschaft.
Im Bereich des öffentlichen Dienstes werden Frauen und Männer allerdings nicht durch ungleiche Löhne auf denselben Arbeitsplätzen diskriminiert. In diesem Bereich ist die Diskriminierung vielmehr eine Arbeitsplatzdiskriminierung. Schlechter bezahlte Arbeitsplätze sind typischerweise mit Frauen besetzt, in den mittleren und oberen Verdienstbereichen finden sich weit überwiegend Männer.

3.3 Formen der Lohnungleichheit

Bevor auf einzelne Aspekte im Zusammenhang mit Lohnungleichheit im folgenden eingegangen wird, soll hier ein kurzer Themenüberblick über die Bereiche gegeben werden, zu denen der EuGH oder nationale Arbeitsgerichte im Zusammenhang mit der Lohnungleichheit von Frauen und Männern entschieden haben. Hierzu zählen:

- die einzelvertraglich vereinbarte niedrigere Vergütung einer Frau (Gründe für Entgeltdifferenzierung; Beweislastproblematik)[263],

- Lohnfortzahlung bei Schwangerschaftsabbruch[264],

---

[261] BT-Dr 8/3317, S. 10.
[262] BAG, Urt. v. 23.08.1995 - 5 AZR 942/93 in: NZA 1996, S. 579 (581) mit Verweis auf RGRK-BGB- Michels-Holl, § 612 Abs. 3, Rn. 82; Münchener Kommentar-Schaub § 612 Rn. 258 ff.; Staudinger-Richardi, § 612 Rn. 55 f.
[263] ArbG Berlin, Urt. v. 05.07.1990 - 5 Ca 16/90 in: Bertelsmann/Colneric/Pfarr/Rust: Handbuch zur Frauenerwerbstätigkeit, P 20 Nr. 11.
[264] BAG-Urt. v. 05.04.1989 - 5 AZR 495/87 in: Bertelsmann/Colneric/Pfarr/Rust: Handbuch zur Frauenerwerbstätigkeit, Bd. 2, P 20 Nr. 9, 10.

- die mittelbare Diskriminierung bei der Eingruppierung (Bsp.: Erzieherinnen; Bildung von Vergleichsgruppen)[265],

- der Bereich der betrieblichen Altersversorgung, wie beispielsweise der Anspruch auf Witwerrente, sowie die Unzulässigkeit der Ungleichbehandlung von Witwen- und Witwerrenten[266], die vorgezogene Altersgrenze für Frauen und Gleichbehandlung von Männern[267],

- der gesamte Bereich der Teilzeitbeschäftigungen und in diesem Zusammenhang:
  -der Anspruch auf anteilige Vergütung Teilzeitbeschäftigter[268],
  -der Anspruch auf Lohnfortzahlung im Krankheitsfall auch bei Teilzeit[269],
  -der Anspruch auf anteilige Urlaubsvergütung Teilzeitbeschäftigter[270],
  -der Anspruch auf anteiligen Urlaub teilzeitbeschäftigter studentischer Hilfskräfte[271],
  -ausgeübte Teilzeitarbeit kein sachlicher Grund für niedrigere Vergütung bei weiterer Teilzeitbeschäftigung[272],
  - die Pflicht zur Umsetzung von Arbeitszeitausgleich mit Entgelterhöhung auch bei Teilzeitbeschäftigten[273],
  -der Anspruch teilzeitbeschäftigter Betriebsratsmitglieder auf volle Berücksichtigung der Zeit einer Schulungsteilnahme[274],
  -anteiliger Anspruch auf Zulagen, Zuschläge, Prämien auch bei Teilzeitbeschäftigung,[275]
  - der gesamte Bereich der betrieblichen Altersversorgung, wie beispielsweise die mittelbare Diskriminierung von Frauen beim Ausschluß aller Teilzeitbeschäftigten aus der betrieblichen Altersversorgung[276] sowie der Gleichstellungsanspruch für Teilzeitbeschäftigte unter 50 % der Vollzeit[277] und die Zusatzversorgung Teilzeitbeschäftigter[278].

3.3.1 Lohnungleichheit durch ungleiche Bezahlung in gleichen Tätigkeitsbereichen

Die Lohnungleichheit zwischen den Löhnen von Männern und Frauen in der Bundesrepublik ergibt sich zum einen aus ganz konkreten Lohndiskriminierungen in gleichen Tätigkeitsberei-

---

[265] BAG-Urt. v. 23.02.1994 - 4 AZR 219/93 in: NZA 1994, S. 1136-1140.
[266] EuGH-Urt. v. 20.03.1984 (Razzouk und Beydoun/Kommission) - Rs 75/82 und 117/82 in Bertelsmann/Colneric/Pfarr/Rust: Handbuch, Bd. 2, P 29 Nr. 12.
[267] EuGH-Urt. v. 17.05.1990 (Barber) - Rs C 262/88, Slg. 1990, S. I-1889 ff.
[268] BAG-Urt. v. 27.07.1988 - 5 AZR 244/88 in: Bertelsmann/Colneric/Pfarr/Rust, Handbuch, Bd. 2, P 21 Nr. 7.
[269] EuGH-Urt. v. 13.07.1989 (Rinner-Kühn), Rs 171/88, Slg. 1989, S. 2743; sowie für den Bereich der geringfügigen Beschäftigungen: BAG-Urteil v. 09.10.1991 - 5 AZR 598/91, abgedruckt bei Bertelsmann/Colneric/Pfarr/Rust: Handbuch, Bd. 2, P 23 Nr. 16.
[270] BAG-Urt. v. 24.10.1989 - 4 AZR 5/89 in: Bertelsmann/Colneric/Pfarr/Rust, Handbuch, Bd. 2, P 23 Nr. 10.
[271] BAG-Urteil v. 19.01.1993 9 AZR 53/92 in: B/C/P/R, Handbuch, Bd. 2, P 23 Nr. 20.
[272] BAG-Urt. v. 12.12.1990 - 5 AZR 546/89 in: Bertelsmnn/Colneric/Pfarr/Rust, Handbuch, Bd. 2, P 21 Nr. 14.
[273] BAG-Urt. v. 29.01.1992 - 5 AZR 237/91 in: Bertesmann/Colneric/Pfarr/Rust, Handbuch, Bd. 2, P 21 Nr. 26.
[274] EuGH-Urt. v. 04.06.1992 - C 360/90 in: Bertelsmann/Colneric/Pfarr/Rust, Handbuch, Bd. 2, P 23 Nr. 29.
[275] Vgl. diesbezüglich Bertelsmann/Colneric/Pfarr/Rust, Handbuch, Bd. 2, P 26 Nr. 1-17.
[276] BAG-Urt. v. 20.11.1990 - 3 AZR 613/89 in: Bertelsmann/Colneric/Pfarr/Rust, Handbuch, Bd. 2, P 30 Nr. 18.
[277] BAG-Urt. v. 28.07.1992 - 3 AZR 173/92 in: Bertelsmann/Colneric/Pfarr/Rust, Handbuch, Bd. 2, P 30 Nr. 21.
[278] BAG-Urt. v. 07.03.1995 - 3 AZR 282/94 in: NZA 1996, S. 48-55, (Der gesamte Bereich des Bewährungsaufstiegs wird bewußt hier nicht mit aufgenommen, da es sich dabei um ein Benachteiligungsproblem eigener Art handelt, das nicht zum Bereich des Entgelts zählt).

chen, insbesondere innerhalb desselben Unternehmens[279]. Die Frau erhält für die gleiche Arbeit, die auch ihr männlicher Arbeitskollege verrichtet, geringeren Lohn. Die Lohnungleichheit kann sich einerseits tarifvertraglich bereits ergeben, andererseits kann sie sich auch aus dem Bereich der einzelvertraglichen Zusatzvereinbarungen ergeben. In den Bereichen, in denen Arbeitgeber entweder keinem Arbeitgeberverband angehören oder keiner Tarifbindung unterliegen, werden vielfach einzelvertraglich übertarifliche Zusatzvereinbarungen zwischen Arbeitgeber und Arbeitnehmer geschlossen. Dieser Bereich bietet ein weites Feld für Diskriminierungen gegenüber Frauen, indem der Arbeitgeber mit ihnen entweder derartige Zusatzvereinbarungen gar nicht abschließt, oder aber in einer für sie gegenüber den männlichen Kollegen ungünstigeren Form[280].

3.3.2 Lohnungleichheit als strukturelles Problem[281]

Lohnungleichheit kommt jedoch nicht nur in der Form vor, daß Männer und Frauen an den gleichen oder gleichartigen Arbeitsplätzen ungleich bezahlt würden, sei es nun in Form von direkter, das heißt unmittelbarer, sei es in Form von mittelbarer Diskriminierung. Zwar stellt dieser gesamte Bereich nach wie vor einen weiten Teil der Lohnungleichheiten dar, jedoch ist durch die langjährigen sowohl gesellschaftspolitischen als auch gesetzgeberischen Bemühungen deutlich geworden, daß Lohndiskriminierungen nicht allein beseitigt würden, wenn Frauen und Männer an den gleichen oder gleichartigen Arbeitsplätzen gleich bezahlt würden, sondern daß die Lohnungleichheit ein weit vielschichtigeres – strukturelles - Problem ist.

Unter „strukturell" sind verschiedene Aspekte von Lohnungleichheiten zu begreifen. Hierzu zählt das überproportional häufige Vorkommen von Frauen auf unteren beziehungsweise untersten Verdienststufen[282]. Frauen verteilen sich nicht ihrem Anteil an der Erwerbsbeteiligung entsprechend gleichmäßig auf sämtliche Verdienststufen, sondern „häufen sich" auf der unteren Verdienstebene. In diesem Bereich bringt ein Vergleich mit den männlichen Arbeitskollegen - soweit überhaupt vorhanden - wenig.

Hierzu zählt auch der gesamte Bereich typischer Frauenarbeitsplätze, das heißt der Bereiche, in denen nahezu ausschließlich Frauen beschäftigt sind[283]. Solche Arbeitsplätze werden typischerweise schlechter entlohnt als insbesondere Tätigkeiten, die ausschließlich von Männern ausgeübt werden.

Ganze Beschäftigungsbereiche, in denen es keine Vergleichspersonen gibt, sind demzufolge den Geschlechtern entsprechend gut beziehungsweise schlecht bezahlt.

Im Unterschied zu den eben angesprochenen Diskriminierungen bei gleicher oder gleichartiger Tätigkeit ist der Bereich struktureller Diskriminierung als solcher wesentlich schwerer zu erkennen und infolgedessen auch schwerer zu bekämpfen, weil es keine allgemein anerkannten Vergleichskriterien gibt.

---

[279] Statistisches Material bei Schlachter: Wege zur Gleichberechtigung, S. 13-20, speziell zum Bereich Entgelt S. 17; Jochmann-Döll: Gleicher Lohn, S. 1.

[280] Vgl. Pfarr/Bertelsmann: Diskriminierungen, S. 308.

[281] Schlachter: Wege zur Gleichberechtigung, S. 284: sie betrachtet als Hauptproblem der Durchsetzung der Lohngleichheit den geschlechtsspezifischen Arbeitsmarkt; Seeland: Das Gleichberechtigungssystem in den USA, S. 295, 296, zur Verdeutlichung dieses strukturellen Problems in den USA.

[282] S. oben, Kap. 2.3.2.

[283] Jochmann-Döll: Gleicher Lohn, S. 4, spricht in diesem Zusammenhang von einer geschlechtsspezifischen Segmentierung des Arbeitsmarkts. Dieselbe, S. 12-14: zur Verdeutlichung der geschlechtsspezifischen Lohnabstände.

Ein Ansatz, der versucht, dem strukturellen Problem der Lohngleichheit zu begegnen, verfolgt die konsequente Umsetzung des Grundsatzes „gleicher Lohn für gleichwertige Arbeit“[284].

3.3.2.1 Diskriminierung durch Arbeitsmarktsegmentierung - Problem typischer Frauenberufe

Ein immer wieder angesprochenes Problem stellt der geschlechtsspezifisch gespaltene Arbeitsmarkt dar. Dadurch, daß Frauen und Männer sich nicht ihrem Geschlechteranteil entsprechend auf alle Tätigkeiten und Berufe verteilen, ergeben sich - zumindest in Deutschland -[285] hinsichtlich der Löhne und Gehälter für Frauen Nachteile bei der Bezahlung ihrer Tätigkeiten. Bestimmte frauen- bzw. männertypische Arbeitsbereiche werden zu mehr als 70% von Frauen, bzw. Männern besetzt[286]. In diesem Zusammenhang sei darauf hingewiesen, daß in sämtlichen Industrienationen eine geschlechtsspezifische Aufteilung des Arbeitsmarktes existiert. Die Bereiche typischer Frauen- bzw. Männerberufe gleichen sich jedoch nicht überall, sondern sind national verschiedenen[287]. Die nierdrigere Entlohnung von Frauen existiert sowohl im Vergleich bestimmter Berufsgruppen allgemein als auch auf sämtlichen Qualifikationsebenen. D.h. auch bei höherem oder hohem Qualifikationsniveau findet keine allmähliche Nivellierung der Verdienstunterschiede statt[288]. Unter dem Aspekt, daß sich die niedrige Entlohnung von Frauen vor allem auch als ein Problem des gesellschaftlichen Wertekanons darstellt, erweist es sich nicht unbedingt als erfolgversprechend, an den zu berücksichtigenden Anforderungskategorien im Zusammenhang mit Arbeitsbewertungsmethoden (i. S. einer Neubewertung) etwas zu verändern[289]. Denn es können gerade auch Verschiebungen der Tätigkeitsfelder stattfinden, die wieder erneut Ausdruck der gesellschaftlichen Minderwertigkeit der Tätigkeit von Frauen sind, und durch ihre niedrige Entlohnung gekennzeichnet sind.
In sogenannten „Männerberufen“ arbeiten traditionell Männer, das heißt der Anteil der Frauen, die in diesen Bereichen arbeiten, ist sehr gering[290]. Frauen, die in derartigen Berufen arbeiten, haben wesentlich bessere Verdienstchancen als in reinen Frauenbereichen, wenngleich zumeist nicht die gleichen wie ihre männlichen Kollegen. Die besseren Verdienste der Männer resultieren in diesen Bereichen häufig daraus, daß die Männer von Anfang an „höher ein-

---

[284] Freilich gibt es auch Kritiker dieses Ansatzes, die diese Forderung als für nicht weitgehend beziehungsweise tiefgreifend genug halten. So stellt beispielsweise Weiler in: Gleicher Lohn für gleiche Arbeit (1994), S. 134, die Umsetzung des Grundsatzes „gleicher Lohn für gleichwertige Arbeit“ in Frage, weil sie der Ansicht ist, daß auch die Anwendung dieses Grundsatzes nur dazu beitragen würde, ohnehin schon diskriminierende Entlohnungspraktiken weiter zu zementieren. Sie verlangt für eine Veränderung eine gänzlich andere Lohnpolitik und daran anknüpfend eine andere Lohnstrukturpolitik. Wie eine solche aussehen sollte, bleibt jedoch von ihr offengelassen.

[285] Anders beispielsweise in Schweden: hier ist der Arbeitsmarkt zwar auch geschlechtsspezifisch gespalten, durch andere Entlohnungssysteme wirkt sich die geschlechtsspezifische Spaltung aber nicht zuungunsten der Frauen bei den Löhnen aus.

[286] Vgl. Jochmann-Döll: Gleicher Lohn für gleichwertige Arbeit, S. 33.

[287] Maier: Arbeitsmarktsegregation und patriarchalische Gesellschaftsstruktur, S. 70.

[288] S. oben Kap. 2.3.8, 2.3.9. Weiler in: Winter (Hg.): Frauen verdienen mehr, S. 63. Sie weist in diesem Zusammenhang darauf hin, daß die Besetzung bestimmter Berufsfelder als typisch männlich oder weiblich durchaus gesellschaftlichem Wandel unterworfen ist. Einheitlich durchzieht sich aber durch die Geschichte die soziale Minderwertigkeit der typischen Frauenberufe. War der Beruf des Sekretärs demnach in früheren Zeiten ein gesellschaftlich durchaus geachteter, ausschließlich von Männern ausgeübter Berurf, so ist das Berufsbild der Sekretärin heutzutage nahezu ausschließlich weiblich besetzt, gesellschaftlich schlecht angesehen und demnach auch schlecht entlohnt (s. auch Fn. 213).

[289] Peter: Gesetzlicher Mindestlohn, S. 81.

[290] Jochmann-Döll in: Gleicher Lohn für gleichwertige Arbeit, S. 33, geht in ihrer Untersuchung davon aus, daß es sich um derartige Männerberufe handelt, wenn der Frauenanteil weniger als 10% beträgt.

steigen", oder zumindest schneller und weiter beruflich aufsteigen als ihre weiblichen Kolleginnen[291].

Das Problem typischer Frauenberufe soll kurz am Beispiel Erzieherinnen in Kindereinrichtungen dargestellt werden. In diesem Beruf sind mehr als 95% Frauen tätig[292]. Das Berufsbild der Erzieherinnen in jeglicher Form von Kindereinrichtungen (also Kindergarten, Hort, Kindertagesstätte) ist gekennzeichnet durch eine pädagogische Professionalisierung im Verlauf der letzten Jahrzehnte, d.h. seit den siebziger Jahren ist das fachliche Anforderungsprofil gestiegen. Es hat eine ausgeprägte inhaltliche Qualifizierung des Berufsbildes stattgefunden[293]. Dies wird jedoch weder in der tariflichen Eingruppierung noch in den Arbeitsbedingungen, bzw. der Arbeitsorganisation berücksichtigt. So gehört nach Meinung der Tarifparteien alles, was unterhalb „wesentlicher Erziehungsschwierigkeiten", außerhalb von Erziehungsheimen und unterhalb einer Behinderung nach § 39 BSHG liegt, zum Alltag jeder Erzieherin und somit zu ihrer „Grundtätigkeit"[294].
Personalschlüssel sowie sonstige administrative Arbeitsbedingungen bestimmen die tatsächlichen Rahmenbedingungen der Arbeit und Vergütung der Erzieherinnen[295]. Hinzu kommt, daß als dem Berufsbild immanent zugehörig gewisse nicht erlernbare, „weiblich-soziale" Fähigkeiten zugeordnet werden, die einerseits als unabdingbare Voraussetzung für die Ausübung des Berufes gelten, zugleich aber umsonst mitgeliefert werden, da sie gerade nicht durch fachliche Qualifizierung angeeignet werden können[296]. Die Entlohnung der Arbeit der Erzieherinnen krankt demnach an einem völlig unspezifischen Arbeitsbewertungsmodus, der ihre Arbeit in eine Verwaltungshierarchie einzwängt, die lediglich das Berufsbild der Leiterin, der Erstkraft und der Zweitkraft kennt, und der den verschiedenen inhaltlichen Qualifikationen und Erfahrungen dieser Personen in ihrem Berufsbild nicht Rechnung trägt[297]. Gleichzeitig macht diese Art der Zuordnung zu bestimmten Vergütungsgruppen es beinahe unmöglich, analytische Arbeitsbewertungsmethoden[298] anzuwenden, um die Anforderungsprofile, die den personenbezogenen Arbeitsinhalten der Tätigkeiten der Erzieherinnen in irgendeiner Weise gerecht würden, genauer zu erfassen.
Ein Ausweg aus der Benachteiligung von Frauen bei der Entlohnung im Bereich typischer Frauenberufe kann jedoch nicht allein in der Umorientierung von Frauen hin zu Männerberufen gesehen werden[299]. Denn dies würde zu einem Notstand in klassischen Frauenberufen - beispielsweise einem Pflegenotstand - führen und zugleich sicher nicht zu einer automatischen

[291] Vgl. oben Kap. 2.3.7.
[292] Vgl. Winter, a.a.O., S. 257.
[293] Karsten in: Winter (Hg.): Frauen verdienen mehr, S. 27; so auch Winter, a.a.O., S. 156.
[294] Vgl. Winter: Ausbildung, Arbeitsanforderung und Tarifvertrag: Erzieherinnen tragen (k)eine Verantwortung? in: Winter (Hg.): Frauen verdienen mehr, S. 251.
[295] Dieselbe, ebda. S. 34: „Pädagogische Arbeit, die das Berufsbild und die Arbeitsaufgabe der Erzieherinnenarbeit und des Berufes ausmacht, so könnte zusammengefaßt werden, hat im sozialadministrativen Kontext der Aufrechterhaltung des Einrichtungsbetriebes Kinderinstitution eine nachgeordnete und letztlich nur für die Kosten einer Erzieherin als Arbeitskraft relevante Bedeutung."
[296] Dieselbe, ebda. S. 31.
[297] Rabe-Kleberg: Unter Wert - Über den gesellschaftlichen Umgang mit Bildung und Arbeit von Frauen, in Winter (Hg.): Frauen verdienen mehr, S. 21: „Weibliche Bildung in ihrer Ganzheit hat nach Form und Inhalt keinen akzeptierten gesellschaftlichen Ort."
[298] Zur analytischen Arbeitsbewertung s. unten 3.3.4.2.
[299] Hille: Geschlechtstypische Präferenzen und Benachteiligungen - Weibliche Jugendliche in Bildung, Ausbildung und Studium, in: Helwig/Nickel (Hg.): Frauen in Deutschland 1945-1992, S. 215 (227).

„Normalisierung“ des geschlechtsspezifisch gespaltenen Arbeitsmarktes beitragen, sondern zu einer weiteren Verfestigung der geschlechtsspezifischen Arbeitsplatzsegmentierung. Keinesfalls werden hierdurch klassische Frauenberufe aufgewertet mit der Folge, auch attraktiv, sowohl gesellschaftlich als auch finanziell zu werden[300].

3.3.2.2 Lohnungleichheit durch Teilzeitbeschäftigung

Die zahlreichen Entscheidungen des EuGH sowie deutscher Arbeitsgerichte im Bereich der Teilzeitbeschäftigungen[301] machen deutlich, daß dieser gesamte Sektor besonders „anfällig“ für Diskriminierungen im Entgeltbereich ist. Bei über 91 % weiblichen Teilzeitbeschäftigten im Bundesgebiet West[302] wird deutlich, daß es sich hierbei um ein typisch weibliches Problem handelt. Dabei sollen an dieser Stelle im Zusammenhang mit struktureller Diskriminierung jedoch nicht die durch die Entscheidungen der Gerichte bereits erkannten und sanktionierten Probleme von Teilzeitbeschäftigungen hervorgehoben werden, vielmehr soll auf die Probleme aufmerksam gemacht werden, die den Teilzeitbeschäftigungen als typisch weiblichen Domänen innewohnen. Der gesamte Dienstleistungssektor beispielsweise, in dem weit überwiegend Frauen in Teilzeittätigkeiten[303] beschäftigt sind, hat als nahezu rein weibliches Betätigungsfeld niedrige Entlohnungen zur Folge. Der Teilzeitarbeitsmarkt ist ein Segment für sich allein, das sich leicht dem Vergleich mit anderen Segmenten entzieht. Der fehlende Vergleich mit Männern verstärkt die geschlechtsspezifische Spaltung des Arbeitsmarktes und zieht fast automatisch die niedrige Entlohnung dieses Sektors und damit der weiblichen Beschäftigten nach sich.

3.3.2.3 Diskriminierung durch unterschiedliche Bewertung gleicher Ausbildungsabschlüsse

Ein weiteres Problem, das auch bereits im Statistikkapitel angesprochen wurde[304], stellt die unterschiedliche Bewertung gleicher Ausbildungsabschlüsse dar, wie beispielsweise Fachschulabschlüsse, je nachdem, ob die- oder derjenige in typischen Frauen- oder Männerberufen arbeiten. Winter[305] weist in diesem Zusammenhang auf die Verdienstunterschiede zwischen Maschinenbau- sowie Elektrotechnikern und Erzieherinnen hin, die beide Fachschulabschlüsse voraussetzen. Der deutlich niedrigere Verdienst der Erzieherinnen (in diesem Beruf arbeiten über 95% Frauen)[306] bringt die Nichthonorierung der Ausbildung der Erzieherinnen zum Ausdruck und führt so zu einer geschlechtsspezifisch ausgeprägten Verdiensthierarchie.

---

[300] Vgl. Winter: Frauen verdienen mehr: Neubewertung als Perspektive, in: Winter (Hg.), Frauen verdienen mehr, S. 11; sowie Dürk: Vom Aufschrei in die Niederungen der kleinen Schritte, in: Winter (Hg,): Frauen verdienen mehr, S. 117 ff.

[301] Einen Überblick über die Vielzahl der Entscheidungen gibt die Übersicht bei: Bertelsmann/Colneric/Pfarr/Rust: Handbuch zur Frauenerwerbstätigkeit, Bd. 2, P 21-28, 30.

[302] Arbeitmarkt 1996, S. 103. Die Zahlenangaben beziehen sich auf Juni 1996.

[303] S. oben Kap. 2.1.1.1.2.

[304] S. oben Kap. 2.

[305] Winter: Ausbildung, Arbeitsanforderung und Tarifvertrag: Erzieherinnen tragen (k)eine Verantwortung, in: Winter (Hg.): Frauen verdienen mehr, S. 256.

[306] Vgl. dieselbe, a.a.O., S. 257.

3.3.3 Diskriminierung durch Unterbewertung von Frauenarbeit in Tarifverträgen

Frauen sind vielfach in unteren Lohngruppen eingestuft. Das Tarifkonzept „Tarifreform 2000" der IG Metall[307] setzt an diesem Problem an und versucht seit Anfang der neunziger Jahre in einer grundlegenden Diskussion über eine durchgreifende Reform des bestehenden Tarifsystems eine andere, gerechtere Berücksichtigung der Belange der Frauen zu erarbeiten[308].
Die Problematik soll an einem Beispiel aus der Metallindustrie verdeutlicht werden: bei insgesamt 8 Lohngruppen, die mit Lohngruppe 2 beginnen, und bei denen Ecklohngruppe die Lohngruppe 6 ist[309], werden Frauen überwiegend in den unteren Lohngruppen eingestuft. Das Kriterium der „körperlichen Belastung der Arbeit" ist in den Lohngruppen 2 bis 4 enthalten. In diesem Bereich haben die sogenannten Höherbewertungsaktionen der Gewerkschaften[310] einiges bewirkt. Unter Höherbewertungsaktion versteht man, daß Frauen in aller Regel von Lohngruppe 2 in Lohngruppe 3, bzw. von Lohngruppe 3 in Lohngruppe 4 hochgestuft werden, beziehungsweise daß der Abstand der unteren Lohngruppen zur Ecklohngruppe insgesamt verringert wird[311].
Die Reformansätze der IG-Metall verfolgen jedoch bislang nur Gedanken zu einer gerechteren Ausgestaltung der Tarifverträge begleitet von einer paritätisch zu besetzenden Arbeitgeber/Arbeitnehmerkommission, die die Eingruppierungskonflikte außergerichtlich (betrieblich) beseitigen soll. Dabei sollen die paritätischen Kommissionen den Arbeitnehmerinnen und Arbeitnehmern die Möglichkeit schaffen, ihre Eingruppierung zu überprüfen[312]. Es werden hiermit jedoch keine flankierenden Maßnahmen eingeführt, die die gerichtliche Durchsetzbarkeit angestrebter Forderungen garantieren sollen. Die Diskussion wird demnach in diesem Bereich vorwiegend auf materieller und betrieblicher Ebene geführt, mit der Problematik der effektiven gerichtlichen Durchsetzbarkeit befaßt man sich in diesem Zusammenhang - zumindest derzeit - von „offizieller" Gewerkschaftsseite noch gar nicht.
Genauso wie bei der IG Metall werden auch beim DGB Möglichkeiten einer gerechteren Tariflohnpolitik diskutiert, und es wird nach einer besseren, das heißt gerechteren Berücksichtigung von Fraueninteressen in Tarifverträgen gesucht. Dabei wird gefordert, die Belange der Frauen durch Zielvorgaben und Frauenquoten in Tarifverträgen angemessen zu berücksichtigen. Ähnlich wie es in den USA bereits gesetzlich verankert ist, wird eine regelmäßige Berichtspflicht des Arbeitgebers zur Situation der in den Gleichstellungsplänen verankerten Ziele gefordert. Zusätzlich sollten verbindliche Zielvorgaben eingeführt, Sanktionen und Konfliktlösungswege vorgeschrieben werden[313].

---

307 Dargestellt bei Lang/Harbisch/Lübben: „Wird bezahlt, was verlangt wird?" in: Lang/Meine/Ohl (Hg.): Arbeit - Entgelt - Leistung, S. 160 f.
308 Einzelheiten s. bei Heiking/ Vogelheim, a.a.O., S. 105 ff.
309 Die Ecklohngruppe setzt eine Lehre voraus oder Fähigkeiten und Kenntnisse, die denen eines FacHeimarbeiters gleichzusetzen sind.
310 Exemplarisch sei hier auf die Höherbewertungsaktionen der IG Metall verwiesen, wie sie bei Heiking /Vogelheim, a.a.O., S. 103 beschrieben sind. Derartige Höherbewertungsaktionen haben mit mehr oder minder großem Erfolg in allen Gewerkschaften stattgefunden.
311 Als Beispielsfall: BAG-Urt. v. 23.09.1992 - 4 AZR 30/92 in: Bertelsmann/Colneric/Pfarr/Rust, Bd. 2, P 20 Nr. 12.
312 Vgl. Heiking/Vogelheim, a.a.O., S. 107.
313 Vgl. Heiking/Vogelheim, a.a.O., S. 112, 113.

3.3.4 Wie kommt die Unterbewertung zustande? - Arten und Bedeutung von Arbeitsbewertungssystemen

Arbeitsbewertungssysteme dienen dazu, mittels bestimmter Arbeitsbewertungsmethoden eine bestimmte Klassifizierung eines Arbeitsplatzes zu erzielen und danach dann die Arbeit in ein bestimmtes Lohngefüge einordnen zu können. Der so ermittelte Arbeitswert bildet eine abstrakte Zahl, die erst durch die Zuordnung zu einem bestimmten Geldbetrag zum Lohnwert wird[314].

Es haben sich verschiedene Arbeitsbewertungsmethoden entwickelt, die im folgenden kurz dargestellt werden sollen.

Einschränkend sei bereits vorweg darauf hingewiesen, daß für eine Arbeitsbewertung jeweils eine Arbeitsbeschreibung erforderlich ist, die die Tätigkeitsinhalte möglichst genau erfaßt. Sofern hier eine Selbstbeschreibung durch die Personen erfolgt, um deren Arbeitsplatz es geht, so birgt auch eine solche Probleme in sich. Beispielsweise bei der Gewerkschaft NGG mußte man im Rahmen einer Arbeitsplatzbeschreibung durch Selbstbeschreibung feststellen, daß Frauen dazu neigten, ihre Arbeit unterzubewerten, das heißt die einzelnen Tätigkeitsinhalte gar nicht vollständig aufführten. Infolge der unzureichenden Tätigkeitsbeschreibungen war das Ergebnis der Arbeitsplatzbeschreibungen unbrauchbar[315].

3.3.4.1 Summarische Arbeitsbewertung

Bei dieser Methode wird die Gesamtheit der Arbeitsplätze zusammengefaßt, und es werden die Anforderungen, die ein Arbeitsplatz an die dort tätige Person stellt, global ermittelt. Das heißt, es wird nach allgemein formulierten Tätigkeitsmerkmalen unterschieden wie beispielsweise dem Merkmal der „körperlichen Schwere der Arbeit“ und dann anschließend anhand vorher festgelegter Tätigkeitsmerkmale in Lohn- und Gehaltsgruppen eingeordnet.

Die summarische Arbeitsbewertung wird in zwei Arten unterteilt,[316] diese sind das Rangfolgeverfahren und das Lohngruppenverfahren.

3.3.4.1.1 Rangfolgeverfahren

Die einzelnen Arbeitsplätze werden durch Paarvergleiche innerhalb und zwischen Abteilungen ihrer zugeschriebenen Wertigkeit entsprechend gereiht.

Es müssen dabei bestimmte Tätigkeiten jeweils nach einer durch den Wertenden zu beurteilenden Rangfolge festgelegt werden. Das bedeutet, daß die sich daraus ergebende Rangfolge die persönliche Einschätzung des Bewertenden wiedergibt, eine keinesfalls geschlechtsneutrale, diskriminierungsfreie Methode[317].

3.3.4.1.2 Lohngruppenverfahren

Im Unterschied zum Rangfolgeverfahren werden hier Anforderungsprofile/Tätigkeitsmerkmale aufgestellt und anhand von Beispielen als Einstufungshilfen unter-

[314] Vgl. Peter: Gesetzlicher Mindestlohn, S. 74, m. weiterem Verweis auf Weiler: Frauenlöhne-Männerlöhne. Gewerkschaftliche Politik zur geschlechtsspezifischen Lohnstrukturierung, S. 68.

[315] Nähere Einzelheiten und Auskünfte bei Elisabeth Bothfeld, Abteilung Frauen bei der NGG in Hamburg, die von der Abteilung Frauen die Arbeitsbeschreibung durch Selbstbeschreibung versuchte durchzuführen.

[316] Vgl. Krell, in: Winter: Frauen verdienen mehr, S. 45.

[317] Vgl. Jochmann-Döll: Gleicher Lohn für gleichwertige Arbeit, S. 52; Krell in Winter: Frauen verdienen mehr, S. 46.

füttert, nach denen dann auf betrieblicher Ebene eine Zuordnung zu bestimmten Lohngruppen zu erfolgen hat[318].
Problematisch erscheint bei diesem Ansatz, daß Anforderungen an typische Frauenberufe entweder überhaupt nicht erfaßt, sondern schlicht übergangen oder als selbstverständlich mit vorausgesetzt werden, oder aber, daß die Anforderungen an solche Frauenberufe nicht angemessen berücksichtigt werden.

Probleme, die sich aus dieser Art der Einstufung ergeben, sind die pauschale Zuordnung der Frauen zu sogenannten „Leichtlohngruppen". Charakteristische Anforderungen an Männerarbeitsplätze, beispielsweise die Berücksichtigung von Muskelkraft, werden häufig in besonderem Maße bewertet, das heißt durch höhere Vergütung honoriert. Gerade die summarische Arbeitsbewertung, bei der im Tarifvertrag ein Merkmalskatalog aufgestellt ist, der als Grundlage für die sich anschließende betriebliche Eingruppierung dienen soll, bietet zumeist Spielräume für die Auslegung, was der jeweiligen Lohngruppe an Merkmalsanforderung zuzuordnen ist. Dieser Auslegungsspielraum bei der betrieblichen Zuordnung eröffnet jedoch zumeist Möglichkeiten, zuungunsten von Frauen einzugruppieren, ohne daß der Tarifvertrag selbst ausdrücklich diskriminierende Bestimmungen enthält[319].
Die summarische Arbeitsbewertungsmethode stellt nicht auf die einzelnen Anforderungselemente einer Tätigkeit ab und differenziert dabei, sondern es wird ein Arbeitsplatz nach seinem Gesamteindruck bewertet. Das Ergebnis ist damit vor allem Ausdruck der subjektiven Einschätzung des Bewertenden[320].
Seit Mitte der fünfziger Jahre wurde in Anlehnung an die Frauenlohnurteile des BAG[321] eingeführt, Lohnkategorien durch „leichtere" und „schwerere" Arbeit zu bestimmen. In Folge davon wurden die Merkmale „leichte körperliche Arbeit" oder „geringe körperliche Belastung" zu typischen Eingruppierungskritierien in Tarifverträgen, genauso wie das Merkmal „körperlich schwere Arbeit". Es läßt sich unschwer vorstellen, daß das Merkmal der „leichten körperlichen Arbeit" zum Kriterium für gering entlohnte Tätigkeiten wurde, und damit zugleich zur typischen Lohngruppe für Frauen. Muskelkraft und schwere körperliche Arbeit waren typische Merkmale höherer Lohngruppen und damit von Männerarbeitsplätzen[322]. Mittlerweile spielt das Merkmal der „körperlichen Schwere der Arbeit" an sich keine so übergeordnete Rolle mehr, seit die Rechtsprechung des BAG die körperliche Belastung nicht mehr ausschließlich anhand der Beanspruchung der Muskelkraft beurteilt.
In neuerer Zeit hat jedoch unter dem Aspekt der mittelbaren Diskriminierung eine Entscheidung des LAG-Hamm v. 11.08.1997[323] eine entsprechde Tarifvertragsbestimmung für nichtig erklärt und die betreffende Arbeitnehmerin hochgestuft.
So entschied das Gericht, daß „1. das Eingruppierungsmerkmal „keine besonderen körperlichen Belastungen" in den Lohngruppen I und II im Tarifvertrag für gewerbliche Arbeitnehmer in Betrieben der Holzindustrie und des Serienmöbelhandwerks in Westfalen-Lippe frauendiskriminierende Wirkung besitze, weil nach einer von den Tarifvertragsparteien getroffenen

---

318 Vgl. Krell, a.a.O., S. 45.
319 Vgl. Rohmert/Rutenfranz: Arbeitswissenschaftliche Beurteilung, S. 21; Krell: Die Verfahren der Arbeitsbewertung, in: Winter: Frauen verdienen mehr, S. 47.
320 Vgl. Jochmann-Döll: Gleicher Lohn, S. 52.
321 BAG v. 15.01.1955, AP Nr. 4 zu Art. 3 GG.
322 Vgl. Peter: Gesetzlicher Mindestlohn, S. 75.
323 LAG Hamm v. 11.08.1997 – 16 Sa 213/96 in: ArbuR 1998, S. 291-293.

Inhaltsbestimmung auf den erforderlichen Kräfteaufwand abzustellen ist und hierdurch Männer tatsächlich begünstigt werden. Die Lohngruppen I und II des Tarifvertrags sind damit wegen Verstoßes gegen Art. 119 EGV und die Lohngleichheitsrichtlinie 75/117 nichtig und fallen ersatzlos weg.
2. Erfüllt die Tätigkeit einer Mitarbeiterin die Voraussetzungen der besonders hohen Anforderungen an die körperliche Belastung im Sinne des Heraushebungsmerkmals der Lohngruppe III des Tarifvertrags, so ist ihre Arbeit auch dann nach Lohngruppe IV, wenn die Verwendung dieses Merkmals ebenfalls mittelbar diskriminierend sein könnte. Solange Art. 119 EGV nicht ordnungsgemäß umgesetzt ist, ist das tarifliche Bezugssystem jedenfalls zugunsten eines Angehörigen der benachteiligten Gruppe anzuwenden."
Feldhoff[324] wertet diese Entscheidung als pragmatisch und am Sinn und Zweck der europarechtlichen Rechtsgrundlagen gelöst. Sie weist jedoch zu Recht darauf hin, daß die Vorgehensweise des Gerichts dann auf Grenzen stößt, wenn die Klägerin (Arbeitnehmerin) die Voraussetzungen der nächsthöheren Entgeltgruppe nicht erfüllt.
Dann muß das Arbeitsgericht das Entgelt gem. §§ 612, 315 BGB selbst festsetzen. Hierbei kommt die Problematik der gerichtlichen Umsetzung des Anspruches gleicher Lohn für gleichwertige Arbeit ins Spiel[325].

3.3.4.2 Analytische Arbeitsbewertung:

Wie durch das Wort „analytisch" bereits ausgedrückt wird, ist bei der analytischen Arbeitsbewertung die insgesamt zu verrichtende Arbeit in eine Reihe von einzelnen Arbeitskriterien aufgespalten, die für sich ermittelt werden müssen. Erst anschließend erfolgt eine Gesamtbewertung, die das Ergebnis aus den einzelnen Bereichen im Zusammenhang erfaßt. Dieses Ergebnis läßt sich dann bestimmten Lohngruppen zuordnen.
Die maßgeblichen Anforderungsarten werden in die folgenden vier bis sechs Untergruppen unterteilt:

- Können (bzw. Kenntnisse und Geschicklichkeit),
- Belastung (bzw. geistige und muskelmäßige Belastung),
- Verantwortung,
- Arbeitsbedingungen[326].

Die Gesamtbewertung, die das Ergebnis der einzelnen Anforderungsarten zu einem einheitlichen Ganzen zusammenfaßt, muß zwangsläufig eine Gewichtung vornehmen, die wiederum große Gefahren für eine Ungleichbehandlung der geschlechtsspezifisch verschiedenen Tätigkeiten mit sich bringt[327]. Denn bei der konkret betrieblichen oder tariflichen Einstufung der jeweiligen Arbeitsplätze hinsichtlich der Anforderungsarten können die Bewertenden die Vorstellungen über den gesellschaftlichen Wert von Frauen- bzw. Männerarbeit, die sie prägen, das heißt vor allem die gesellschaftliche Abwertung von Frauenarbeit, gar nicht ausblenden oder für sich ausschließen.

---

[324] Feldhoff: Anmerkung zur LAG-Entscheidung vom 11.08.1997, ArbuR 1998, S. 295.
[325] S. unten 3.4.5.1.
[326] Bei den beschriebenen vier Anforderungsarten handelt es sich um das in den fünfziger Jahren entwickelte Genfer Modell, die sechs Anforderungsarten stammen aus der REFA-Methodenlehre der Betriebsorganisation, Nachweise bei Krell, in Winter, a.a.O., S. 47.
[327] Pfarr: Gleicher Lohn für gleichwertige Arbeit, S. 270; Rohmert/Rutenfranz: Arbeitswissenschaftliche Beurteilung, S. 21.

3.3.4.3 Ansätze zur Neubewertung von Frauenarbeit:

Vor dem Hintergrund der hier aufgezeigten Gefahren, die das analytische Arbeitsbewertungssystem insbesondere für typische Frauenberufe hat, wird zur Beseitigung dieser Gefahren zweierlei gefordert.

Zum einen seien einheitliche Bewertungssysteme für Gewerbliche und Angestellte erforderlich, weil nur so Höherbewertung von typischen Männerarbeitsplätzen im Vergleich zu typischen Frauenarbeitsplätzen vermieden werden könne[328]. So gilt es unter anderem, auf die unterschiedliche Bewertung bestimmter Tätigkeitsmerkmale gerade zwischen den einzelnen Branchen aufmerksam zu machen, sowie durch eine gleichmäßige Berücksichtigung insgesamt eine Aufwertung[329] typisch weiblicher Tätigkeitsfelder zu erreichen. Als Beispiel für die ungleichmäßige Bewertung soll hier das Merkmal der „körperlichen Schwere von Arbeit" dienen. Während es in Lohntarifverträgen der Industrie oder des öffentlichen Dienstes in Form der Entlohnung typischer Männerberufe durchaus zugrunde gelegt wird, findet es im Bereich der tariflichen Entlohnung von Krankenschwestern oder sonstigem Pflegepersonal keinerlei entsprechende Anwendung[330].

Außerdem wird eine angemessene Beachtung gerade auch der Anforderungen verlangt, die speziell in Frauenberufen typischerweise auftreten, und die bislang keinerlei Berücksichtigung gefunden haben[331]. Allerdings sei in diesem Zusammenhang darauf hingewiesen, daß ein immer differenzierteres Tarifsystem zugleich die Gefahr immer größerer Diskriminierung mit sich bringt. Je differenzierter nämlich das System ist, desto undurchschaubarer und unübersichtlicher wird es für alle Beteiligten. Es ermöglicht unter Umständen noch größere Lohnunterschiede zwischen Frauen und Männern.

Schließlich weist Jochmann-Döll[332] zu Recht darauf hin, daß nur eine angemessene Repräsentanz von Frauen in den entsprechenden Bewertungskommissionen Gewähr dafür bieten kann, für Frauenberufe typische Anforderungsprofile angemessen zu werten. Entsprechend unterrepräsentiert waren Frauen bislang regelmäßig in Tarifkommissionen[333].

---

[328] Krell, in Winter, a.a.O., S. 49.

[329] Dieses Ziel verfolgte beispielsweise die Aufwertungskampagne der ÖTV, die Anfang der neunziger Jahre durchgeführt wurde. Vgl. hierzu die Beschreibungen bei Dürk, in: Winter, a.a.O., S. 117 ff.

[330] Weiler in: Winter, a.a.O., S. 66.

[331] Krell, in Winter, a.a.O., S. 49 zeigt anhand eines diskriminierenden und eines weniger diskriminierenden Anforderungskatalogs (Abb. 1, S. 54, Quelle: Jochmann-Döll: Gleicher Lohn, S. 56 in Anlehnung an Walker/Bowey 1982, S. 94 ff.), daß allein bereits durch die Anforderungsarten Frauenarbeit je nachdem höher oder niedriger bewertet werden kann.
Abgesehen von den wie auch immer gearteten neuen Eingruppierungssystemen, die auf „frauenfreundlichere" Weise typische Anforderungen an Frauenarbeitsplätze berücksichtigen sollen, wird auch auf Ebene der Gewerkschaften und Betriebe die Einführung von Frauenquoten zur Erreichung einer besseren Verteilung der Frauen entsprechend ihrem Beschäftigungsanteil diskutiert und gefordert, vgl. IG Metall 1991a: Geschäftsbericht zur 14. Frauenkonferenz, Frankfurt, M.

[332] Jochmann-Döll: Gleicher Lohn, S. 66,67 m.w.N.

[333] So waren beispielsweise 1986 10% der Tarifkommissionsmitglieder der HBV weiblich, wohingegen der Frauenanteil der Gewerkschaftsmitglieder bei der HBV 57% betrug. Mittlerweile sind Frauen zwar regelmäßig entsprechend ihrem Mitgliederanteil in den Tarifkommissionen vertreten, jedoch wirken die Folgen ihrer jahrzehntelangen Ausgrenzung nach wie vor fort. Weitere Zahlenangaben zum Anteil der Frauen in Tarifkommissionen im Verhältnis zu ihrem Mitgliederanteil in der jeweiligen Gewerkschaft bei Heiking/Vogelheim, in: Winter, a.a.O., S. 100 m.V.a. Kurz-Scherf: Von der Emanzipation des Brunnenmädchens in Heilbädern, in: WSI-Mitt 1986, Heft 8, S. 537-549.

Abschließend ist hier noch hervorzuheben, daß selbst nach Beendigung des Gesamtbewertungsverfahrens noch Möglichkeiten zur Lohndiskriminierung bestehen. Denn es ist keineswegs hiermit darüber entschieden, ob die Löhne in typischen Frauenberufen im Vergleich zu typischen Männerberufen gleichmäßig ansteigen. Die Lohnhöhen können unterschiedlich stark ansteigen, und auch hier ist wieder ein weites Feld für Diskriminierungen eröffnet[334].

Die hier angesprochenen Methoden stellen arbeitswissenschaftliche Methoden zur Beschreibungen einzelner Tätigkeiten dar. Sie haben keinerlei Einfluß auf die gesellschaftliche Bewertung von Frauenarbeit. Gleichzeitig versuchen sie nur innerhalb des bestehenden Systems etwas an den Lohnkonditionen zu verändern, das System als solches wird hierdurch nicht grundsätzlich in Frage gestellt[335]. Daher wird teilweise zur Beseitigung der geschlechtsspezifischen Lohnungleichheit gefordert[336], die Veränderungen nicht nur auf dem Boden des bestehenden Systems durch geänderte arbeitswissenschaftliche Methoden anzustreben, sondern tiefgreifende soziale Umbewertungen mit Hilfe einer geänderten Lohnpolitik vorzunehmen[337].

3.4 Durchsetzungsmöglichkeiten

Zur Durchsetzung der Lohngleichheit sind weder im Zusammenhang mit der Einführung des Lohngleichheitsgebots im Jahr 1980 bei der Umsetzung der RL 75/ 117 EWG in nationales Recht in den §§ 611a BGB ff. noch mit dem neuen arbeitsrechtlichen Gleichbehandlungsgesetz aus dem Jahr 1994 neuartige prozessuale Instrumente geschaffen worden. Damit hat sich durch die Einführung von §§ 611a und 612 Abs. 3 BGB gegenüber der vorherigen prozessualen Situation nichts Wesentliches verändert[338].

Dies bedeutet, daß eine betroffene Arbeitnehmerin selbständig im Klageweg gegen ihren Arbeitgeber vorgehen muß, um einen möglichen Verstoß gegen das Lohngleichheitsgebot gerichtlich überprüfen und gegebenenfalls beseitigen lassen zu können. Die Klägerin kann in einer Klage sämtliche Formen der Verstöße gegen das Lohngleichheitsgebot des § 612 Abs. 3 BGB rügen. Hierzu zählt alles, was unter den Begriff des Entgelts fällt[339]. So gehören beispielsweise auch die verschiedenen Arten von Zulagen[340] zum Entgeltbegriff. Bei einem Verstoß gegen den Lohngleichheitsgrundsatz muß das Arbeitsgericht die Nichtigkeit der diskriminierenden Zulagenvereinbarung aussprechen und für die Klägerin eine Zulage entsprechend der vergleichbaren Zulage eines männlichen Arbeitskollegen festsetzen. Lediglich bei übertariflichen Zulagen, die aus betrieblicher Übung gewährt werden, und auf die kein einzelvertraglicher Anspruch weder von den Bevorzugten noch von den Benachteiligten besteht, kann der Arbeitgeber nach der Nichtigerklärung durch das Gericht ohne besondere Begründung von ihrer Gewährung absehen.

---

334 S.o. Kap. 2.3.7, 2.3.8.

335 Schoepp-Schilling: Gleicher Lohn für gleichwertige Arbeit, in: Gerhard/Limbach (Hg.): Rechtsalltag von Frauen, S. 228; Schlachter: Wege zur Gleichberechtigung, S. 286.

336 Weiler in: Winter, a.a.O., S. 71.

337 Peter: Gesetzlicher Mindestlohn, S. 81; Jochmann-Döll: Gleicher Lohn für gleichwertige Arbeit, S. 222.

338 Die Änderungen, die das 2. GleiBG vom 24.06.1994 für § 611a BGB gebracht hat, betreffen nicht die Prozeßführungsmöglichkeiten bei derartigen Verstößen. Durch das Gesetz wurden die bisherigen Absätze 2 und 3 durch neue Absätze 2 bis 5 ersetzt. Sie betreffen die Rechtsfolgen von Diskriminierungen bei Einstellungen oder Beförderungen.

339 S. oben, 3.2.

340 S. oben, 3.2.

3.4.1 Beweislastverteilung

Im Prozeß muß die betroffene Arbeitnehmerin
1. die Tatsache beweisen, daß sie ein bestimmtes Entgelt bekommt,
2. beweisen, daß ein männlicher Kollege im selben Betrieb, der die gleiche oder eine gleichartige Tätigkeit ausübt, ein höheres Entgelt bekommt,
3. gemäß der Beweiserleichterung des § 611a Abs. 1 S. 3 BGB glaubhaft machen, daß ihre geringere Bezahlung auf einer Diskriminierung wegen des Geschlechts beruht.
Der Arbeitgeber trägt gem. § 611a Abs. 1 S. 3 BGB dann die Beweislast dafür, daß die unterschiedliche Behandlung aus nicht auf das Geschlecht bezogenen sachlichen Gründen gerechtfertigt ist, oder das Geschlecht unverzichtbare Voraussetzung für die auszuübende Tätigkeit ist.
Mit der Entscheidung „Danfoss“ [341] hat der EuGH in diesem Sinne entschieden: Dem Arbeitgeber obliegt die Beweislast, nachzuweisen, daß seine Lohnpolitik nicht diskriminierend ist. Die Arbeitnehmerin muß anhand einer relativ großen Zahl von Arbeitnehmern belegen, daß das durchschnittliche Entgelt der Arbeitnehmerinnen niedriger ist als das der männlichen Arbeitnehmer[342]. Der EuGH hat die eingeschränkte Beweislastumkehr aus Art. 6 der Lohngleichhheitsrichtlinie (RL 75/117/EWG) hergeleitet. Für die Beweislast im deutschen Recht hat diese Entscheidung keine Auswirkungen, da § 611a Abs. 1 S. 3 BGB, auf den § 612 Abs. 3 BGB verweist, eine entsprechende eingeschränkte Beweislastumkehr bereits enthält[343]. Bezüglich der Beweislastregeln hat auch das 2. Gleichberechtigungsgesetz (2. GleiBG) keine Veränderungen gebracht. Insbesondere ist die Beweislast nicht vollständig zu Lasten des Arbeitgebers verändert worden. Nicht berücksichtigt wurden die im Vorfeld der Verabschiedung des Gesetzes diskutierten Entwürfe, die Arbeitgeber zu einer Auskunft gegenüber den Bewerberinnen zu verpflichten, anhand derer sie feststellen könnten, ob der Entscheidung diskriminierungsfreie Erwägungen zugrunde liegen[344].

3.4.2 Rechtsfolge: Nichtigkeit der diskriminierenden Vereinbarung mit Wirkung nur inter partes - Der Fall Weber-v. Hartz

Da § 612 Abs. 3 BGB eine Verbotsnorm ist, bewirken Verstöße hiergegen die Nichtigkeit (§ 134 BGB) der diskriminierenden Vereinbarung[345]. Von der Nichtigkeit wird allerdings nur der diskriminierende Teil der Vereinbarung und nicht beispielsweise der gesamte Arbeitsvertrag erfaßt[346].
Dies gilt gemäß § 611a in V. m. § 612 Abs. 3 BGB ausdrücklich nur für die Begründung eines Arbeitsverhältnisses und die Beförderung in einem Arbeitsverhältnis.

---

341 EuGH-Urt. v. 17.10.1989 (Danfoss), Rs 109/88, Slg. 1989, S. 3199/3226, Rn. 16.
342 EuGH-Urt. v. 17.10.1989 (Danfoss), Rs 109/88, Slg. 1989, S. 3199/3226, Rn. 16.
343 So auch Bertelsmann in: Anmerkung zu EuGH-Urt. v. 17.10.1989 in: ArbuR 1991, S. 124-128.
344 Vgl. Pfarr: Das Zweite Gleichberechtigungsgesetz, RdA 1995, S. 207 Fn. 47, sowie Verweis auf Schiek, 2. GleiBG, § 611a BGB Rn. 63.
345 Pfarr/Bertelsmann: Diskriminierung, S. 76; Schlachter: Wege S. 209; Münchener HB des Arbeitsrechts, Richardi: § 11 Rn 41; BAG-Urt. v. 14.10.1986, AP Nr.11 zu Art. 119 EWGV; BAG-Urt. v. 23.1.1990, AP Nr.7 zu § 1 BetrAVG.
346 Daß nur der diskriminierende Teil und nicht der gesamte Vertrag erfaßt wird, begründet sich mit der Schutzfunktion von § 611a und § 612 Abs. 3 BGB. Vgl. Pfarr/Bertelsmann: Diskriminierung, S. 76.

Im Bereich eines bestehenden Arbeitsverhältnisses ergibt sich dies aus den allgemeinen Regelungen des BGB sowie des Arbeitsrechts[347].
Die Rechtsfolge der Nichtigkeit betrifft allerdings nur die am Rechtsstreit beteiligten Parteien, d.h. im Normalfall den Arbeitgeber und die klagende Arbeitnehmerin (§ 325 ZPO: Wirkung nur inter partes).
Der Arbeitgeber kann allenfalls von sich aus vergleichbare Arbeitsverhältnisse korrigieren. Die betroffenen Arbeitnehmerinnen müssen selbst klagen, um ihren Anspruch durchzusetzen. Wie wenig dieser „Appell" an die Arbeitgeber bewirkt, zeigt anschaulich das Beispiel im Fall „Weber-v. Hartz"[348]. Im Zweifelsfall fährt der Arbeitgeber besser damit, abzuwarten, ob er von den jeweilig Betroffenen verklagt wird, als von sich aus den Urteilsspruch in vergleichbaren Fällen umzusetzen. Man bedenke hierbei nur allein den Zinsvorteil, der ihm aus der Nichtzahlung des zusätzlichen Entgeltanteils an betroffene Arbeitnehmerinnen erwächst.

Der Fall Weber-v. Hartz:

Dieser Fall eignet sich besonders gut, um zu demonstrieren, welch andere Wirkung es für die gleichermaßen Betroffenen gehabt hätte, wenn das Urteil, das zwischen der Klägerin, Frau Weber-v. Hartz, und der Beklagten, der Firma Bilka-Kaufhaus ergangen ist, Rechtskrafterstreckung auf die gleichermaßen Betroffenen entfaltet hätte. Die Pflicht, nach deutschem Recht immer eine Individualklage erheben zu müssen, mit der Folge einer Rechtskraftwirkung nur inter partes, wirkt sich hier als ungerechtfertigter Vorteil des Arbeitgebers gegenüber der Gruppe der gleichermaßen betroffenen weiblichen Arbeitnehmerinnen aus.

Es ging in diesem Fall um die Zahlung einer Betriebsrente auch an Teilzeitbeschäftigte. Die Klägerin, Frau Weber-v.Hartz, war bei der Beklagten, dem Kaufhaus Bilka, von 1961 bis 1976 ohne Unterbrechung beschäftigt. Von 1961 bis 1972 arbeitete sie als Vollzeitkraft, danach nur noch als Teilzeitbeschäftigte. Die Versorgungsordnung[349] der Beklagten sah die Gewährung einer betrieblichen Altersrente für die Arbeitnehmer vor. Für Teilzeitkräfte sah die Versorgungsordnung den Erwerb einer Anwartschaft auf die Zahlung einer Betriebsrente allerdings nur bei einer mindestens 20jährigen Betriebszugehörigkeit mit 15jähriger Vollzeittätigkeit vor. Die Klägerin wandte sich mit ihrer Klage gegen die Weigerung der Beklagten, ihr eine Betriebsrente zu zahlen. Die Klägerin ging mit ihrer Klage durch alle nationalen Instanzen, bis das BAG drei Fragen bezüglich der Klage zur Vorabentscheidung nach Art. 177 EGV dem EuGH zur Entscheidung vorlegte. Mit Urteil des EuGH vom 13.05.1986[350] wurde es als mittelbare Diskriminierung gegenüber Frauen und damit Verstoß gegen Art. 119 EGV eingestuft, wenn weibliche Teilzeitbeschäftigte eines Betriebs (hier: Bilka-Kaufhaus) von der betrieblichen Altersversorgung ausgenommen sind, und keine besonderen Rechtfertigungsgründe, die nichts mit einer Diskriminierung aufgrund des Geschlechts zu tun haben, vorliegen[351].

---

[347] Dieselben, ebenda.
[348] EuGH-Urt. v. 13.05.1986 - Rs 170/84, AP Nr. 10 zu Art. 119 EGV; Anschlußentscheidung des BAG vom 14.10.1986, BAGE 53, S. 161 ff.
[349] Die hier gültigeVersorgungsordnung in der Fassung vom 26.10.1973 galt als Teil der Arbeitsverträge zwischen dem Arbeitgeber und den Arbeitnehmern.
[350] EuGH-Urt. v.13.05.1986 - Rs 170/74, in: NJW 1986, S. 3020.
[351] Urteilsbesprechung: Pfarr: Mittelbare Diskriminierung von Frauen, NZA 1986, S. 585.

Das nationale Gericht[352] - das BAG - entschied daraufhin, daß die Beklagte, die Firma Bilka-Kaufhaus, der Klägerin eine Betriebsrente zahlen müsse. Wie sich aus dem spezifischen Zusammenhang der Zahlung einer Betriebsrente ergibt, erging das Urteil erst zu einem Zeitpunkt, als die Kägerin bereits aus dem Berufsleben ausgeschieden war. Die Klägerin arbeitete bei der Beklagten als Verkäuferin. Zusammen mit ihr arbeiteten bei der Beklagten etliche weibliche Angestellte, die genau wie die Klägerin von der Zahlung einer Betriebsrente aufgrund ihrer Teilzeittätigkeit ausgenommen worden waren. Nachdem die Beklagte in dem Rechtsstreit gegen die Klägerin unterlag, zahlte sie nicht etwa, wie man annehmen sollte, an alle gleichermaßen Betroffenen nachträglich die diesen zustehende Betriebsrente, sondern beließ es bei einer Zahlung lediglich an die Klägerin.

Dem Rechtsstreit zwischen der Klägerin und der Beklagten ging folgendes voraus: Mitte der siebziger Jahre haben der Betriebsrat und der Personalrat versucht, die für Teilzeitbeschäftigte diskriminierende Betriebsvereinbarung zu verändern. Hinter der Betriebsvereinbarung stand ursprünglich von Arbeitgeberseite kein ausgesprochener Diskriminierungsvorsatz, sondern die Teilzeitbeschäftigten rangierten in der damaligen Vorstellung in einer ganz anderen Kategorie als die Vollzeitkräfte. Für die Kategorie „Vollzeitbeschäftigte“ sah man eine betriebliche Altersversorgung vor, für die Kategorie „Teilzeitkräfte“ nicht. Bei den Arbeitnehmern und Arbeitnehmerinnen existierte zum Zeitpunkt des Abschlusses der umstrittenen Betriebsvereinbarung noch kein Bewußtsein für das Problem. Es kam dann entgegen den Bemühungen der Gewerkschaft und des Betriebsrats nicht zu einer Kündigung der Gesamtbetriebsvereinbarung. Vielmehr übten die Arbeitgeber Druck auf die Gewerkschaften aus, daß es sich bei der betrieblichen Altersversorgung um eine „zusätzlichen Leistung“ im Sinne des BetrVG handele. Nach der Rechtssprechung des BAG stünde dem Arbeitgeber hierfür nur ein bestimmter Fonds zur Verfügung, und innerhalb dieses Fonds könne der Arbeitgeber frei umdisponieren. Dies hätte bedeutet, daß eine Finanzierung der betrieblichen Altersversorgung von Teilzeitbeschäftigten nur über eine Kürzung der Mittel für die betriebliche Altersversorgung von Vollzeitkräften möglich gewesen wäre. Daher ließ man von dem Vorhaben ab, die Betriebsvereinbarung insgesamt zu kündigen, und beschränkte sich auf Einzelklagen, die von den Gewerkschaften unterstützt wurden. Vor diesem Hintergrund kam es zur Klage der Frau Weber-v. Hartz.

Mit diesem Fall soll gezeigt werden, welche anderen Konsequenzen ein Urteil mit Rechtskrafterstreckung für gleichermaßen Betroffene gehabt hätte. Aus der Notwendigkeit nach deutschem Recht, immer selbst Klage erheben zu müssen mit einer Rechtskraftwirkung nur inter partes, erwächst ein ungerechtfertigter Vorteil des Arbeitgebers gegenüber der Gruppe der gleichermaßen betroffenen weiblichen Arbeitnehmerinnen. Da es der Klägerin hier zudem um die Zahlung ihrer Betriebsrente ging, also um Ansprüche aus dem Arbeitsverhältnis, die die Zeit nach Ausscheiden aus dem aktiven Berufsleben betrafen, konnten gleichermaßen Betroffene von dem Ausgang des Prozesses nur noch schwerlich erfahren. Der Arbeitgeber hatte hier einen doppelten Vorteil. Weder mußte er an die gleichzeitig mit der Klägerin Beschäftigten nachträglich eine Betriebsrente zahlen, noch zahlt er bis heute an mittlerweile Ausgeschiedene oder Ausscheidende aufgrund des Inhalts des Urteils. Vielmehr läßt er es darauf ankommen, sich von jeder einzelnen gleichermaßen Betroffenen selbst verklagen zu lassen, um gegebenenfalls dann sich seiner Zahlungsverpflichtung zu unterwerfen. Dem liegt ein ganz einfaches betriebswirtschaftliches Kalkül zugrunde, denn es kommt den Arbeitgeber

---

[352] BAGE 53, 161, Urteil v. 14.10.1986 -3 AZR 66/83, NZA 1987, S. 445.

allemal billiger, etwaige Prozesse zu verlieren, als „freiwillig" an alle Teilzeitbeschäftigten eine Betriebsrente zu zahlen.
Hätte es in dem hier genannten Beispiel eine Behördenklage[353] – ein Klage durch eine speziell legitimierte Behörde mit der Folge von rechtlicher Bindungswirkung für die Betroffenen - oder eine „class action" – eine Klageform, bei der eine einzelne Person für die Durchsetzung von Interessen eines größeren Kreises von ähnlich oder gleichermaßen Betroffenen mit der Folge rechtlicher Wirkungen für den gesamten Kreis klagt[354] - gegeben, wäre das Problem der Lohndiskriminierung von Teilzeitbeschäftigten im Zusammenhang mit der betrieblichen Altersversorgung erfolgreich bekämpft. In dem hier genannten Beispiel geht es um Rentnerinnen, die früher einmal in dem Betrieb gearbeitet haben und die keine betriebliche Altersversorgung erhalten. Diese Frauen sind von jeglichen Informationen bezüglich ihres früheren Arbeitgebers abgeschnitten, da weder die Gewerkschaften, noch die Betriebsräte oder in dem hier erwähnten Fall auch die Klägerin die nötigen Mittel haben, ehemalige Arbeitnehmerinnen miteinzubeziehen. Im Unterschied dazu hat der Arbeitgeber, hier das Kaufhaus Bilka, einen großen Informationsvorsprung, da er genau weiß, wieviele Arbeitnehmer(-innen) bei ihm zu welchen Konditionen arbeiten und gearbeitet haben.
Das Beispiel verdeutlicht, daß die Arbeitnehmerinnen aufgrund der spezifischen Beziehungen im Arbeitsrecht zwischen wirtschaftlich unabhängigen Arbeitgebern und weisungsgebundenen Arbeitnehmern nicht ausreichend geschützt sind durch ein Prozeßrecht, das ausschließlich Individualklagen mit einer Rechtskraftwirkung „inter partes" zuläßt. Anders als grundsätzlich sonst im Zivilrecht handelt es sich hier nicht nur um einen „Kampf ums Recht"[355], bei dem beide Parteien sich gleichberechtigt gegenüberstehen. Die Zugehörigkeit zur Gruppe der Arbeitnehmerinnen gebietet aus den vorstehend dargestellten Gründen deren spezielle Schutzbedürftigkeit. Es mangelt hier gerade nicht an materiellen Regelungen, die die teilzeitbeschäftigten Frauen vor mittelbarer Diskriminierung durch den Arbeitgeber schützen würden, sondern es mangelt an der Durchsetzung des Rechts[356].
Im Bilka-Prozeß wurde nach der Entscheidung des BAG[357] Verfassungsbeschwerde von Hertie (bzw. Bilka) eingelegt. Den Frauen, denen bereits etwas ausgezahlt worden war, wurde unter Hinweis auf § 78 BVerfGG angedroht, daß sie möglicherweise bereits empfangene Leistungen wieder zurückzahlen müßten. Das Bundesverfassungsgericht hat jedoch einstimmig die Verfassungsbeschwerde mangels hinreichender Aussicht auf Erfolg zurückgewiesen[358]. Es entbehrt nicht der Ironie - und, angesichts der schlechten Versorgungssituation vieler Frauen im Ruhestandsalter, auch nicht eines gewissen Zynismus- , daß das Unternehmen damals in seinen Beschwerdegründen angegeben hat, die nachträgliche Zahlung einer Betriebsrente berühre es in seiner wirtschaftlichen Existenz und verletze damit das Grundrecht aus Art. 12 GG, da Zahlungen in Höhe von 37 Millionen zu leisten seien. Der Umstand, daß das Unternehmen dann an keine der gleichermaßen betroffenen ehemaligen Teilzeitkräfte gezahlt hat, zeigt exemplarisch den Mangel an prozessualer Unterstützung zur Verwirklichung selbst of-

[353] Zu den Einzelheiten s. u. Kapitel 5.1.5.2.
[354] Zu den Einzelheiten s. u. Kapitel 5.1.5.1.
[355] Der Begriff „Kampf ums Recht" wurde von Rudolf von Jhering (1818-1892) mit seinem gleichnamigen Werk aus dem Jahr 1872 geprägt.
[356] Däubler: Das Arbeitsrecht 2, S. 987 verlangt deshalb eine Übertragung des arbeitsrechtlichen Schutzprinzips ins Prozeßrecht unter anderem durch eine kompensatorische Prozeßführung des Richters.
[357] BAG-Urt. v. 14.10.1986, BAGE 53, 161.
[358] BVerfG, Beschluß v. 28.09.1992 - 1 BvR 496/87.

fensichtlicher Anspruchspositionen. Die mögliche Zahlungsverpflichtung an entsprechend Betroffene wurde erkannt und sogar als eigenes Argument verwandt, nie jedoch in die Tat umgesetzt.

3.4.3 Anspruch auf Anpassung "nach oben"

Anstelle der nichtigen Bestimmung des Arbeitsvertrags hat die Klägerin einen Anspruch auf das gleiche Entgelt, das ein männlicher Arbeitnehmer für die gleiche oder vergleichbare Arbeit erhält.

Wichtig ist dabei festzuhalten, daß der Anspruch auf die Anpassung des Entgelts "nach oben" zu erfolgen hat und nicht etwa umgekehrt[359]. Daß der Anspruch auf eine Korrektur "nach oben" gerichtet ist, und nicht etwa auf eine Anpassung der anderen Arbeitsverhältnisse "nach unten", erklärt sich aus der Bedeutung von Art. 119 EGV als einem Grundrecht, das nach dem Verständnis des EuGH keine Herabsenkung des Entgelts der bisher bevorzugten Gruppe "nach unten" zulasse[360]. Denn Art. 119 EGV ziele als eine der Hauptsozialvorschriften des EGV auf eine Verbesserung der Lebens- und Arbeitsbedingungen. Damit sei eine Anpassung der Entgelte "nach unten" nicht vereinbar.

Der Anspruch erstreckt sich entsprechend der Verwendung des Begriffs "Entgelt" sowohl auf das Grundgehalt als auch auf etwaige vertraglich vereinbarte Zulagen oder andere Vergütungen, die auch unter den Entgeltbegriff fallen[361].

3.4.4 Die Durchsetzung des Anspruchs bei „gleichwertiger" Tätigkeit - Das Tatbestandsmerkmal gleichwertige Arbeit

Während die Problematik der Lohnungleichheit in gleichen Tätigkeitsbereichen materiell-rechtlich hinreichend geregelt und auch von den Gerichten angenommen ist (§ 612 Abs. 3 1. Alt. BGB, "gleiche" Arbeit), und es dort "nur" an der effektiven prozessualen Durchsetzung mit Breitenwirkung fehlt, liegt es bei dem oben genannten strukturellen Problem anders:

Zwar ist das Problem in § 612 Abs. 3, 2. Alt. BGB durch die Aufnahme "gleichwertiger" Arbeit (neben „gleicher") angesprochen, jedoch wird der auf den Wert der geleisteten Arbeit abzielende Regelungsinhalt von den Gerichten bislang nicht in vergleichbarer Weise aufgenommen, so daß dieser Bereich de facto in materiell-rechtlicher Hinsicht ein Schattendasein führt, und es hier darüberhinaus an effektiven prozessualen Durchsetzungsmöglichkeiten fehlt. Eine Kombination von Rechtsdurchsetzung mit Breitenwirkung und gerichtlicher Ausgestaltung der materiell-rechtlich vorhandenen Regelung der strukturellen Gleichheitsprobleme würde sicherlich in diesen, weite Teile der Frauenbeschäftigung erfassenden Bereichen im Hinblick auf die tatsächliche Herstellung von Lohngleichheit weiterhelfen. Das strukturelle Problem der Lohnabstände zwischen den Löhnen von Männern und Frauen erweist sich einerseits als eine Herausforderung, neue Vergleichskriterien zur Arbeitsbewertung beziehungsweise ein gänzlich neues System zu entwickeln, mittels dessen zwei Arbeitsplätze als gleichwertig eingestuft werden können, um so die Lohnabstände zu beseitigen. Andererseits wurde

---

[359] Soergel-Kraft, § 612 Rn. 82; Staudinger-Richardi, § 612 Rn. 65; Schlachter: Wege, S. 209; Pfarr/Bertelsmann: Diskriminierung, S. 77.

[360] EuGH Rs 43/75, Slg. 1976, S. 455 = NJW 1976, S. 2068; dazu Colneric, BB 1988, S. 968, 969; sowie EuGH-Urteil v. 27.06.1990 (Kowalska) - Rs C-33/89, Slg. 1990, I, S. 2591 ff. sowie EuGH-Urteil v. 07.02.1991 (Nimz) - Rs C- 184/89, Slg. 1991, I, S. 297 ff. So auch BAG-Urteil v. 23.09.1992 4-AZR 30/92, S. 775 in: EuZW 1993, Heft 24, S. 772-775.

[361] Zum Entgeltbegriff s.o. 3.2.

auch oben bereits angesprochen, daß selbst mit gerechteren Arbeitsbewertungsmethoden allein auf dem Boden des bestehenden Entlohnungssystems die ungleiche Entlohnung von Frauen nicht vollständig zu beseitigen sein wird.

3.4.5 Die Entscheidung „Enderby“

Besonders hervorzuheben in diesem Zusammenhang ist eine Entscheidung des EuGH (Enderby)[362] aus dem Jahr 1993[363].
In diesem Verfahren ging es unter anderem um die Frage, ob eine Vergleichbarkeit von Tätigkeiten bestehe, die unterschiedlichen tarifvertraglichen Regelungen unterfallen. Konkret gesprochen ging es um die Tarifverträge für Logopäden einerseits und die von leitenden Pharmazeuten und Psychologen andererseits, die derselbe Arbeitgeber mit derselben Gewerkschaft geschlossen hatte. Die Klägerin, eine leitende Sprachtherapeutin, verlangte gleiches Entgelt wie leitende Pharmazeuten und Psychologen, die überwiegend Männer seien, und die aus einem anderen Tarifvertrag als die Klägerin bezahlt wurden. Das Jahresgehalt der Klägerin belief sich auf 10 106 Pfund, während sich das Jahresgehalt eines leitenden klinischen Psychologen oder eines leitenden Apothekers der Stufe III auf 12 527, beziehungsweise 14 106 Pfund belief.
Der EuGH entschied, daß dem ersten Anschein nach eine Diskriminierung aufgrund des Geschlechts vorliege, wenn die beiden Tätigkeiten gleichwertig seien und die statistischen Angaben über diese Lage aussagekräftig seien. Die Rechtfertigung des Arbeitgebers, es handele sich um getrennte Tarifverträge, reiche allein nicht aus, um den Verdienstunterschied zwischen der Klägerin und den angesprochenen Pharmazeuten und Psychologen zu begründen. Denn könnte der Arbeitgeber einen Unterschied im Entgelt damit rechtfertigen, daß bei jeder der Tarifverhandlungen für sich genommen keine Diskriminierung vorliege, könnte er sich der Beachtung des Grundsatzes des gleichen Entgelts leicht durch unterschiedliche Tarifverhandlungen entziehen. Zur Frage, wie die Gleichwertigkeit zweier Arbeiten zu ermitteln sei, hat der EuGH mit dieser Entscheidung jedoch keine neuen Grundsätze aufgestellt.
Mit dieser Entscheidung hat der EuGH insbesondere im Zusammenhang mit der Gleichwertigkeitsdiskussion einen neuen Stein ins Rollen gebracht. Denn er legt damit den nationalen Gerichten die Verpflichtung auf, gänzlich verschiedene Tätigkeiten unter Umständen miteinander zu vergleichen, und für deren gleiche Entlohnung zu sorgen. Gerade im deutschen Rechtskreis hat diese Entscheidung - wie nicht anders zu erwarten - Kritik ausgelöst, da sie als ein Eingriff in die Tarifautonomie der Tarifvertragsparteien verstanden wird („Eingriff in den Kernbereich der Tarifvertragsparteien“)[364]. So würde die Überprüfung der Tarifverträge unter dem Aspekt einer Verletzung von Art. 3 Abs. 2 oder 3 GG eine Verletzung von Art. 9 Abs. 3 GG darstellen. Die Gestaltung der tariflichen Arbeitsbewertungs- und Eingruppierungssysteme obliege allein den Tarifvertragsparteien, da sie zu deren grundgesetzlich garantierten Normsetzungskompetenz zählten[365]. Sofern die Überprüfung der Tarifverträge unter dem Aspekt der Verletzung des Lohngleichheitsgebots wegen Ungleichbehandlung gleichwertiger

---

[362] EuGH-Urteil v. 27.10.1993 (Enderby), Rs C-127/92, Slg. 1993, S. I-5535 = NZA 1994, S. 797 = EuZW 1994, S. 595.
[363] Weitere Beispiele für den Vergleich „gleichwertiger“ Arbeiten durch Gerichte der europäischen Mitgliedstaaten bei Jochmann-Döll: Gleicher Lohn für gleichwertige Arbeit, der Vergleich von Köchinnen mit Tischlern.
[364] Grabitz/Hilf, Kommentar zur EU, Langenfeld/Jansen, Art. 119 Rn. 39; Wißmann: ZTR 1994, S. 223, 230.
[365] Vgl. Wißmann: Geschlechterdiskriminierung, EG-Recht und Tarifverträge, S. 223(230); derselbe: Europäischer Gerichtshof und Arbeitsgerichtsbarkeit, S. 193 (198).

Arbeiten tatsächlich den Gerichten zukomme, würde den Gerichten die Aufgabe der Schaffung umfassender gerechter Entgeltsysteme zukommen, was in grundsätzlichem Widerspruch zur grundgesetzlich verankerten Tarifautonomie stehe[366].
Wie dieser Konflikt zu lösen ist, ist bislang weiterhin umstritten. Jedenfalls kann die Tarifautonomie nicht in der Weise über den Grundsatz der Gleichbehandlung von Frauen und Männern gestellt werden, daß eine Benachteiligung der Frauen ohne weiteres in Kauf genommen werden müßte[367]. Ob allerdings im Rahmen des Vergleichs „gleichwertiger" Tätigkeiten den Gerichten die Aufgabe zukommen soll, nach den oben angesprochenen Kriterien die einzelnen Tarifverträge auf einen Verstoß gegen § 612 Abs. 3 BGB oder Art. 119 EGV bzw. die RL 75/117 EWG zu untersuchen, bleibt dahingestellt. Zumindest hat auch die Entscheidung „Enderby" des EuGH nicht dazu geführt, daß nunmehr umfangreiche Prüfungen der Gerichte von Tarifverträgen zur Frage der Gleichwertigkeit von Arbeit vorgenommen würden, als deren Folge neue, geänderte Tarifverträge auf der Grundlage eines gerechteren, diskriminierungsfreien Entlohnungssystems geschaffen würden.
Zahlreiche durch die Entscheidung Enderby aufgeworfene Fragen schließen sich an. So zieht beispielsweise Winter[368] aus der Entscheidung den Schluß, daß etwa Tätigkeiten aus ArbeiterInnentarifverträgen mit denen aus Angestelltentarifverträgen verglichen werden können (Bspw. in der Metallindustrie oder im öffentlichen Dienst). Es fragt sich weiterhin, ob auch Tarifverträge, die ein Arbeitgeber mit zwei verschiedenen Gewerkschaften, oder eine Gewerkschaft mit zwei Arbeitgebern abgeschlossen hat, miteinander verglichen werden dürfen[369].
Bereits im Jahr 1986 wurde vor dem BAG[370] ein Fall verhandelt und entschieden, in dem die Klägerin - eine leitende Unterrichtsschwester einer Krankenpflegeschule -, die nach BAT, Anlage 1b bezahlt wurde (Anlage 1b stellt Entgeltkriterien für den Pflegedienst auf), eine höhere Bezahlung begehrte, weil sie ihre Tätigkeit für vergleichbar mit der eines Schulleiters einer öffentlichen Schule hielt.
Für die Vergütung eines Schulleiters war BAT - Allgemeiner Teil - maßgeblich. Der allgemeine Teil des BAT bot im Vergleich mit dem hier genannten Teil des BAT wesentlich bessere Verdienstchancen. Damals wurde die Problematik der Vergleichbarkeit der Tarifverträge unter den in der Entscheidung Enderby angesprochenen Kriterien überhaupt nicht aufgegriffen. Weder die Klägerin noch das Gericht gingen auf die Frage einer geschlechtsbedingten Diskriminierung durch die jeweiligen Regelungen ein. Vielmehr lehnte das BAG die Heranziehung des BAT - Allgemeiner Teil - mit der Begründung ab, daß für die Klägerin ausschließlich die besonderen tariflichen Tätigkeitsmerkmale für das Krankenpflegepersonal gelten würden.

---

[366] Wißmann: Geschlechterdiskriminierung, EG-Recht und Tarifverträge, S. 230.
[367] So auch Jochmann-Döll: Gleicher Lohn für gleichwertige Arbeit, in: ArbuR 1992, S. 368; Pfarr/Bertelsmann: Diskriminierungen, S. 312 ff, und Jochmann-Döll, ArbuR 1992, S. 368 weisen zu Recht darauf hin, daß unter Beachtung des Gemeinschaftsrechts - hier des Artikels 4 der Lohngleichheitsrichtlinie (RL 75/117/EWG) - die Mitgliedstaaten ja verpflichtet sind, lohndiskriminierende Bestimmungen in Tarifverträgen zu beseitigen. Sofern von den Mitgliedstaaten zur Erfüllung dieser Aufgabe keine eigenen Institutionen oder Instrumentarien geschaffen worden sind, die diese Aufgabe wahrnehmen, sind die Gerichte -und in diesem Fall hauptsächlich die Arbeitsgerichte- für die Einhaltung des Artikels verantwortlich. Auch aus dieser Vorschrift lasse sich folglich die Rechtmäßigkeit eines Eingriffs in die Tarifautonomie (Art. 9 Abs. 3 GG) ableiten.
[368] Winter in: Winter (Hg.): Frauen verdienen mehr, S. 140.
[369] Vgl. Wißmann: Geschlechterdiskriminierung, EG-Recht und Tarifverträge, S. 230.
[370] BAG-Urt. v. 03.09.1986, AP Nr. 125 zu §§ 22, 23 BAT 1975.

In Anlehnung an die Entscheidung des EuGH im Fall Enderby entschied das BAG in seinem Urteil v. 17.10.1995[371], daß die Tarifvertragsparteien bei ihrer rechtssetzenden Tätigkeit insgesamt an den Gleichheitssatz der Verfassung gebunden seien. Ein Vergleich der Arbeitnehmergruppen könne nicht daran scheitern, daß die Rechtsverhältnisse an sich vergleichbarer Arbeitnehmergruppen von denselben Tarifvertragsparteien in unterschiedlichen Tarifverträgen geregelt worden seien. Die unterschiedliche Behandlung bedarf jeweils im Hinblick auf Art. 3 Abs. 1 GG eines sachlichen Grundes. Damit hat sich das BAG im Hinblick auf die Frage des zulässigen Eingriffs in die Tarifautonomie (Art. 9 Abs. 3 GG) in dieser Entscheidung eindeutig zugunsten einer angemessenen Berücksichtigung des Gleichbehandlungsgebots und vor allem seiner gerichtlichen Überprüfbarkeit entschieden. Zur Frage, wie im jeweiligen Fall der unterschiedlichen Tarifverträge gerade auch im Hinblick auf das „Gleichwertigkeitskriterium" verfahren werden soll, hat sich das BAG jedoch in dieser Entscheidung nicht geäußert.

3.4.5.1 Die Behandlung des Tatbestandsmerkmals „gleichwertige Arbeit" durch deutsche Arbeitsgerichte

Obwohl gleichwertige Arbeit mit in das Diskriminierungsverbot des § 612 Abs. 3 BGB einbezogen ist, haben deutsche Arbeitsgerichte bislang fast überhaupt keine Entscheidungen zu dem Themenkreis „gleichwertiger" Arbeit gefällt[372]. Bisher liegen nur wenige Entscheidungen vor, in denen die Gerichte die Vergleichbarkeit von Arbeit unter dem Gleichwertigkeitsaspekt abgelehnt haben. Vermutlich wurden nur wenige Klagen von Frauen geführt, die sich darauf berufen haben, bei einer gleichwertigen Arbeit im Vergleich zu dem entsprechenden männlichen Kollegen ungleich entlohnt zu werden[373].
Ausdrücklich mit Bezug auf die „Gleichwertigkeit" von Arbeiten hat das LAG Schleswig-Holstein in seinem Urteil v. 17.11.1992 entschieden[374]. In dem Rechtsstreit ging es um eine Sekretärin, die halbtags bei einem Flottenkommando der Bundeswehr beschäftigt war. Sie wurde nach BAT VII bezahlt. Die Klägerin begehrte mit ihrer Klage die Zahlung einer Zulage in Höhe von 150,-DM monatlich, die an 15 Soldaten in der Abteilung in der Nachrichtengewinnung, die den Sicherheitsbestimmungen der Fernmeldeaufklärung unterliegen, gewährt wurde. Nach der Definition des Gerichts sind dem Erscheinungsbild nach ungleiche Arbeiten dann gleichwertig, wenn sie in der Gesamtschau gleich zu gewichtende aktive und passive Anforderungen an die Arbeitspersonen stellen. Im vorliegenden Fall kam das Gericht zu dem Ergebnis, daß es sich in bezug auf die streitige Zulage um gleichwertige Tätigkeiten handele,

---

[371] BAG-Urt. v. 17.10.1995 - 3 AZR 882/94 in: NZA 1996, S. 656.

[372] S. diesbezüglich auch die Rechtsprechungsanalyse bei Winter: Gleiches Entgelt für gleichwertige Arbeit, Bd. 2, S. 248-284.

[373] Ausdrücklich zwischen „gleicher" und „gleichwertiger" Arbeit unterscheidet das BAG in der Entscheidung vom 23.02.1994 - 4 AZR 219/93 AP Nr 51 zu Art. 119 EWG-Vertrag (mit Anmerkung Krell/Winter), Blatt 355, 355 Rückseite, wobei das BAG seine Entscheidung nicht auf die gleichwertige Arbeit stützt. Zu Recht wird von Winter in: Gleiches Entgelt für gleichwertige Arbeit, S. 253 kritisiert, daß es sich bei der hier in Rede stehenden Auslegung des Begriffs der „Gleichwertigkeit" gar nicht eigentlich um gleichwertige sondern um „gleichartige" Tätigkeiten handelte.
In einer weiteren Entscheidung des BAG vom 23.08.1995 - 5 AZR 942/93 – (BAGE 80, 343 = AP zu § 612 BGB Nr. 48) ist das BAG lediglich mündlich auf das Problem der gleichwertigen Arbeit eingegangen, ist in seiner Entscheidung dann jedoch von einer Andersartigkeit der Tätigkeiten der männlichen Arbeitnehmer im Vergleich zu der der weiblichen Arbeitnehmerinnen ausgegangen, so daß es auf eine Prüfung der „Gleichwertigkeit" nach Ansicht des BAG nicht ankam.

[374] LAG-Schleswig-Holstein, Urt. v. 17.11.1992 - Sa 39/92 (LAGE Art. 119 EWG-Vertrag Nr. 2)- Besprechung Degen, AiB 1993, Heft 3, S. 190-192.

wenn es jeweils um eine Verwendung in der Nachrichtengewinnung durch Fernmelde- und Elektronische Aufklärung mit dadurch ausgelöstem Unterworfensein unter die Sicherheitsbestimmungen der Fernmeldeaufklärung gehe. Obwohl die Klägerin eine zuarbeitende Tätigkeit ausübe, handele es sich um eine gleichwertige Tätigkeit, da zwar eine Arbeitsteilung vorliege, die zuarbeitende Tätigkeit jedoch für das Gesamtergebnis unerläßlich sei. Bei der Tätigkeit der Klägerin handele es sich um eine derartige gleichwertige Tätigkeit. Im Ergebnis dieser Feststellung wurde die beklagte Arbeitgeberin der Klägerin zur Zahlung der Zulage an die Klägerin verurteilt.
Das BAG hat mit der Revisionsentscheidung vom 08.12.1993[375] zwar dem Ergebnis der Entscheidung des Landesarbeitsgerichts zugestimmt, nicht jedoch der Begründung. Es hat vielmehr einen Anspruch der Klägerin auf Zahlung der Stellenzulage aus § 611 Abs. 1 BGB in Verbindung mit der Zulagenregelung der beklagten Bundesrepublik hergeleitet. Danach habe sich die beklagte Bundesrepublik zur Zahlung der Zulage bei Vorliegen der entsprechenden Voraussetzungen an Angestellte genauso wie an Beamte der Bundeswehr verpflichtet. Da die Voraussetzungen bei der Klägerin vorlägen, habe sie einen Anspruch auf Gleichbehandlung der Angestellten im Verhältnis zu entsprechenden vergleichbaren Beamten der Bundeswehr. Auf die Ausführungen des Landesarbeitsgerichts zur gleichwertigen Arbeit kam es demzufolge nicht an.

Bereits 1981 wurden in der Veröffentlichung „Lohngleichheit" von Pfarr/Bertelsmann die Probleme der unterschiedlichen Bewertung der Arbeit von Frauen und Männern in Tarifverträgen angesprochen, sowie die Schwierigkeiten im Zusammenhang mit der Beurteilung der „Gleichwertigkeit" von Arbeit ausgeleuchtet. Das Bedürfnis nach neuen Bewertungssystemen wird seither auf vielfältigste Weise von unterschiedlicher Seite ausgedrückt, jedoch ist in diesem Zusammenhang ein entscheidender Durchbruch bislang nicht gelungen.
Hinzukommt, daß bei dem Vergleich von Arbeiten unter dem Gleichwertigkeitsaspekt eine Entscheidung hinsichtlich des räumlichen Rahmens der vergleichbaren Arbeiten zu erfolgen hat. In aller Regel wird Anknüpfungspunkt für die Vergleichsgruppenbildung der Arbeitgeber sein und Bezugspunkt wird entweder der Betrieb oder das Unternehmen sein[376].
Wie an anderer Stelle[377] noch zu zeigen sein wird, stellt auch im Ausland die Frage der gerechteren Bewertung von Arbeit eines der zentralen Probleme in der Diskussion um die Schaffung von mehr Lohngerechtigkeit dar. In Amerika läuft sie unter der Bezeichnung „comparable worth", in Großbritannien unter dem Oberbegriff „equal pay for work of equal value".
Auch wenn der EuGH mit seiner Entscheidung Enderby aus dem Jahr 1993[378] erneut einen Anstoß dafür gegeben hat, Vergleichsmaßstäbe durch die Gerichte zur Frage der Vergleichbarkeit von Arbeiten im Zusammenhang mit der Beurteilung von „gleichwertiger" Arbeit zu entwickeln, so zeigt doch die Entwicklung der Rechtsprechung seither, daß allein mit der Eröffnung der Möglichkeit, gleichwertige Arbeiten miteinander zu vergleichen, sich der erwünschte Erfolg nicht eingestellt hat, und die Entgeltgleichheit auf diesem Weg - zumindest allein - nicht entscheidend weitergekommen ist.

---

375 BAG-Urteil vom 08.12.1993 Az: 10 AZR 17/93 (nicht veröffentlicht).
376 S. auch Winter: Entgeltgleichheit in Tarifverträgen - Ein uneingelöster Rechtsanspruch, in: Winter (Hg.): Frauen verdienen mehr, S. 143.
377 Kap. 5.2.4.2.
378 EuGH-Urt. v. 27.10.1993 (Enderby), Rs C-127/92, Slg. 1993, S. I-5535 = NZA 1994, S. 797.

3.4.6 Geltung des Lohngleichheitsgrundsatzes auch für Kollektivvereinbarungen; Konflikt zwischen Tarifautonomie und Lohngleichheitsgrundsatz?

Wie oben bereits bei den verschiedenen Formen der Lohnungleichheiten angesprochen, machen Entgeltregelungen in Tarifverträgen, die gegenüber Frauen diskriminierend wirken, einen großen Teil der Benachteiligungen im Entgeltbereich aus. Von derartigen Regelungen betroffene Arbeitnehmerinnen steht die Möglichkeit offen, gerichtlich hiergegen vorzugehen. Zwar richten sich § 611a und § 612 Abs. 3 BGB ihrem Wortlaut und ihrer Systematik nach direkt nur an die Arbeitgeber, jedoch gilt der Lohngleichheitssatz für die Tarifvertragsparteien durch ihre unmittelbare Bindung an Art. 3 Abs. 2 GG[379].

Nachdem vom BAG im Jahr 1955 die sog. "Lohnabschlagsklauseln"[380], die für Frauen nur einen bestimmten Prozentsatz des Männerlohns vorsahen, für verfassungswidrig erklärt wurden[381], war das Problem der Benachteiligung bei der Entlohnung keineswegs aus der Welt geschafft, sondern setzte sich in verdeckter Form durch die Einführung sog. "Leichtlohngruppen" fort[382]. Auch sonst bietet sich zum Beispiel bei den Eingruppierungssystemen[383] sowie im Bereich der Teilzeitarbeit[384] ein weites Feld für Diskriminierungen in Tarifverträgen. Die Bestimmungen sind zwar geschlechtsneutral formuliert, in der Praxis wirken sie sich jedoch gegenüber Frauen benachteiligend aus. Hier liegen vor allem die Ursachen für die oben angesprochene strukturelle Lohnungleichheit.

Wie bereits im Zusammenhang mit der Entscheidung „Enderby" erörtert, stellt sich wegen der grundgesetzlich in Art. 9 Abs. 3 GG verankerten Tarifautonomie, durch die nicht nur das Recht des Einzelnen auf koalitionsgemäße Betätigung, sondern auch die institutionelle[385] und funktionelle[386] Garantie der Koalition geregelt ist, die Frage der gerichtlichen Behandlung solcher Regelungen eines Tarifvertrags, beziehungsweise die Frage der möglichen Rechtsfolgen. Art. 4 der Entgeltrichtlinie (RL 17/75/EWG) verlangt, daß einzel- und kollektivvertragliche Bestimmungen, die gegen den Lohngleichheitsgrundsatz verstoßen, für nichtig erklärt werden müssen. Die Richtlinie kann hierfür selbst unmittelbar herangezogen werden, sofern kein entsprechendes deutsches Gesetz existiert[387]. Auch die Tarifvertragsparteien sind an den EGV und die hierauf erlassenen Richtlinien gebunden, das EG-Recht ist auch für sie vorran-

---

[379] Vgl. Pfarr/Bertelsmann: Diskriminierung, S. 62; a.A. Staudinger-Richardi, § 612 Rn. 50 i.V.m. § 611a Rn. 20. Nach Ansicht von Richardi umfaßt der im Gesetzestext gebrauchte Begriff der "Vereinbarung" nicht nur Arbeitsverträge als Vereinbarungen zwischen Arbeitgebern und Arbeitnehmern, sondern erstreckt sich auch auf Tarifverträge als Vereinbarungen zwischen Arbeitgeberverbänden und Gewerkschaften (Verbandstarifverträge), die über die Tarifgeltung unmittelbar in die von den tarifgebundenen Arbeitgebern und Arbeitnehmern begründeten Arbeitsverhältnisse einwirken.

[380] Unter Lohnabschlagsklausel versteht man eine Regelung in einem Tarifvertrag, die pauschal für Frauen einen bestimmten Abzug für eine bestimmte Tätigkeit vorsieht. Beispielsweise, wenn es heißt, Frauen erhalten 75% des Männerlohnes.

[381] BAGE 1, 258.

[382] Leichtlohngruppen knüpfen zwar nicht an das Geschlecht an, sondern an eine bestimmte Tätigkeit, für die aber typisch ist, daß in ihr nur oder fast ausschließlich Frauen beschäftigt werden. Beschreibung der Entwicklung der Rechtsprechung zur Behandlung von Leichtlohngruppen, bzw. zum Begriff der "körperlichen Schwere" der Arbeit bei: Pfarr/Bertelsmann: Diskriminierung, S. 314-325; Schlachter: Wege, S. 210-213; Däubler: Arbeitsrecht 2, S. 699-703.

[383] Pfarr/Bertelsmann: Diskriminierungen, S. 310-329 ausführlich zu diesem Problemkomplex.

[384] Dieselben, S. 229-251; Schlachter: Wege, S. 200.

[385] BVerfGE 4, 96.

[386] BVerfGE 18, 18.

[387] Vgl. oben, 3.2.

giges Recht[388]. Darüber hinaus kann sich ein Verstoß auch aus einer Verletzung des Gleichbehandlungsgrundsatzes von Art. 3 Abs. 1 GG ergeben[389].

3.4.6.1 Auswirkungen auf die Tarifvertragsbestimmung

Daher muß von den deutschen Arbeitsgerichten eine entsprechende Tarifvertragsbestimmung, die gegen den Lohngleichheitsgrundsatz des Art. 119 EGV, die Lohngleichheitsrichtlinie und die zu ihrer Umsetzung erlassene Vorschrift des § 612 Abs. 3 BGB verstößt, für nichtig erklärt werden, um dem Lohngleichheitsgrundsatz Geltung zu verschaffen. Auch hier gilt, wie oben im Zusammenhang mit den Einzelarbeitsverträgen bereits erwähnt, das Prinzip der Teilnichtigkeit (§ 139 BGB analog).

3.4.6.2 Auswirkungen auf die betroffene Klägerin

Ist eine Bestimmung jedoch für nichtig erklärt, stellt sich das Problem der Auswirkungen für die betroffene Klägerin bzw. die Tarifvertragsparteien. Denn mit der Nichtigerklärung der Bestimmung allein ist den betroffenen Arbeitnehmerinnen nicht gedient. Grundsätzlich kann hier nichts anderes als im Bereich der Einzelarbeitsverträge gelten. Auch im kollektivrechtlichen Bereich muß es über Art. 119 EGV und dessen Verständnis[390] zu einer Anpassung "nach oben " kommen. Daher müssen die Gerichte zugunsten der Lohngleichheit eine Entscheidung treffen, die notwendig einen vom vorrangigen EG-Recht gedeckten Eingriff in die Tarifvertragsautonomie darstellt. Der Konflikt von nationalem und EG-Recht darf hier nicht auf den Schultern der betroffenen Klägerinnen ausgetragen werden, denen durch die deutschen Arbeitsgerichte Rechtsschutz durch eine Regelung gewährt werden muß, die ihnen Entgeltgleichheit schafft[391].

Diese Entscheidung zugunsten einer Anpassung "nach oben" verlangt von den Arbeitsgerichten, unter Umständen ein eigenes Bewertungssystem zu schaffen, nach dem sie die betroffenen Arbeitnehmerinnen neu eingruppieren und somit i.S.v. § 315 BGB selbst eine angemessene Lohnstruktur schaffen, oder gem. § 612 Abs. 3 BGB den Lohn neu festsetzen[392] [393]. Solange aber keine allgemein gültigen Arbeitsbewertungsmethoden existieren, schrecken die Gerichte vor einem solchen Schritt bisher zurück. Dies zeigt sich vor allem daran, daß der Ansatz, die Wertigkeit verschiedener Arbeiten miteinander zu vergleichen ("comparable-worth"-

---

388 Vgl. die ständige Rechtssprechung des EuGH zum Anwendungsvorrang: EuGH, Rs. 6/64, Slg. 1964, 1251 (Costa/ENEL); Rs. 11/70, Slg. 1970, 1125 (Internationale Handelsgesellschaft).

389 So BAG-Urt. v. 17.10.1995 - 3 AZR 882/94, NZA 1996, S. 656.

390 Vgl. oben 3.4.3.

391 Schlachter: Wege, S. 215, spricht davon, daß anderenfalls mit Hilfe der Tarifautonomie benachteiligend wirkende Eingruppierungssysteme gegen die Anforderungen des Lohngleichheitsgebots immunisiert würden.

392 Däubler, Arbeitsrecht 2, S. 699.

393 Zum Problem der Korrektur von Tarifverträgen bei summarischen und analytischen Arbeitsbewertungsmethoden s. Pfarr/Bertelsmann: Diskriminierung, S. 325, 326.
An sich könnte eine diskriminierungsfreie Anwendung des Belastungs-/Beanspruchungssystems von Rohmert/Rutenfranz eine Korrektur in europarechtskonformer Auslegung bieten. Jedoch würde auch bei einer solchen Korrektur nur ein Ausschnitt berücksichtigt und nicht das vom EuGH (EuGH Rs 237/85 AP Nr.13 zu Art. 119 EGV. Der EuGH sieht den Einsatz von Mittelwerten vor.) geforderte System der beruflichen Eingruppierung insgesamt verwirklicht.
Analytische Arbeitsbewertungsmethoden bieten besondere Probleme für die Gerichte, weil hier die einzelnen Anforderungen bestimmter Tätigkeiten oft im Tarifvertrag überhaupt keine Berücksichtigung finden, und es daher nicht ohne weiteres möglich ist, eine andere "Neubewertung" vorzunehmen.
Definition: summarische, analytische Arbeitsbewertung, Jochmann-Döll: Gleicher Lohn, S. 52,54; Schlachter: Wege, S. 206.

Ansatz), so gut wie gar nicht von den Gerichten verfolgt wird. Schon im Jahr 1982 hatte der EuGH[394] entschieden, daß es den Mitgliedstaaten obliege, eine Stelle mit der erforderlichen Zuständigkeit auszustatten, die in der Lage ist, zu entscheiden, ob zwei Arbeiten gleichwertig sind. In der Bundesrepublik Deutschland liegt diese Zuständigkeit bei den Gerichten.
Genauso wie bei den diskriminierenden Regelungen in Einzelarbeitsverträgen müssen durch Diskriminierungen in Tarifverträgen betroffene Arbeitnehmerinnen jeweils selbst gegen eine sie benachteiligende Regelung aus einem Tarifvertrag vorgehen. Wie im Zusammenhang mit den einzelvertraglich diskriminierenden Regelungen angesprochen, sind die Arbeitgeber bei für teilweise nichtig befundenen diskriminierenden Tarifvertragsbestimmungen an die vom Gericht im jeweiligen Rechtsstreit getroffenen Entscheidung nicht in dem Sinne gebunden, daß sie sie „freiwillig" in parallel gelagerten Fällen umsetzen müßten. Dies hat zur Folge, daß der Arbeitgeber auch hier im Zweifelsfall darauf wartet, von betroffenen Arbeitnehmerinnen auf „Anpassung nach oben" verklagt zu werden, anstatt von sich aus tätig zu werden. Auch auf der Ebene der Tarifvertragsparteien führen Entscheidungen, nach denen Teile eines Tarifvertrags nichtig sind, nicht zu einer zügigen Beseitigung, indem sofort neue, diskriminierungfreie Regelungen geschaffen würden. Als Beispiel für dieses Verhalten sei auf das Beispiel der Lohnabschlagsklauseln verwiesen. Obwohl bereits 1955 Tarifabschlagsklauseln gegenüber Frauen für verfassungswidrig erklärt wurden[395], dauerte es bis 1972 bis diese aus den Tarifverträgen endgültig verbannt wurden[396].

3.5 Fazit

Die Verwirklichung des Lohngleichheitsgebots krankt an verschiedenen Problemen.
Die Rechtsdurchsetzungsmöglichkeiten für Frauen, die im Erwerbsleben benachteiligt sind, ist mehr als unbefriedigend. Zwar wurden durch das EG-Anpassungsgesetz 1980 Vorschriften (§§ 612 Abs. 3 i.V.m. 611a Abs. 1, S. 3 BGB) ins BGB eingefügt, die Benachteiligungen wegen des Geschlechts beim Entgelt verbieten. Dieses Verbot kann jedoch lediglich auf die oben aufgezeigte Art durchgesetzt werden.
Eine Klage während eines bestehenden Arbeitsverhältnisses bringt sowohl für männliche als auch für weibliche Arbeitnehmer grundsätzlich Schwierigkeiten mit sich und wird daher möglichst vermieden. Nach einer Untersuchung aus den 60er Jahren wurden 80% aller Klagen erst nach der Beendigung des Arbeitsverhältnisses erhoben[397]. Nach einer Studie aus dem Jahr 1981[398] zur Kündigungspraxis in Betrieben der privaten Wirtschaft wurde in neun von zehn Fällen Klage erst nach Beendigung des Arbeitsverhältnisses erhoben.
Arbeitnehmerinnen und Arbeitnehmer, die gegen ihren Arbeitgeber wegen zu geringer Bezahlung klagen, ziehen dessen Unmut auf sich. Sie riskieren, bei nächster Gelegenheit unter einem Vorwand ihren Arbeitsplatz zu verlieren und keine Aufstiegschancen in dem Betrieb mehr zu haben[399].

---

[394] EuGH-Urt. v. 06.07.1982 ((Kommission/Vereinigtes Königreich und Nordirland) - Rs 61/81.
[395] BAGE 1, 258.
[396] Vgl. Pfarr/Bertelsmann: Diskriminierungen, S. 328.
[397] Däubler: Arbeitsrecht 2, S. 1065.
[398] Falke/Höland/Rhode/Zimmermann: Kündigungspraxis und Kündigungsschutz in der Bundesrepublik Deutschland, S. 686 ff.
[399] Zu demselben Ergebnis kommen auch Pfarr/Bertelsmann: Diskriminierung, S. 370; Schlachter: Wege, S. 206.

Für eine Arbeitnehmerin im Vergleich zu einem Arbeitnehmer bringt eine Klage aber zusätzliche Unannehmlichkeiten mit sich[400]. Sie kann Ärger mit männlichen Arbeitskollegen nach sich ziehen, auf deren Löhne sie sich bezieht. Denn diese müssen befürchten, daß sie etwas von ihren höheren Löhnen abgeben müssen, der Kuchen also zumindest in Zukunft geteilt werden muß. Sie werden ihre Arbeitskolleginnen also nicht unbedingt zu einer derartigen Klage ermuntern.
Da die Arbeitnehmerinnen alleine die finanziellen Risiken eines Prozesses tragen müssen, die unter Umständen erheblich ins Gewicht fallen können, stellt auch das eine Erschwernis eines Prozesses dar. Auch wenn die Kosten des Arbeitsgerichts eher niedrig sind, so können doch beispielsweise für ein arbeitswissenschaftliches Gutachten ganz erhebliche Kosten anfallen[401].
Für eine einzelne Arbeitnehmerin gestaltet es sich schwierig, alle für einen Prozeß erforderlichen Informationen zu erhalten. Anders als der Arbeitgeber, der insoweit einen Informationsvorsprung hat, verfügt sie nicht über eine Lohntabelle aller in demselben Unternehmen beschäftigten Personen. Sie muß also die männlichen Arbeitskollegen auf ihren Grundlohn, etwaige Zulagen etc. ansprechen, um überhaupt zu erfahren, daß ein männlicher Kollege in vergleichbarer Position mehr erhält. Auch wenn der EuGH mit der Entscheidung „Danfoss"[402] entschieden hat, daß der Arbeitgeber beispielsweise bei einem undurchschaubaren Zulagensystem beweisen muß, daß das Entlohnungssystem nicht geschlechtsdiskriminierend ist, so stellt dies zwar eine Beweiserleichterung in einem Rechtsstreit für die betroffene Klägerin dar, enthebt sie jedoch nicht von der Notwendigkeit, selbst aktiv werden zu müssen, wenn sie den Verdacht hat, daß es sich um ein ungleiches Entlohnungssystem handelt.
Die angesprochenen Erschwernisse tragen dazu bei, daß betroffene Frauen nur sehr ungern von der Klagemöglichkeit wegen Verstoßes gegen § 612 Abs. 3 BGB Gebrauch machen. Ein langwieriger Prozeß, Schwierigkeiten mit dem Arbeitgeber und die Angst vor dem Verlust des Arbeitsplatzes tragen dazu bei, daß einzelne Frauen sich nicht in der Lage sehen, gegen vorhandene Diskriminierungen etwas zu unternehmen.
Gerade die Aufwertungskampagnen der Gewerkschaften[403] zielen darauf, kollektiv an der Situation beschäftigter Frauen im Sinne von mehr Lohngerechtigkeit etwas zu verändern. Es soll auf diese Weise erreicht werden, daß einzelne Frauen sich mit anderen Frauen vergleichen, zusammentun und gemeinsam für mehr Lohngerechtigkeit einsetzen. Eine möglichst diskriminierungsfreie Arbeitsbewertung erfordert neben der kollektiven Unterstützung bei der Aushandlung ein Instrumentarium, das geeignet ist, die geschlechtsspezifischen Einkommensunterschiede nachhaltig zu verändern[404].
Gerade für das spezielle Gruppenanliegen der Gruppen betroffener Arbeitnehmerinnen fehlen jedoch im deutschen Recht Instrumentarien, die auf prozessualer Ebene die Lohngleichheit

---

[400] S. zur spezifischen Schutzbedürftigkeit auch Kap1.3.1.1.
[401] Pfarr/Bertelsmann: Diskriminierung, S. 370.
[402] EuGH-Urt. v. 17.10.1989, Rs 109/88, ArbuR 1991, S. 122.
[403] Es wurde hier bereits die der ÖTV angesprochen, s.o. 3.3.3.
[404] So im Ansatz wohl auch Weiler, in: Winter, a.a.O., S. 73 „Wird die Arbeitsbewertung als Instrument zur Herstellung von Lohngleichheit zielgerichtet und mit Nachdruck und vor allem mit Unterstützung von GewerkschafterInnen und Feministinnen implementiert, kann diese Methode die Verdienste von Arbeitskräften verbessern, die in weiblich dominierten Tätigkeiten arbeiten. Ohne diesen Nachdruck und diese Unterstützung bleibt die Arbeitsbewertung ein technokratisches Werkzeug, welches patriarchale Annahmen über den Wert von Arbeitskräften und die Art von Tätigkeiten rechtfertigt, die diese typischerweise ausüben (m.V. auf Evans, S.M./Nelson, B.J., Translating Wage Gains into Social Change. In: Fudge, J.; Mc Dermott, P. (eds.): Just Wages. A Feminist Assessment of Pay Equity, Toronto, 1991, S. 227-246).

entsprechend umsetzen könnten, das heißt, die mit zu einer Verbesserung des Lohngleichheitsgebotes beitragen könnten. Im folgenden Kapitel soll untersucht werden, welche Möglichkeiten bei Frauenbeauftragten, Gewerkschaften und Betriebsräten gegeben sind, um entweder selbst oder unterstützend bei der Durchsetzung von „gleichem Lohn für gleiche und gleichwertige Arbeit" zu helfen.

4 Vorhandene Möglichkeiten zur Unterstützung der Arbeitnehmerinnen

Arbeitnehmerinnen, die sich durch Lohnungleichheiten benachteiligt glauben, haben die Möglichkeit, ihr Anliegen gerichtlich durch eine Leistungsklage überprüfen zu lassen, die auf die Zahlung gleichen Lohns wie eines vergleichbaren männlichen Arbeitnehmers gerichtet ist[405]. Zahlreiche in ihrer Eigenschaft als Arbeitnehmerinnen wurzelnde Barrieren hindern sie jedoch an der Nutzung dieser Möglichkeit. Es soll daher untersucht werden, ob und in welcher Form im deutschen Recht bereits Möglichkeiten gegeben sind, das spezifische Anliegen der Arbeitnehmerinnen für diesen Bereich zu unterstützen, zu fördern oder gar selbst durchzusetzen. Es stellt sich dabei auch die Frage, mit welchen Rechtsfolgen diese Möglichkeiten verbunden sind. Es interessiert hierbei, ob gerade auch dem kollektiven Anliegen der vielfach als Gruppe betroffenen Arbeitnehmerinnen bei Inanspruchnahme von Rechtsschutz durch entsprechende Rechtsfolgen Rechnung getragen wird.

4.1 Frauenbeauftragte

Die Diskussion in Deutschland um die Einführung eines bundeseinheitlichen Antidiskriminierungsgesetzes[406] hat nicht zu seiner Verwirklichung geführt. Vielmehr blieb die Einführung von Antidiskriminierungsgesetzen, die auf die Herstellung tatsächlicher Gleichberechtigung zielen sollen, den Landesgesetzgebern überlassen. Etliche Bundesländer haben daraufhin seit Mitte der 80er Jahre Richtlinien und Gesetze zur Frauenförderung erlassen[407]. In ihrer Qualität und Effektivität unterscheiden sich diese Normen durchaus voneinander, jedoch läßt sich verallgemeinernd sagen, daß die Gesetze im Vergleich zu den Richtlinien insgesamt wirkungsvollere Regelungen enthalten. Die Regelungen zur Verhinderung der Diskriminierung und effektiven Durchsetzung der Gleichberechtigung sind in Deutschland nicht bundeseinheitlich kodifiziert[408]. Auf Bundesebene lediglich hinzugekommen ist das am 1.9.1994 in Kraft getretene Frauenfördergesetz[409]. Dieses Gesetz gilt jedoch nur für die Bundesverwaltung.

Die Gesetze und Richtlinien zielen darauf, den Frauenanteil in den Beschäftigungsverhältnissen der öffentlichen Hand insgesamt zu erhöhen. Angestrebt wird dabei eine paritätische Verteilung, die zum Teil durch die bevorzugte Einstellung von Frauen bei gleicher Qualifika-

---

405 S.o. Kap. 3.4.

406 Die Einführung eines derartigen Gesetzes wurde im Jahr 1982 heftig diskutiert. In diesem Zusammenhang konnte man sich jedoch nicht auf die Einführung eines entsprechenden Gesetzes einigen. Vielmehr überließ man die Einführung von Gleichstellungs-/Antidiskriminierungsgesetzen den Ländern und Kommunen, vgl. Enquête-Kommission "Frau und Gesellschaft", BT-Drucksache 8/4461, S.35; 54. DJT ; Gitter, NJW 1982, S. 1567; gegen die Einführung Schmitt Glaeser in: Die Sorge des Staates um die Gleichberechtigung der Frau, S. 381 ff. Seiner Auffassung nach würden die Regelungsziele des Gesetzes verfassungsrechtlichen Bedenken begegnen, weil sie die Bedeutung von Art. 3 Abs. 2 GG im Gesamtkontext der Grundrechte überschätzten.

407 Zusammenstellung der Richtlinien und Gesetze in: Bertelsmann/Colneric/Pfarr/Rust: Handbuch zur Frauenerwerbstätigkeit, Bd. I, Teil II, 5.2.1.-5.2.16.; synoptische Zusammenstellung in: STREIT 1/1995, S. 21 ff., sowie bei Böhmer: Gesetze zu Gleichberechtigung von Männern und Frauen in Bund und Ländern.

408 Eine Generalklausel des Inhalts eines Antidiskriminierungsgesetzes wurde zwar von der Enquête-Kommission "Frau und Gesellschaft" diskutiert, ist aber nie eingeführt worden. Wieder neu aufgegriffen wurde der Gedanke im Gesetzentwurf der GRÜNEN zu einem Antidiskriminierungsgesetz aus dem Jahr 1988 (BT-Ds. I 11/3266). Der Gesetzentwurf befaßt sich in § 5 auch mit der Einführung eines Verbandsklagerechts für Minderheiten.

409 Gesetz zur Durchsetzung der Gleichberechtigung von Frauen und Männern (2. GleiBG), Art.1-Frauenfördergesetz v. 24.06.1994, BGBl. I, S. 1406.

tion im Verhältnis zu entsprechenden Männern erreicht werden soll[410]. In einzelnen Bundesländern ist gesetzlich eine Gleichstellungsverpflichtung der öffentlichen Arbeitgeber normiert[411]. Es müssen hierfür Frauenförderpläne mit verbindlichen Vorgaben erstellt werden. Auch sehen manche Bundesländer wie Berlin und Brandenburg nach amerikanischem Vorbild eine Frauenförderung durch Auftragsvergabe vor[412].

Um sich für diese Ziele verstärkt einsetzen zu können, werden Frauenbeauftragte bestellt, die insbesondere bei Personal-, Planungs- und Organisationsentscheidungen beteiligt werden müssen. Die Gleichstellungsbeauftragten sind nicht mit speziellen Befugnissen ausgestattet, die ihnen bei Benachteiligungen von Frauen eigene Druckmittel bis hin zu einem eigenen Klagerecht einräumen würden[413]. Die mittlerweile von zahlreichen Ländern erlassenen Frauenförder- oder Landesgleichstellungsgesetze gelten allerdings nur für den Bereich des öffentlichen Dienstes beziehungsweise der öffentlichen Verwaltung. Das heißt, die in den Landesgleichstellungsgesetzen vorgesehenen Zielvorgaben betreffen die gesamte Privatwirtschaft nicht.
Zwar heißt es immer wieder formelhaft, daß der öffentliche Dienst insofern Vorbild-Charakter auch für die Privatwirtschaft haben soll, aber tatsächlich gesetzlich geregelten Einfluß können die Frauenbeauftragten auf die Privatwirtschaft nicht ausüben. In diesem Bereich gilt § 612 Abs. 3 BGB, wonach Lohndiskriminierungen gesetzlich verboten sind, die Gleichstellungsstellen haben aber keinerlei Befugnisse, die Einhaltung von § 612 Abs. 3 BGB zu überwachen.

4.2 Verbandsklage nach § 13 UWG und nach § 13 AGBG

Verbandsklagen sind innerhalb des Gesetzes gegen den Unlauteren Wettbewerb in § 13 UWG für das Wettbewerbsrecht, in § 35 Abs. 3 GWB für den gewerblichen Rechtsschutz, und in § 13 AGBG für Verbraucherschutz-, Wirtschaftsverbände und Kammern gegen die unzulässige Verwendung von AGB vorgesehen[414]. Ein allgemein geregeltes Verbandsklagerecht, das es beispielsweise Frauenverbänden ermöglichen würde, Klagen für benachteiligte Arbeitnehmerinnen zu führen, gibt es nicht.

---

[410] Das Instrument der Quote ist in einigen Bundesländern vorgesehen: es handelt sich dabei um überwiegend als verbindlich bezeichnete Zielvorgaben in den aufzustellenden Frauenförderplänen mit einer Entscheidungsquote zugunsten von Frauen, die bei gleichwertiger Qualifikation (Eignung, Befähigung, fachliche Leistung) zur vorrangigen Berücksichtigung bei Einstellung, Beförderung und Übertragung höherwertiger Tätigkeiten verpflichtet.
[411] Diese Verpflichtung der Gemeinden wurde vom BVerwG im Januar 1995 für verfassungsgemäß erklärt.
[412] § 13 BerlLGG, § 14 BraLGG.
[413] Ganz anders stellt sich die Situation der Gleichstellungsbehörden in den USA, Großbritannien und Schweden dar. Sie besitzen zum Teil ausgefeilte Druckmittel, um Lohngleichheit auch durchzusetzen, s. im einzelnen Kap. 5.
[414] Im Umweltschutzrecht und im Naturschutzrecht finden sich vereinzelte Verbandsklagerechte; im Umweltschutzrecht haben die Verbände jedoch nur ein Recht auf Beteiligung am Verwaltungsverfahren, und das Verbandsklagerecht der Naturschutzverbände richtet sich nach dem jeweiligen Landesrecht (bspw. § 39a NaturSchG Bln, § 44 Brem NatSchG, § 41 HamNatSchG, § 36 He NatSchG). Das BundNatSchG sieht keine Verbandsklage vor, verwehrt sie nach herrschender Meinung aber auch nicht, vgl. Kloepfer: Umweltrecht, § 5, Rn. 28

Das von den Verbänden mittels einer Klage verfolgte Interesse ist dem einer Behördenklage durchaus ähnlich. Es geht um eine verbesserte Sanktionierung eines staatlicherseits als besonders schützenswert befundenen Allgemeininteresses[415].

Die Verbandsklage nach dem AGBG wurde der von § 13 UWG nachgebildet. Sie wurde insbesondere aufgrund der fehlenden Breitenwirkung diesbezüglich im Einzelfall ergehender Urteile eingeführt[416]. Für den hier interessierenden Kontext ist es vielsagend und bemerkenswert, daß mit der Einführung des ABG-Gesetzes die Notwendigkeit einer verfahrensrechtlichen Kontrolle von Allgemeinen Geschäftsbedingungen unbestritten war[417].

Diskutiert wurde im Vorfeld der Verabschiedung des Gesetzes in seiner heutigen Form die Einführung einer Kontrollbehörde - möglicherweise durch eine zu errichtende Bundesanstalt für Verbraucherschutz -[418], die sozusagen vor der Verwendung von AGB´s eine staatliche Genehmigung erteilen sollte.

Hinter der AGB-Verbandsklage steht der Gedanke, die/den einzelne/n vor unlauteren Geschäftspraktiken in Schutz zu nehmen: Dieser Schutzgedanke läßt sich auch auf weibliche Arbeitnehmer bei Diskriminierung im Arbeitsleben übertragen. Ihr Anliegen ist vergleichbar und ebenso schützenswert.

Die Verbände besitzen eine eigene Klagebefugnis. Sie klagen nicht stellvertretend für die Verbandsmitglieder.

Bei der Klage nach § 13 UWG klagt der Verband gegen einen Wettbewerbsverstoß aus eigenem Recht. Die Klagen sind auf Abwehr, Beseitigung und Widerruf im Wettbewerbsrecht gerichtet. Sie sind jedoch beschränkt auf Verstöße gegen die §§ 1-12 UWG[419]. Verstöße gegen § 13 UWG sind allerdings viel leichter erkennbar und zu ahnden als Verstöße gegen das Lohndiskriminierungsverbot, da der Verstoßende durch den Wettbewerb immer mit seiner unlauteren Werbung an die Öffentlichkeit tritt.

Klagen nach § 13 AGBG verfolgen denselben Zweck wie Unterlassungsklagen gegen unlauteren Wettbewerb, nämlich den besonderen Schutz vor Benachteiligung durch unlautere Geschäftspraktiken in Form von Verwendung unzulässiger Allgemeiner Geschäftsbedingungen[420]. Die gerichtliche Entscheidung ist nicht auf die Feststellung der Unwirksamkeit der verwendeten Allgemeinen Geschäftsbedingungen gerichtet, sondern auf Unterlassung oder Widerruf[421].

Nach anfänglich zögerlicher Praxis bei der Inanspruchnahme der Möglichkeit der Verbandsklage nach dem AGBG wird mittlerweile durchaus häufig davon Gebrauch gemacht[422].

---

[415] Die Begründung für das staatliche Schutzinteresse wird in Art. 20/28 GG (Sozialstaatsgebot) gesehen. Dem Staat obliegt die Gewähr für ein ausreichendes Maß an Gerechtigkeit in Verträgen, deren Inhalt durch AGB´s bestimmt werden.(vgl. Palandt-Heinrichs, 53. Aufl., Einf. vor ABGB, Rn. 4).

[416] Vgl. Palandt-Heinrichs, 53. Aufl., Vorbem. vor § 13 AGBG, Rn. 1.

[417] Vgl. Ulmer/Brandner/Hensen-Hensen, Vor § 13 AGBG Rn. 2.

[418] So der damalige Vorschlag des rechtspolitischen Kongresses der SPD 1972 in Braunschweig, vgl. Ulmer/Brandner/Hensen-Hensen Vor § 13 Rn. 5.

[419] Vgl. Emmerich: Recht des unlauteren Wettbewerbs, S. 352.

[420] Die Unterlassungsansprüche nach dem AGBG sind auch den wettbewerbsrechtlichen nachgebildet.

[421] Palandt-Heinrichs, 53. Aufl., Vorbem. vor § 13 AGBG, Rn. 1.

[422] 1995 gab es bereits mehr als 2000 veröffentlichte Urteile, die die Auslegung und Durchsetzung des AGBG betreffen (vgl. Palandt-Heinrichs, 53. Aufl.,Vorbem. v. § 13 AGBG, Rn. 2).

Gemäß § 325 ZPO wirkt ein Urteil immer nur inter partes, das heißt zwischen den am Rechtsstreit beteiligten Personen. Auch bei einer Verbandsklage erstreckt sich das Urteil demnach auf die Parteien des Rechtsstreits und nicht auf die Verbandsmitglieder[423].
Eine gewisse Ausnahme von diesem Grundsatz stellt § 21 AGBG dar. Mit der in § 21 geregelten Urteilswirkung handelt es sich um einen Spezialfall der Rechtskrafterstreckung. Man spricht hierbei auch von „bedingter" Rechtskrafterstreckung[424]. Danach kann sich ein Kunde in einem Prozeß gegen den Verwender von durch Unterlassungsurteil verbotenen Allgemeinen Geschäftsverbindungen auf die Wirkung des Unterlassungsurteils berufen[425]. Nur so ist praktisch gewährleistet, daß ein Urteil zwischen einem Verband und einem Verwender von Allgemeinen Geschäftsbedingungen seine vom Gesetzgeber beabsichtigte Schutzwirkung entfalten kann.
Hierbei darf aber nicht übersehen werden, daß § 21 AGBG dem Kunden den erneuten Gang zum Gericht nicht erspart. Vielmehr ist auch hier ein Umsetzungsschritt erforderlich. Das Urteil des Verbands allein „schafft" es nicht, die Verwendung der für unzulässig befundenen AGB für immer zu beseitigen. Der betroffene Kunde muß sich gegebenenfalls in einem weiteren Prozeß auf die Wirkung des Unterlassungsurteils des Verbands berufen.

4.3 Klagemöglichkeiten der Gewerkschaften

4.3.1 Aufgaben der Gewerkschaften

Vor dem Hintergrund der immensen Bedeutung, die den Gewerkschaften bei der Aushandlung von Arbeits- und Entlohnungsbedingungen in Deutschland zukommt, könnte den Gewerkschaften eine gewichtige Rolle bei der Umsetzung des Ziels zukommen, gleiche Löhne für Frauen durchzusetzen, wenn die Gewerkschaften dieses Ziel zu einem ihrer vordringlichen Aufgaben erklären würden. Unter Umständen wäre den spezifischen Barrieren von Individualklagen auf diese Weise beizukommen.

Die Aufgaben der Gewerkschaften sind in engem Zusammenhang mit der grundgesetzlich verankerten Tarifautonomie zu sehen. Damit die Parteien des Arbeitsvertrags annähernd gleichberechtigt die Bedingungen des Arbeitsverhältnisses aushandeln können, bedarf es auf Arbeitnehmerseite der Unterstützung durch die Gewerkschaften. Nach der Rechtsprechung des Bundesverfassungsgerichts ist die Tarifautonomie darauf angelegt, „die strukturelle Unterlegenheit der einzelnen Arbeitnehmer beim Abschluß von Arbeitsverträgen durch kollektives Handeln auszugleichen und damit ein annähernd gleichgewichtiges Aushandeln der Löhne und Arbeitsbedingungen zu ermöglichen"[426].

---

[423] Münchener Kommentar-Gottwald, ZPO, Bd. I, § 325 Rn. 80; Zöller-Vollkommer, § 325 Rn. 40.
[424] Ulmer/Brandner/Hensen-Hensen, § 21 Rn. 11.
[425] Palandt-Heinrichs, 53. Aufl., § 21 AGBG, Rn. 1-3.
[426] BVerfG, Beschluß v. 26.06.1991 - 1 BvR 779/85 = ArbuR 1992, S. 29, S. 32 unter C I 3 b aa der Gründe.

Diese strukturelle Unterlegenheit soll auf Seiten der Arbeitnehmer durch ein Handeln der Gewerkschaften für die Arbeitnehmerinnen und Arbeitnehmer verwirklicht werden[427].
Wichtig sind bei den Aufgaben der Gewerkschaften vor allem zwei Punkte. Zum einen geht es um einen Ausgleich der strukturellen Benachteiligung der Arbeitnehmerschaft. Der Aspekt der strukturellen Benachteiligung trifft - wie bereits mehrfach ausführlich angesprochen[428] - in verstärktem Maße auf die weiblichen Arbeitnehmerinnen zu. Zum anderen geht es um die Aufgabe der Gewerkschaften, die unter anderem in der Wahrung und Förderung der Arbeitsbedingungen der Arbeitnehmer liegt. Mit anderen Worten besteht ein ganz klar ausgesprochener Auftrag der Gewerkschaften, sich für die Interessen der Mitglieder stark zu machen. Wolf unterscheidet in diesem Zusammenhang zwischen den kollektivrechtlichen Aufgaben der Gewerkschaften[429], bei denen sie die Interessen der gesamten Arbeitnehmerschaft vertreten und mit denen kein Individualinteresse korrespondiert[430], und ihrer Aufgabe, Individualinteressen der Arbeitnehmer zu unterstützen. Es handele sich also um ein Gruppeninteresse, das neben den Individualrechtsschutz zu dessen Verstärkung tritt[431].
Wie bereits mehrfach angesprochen treten im Bereich der Benachteiligungen von Frauen bei der Entlohnung diese häufig in derselben Form gegenüber einer Vielzahl von Arbeitnehmerinnen auf. Diese Häufigkeit gilt sowohl für die Fälle, in denen es um die Zahlung gleichen Lohns für „gleiche" oder „gleichartige" Arbeit geht, als auch für die Fälle „gleichwertiger" Arbeit. Gerade unter diesem Aspekt könnte den Gewerkschaften eine verantwortungsvolle Aufgabe zukommen.
Ob sie diese Interessen im Klageweg verfolgen können, soll im folgenden untersucht werden.

4.3.2 Eigenes Klagerecht der Gewerkschaften gegen diskriminierende Regelungen in Tarifverträgen gem. § 9 TVG

Die Parteien eines Tarifvertrags haben die Möglichkeit, Fragen, die die Gültigkeit und den Inhalt eines Tarifvertrags betreffen, im Wege einer Feststellungsklage gerichtlich klären zu lassen. Eine so ergehende rechtskräftige arbeitsgerichtliche Entscheidung, die Inhalt und Gültigkeit eines Tarifvertrags regelt, ist gemäß § 9 TVG für alle Tarifgebundenen verbindlich. Nicht tarifgebundene Arbeitnehmerinnen und Arbeitnehmer, die in einem Arbeitsverhältnis mit einem tarifgebundenen Arbeitgeber stehen, sind „Dritte" im Sinne von § 9 TVG, sofern in ihrem Arbeitsvertrag auf den Tarifvertrag Bezug genommen ist[432]. Das heißt, daß auch sie

[427] Nach einhelliger Meinung von Rechtsprechung und Lehre (s. hierzu: Däubler: Tarifvertragsrecht, Rn. 48; Däubler-Hege: Koalitionsfreiheit, Rn. 101.146; Grunsky: § 10, Rn. 10-14) sind für das Vorliegen einer Koalition im Sinne von Art. 9 Abs. 3 GG eine Reihe von Kriterien erforderlich. Bei einer Gewerkschaft muß es sich um eine frei gebildete, demokratisch strukturierte Vereinigung von Arbeitnehmern handeln. Diese Vereinigung muß vom Staat und von anderen gesellschaftlichen Organisationen unabhängig sein. Der von ihr verfolgte Zweck muß die Wahrung und die Förderung der Arbeits- und Wirtschaftsbedingungen der Arbeitnehmerinnen und Arbeitnehmer sein. Es muß der Gewerkschaft um die Verbesserung der wirtschaftlichen und sozialen Lage ihrer Mitglieder gehen. Zur Verfolgung dieses Zwecks muß die Gewerkschaft bereit sein, notfalls auch zum Mittel des Arbeitskampfes zu greifen. Der letzte Punkt ist allerdings streitig. Nach Ansicht des BAG ist entscheidend darauf abzustellen, ob der Gewerkschaft >>Durchsetzungsfähigkeit<< zukommt (BAG DB 1986, S. 755; BAG DB 1987, S. 947; BAG DB 1990, S. 839).
[428] Vgl. oben Kap. 1.
[429] Wolf: Die Klagebefugnis der Verbände, S. 43.
[430] Als Beispiel für diese ausschließlich kollektiv-rechtliche Art der Interessenvertretung nennt er die Mitwirkungsrechte der im Betrieb vertretenen Gewerkschaft bei der Einrichtung und Wahl des Betriebsrats.
[431] Als Beispiel für diesen Bereich nennt er den Arbeitsplatzschutz, S. 44-47.
[432] Wiedemann-Stumpf, § 9, Rn. 13.

sich auf eine entsprechende Entscheidung berufen können. Insofern handelt es sich um einen Fall echter Rechtskrafterstreckung.

In bezug auf die hier interessierenden Fälle von Diskrimimierung bei der Entlohnung ist zum einen an die Fälle zu denken, in denen es um die Fragen der Vereinbarkeit von Tarifvertragsregelungen mit Art. 119 EGV geht[433]. Es wird sich hierbei hauptsächlich um mittelbare Diskriminierungen handeln. Dabei wäre festzustellen, ob eine etwaige Tarifnorm unvereinbar mit dem in Art. 119 EGV festgelegten Grundsatz des gleichen Entgelts ist. Allerdings muß hier bereits eine Einschränkung gemacht werden: Da es sich um abstrakte Feststellungsklagen handelt, wird beispielsweise eine mittelbare Diskriminierung nur schwer feststellbar sein, weil eine Einzelfallprüfung bezogen auf die Rechtsverhältnisse einzelner Arbeitnehmerinnen gerade nicht zulässig ist.
Darüber hinaus ist an die Fälle zu denken, in denen es um die grundsätzliche Auslegung einer tarifvertraglichen Entgeltbestimmung geht. Sofern eine Entgeltregelung anders auszulegen ist, als es bislang praktiziert wurde, kann dies dazu führen, daß aufgrund der neuen Auslegung nunmehr Tätigkeiten von Arbeitnehmerinnen unter die Bestimmung fallen, die bislang in einer niedrigeren Lohngruppe eingestuft waren.

An sich könnten die Tarifvertragsparteien nur den schuldrechtlichen Teil der Tarifverträge vor Gericht bringen[434], da nur dieser Teil ein feststellbares Rechtsverhältnis begründet und nur hiermit Rechte ausgelöst werden, die Gegenstand einer Leistungsklage sein können. Durch § 9 TVG wird den Tarifvertragsparteien darüber hinaus die Möglichkeit eingeräumt, eine abstrakte Feststellungsklage über Tarifnormen zu führen, ohne das Zulässigkeitserfordernis eines konkreten Rechtsverhältnisses wie bei der Feststellungsklage nach § 256 ZPO erfüllen zu müssen. Obwohl die Gewerkschaften keine rechtsfähigen Vereine sind, wird ihnen durch § 10 ArbGG die Möglichkeit einer Klage, und damit ihre Parteifähigkeit für das arbeitsgerichtliche Verfahren eingeräumt.
Mit dem Verfahren nach § 9 TVG können die Tarifvertragsparteien die Rechte und Pflichten, die sich aus dem Tarifvertrag ergeben, durch das Arbeitsgericht feststellen lassen: Es geht gewissermaßen um Fragen, die die grundsätzliche Auslegung von Regelungen des Tarifvertrags betreffen.
Diese Klagemöglichkeit würde jedoch in den hier interessierenden Fällen nur sehr eingeschränkt weiterhelfen:
Sofern es um die Feststellung von Verstößen des Tarifvertrags gegen Art. 119 EGV oder um die oben angesprochene zweite Alternative der Auslegung einer bestimmten Tarifvertragsbestimmung geht, sind die Möglichkeiten der Gewerkschaft, die Umsetzung der Urteile zu erzwingen, sehr begrenzt. Ihr selbst ist kein Recht eingeräumt, wirkungsvoll auf die jeweils andere Tarifvertragspartei Druck in bezug auf die einzelnen Arbeitsverhältnisse auszuüben[435]. Das heißt, daß die Gewerkschaft sich beispielsweise bei weiterer Verletzung der Rechte aus dem Tarifvertrag nur an den Arbeitgeberverband und nicht an die einzelnen Arbeitgeber halten kann. Die Gewerkschaft besitzt hier nur die Möglichkeit, den Arbeitgeberverband durch

[433] Vgl. Feldhoff: Anspruch auf gleichen Lohn für gleichwertige Arbeit, S. 332.
[434] Vgl. Löwisch/Rieble, § 9 TVG, Rn. 1.
[435] Anders verhält es sich nur beim Firmentarifvertrag. Hier besitzt die Gewerkschaft die Möglichkeit, die Einhaltung des Tarifvertrags auch tatsächlich gerichtlich gegen einen Arbeitgeber durchzusetzen.

eine Einwirkungsklage zu verpflichten, auf seine Verbandsmitglieder - das heißt die einzelnen Arbeitgeber - im Sinne einer Einhaltung des Tarifvertrags hinzuwirken[436]. Dies bedeutet insbesondere für die Gewerkschaften, daß ihnen kein effektives Instrumentarium zur Verfügung steht, um die Rechte der Arbeitnehmerinnen und Arbeitnehmer, die sich aus dem Tarifvertrag ergeben, mit dem entsprechenden Druck tatsächlich durchsetzen zu helfen. Die einzelnen Arbeitnehmerinnen stehen damit wieder vor den üblichen Problemen: Da es sich ja bei der Klage nach § 9 TVG nur um eine Feststellungsklage handelt, müssen sie im Zweifel selbst auf Leistung entsprechend der Auslegung des Tarifvertrags klagen. Im übrigen werden Feststellungsklagen nach § 9 TVG in der Praxis kaum geführt[437].

Neben der Möglichkeit, einen Prozeß über die Gültigkeit oder die Auslegung eines Tarifvertrags von den Tarifvertragsparteien führen zu lassen, besteht lediglich die Möglichkeit, einzelne Mitglieder als Prozeßpartei einen Musterprozeß führen zu lassen, und/oder als Gewerkschaft selbst einem Prozeß gemäß § 66 ZPO als Nebenintervenient beizutreten[438]. Im Ergebnis kann daher festgehalten werden, daß die Klagemöglichkeit nach § 9 TVG ein prozessuales Institut ist, das eine Form der Rechtskrafterstreckung auf am Prozeß nicht beteiligte Dritte enthält. Sie ist aber für die hier interessierenden Fälle nicht brauchbar, da sie den Gewerkschaften kein Recht einräumt, um einzelnen von Diskriminierung betroffenen Arbeitnehmerinnen mit dieser Klageform zu ihren Rechten zu verhelfen.

4.3.3 Eigenes Klagerecht der Gewerkschaften zugunsten der Arbeitnehmerinnen

Über die Möglichkeit des § 9 TVG hinaus, stellt sich die Frage, inwieweit die Gewerkschaften befugt sind, Rechte ihrer Mitglieder gerichtlich geltend zu machen, und so die Durchsetzung der Arbeitnehmer/innenrechte gerichtlich zu erzwingen.

Prozesse der Gewerkschaften, die die Ansprüche einzelner Arbeitnehmerinnen und Arbeitnehmer als Leistungsklage gegen einen einzelnen Arbeitgeber direkt und nicht gegen den ganzen Verband betreffen, die also gewissermaßen den mittelbaren – und in der Praxis umständlichen - Weg über eine Einwirkungsklage umgehen würden, sind jedoch nach Ansicht des BAG[439] unstatthaft. Seiner Ansicht nach kann die Gewerkschaft Prozeßpartei nur in Verfahren sein, in denen die Gegenpartei ein Tarifvertragspartner ist[440]. Das BAG verneint auch die Zulässigkeit einer Feststellungsklage gegen einzelne Arbeitgeber mit der Begründung, daß insoweit kein Rechtsverhältnis bestünde.

---

[436] Vgl. Däubler: Kollektive Durchsetzung individueller Rechte, ArbuR 1995, S. 308.

[437] Vgl. Kempen/Zachert, § 4 TVG Rn. 110.

[438] Däubler: Tarifvertragsrecht, Rn. 166 m.V.auf Grunsky § 2 Rn. 62; so allerdings nicht unumstritten: vgl. Löwisch/Rieble: Kommentar zum TVG § 9 TVG, Rn. 42, 57, 59, der dies ablehnt, weil es eine unzulässige Interpretation der Bindungswirkung von § 9 TVG als Rechtskrafterstreckung voraussetze.

[439] BAG-Urt. v. 08.11.1957 und 08.02.1963, AP Nr. 7 und 42 zu § 256 ZPO; BAG-Urt. v. 12.09.1984, AP Nr. 81 zu Art. 9 GG Arbeitskampf.

[440] BAG-Urteil v. 10.05.1989, AP Nr. 6 zu § 2 TVG, sowie BAG AP Nr. 7 zu § 256 ZPO; BAG, DB 1992, S. 1050; dies gilt freilich nur für die Fälle eines Verbandstarifvertrags. Sofern es sich um einen Firmentarifvertrag handelt, können nach einhelliger Meinung die Gewerkschaften den Arbeitgeber als Vertragspartner des Firmentarifvertrags auf Erfüllung des Tarifvertrags gegenüber den Arbeitnehmern vor dem Arbeitsgericht verklagen. Nach Däubler: Kollektive Durchsetzung individueller Rechte, ArbuR 1995, S. 308 ist eine Gewerkschaftsklage, sofern es um die Durchsetzung von Rechten aus dem Tarifvertrag geht, aus Art. 9 Abs. 3 GG heraus zulässig, da es sich um einen Eingriff in ihr Recht auf spezifisch koalitionsmäßige Betätigung handele. Dies gelte allerdings nicht für die Fälle, in denen es um sonstige und nicht tarifliche Interessen der Arbeitnehmerinnen und Arbeitnehmer gehe. In diesen Fällen komme nur eine Klage in gewillkürter Prozeßstandschaft in Betracht.

Diese Auffassung wird insbesondere von Däubler[441] heftig kritisiert. Die Gewerkschaft übe eigene, ihr durch Art. 9 Abs. 3 GG übertragene Rechte aus, deren Durchsetzung sich auf die Führung gerichtlicher Verfahren erstrecke.
Kempen/Zachert verweisen darauf, daß die Konstruktion eines eigenen Klagerechts der Gewerkschaft dem deutschen Recht an anderen vergleichbaren Stellen durchaus nicht fremd sei[442]. Für die Gewerkschaften erachten sie es als beinahe zwingend, ihnen im Wege der gewillkürten Prozeßstandschaft ein eigenes Klagerecht zuzubilligen, da ein wesentliches Anliegen der Arbeitnehmer bei ihrem Eintritt in die Gewerkschaft die Wahrnehmung und Durchsetzung ihrer Rechte durch die Gewerkschaft sei[443]. Diese Hinweise aus der Literatur erscheinen berechtigt. Bisher ist ihnen – soweit ersichtlich - noch keine erhebliche Argumentation entgegengestellt worden.
Vor dem Hintergrund, daß die Gewerkschaften vor allem kollektive Aufgaben wahrnehmen sollen, nämlich die Interessen der gesamten Arbeitnehmerschaft gegenüber den Arbeitgebern, erscheint es allerdings zumindest schwierig, sinnvolle Abgrenzungskriterien zu entwickeln, nach denen das in erster Linie kollektivrechtliche Interesse an der Durchsetzung durch die Gewerkschaften nachgewiesen werden könnte.

Unbestrittenermaßen besitzen die Gewerkschaften einen eigenen Unterlassungsanspruch im Sinne von §§ 823 Abs. 1, 1004 BGB, sofern sie in ihrer Tarifautonomie durch nachhaltige kollektive Tarifvertragsrechtsverletzungen gestört sind[444].
In diesem Sinne entschied auch das BAG mit seinem Beschluß vom 20.04.1999[445], in dem es einer tarifschließenden Gewerkschaft erstmals einen Unterlassungsanspruch gegen einen Arbeitgeber zubilligte, der auf der Grundlage einer Absprache mit dem Betriebsrat mit seinen Arbeitnehmern arbeitsvertraglich vom Tarifvertrag zum Nachteil der Arbeitnehmer abweichende Wochenarbeitszeiten und Entgelte vereinbart hatte. Die Praxis des Arbeitgebers – sogenannte betriebliche Beschäftigungspakte – stellten eine Verletzung der Koalitionsfreiheit (Art. 9 Abs. 3 GG) der tarifschließenden Gewerkschaft, deren Unterlassung sie über §§ 823, 1004 BGB verlangen könnten[446].

4.3.4 Klage in gewillkürter Prozeßstandschaft für betroffene Arbeitnehmerinnen

Um das Problem der psychischen Barrieren von Individualklagen in bezug auf den Lohn, besondere Zulagen, Überstunden, Lohnfortzahlung im Krankheitsfall oder ähnliches zu verringern, könnten die Gewerkschaften in gewillkürter Prozeßstandschaft für durch Diskriminierung betroffene Arbeitnehmerinnen gegen den jeweiligen Arbeitgeber klagen. Dabei ist sowohl an Leistungsklagen zu denken, die gleichen Lohn für gleiche oder gleichartige Arbeit

---

[441] Däubler: Kollektive Durchsetzung individueller Rechte, ArbuR 1995, S. 309; ders. in: Tarifvertragsrecht, Rn. 1384 ff.; ebenso: Gamillscheg: Die Durchsetzung tariflicher Ansprüche, S. 223; Wolf: Die Klagebefugnis der Verbände, S. 46; Ramm: Die Parteien des Tarifvertrags, S. 92 ff.

[442] Kempen/Zachert, § 4 TVG Rn. 102: Sie nennen in diesem Zusammenhang als Fälle der gesetzlichen Prozeßstandschaft § 14 des Gesetzes über die Festsetzung von Mindestarbeitsbedingungen, § 25 des Heimarbeitergesetzes, § 6 Konkursordnung, §§ 2212, 2213 BGB für den Testamentsvollstrecker und den Nießbrauchsverwalter § 1052 BGB.

[443] Löwisch/Rieble, § 4, Rn. 73, 74 beschränkt sich darauf, die Rechtsprechung des Bundesarbeitsgerichts zur Unzulässigkeit der Gewerkschaftsklage in gewillkürter Prozeßstandschaft wiederzugeben. Eine davon abweichende Position wird nicht vertreten.

[444] BVerfG DB 1995, S. 1464.

[445] NZA 1999, S. 887-894.

[446] S. hierzu auch Buchner: Der Unterlassungsanspruch der Gewerkschaft in : NZA 1999, S. 897-902.

betreffen, als auch an die Klagen, die gleichen Lohn für gleichwertige Arbeit einfordern. Vor dem Hintergrund des schon häufig hervorgehobenen „Gruppenphänomens", das heißt, daß in einem Betrieb oder Unternehmen etliche Arbeitnehmerinnnen von derselben Art von Lohndiskriminierung betroffen sein dürften, bietet es sich an, die Gewerkschaft als Arbeitnehmerinteressenvertretung zur Prozeßführung heranzuziehen. Die Gewerkschaft würde in gewillkürter Prozeßstandschaft[447] im eigenen Namen für die jeweiligen Arbeitnehmerinnen prozessieren. Dadurch müßten sich die einzelnen Arbeitnehmerinnen nicht mehr selbst um den Prozeß kümmern und wären damit dann auch nicht belastet[448]. Andererseits könnten sie, sofern Interesse besteht, durch Informationsaustausch auf den Gang des Verfahrens Einfluß nehmen. Allerdings kommt einer Klage, die eine betroffene Arbeitnehmerin gegen ihren Arbeitgeber beispielsweise auf Höhergruppierung führt, keine Rechtskrafterstreckung im Sinne des § 322 Abs. 1 ZPO und auch nicht im Sinne von § 9 TVG zu[449]. Die Klage einer Gewerkschaft als gewillkürte Prozeßstandschafterin einer Arbeitnehmerin und Rechtsträgerin des eingeklagten Rechts, hat also zwar Rechtskraftwirkung auch im Verhältnis zu dieser Arbeitnehmerin, nicht aber etwa zusätzlich im Verhältnis zu anderen Arbeitnehmerinnen des beklagten Arbeitgebers, bei denen die Rechtslage gleich zu beurteilen wäre. Soll auch deren Situation rechtskräftig verbessert werden, so müßte die Gewerkschaft auch für diese jeweils rechtlich unabhängig voneinander zu betrachtenden Arbeitnehmerinnen jeweils als gewillkürte Prozeßstandschafterin auftreten, und somit ein Bündel von Prozessen führen. Dies darf hier nicht übersehen werden, wenngleich davon auszugehen ist, daß ein von einer Gewerkschaft geführter und gewonnener Prozeß sicher eher Einfluß auf den Arbeitgeber ausüben könnte. Der unterlegene Arbeitgeber würde dann auch in anderen, gleich gelagerten Arbeitsverhältnissen eine Anpassung vornehmen eher, als wenn eine einzelne Arbeitnehmerin, auf sich allein gestellt, geklagt hätte. Die gewillkürte Prozeßstandschaft könnte jedenfalls die faktische Geltungschance des materiellen Lohngleichheitssatzes erhöhen. Darüberhinaus gehende verfahrensrechtliche Durchsetzungsmöglichkeiten bleiben dennoch wünschenswert.

4.3.5 Die Zulässigkeit der gewillkürten Prozeßstandschaft

Die Zulässigkeit der gewillkürten Prozeßstandschaft für Prozesse von Verbänden ganz allgemein - nicht auf die Belange von Frauen beschränkt - ist jedoch äußerst umstritten und wird vom Bundesarbeitsgericht abgelehnt, vom Bundesgerichtshof bejaht und von einigen Meinungen in der Literatur jedoch als de lege lata zulässig erklärt. Diese verschiedenen Auffassungen sollen im folgenden untersucht werden.

4.3.5.1 Die Rechtsprechung des Bundesgerichtshofs

Die Rechtsprechung des Bundesgerichtshofs ist in der Frage der Zulässigkeit einer gewillkürten Prozeßstandschaft weniger restriktiv als die des Bundesarbeitsgerichts mit seinen hierzu

---

[447] Die grundsätzliche Anerkennung der gewillkürten Prozeßstandschaft ist heute praktisch nicht mehr streitig: vgl. für viele: Stein/Jonas vor § 50 Rn. 41; Münchener Kommentar ZPO vor § 50 Rn. 55; Zöller, vor § 50 Rn. 42; gegen die Anerkennung noch heute: Boecken/Krause NJW 1987, S. 421; Koch JZ 1984, S. 809, 815; Frank, ZZP 92 (1979), S. 321.

[448] Vgl. in dem Buch der „Heinze"-Frauen (Hg. Kaiser): „Wir wollen mehr als gleichen Lohn" die Beschreibung des mühsamen Prozesses, der notwendig war, um die einzelnen Betroffenen davon zu überzeugen, daß es sich lohnt zu klagen.

[449] Vgl. Kempen/Zachert, § 9 TVG, Rn. 2.

maßgeblichen Entscheidungen. Die grundsätzliche Zulässigkeit der gewillkürten Prozeßstandschaft wird vom Bundesgerichtshof vorausgesetzt[450].
Zulässigkeitskriterien sind eine Ermächtigung durch den Rechtsträger sowie ein eigenes schutzwürdiges Interesse des Prozeßstandschafters an der Prozeßführung im eigenen Namen[451]. Damit soll insbesondere sichergestellt sein, daß der Klagegegner durch die Prozeßführung des Prozeßstandschafters keinen unzumutbaren Nachteil erleidet.

4.3.5.1.1 Ermächtigung durch den Rechtsträger

Der Rechtsinhaber muß den Rechtsfremden ermächtigen, für ihn den Prozeß zu führen[452]. Dabei muß sich die Ermächtigung auf einen bestimmten Anspruch erstrecken[453]. Die Ermächtigung kann ausdrücklich oder auch konkludent erfolgen. Es muß auf diese Weise sichergestellt werden, daß der Prozeß nicht gegen den Willen des oder der Rechtsträger geführt wird. Grundsätzlich bestimmen sich die Kriterien für die wirksame Erteilung einer Ermächtigung zur Prozeßführung nach den allgemeinen Regeln des BGB zu Willenserklärungen. Der Prozeßstandschafter muß im Prozeß die Ermächtigung offenlegen, damit der Gegner Gelegenheit hat, sich auf dessen Prozeßführung einzustellen und seine Verteidigung entsprechend einzurichten.
Es ist grundsätzlich auch möglich, einen Verband zur Prozeßführung zu ermächtigen. Diese vom Bundesgerichtshof in wiederholten Entscheidungen[454] bestätigte Möglichkeit ist von besonderer Bedeutung im Hinblick auf eine mögliche Klage durch Gewerkschaften für die weiblichen Gewerkschaftsmitglieder. Die Ermächtigung zur Prozeßführung durch den Verband kann bereits durch die Satzung des Verbands bestimmt sein[455]. Sofern in der Satzung der Verbandszweck nur allgemein beschrieben ist, ist durch Auslegung zu ermitteln, ob eine Prozeßführung durch den Verband für die Verbandsmitglieder von der Verbandssatzung gedeckt wird[456]. Jedoch kann weder in der bloßen Tatsache der Mitgliedschaft in einem Berufsverband noch in einer Satzungsbestimmung, wonach der Verband die wirtschaftlichen Interessen seiner Mitglieder vertritt, ohne weiteres eine Ermächtigung zur Prozeßführung gesehen werden[457].

4.3.5.1.2 Das eigene rechtsschutzwürdige Interesse des Prozeßstandschafters

Daß der Prozeßstandschafter ein eigenes rechtliches Interesse an der Prozeßführung haben muß, rührt aus dem verständlichen Interesse des Beklagten, keinen anderen als den Rechtsin-

---

[450] Ständige Rspr. des BGH seit RGZ 91, 390; aus neuerer Zeit BGHZ 92, S. 151 m.w.N.
[451] So: BGHZ 4, S.153; BGH LM Nr. 1 zu § 185 ZPO; BGH ZZP 69, S. 30; BGH JZ 1956, S.30; BGHZ 15, S. 315; BGHZ 25, S. 250; BGHZ 48, S. 12; BGH NJW 1979, S. 924; BGH NJW 1981, S. 2304; BGH NJW 1983, S. 1559.
[452] Ständige Rspr., vgl. BGH, LM ZPO § 50 Nr. 28 = MDR 1976, S. 652 m.w.N.
[453] Zöller-Vollkommer, vor § 50 Rn. 45.
[454] Vgl. etwa: BGHZ 48, S.12, 15 (Klage des Deutschen Anwaltsvereins); BGH LM ZPO § 50 Nr. 6 = JZ 1956, S. 62 (Klage eines Brauereiverbandes); BGH-Urteil v. 27.10.1983 - III ZR 126/82 = NJW 1984, S. 2220 (Klage des deutschen Schiffahrtsverbands; wurde zwar wegen Unzulässigkeit abgewiesen, aber nur wegen der nicht ausreichenden Ermächtigung durch die Verbandsmitglieder und nicht wegen grundsätzlicher Unzulässigkeit der Klage durch den Verband).
[455] Münchener Kommentar ZPO-Lindacher, vor § 50 Rn. 57.
[456] Die Rechtsprechung ist hier je nachdem, ob es sich um die Geltendmachung von Unterlassungsansprüchen der Mitglieder handelt, eher großzügig im Unterschied beispielsweise zu Schadensersatzansprüchen.
[457] BGHZ 48, S. 12, 15.

haber als Gegenpartei aufgedrängt zu bekommen[458]. Der Beklagte darf durch die gewählte Art der Prozeßführung nicht unbillig benachteiligt werden[459]. Das eigene rechtliche Interesse des Prozeßstandschafters darf in der Regel nicht lediglich ein wirtschaftliches sein[460], wenngleich die Tatsache, daß die Prozeßführung durch den Prozeßstandschafter den Rechtsträger finanziell erleichtert, ein zulässiger Effekt ist. Insgesamt stellt das generelle Interesse des Ermächtigers an der Prozeßführung durch den Ermächtigten beispielsweise, um in dem Prozeß selbst als Zeuge aussagen zu können, und damit die Beweissituation zu erleichtern, prinzipiell keinen Hinderungsgrund für eine Prozeßstandschaft dar. Dies wurde bereits vom Reichsgericht so gesehen und wurde auch vom Bundesgerichtshof übernommen. Das Bestreben, eine bestimmte Person als Zeugen zur Verfügung zu haben, bestimme auch sonst häufig die Art und Weise der Prozeßführung und sei von daher nicht von vorneherein als mißbräuchlich oder für den Gegner unzumutbar zu beanstanden[461]. Ein eigenes rechtsschutzwürdiges Interesse ist dann gegeben, wenn die Entscheidung Einfluß auf die eigene Rechtslage des Prozeßführungsbeauftragten hat[462].

Bei einer Klage in Prozeßstandschaft durch einen Verband für die Verbandsmitglieder ist das eigene rechtsschutzwürdige Interesse gegeben, wenn die Rechtsverfolgung unter die satzungsgemäßen Aufgaben des Verbands fällt[463]. Ob dies der Fall ist, muß in einer sorgfältigen Einzelfallprüfung jeweils entschieden werden.

Folgende Beispiele für Fälle, in denen die gewillkürte Prozeßstandschaft bei Verbänden für zulässig befunden wurde, sollen hier angeführt werden: die Klage des Deutschen Anwaltsvereins für seine Mitglieder auf vorbeugende Unterlassung[464] von Verstößen gegen das Rechtsberatungsgesetz. Die Ansprüche machte der Anwaltsverein aufgrund ständiger Rechtspraxis für seine Mitglieder geltend. Der Verein galt hierzu als ermächtigt durch die Verbandssatzung. Allerdings können Schadensersatzansprüche für Verbandsmitglieder im Unterschied zu Unterlassungsansprüchen nicht ohne weiteres vom Verband gerichtlich geltend gemacht werden, weil hierfür die Verbandssatzung, die allgemein die Wahrnehmung der Interessen der Verbandsmitglieder als Aufgabe des Verbands beschreibt, zu allgemein ist[465].

Ebenso wurde die Klage eines Brauereiinteressenverbands gemäß der Satzung auf gerichtliche Geltendmachung des Eigentums seiner Mitglieder an den Bierflaschen gegenüber einem Altglashändler als zulässig befunden[466].

4.3.5.1.3 Rechtskrafterstreckung gegenüber dem Rechtsinhaber

Ein in gewillkürter Prozeßstandschaft erstrittenes Urteil entfaltet Rechtskraftwirkung auch gegenüber dem Rechtsinhaber. Dadurch wirkt ein Urteil, das ein Verband in gewillkürter Prozeßstandschaft für oder gegen seine Mitglieder erstreitet, nicht nur inter partes, sondern erstreckt sich darüberhinaus auf die betroffenen Verbandsmitglieder. Die Rechtkraftwirkung

---

[458] Leitentscheidung: RGZ 91, 390; in neuerer Zeit: BGHZ 92, S. 151,154 = NJW 1986, S. 850; NJW-RR 1988, S. 126,127.
[459] BGHZ 96, S. 151, 155 ff.
[460] BGH ZIP 92, 1778; Hamm NJW-RR 1992, S. 23. m.w.N.
[461] RGZ 91, S. 390; BGH NJW-RR 1988, S.126, 127 II.2.b).
[462] BGH NJW-RR 1988, S.126, 127.
[463] Als zulässige Beispiele werden in Münchener Kommentar ZPO- Lindacher, vor § 50 Rn. 60 die Klagen des Deutschen Anwaltsvereins, die Klage des Brauereiinteressenverbands sowie die Klage von Wirtschaftsverbänden genannt.
[464] BGH-Urteil v. 09.05.1967 = BGHZ 48, 12 = NJW 1967, S. 1558.
[465] BGH Urteil v. 27.10.1983 - III ZR 126/82 = NJW 1984, S. 2220, 2221.
[466] BGH-LM ZPO § 50 Nr. 6 = JZ 1956, S. 62.

stellt zum einen einen Schutz des Klagegegners dar, der so das für oder gegen die Rechtsinhaber wirkende Urteil diesen entgegenhalten kann, sofern diese dazu ansetzen, ihn erneut mit einem Prozeß überziehen zu wollen[467]. Dieser Aspekt wurde vom Bundesgerichtshof ganz ausdrücklich im Prozeß des Deutschen Anwaltsvereins hervorgehoben. Das Gericht wies darauf hin, daß die verfahrensrechtliche Stellung der Beklagten durch die Anerkennung der Prozeßführungsbefugnis des Klägers nicht gefährdet würde, sondern insbesondere die Gefahr der Häufung von Klagen dadurch vermindert würde, daß die Rechtskraft eines abweisenden Urteils sich auf die Ermächtigenden erstrecken würde[468]. Die Rechtskrafterstreckung ist darüber hinaus dem Rechtsinhaber zuzumuten, weil die Prozeßführung mit seiner ausdrücklichen oder konkludenten Ermächtigung geschieht und damit in seinem Willen erfolgt[469]. Zum anderen ist die Rechtskrafterstreckung auch von großem Vorteil für die durch die Prozeßstandschaft Vertretenen. Sie können beispielsweise aus dem Urteil selbständig vollstrecken, ohne erneut einen eigenen Prozeß führen zu müssen.

4.3.5.2 Die Rechtsprechung des Bundesarbeitsgerichts

Das Bundesarbeitsgericht hatte sich in einer Reihe von Entscheidungen mit der Frage eines Klagerechts des Arbeitgeberverbands oder der Gewerkschaft in Prozeßstandschaft für die Verbandsmitglieder auseinanderzusetzen. In den unterschiedlichen Konstellationen von zum Teil Gewerkschaftsklagen für die Gewerkschaftsmitglieder gegen einzelne Arbeitgeber sowie Klagen der Arbeitgeberverbände für die Mitgliedsunternehmen gegen eine Gewerkschaft kam das Bundesarbeitsgericht jeweils zu dem Ergebnis, daß eine Klage in gewillkürter Prozeßstandschaft unzulässig sei.

Im Urteil des Bundesarbeitsgerichts vom 08.11.1957[470] überprüfte das Gericht zunächst die Frage eines eigenen Klagerechts der Gewerkschaften, die es verneinte, und überprüfte sodann die Frage der Zulässigkeit der Prozeßführung in gewillkürter Prozeßstandschaft, die es ebenfalls - wegen fehlender Ermächtigung - verneinte.

Die Gewerkschaft sei nicht berechtigt, im eigenen Namen die Interessen der Arbeitnehmer der Beklagten wahrzunehmen. Denn aus der „Funktion des Tarifvertrags, den Schutz der Arbeitnehmer so zu bezwecken, daß zugunsten der tarifgebundenen Arbeitnehmer unabdingbare Mindestarbeitsbedingungen geschaffen werden, folge nicht, daß die in dem Tarifvertrag für die Arbeitnehmer geschaffenen Rechte gleichzeitig für die Gewerkschaft Rechte begründen, die diese für ihre Mitglieder geltend machen könne“[471].

Das Gericht führte weiter aus, daß die Gewerkschaft mit dem Anspruch auf Unterlassung lediglich Rechte der tarifgebundenen Arbeitnehmer geltend mache. Es sei jedoch mit der Persönlichkeit und der Entfaltungsfreiheit der Arbeitnehmer nicht vereinbar, wenn die tarifschließende Gewerkschaft in der Art eines gesetzlichen Vertreters der tarifgebundenen Arbeitnehmer auftreten wolle, was auch den einen Tarif mittragenden Arbeitgeberverbänden

---

[467] BGH-Urteil v. 02.10.1987 - V ZR 182/86 = NJW-RR 1988, S. 126,127 m. Verweis auf BGHZ 78, 1 (7) = NJW 1980, S. 2461; BGH-Urteil v. 12.10.1987 - II ZR 21/87 = NJW 1988, S. 1585, 1587 mit Verweis auf BGH, NJW 1972, S. 1580 = LM § 50 ZPO Nr. 26.

[468] BGHZ 48, S. 12 (15).

[469] Stein/Jonas-Bork, § 325 Rn. 62; BGH LM § 1169 BGB Nr.1, BGH LM § 325 ZPO Nr. 2, Nr. 9.

[470] BAG-Urteil v. 08.11.1957 - 1 AZR 274/56, BAGE, Bd. 5, S. 115.

[471] A.a.O., S. 120.

hinsichtlich der Rechte der tarifgebundenen Arbeitgeber versagt ist. Die Geltendmachung der Rechte aus dem Tarifvertrag sei Sache der Arbeitnehmer selbst[472].

Das Gericht führte zur Frage der Geltendmachung in gewillkürter Prozeßstandschaft in diesem Urteil nichts weiter aus, als daß die hierfür erforderliche Ermächtigung fehle, beziehungsweise, daß die Ermächtigung durch die Arbeitnehmer von der Klägerin nicht vorgetragen worden sei. Auf das Problem einer Ermächtigung durch den Gewerkschaftsbeitritt ist das Gericht mit keinem Wort eingegangen.

Im Urteil vom 08.02.1963[473] ging es um die Feststellungsklage einer Gewerkschaft gegen ein Mitgliedsunternehmen der anderen Tarifpartei. Das Bundesarbeitsgericht prüfte eine eigene Klageberechtigung der Gewerkschaft. In diesem Zusammenhang erklärte es, daß es grundsätzlich möglich sei, auch ein Rechtsverhältnis, das zwischen einer der Prozeßparteien und einem Dritten bestehe, zum Gegenstand einer Feststellungsklage nach § 256 ZPO zu machen. Die auf Feststellung klagende Partei müßte jedoch ein eigenes rechtliches Interesse an der Feststellung dieses zwischen ihrem Prozeßgegner und Dritten bestehenden Rechtsverhältnisses haben. Nicht ausreichend als Begründung eines eigenen rechtlichen Interesses sei es, auf die Beratungspflicht, die die Gewerkschaft gegenüber ihren Mitgliedern habe, hinzuweisen. Es gehöre zwar zu den Aufgaben der Gewerkschaften, ihren Mitgliedern Rechtsrat in deren Arbeitsverhältnis betreffenden Fragen zu erteilen, durch die freiwillige Übernahme dieser Rechtsberatung würden den Gewerkschaften aber weder eigene unmittelbar wirkende Rechte gegen den Arbeitgeber ihrer Mitglieder gegeben, noch aber die Prozeßmöglichkeiten gegen diesen Arbeitgeber eröffnet, die sie ohne Übernahme der Rechtsberatung nicht hätten[474].
Auf die Möglichkeit einer Prozeßführung in gewillkürter Prozeßstandschaft ging das Bundesarbeitsgericht in dieser Entscheidung lediglich insofern ein, als es feststellte, die Gewerkschaft habe sich hierauf nicht berufen und im übrigen habe eine Gewerkschaft auch nicht die Stellung eines Prozeßstandschafters. Zur näheren Begründung wird auf das Urteil vom 08.11.1957 verwiesen. Dort aber war das Gericht, wie dargestellt, nur auf die fehlende Ermächtigung durch die Gewerkschaftsmitglieder eingegangen.

Dem Urteil v. 21.12.1982[475] liegt im Unterschied zu den beiden bisher besprochenen Entscheidungen die Klage eines Arbeitgeberverbandes gegen die Gewerkschaft IG-Metall wegen Aufrufs zu einem Sympathiestreik während der Friedenspflicht zugrunde.
Das Gericht prüft auch hier wieder zunächst einen eigenen Anspruch des Arbeitgeberverbands, bevor es die Zulässigkeit einer Klage in Prozeßstandschaft für die betroffenen Mitgliedsunternehmen untersucht.

Es erklärt die Klage für insoweit unzulässig, als mit ihr Unterlassungsansprüche der Mitgliedsfirmen der dem Kläger angeschlossenen Verbände zur Entscheidung gestellt werden, da

---

472 A.a.O., S. 121.
473 BAG-Urteil v. 08.02.1963 - 1 AZR 511/61, AP Nr. 42 zu § 256 ZPO, Bl. 585.
474 A.a.O., Bl. 586 mit Verweis auf das Reichsgericht, das bereits in seiner Entscheidung vom 10.5.1929 hervorgehoben hatte, daß die Beratungspflicht der Gewerkschaften nicht ausreiche, um ein rechtliches Interesse an alsbaldiger Feststellung eines Rechtsverhältnisses zwischen ihren Mitgliedern und deren Arbeitgebern für die Gewerkschaft zu begründen.
475 BAG-Urteil v. 21.12.1982 - 1 AZR 411/80 in: DB 1983, S. 1098 = NJW 1983, S. 1750.

es insoweit an dem erforderlichen Rechtsschutzinteresse des Klägers fehle[476]. Zur Begründung wird die Argumentation aus der Entscheidung des Bundesarbeitsgerichts vom 08.02.1963 wieder aufgegriffen, wonach die Übernahme der Pflicht zur Beratung von Verbandsmitgliedern - hier den Mitgliedsunternehmen - durch den Verband kein eigenes rechtliches Interesse an der Feststellung begründen könne. Diese Beratungspflicht sei vom Arbeitgeberverband freiwillig übernommen worden und schaffe kein zusätzliches Recht, das als eigenes rechtliches Interesse eine Feststellungsklage zulässig machen könne.

Auch für eine Klage in gewillkürter Prozeßstandschaft fehlte es nach Ansicht des Gerichts an der hierfür erforderlichen prozessualen Voraussetzung eines eigenen rechtsschutzwürdigen Interesses des Prozeßstandschafters: „Ein solches eigenes schutzwürdiges Interesse kann nicht allein aus der Stellung als Tarifvertragspartei hergeleitet werden. Der Kläger kann entweder eigene Rechte - wie beispielsweise die Verletzung der tariflichen Friedenspflicht - geltend machen, oder aber es handelt sich wie hier um deliktische Ansprüche der Unternehmen, die nur von den betreffenden Unternehmen selbst geltend gemacht werden können"[477]. Das Gericht sah auch keine prozeßökonomischen Gründe für die Begründung eines eigenen rechtsschutzwürdigen Interesses als gegeben an, da sich der eigene Anspruch der Kläger nach anderen Rechtsgrundlagen richte als der fremde. Dadurch empfehle es sich nicht, beide Ansprüche in ein und demselben Verfahren geltend zu machen.

Mit seinem Urteil vom 12.09.1984[478] lehnte das Bundesarbeitsgericht die Zulässigkeit der Klage eines Arbeitgeberverbandes für seine Verbandsmitglieder - die Arbeitgeber - auf Unterlassung von Warnstreiks gegen die Gewerkschaft ab. Wie bereits in den vorangegangenen Urteilen befaßte sich das Bundesarbeitsgericht zunächst wieder mit der Frage, ob dem Verband ein eigener Unterlassungsanspruch zustünde. Einen eigenen Unterlassungsanspruch lehnte das Gericht ab, und prüfte daraufhin die Zulässigkeit der gewillkürten Prozeßstandschaft.
Wie in seiner bisherigen Rechtsprechung[479] erfolgte dies anhand der Kriterien „wirksame Ermächtigung" sowie „eigenes rechtsschutzwürdiges Interesse" des Prozeßstandschafters. Auch in dieser Entscheidung lehnte das Bundesarbeitsgericht eine Prozeßführung in Prozeßstandschaft mangels eigenen rechtsschutzwürdigen Interesse des Verbandes ab[480].

---

[476] BAG-NJW 1983, S.1750, 1751: Bezugnahme auf das Urteil v. 08.02.1963, wonach Gegenstand einer Feststellungsklage auch ein Rechtsverhältnis zwischen einer Prozeßpartei und einem Dritten sein kann, sofern die klagende Partei ein eigenes Feststellungsinteresse hat. Ein solches Interesse ist jedoch nur anzunehmen, wenn durch die Feststellung die rechtliche Lage des Klägers jetzt oder in naher Zukunft beeinflußt werden könnte. Dies ist jedoch hier nicht der Fall, da die geltend gemachten Unterlassungsansprüche für die Rechtslage des Klägers selbst ohne jede Bedeutung sind und sie auch in Zukunft nicht beeinflussen können. Er kann hieraus für seine eigenen Rechtspositionen keine Rechtsfolgen herleiten.

[477] A.a.O., S. 1752.

[478] BAG Urteil v. 12.09.1984 - 1 AZR 342/83 in DB 1984, S. 2564 gegen das Urteil wurde Verfassungsbeschwerde eingelegt.

[479] Verweis auf BAG-Urteil v. 21.12.1982 - 1 AZR 411/80 - zu B II der Gründe; Stein/Jonas, ZPO, Vorbem. zu § 50 Rn. 41, m.w.N.

[480] BAG-Urteil v. 12.09.1984 - 1 AZR 342/83 A III.1. An dieser Stelle äußerte das Gericht zunächst ernsthafte Bedenken hinsichtlich der hinreichenden Bestimmtheit des Antrags, ließ diese jedoch dahingestellt sein, da die Klagen jedenfalls aus anderem Grund - nämlich dem fehlenden eigenen rechtsschutzwürdigen Interesse des Klägers - unzulässig seien.

Zur Begründung hierfür werden eine Reihe von Negativvoraussetzungen aufgestellt, die nicht ausreichen, um ein eigenes schutzwürdiges Interesse an der Prozeßstandschaft zu begründen. So ergebe sich "das schutzwürdige Interesse des Klägers nicht bereits aus seiner Stellung als Tarifvertragspartei. Sofern Pflichten aus den abgeschlossenen Tarifverträgen verletzt werden, stehe es dem Kläger frei, sich aus eigenem Recht dagegen zur Wehr zu setzen. Insoweit bedürfe es dabei nicht des Rückgriffs auf fremde Rechte und deren Geltendmachung im Wege der gewillkürten Prozeßstandschaft. Sofern nicht gegen Rechte aus dem Tarifvertrag verstoßen wird, ist der Kläger auch nicht berührt in seinem Recht als Tarifvertragspartei".
Auch die allgemeine Stellung der Koalitionen als Ordungsfaktoren wird nicht anerkannt, um ein eigenes rechtliches Interesse des Klägers zu begründen[481]. Hierzu führt das Gericht unter Zitierung seiner eigenen Rechtssprechung v. 21.12.1982 (B II. 2. c der Gründe) aus:
„Ihre Ordnungsfunktion im Arbeitsleben erfüllen die Koalitionen gemeinsam durch Schaffung von Kollektivvereinbarungen mit normativer Wirkung für ihre Mitglieder. Von dieser Ordnungsaufgabe her haben sie auch ein eigenes rechtliches Interesse, die von ihnen geschaffenen Tarifnormen gleichmäßig zur Geltung zu bringen. Das Bundesarbeitsgericht hat es aber stets abgelehnt, aus dieser Ordnungsaufgabe eine Befugnis der Gewerkschaften herzuleiten, die durch die Tarifnormen begründeten Rechtspositionen ihrer Mitglieder im eigenen Namen gerichtlich geltend zu machen".
In dem hier zu entscheidenden Fall gehe es aber nicht um die Durchsetzung oder Sicherung einer solchen vom Kläger als Arbeitgeberkoalition mitgeschaffenen kollektiv-rechtlichen Ordnung.
Desweiteren verneint das Gericht das Vorliegen prozeßökonomischer Gründe, die das erforderliche eigene Rechtsschutzinteresse des Klägers begründen würden[482].
Auch die Berufung auf die Satzung des Arbeitgeberverbands, die ihn dazu verpflichte, die arbeitsrechtlichen Interessen seiner Mitglieder wahrzunehmen, reicht hier zur Begründung eines eigenen schutzwürdigen Interesses des Arbeitgeberverbands nicht aus, da nach Ansicht des Gerichts[483] „die Interessen der Mitgliedsunternehmen in geeigneter Weise schon dadurch wahrgenommen werden, daß der Verband Tarifverträge abschließt und den Arbeitskampf auf Seiten der Arbeitgeber organisiert. Dieses Recht wurde bisher auch den Gewerkschaften nicht zugestanden. Die Arbeitnehmer, die von einer rechtswidrigen Aussperrung betroffen waren, mußten ihre Lohnansprüche selbst gerichtlich geltend machen oder ihre Ansprüche den Gewerkschaften abtreten"[484].
Das Bundesarbeitsgericht erkennt es nicht als ein schutzwürdiges eigenes Interesse des Klägers an, die Interessen der Mitgliedsunternehmen in gesetzlicher Prozeßstandschaft deshalb wahrzunehmen, weil die betroffenen Mitgliedsunternehmen aus Scheu, bei Wahrnehmung ihrer eigenen Rechte in Konfrontation mit den Gewerkschaften zu geraten, diese Rechte selbst nicht wahrnehmen[485]. Dies wird damit begründet, daß es den Arbeitnehmern genausowenig zustehe, ihre Rechte von den Gewerkschaften wahrnehmen zu lassen, obwohl die Arbeitneh-

---

[481] A.a.O. A III.2.a.
[482] A.a.O. A III.2.b. Dies wird mit dem fehlenden eigenen deliktischen Unterlassungsanspruch gegen die Gewerkschaft begründet.
[483] A.a.O. A III.2.c.
[484] Das Bundesarbeitsgericht sieht es als ausreichend an, den Gewerkschaften entsprechende Ansprüche entweder abzutreten und dann klageweise durchzusetzen, oder im Wege der Vollmachtserteilung diese den Prozeß führen zu lassen, s. hierzu insbesondere: BAG-Urteile v. 10.06.1980: BAG AP Nr. 64, Bl. 910, hier: Bl. 926; BAG AP Nr. 66, Bl. 942, hier: Bl. 945/46; BAG AP Nr. 67 Bl. 581, hier: Bl. 583 zu Art. 9 GG.
[485] BAG-Urteil v. 12.09.1984 A III.2.e.

mer von ihrem Arbeitgeber sogar persönlich und wirtschaftlich abhängig seien. Darüberhinaus würde nach Ansicht des Gerichts die Konfrontation nicht wesentlich dadurch abgebaut, daß der Verband die Rechte seiner namentlich bezeichneten Mitglieder gegenüber der Gewerkschaft wahrnehme. Nur die Prozeßpartei wäre hierbei eine andere.
Das Bundesarbeitsgericht schließt seine Ausführungen zur gewillkürten Prozeßstandschaft mit dem Hinweis ab, daß es sich wegen der Besonderheiten des Arbeitskampfrechtes mit dieser seiner Entscheidung nicht um eine Abweichung von der Rechtsprechung des Bundesgerichtshofs zur gewillkürten Prozeßstandschaft handele.

In einer anderen Entscheidung verweist das Bundesarbeitsgericht die Gewerkschaften auf die Einwirkungsklagen gegen den Arbeitgeberverband, das heißt Klagen, mit denen die Arbeitgeberverbände verpflichtet werden sollen, auf die Einhaltung der tarifvertraglichen Verpflichtungen ihrer Mitgliedsunternehmen einzuwirken[486]. Auch damit ist die gewillkürte Prozeßstandschaft implizit verneint. Zu einer derartigen Einwirkungsklage ist der Arbeitgeberverband aus dem Tarifvertrag verpflichtet. Die Effektivität derartiger Klagen ist jedoch sehr begrenzt, wenn beispielsweise die Arbeitgeber den Verpflichtungen nicht nachkommen wollen[487].

4.3.5.3 Die Meinung in der Literatur

Die strikte Ablehnung eines Klagerechts der Tarifvertragsparteien in Prozeßstandschaft für die Mitglieder der Tarifparteien durch das Bundesarbeitsgericht wird zum Teil heftig kritisiert. Die Kritik richtet sich vor allem gegen die nicht nachvollziehbare Unterscheidung zwischen der relativ locker gehandhabten Zulassung der Prozeßführung von Verbänden in gewillkürter Prozeßstandschaft durch den Bundesgerichtshof und der Ablehnung durch das Bundesarbeitsgericht wegen eines fehlenden eigenen rechtsschutzwürdigen Interesses der Tarifparteien mit dem lediglich pauschalen Hinweis, daß die Bedingungen des Arbeitskampfes eben andere seien als die des „normalen Zivilprozesses“[488].
Schon 1961 beschreibt Ramm[489] im Zusammenhang mit einer neuen Deutung der Tarifnormen, die zu einer Vereinfachung der Konstruktion des Tarifvertrags in einen nurmehr schuldrechtlichen Vertrag führt, die Möglichkeit und Notwendigkeit von Klagen durch die Gewerkschaft in gewillkürter Prozeßstandschaft für die Gewerkschaftsmitglieder gegen die einzelnen Arbeitgeber. Er spricht in diesem Zusammenhang von einer sozialen Vormundschaft der Gewerkschaften gegenüber den einzelnen Arbeitnehmern, die auf der Anerkennung sozialer Notwendigkeiten beruht.
Diese Notwendigkeit liegt beim Arbeitnehmer in seiner vom Gesetzgeber festgestellten erheblichen sozialen Machtunterlegenheit gegenüber dem Arbeitgeber[490]. Die Gruppe (die Gewerkschaft) übernimmt den Schutz des unterlegenen Individuums gemäß dem Sozialstaatsgedanken der Art. 20, 28 GG. Er sieht in dieser Konstruktion eine Möglichkeit, die Lage des sozial schwächeren Arbeitnehmers faktisch zu verbessern. Der Arbeitnehmer muß nun nicht mehr das Mißfallen seines Arbeitgebers durch einen Prozeß auf sich ziehen und braucht aber

[486] Vgl. BAG DB 1982, S. 2522; DB 1988, S. 1171; BAG AP Nr. 1 zu § 1 TVG.
[487] Vgl. Kempen/Zachert § 4 TVG Rn. 95.
[488] BGH-Urteil v. 12.09.1984 - 1 AZR 342/83, BAGE, Bd. 46, S. 322 (339) III.2.f.
[489] Ramm: Die Parteien des Tarifvertrags, S. 92 ff.
[490] Ders., a.a.O., S. 90.

andererseits nicht auf seine Rechte zu verzichten, wenn er einem Konflikt mit dem Arbeitgeber aus dem Weg gehen will[491].
Ramm erfaßt in seiner Deutung einen ganz wesentliche Aspekt. Er erkennt das Bedürfnis nach einem besonderen Schutz der Arbeitnehmer, damit über die Garantie durch die Tarifnormen hinaus auch verfahrensrechtlich effektiv durch eine Klagemöglichkeit für die Gewerkschaften in Prozeßstandschaft die Rechte der Arbeitnehmer gesichert werden. Er geht dabei auf die besonderen Probleme von Individualklagen der einzelnen Arbeitnehmer ein, die sich aus den ganz spezifischen Machtkonstellationen des Arbeitsverhältnisses ergeben.
Da bis heute weit überwiegend die Trennung von Tarifverträgen in einen normativen und einen schluldrechtlichen Teil anerkannt ist, fand die Meinung Ramms aufgrund seiner Konstruktion von der Aufhebung der Trennung des normativen und schuldrechtlichen Teils wenig Beachtung.

Auch Däubler[492] lehnt die Rechtsprechung des Bundesarbeitsgerichts ab, mit der ein Klagerecht der Gewerkschaften in Prozeßstandschaft für die Gewerkschaftsmitglieder verneint wird. Er ist der Meinung, daß die Gewerkschaften sowohl zur Prozeßführung ermächtigt seien, als auch eine eigenes schutzwürdiges Recht an der Durchsetzung hätten. Er kommt zu dieser Auffassung über die in der Gewerkschaftssatzung festgelegte Aufgabe der Gewerkschaften, die darin liege, die Interessen der Gewerkschaftsmitglieder bestmöglich zu erreichen[493]. Hierzu zähle es auch, diese Interessen gegebenenfalls im Klageweg durchzusetzen.
Zulässig seien diese Klagen insbesondere deshalb, weil die Gewerkschaftsmitglieder mit ihrem Eintritt in die Gewerkschaft ja bereits ihr Einverständnis mit einer Interessenvertretung durch die Gewerkschaft unterschrieben haben. Die Wahrnehmung der Interessen der Gewerkschaftsmitglieder beinhalte auch eine Prozeßführung in ihrem Interesse. Die Ermächtigung der Gewerkschaften zur Prozeßführung erfolge somit konkludent durch den Gewerkschaftsbeitritt der Gewerkschaftsmitglieder. Die Interessenvertretung durch die Gewerkschaft erstrecke sich dabei nicht nur auf das Erkämpfen neuer Positionen, sondern umfasse auch alles, was die Durchsetzung bestehender Rechte anbelange[494]. Dies werde nicht zuletzt durch § 11 Abs. 1 S. 2 ArbGG deutlich. Sofern die Gewerkschaftsmitglieder mit einem von der Gewerkschaft geführten Prozeß nicht zufrieden seien, wären sie dennoch von der Gewerkschaft angemessen repräsentiert. Denn sie haben ja bei ihrem Eintritt in die Gewerkschaft unterschrieben, daß sie mit einer etwaigen Prozeßführung durch die Gewerkschaft einverstanden wären, die Prozeßführung erfolgte dadurch nicht gegen oder ohne ihren Willen.
Das eigene schutzwürdige Interesse der Gewerkschaften an der prozessualen Durchsetzung der Rechte der Gewerkschaftsmitglieder im eigenen Namen sieht Däubler darin begründet, daß es um die Durchsetzung eines von ihnen maßgeblich mit erarbeiteten Tarifvertrags und damit um die Verteidigung eines von ihnen erzielten Erfolges gehe[495]. Die Durchsetzung der Rechte, die im Tarifvertrag begründet sind, durch die Gerwerkschaft könne sich dann wieder-

[491] Ders., a.a.O:, S. 93.
[492] Däubler: Tarifvertragsrecht, Rn. 1383-1390.
[493] Däubler: Tarifvertragsrecht, S. 584, Rn. 1385.
[494] Ders., a.a.O.
[495] So auch Kempen/Zachert, § 4 TVG Rn. 105: Das berechtigte Interesse der Gewerkschaft an einer gewillkürten Prozeßstandschaft ergebe sich unter anderem auch daraus, daß der Gewerkschaft unbedingt auch an einer tatsächlichen Realisierung der von ihr durchgesetzten Tarifverträge gelegen sei.

um positiv auf die Attraktivität der Gewerkschaft als Organisation auswirken[496]. Däubler stützt seine Auffassung zusätzlich auf den durch Art. 9 Abs. 3 GG geschützten Abschluß von Tarifverträgen. Der grundgesetzlich garantierte Schutz liefe leer, wenn die Gewerkschaften nicht die Möglichkeit hätten, über den Abschluß von Tarifverträgen hinaus auch die Befolgung des Inhalts zu kontrollieren und damit effektiv zu machen. Durch Art. 9 Abs. 3 GG sei nicht nur ein »wirkungsvoller Arbeitskampf«, sondern auch ein »effektiver Tarifvertrag« garantiert[497].
Nach Däubler wäre das hier interessierende Klagerecht der Gewerkschaften für weibliche Gewerkschaftsmitglieder in Prozeßstandschaft über eine Satzungsänderungen der Gewerkschaftssatzung herbeizuführen[498]. Dabei handelte es sich um eine Veränderung „de lege lata" und nicht „de lege ferenda"[499].

Auch Loritz[500] plädiert in Ablehnung der Rechtsprechung des Bundesarbeitsgerichts für ein Prozeßstandschaftsrecht der Koalitionen. Es gehöre nicht nur zu den von Mitgliedern satzungsmäßig übertragenen, sondern sogar von der Verfassung im allgemeinen Interesse übertragenen Aufgaben, Tarifverträge auszuhandeln und im Falle eines Verstoßes gegen das Ausgehandelte, dagegen wirksam vorgehen zu können. Ein eigenes schutzwürdiges Klageinteresse sei allein schon durch den Druck und den zu befürchtenden möglichen Schaden gegeben, den die Mitglieder auf den Verband beispielsweise im Fall eines rechtswidrigen Arbeitskampfes ausüben.
Er gibt zu bedenken, daß ein Hauptanliegen der Arbeitnehmer und Arbeitgeber für ihren Entschluß, einem Verband oder einer Gewerkschaft beizutreten, darin liege, vom Verband ihre Interessen wirksam durchsetzen zu lassen. Dieses Anliegen beziehe sich insbesondere auf die Bereiche, in denen die einzelnen Arbeitgeber und Arbeitnehmer am empfindlichsten getroffen werden können, nämlich im Arbeitskampf. Er weist in diesem Zusammenhang auf die den einzelnen Arbeitgebern und erst recht den Arbeitnehmern fehlenden Rechtskenntnisse und die häufig fehlenden finanziellen Mittel, um sich gegen ein rechtswidriges Verhalten zur Wehr zu setzen. Loritz weist vorallem auch auf die besondere Bedeutung von Art. 9 Abs. 3 GG hin, der auch verfahrensrechtliche Geltung beanspruche[501]. Gerade unter diesem Aspekt der besonderen verfassungsrechtlichen Bedeutung von Art. 9 Abs. 3 GG hätte das Bundesarbeitsgericht darauf eingehen müssen, warum es im Unterschied zur Rechtsprechung des Bundesgerichtshofs die gewillkürte Prozeßstandschaft für diese Art von Verbänden (Arbeitgeber-, Arbeitnehmerverbände) für unzulässig hält.

In ähnlicher Weise wird die Rechtsprechung des Bundesarbeitsgerichts zur Versagung der Antragsbefugnis der Tarifparteien im arbeitsrechtlichen Beschlußverfahren kritisiert[502]. Es

---

[496] Ders., a.a.O.
[497] BVerfG, ArbuR 1992, S. 29, NZA 1991, S. 809.
[498] Ermächtigung zu Klage in Prozeßstandschaft bereits durch Satzung nach Münchener Kommentar ZPO-Lindacher, vor § 50 Rn. 57, ausdrücklich zulässig.
[499] Schiek: Die Schnecke Fortschritt kriecht rückwärts, in: Streit 1/1995, S. 7. Sie ist der Ansicht, man müsse das bestehende Klagerecht der Gewerkschaften gegen diskriminierende Tarifvertragsregeln nach § 9 TVG in ein Klagerecht für Institutionen und/oder Verbände nach dem Vorbild des AGB-Gesetzes ergänzen.
[500] Loritz: Das Bundesarbeitsgericht und die „Neue Beweglichkeit", ZfA 1985, S. 185, 197.
[501] Ders., S. 198 m.Verweis auf: „Einfluß der Verfassung im Prozeßrecht", Benda/Weber, ZZP 96 (1983), S. 285 ff.
[502] BAG- Beschlüsse v. 18.08.1987 - 1 ABR 80/85 und 1 ABR 65/86.

ging in diesen Entscheidungen um den Schutz der Tarifautonomie vor Eingriffen durch die Betriebspartner wegen Verstoßes gegen das Rangverhältnis zwischen Betriebsrat und Gewerkschaft, das heißt um die Frage eines gewerkschaftlichen Klagerechts wegen tarifwidriger Betriebsvereinbarungen. Hierbei handelt es sich um Fälle, in denen die Gewerkschaft nicht ausdrücklich nach dem Betriebsverfassungsgesetz zur Klage berechtigt ist. Das Bundesarbeitsgericht hat ein solches Klagerecht verneint und in den angesprochenen Entscheidungen auf die Möglichkeit verwiesen, in Rechtsstreitigkeiten zwischen dem einzelnen Arbeitnehmer und Arbeitgeber die Wirksamkeit einer Betriebsvereinbarung überprüfen lassen zu können. Zu Recht weist jedoch Matthießen[503] darauf hin, daß der Individualrechtsschutz kein Ersatz für die Klage durch die Gewerkschaft sein könne, da er im Unterschied zur Gewerkschaftsklage keine Rechtskrafterstreckung für die Betriebsparteien entfalte. Er sieht darin eine Verkehrung der Vertretung der Arbeitnehmerinteressen durch die Gewerkschaften hin zu einer Vertretung der Gewerkschaftsinteressen durch die einzelnen Arbeitnehmer.

4.3.6 Würdigung

Verschiedene Kritikpunkte sind an der Rechtsprechung des Bundesarbeitsgerichts zur Prozeßführung in gewillkürter Prozeßstandschaft anzubringen.
Wie zutreffend von Loritz[504] kritisiert, beschränkt sich das Bundesarbeitsgericht zur Begründung seiner Abweichung von der Rechtsprechungspraxis des Bundesgerichtshofs zur gewillkürten Prozeßstandschaft in seiner Entscheidung vom 12.09.1984[505] darauf, auf die Besonderheiten des Arbeitskampfes hinzuweisen. Das Bundesarbeitsgericht hätte jedoch zumindest ausführen müssen, welche diese sind, und worin sich die Arbeitsgerichtsprozesse gerade von anderen Zivilprozessen unterscheiden, sodaß eine Prozeßführung in gewillkürter Prozeßstandschaft unzulässig ist. Wenn das Bundesarbeitsgericht sich auf die Besonderheiten des Arbeitskampfes beruft, erhebt sich die weitere Frage, wie es denn in den Fällen zu beurteilen wäre, in denen sich die Parteien des Tarifvertrags nicht im Arbeitskampf befinden. Zu denken ist gerade an die hier interessierenden Fälle von diskriminierten Frauen durch beispielsweise ungerechte Eingruppierung, ungleiche Entlohnung, Benachteiligung beim beruflichen Aufstieg, innerhalb der betrieblich geförderten Weiterbildungschancen. Würden für diese Situation auch andere Kriterien gelten als im sonstigen Zivilprozeß?
Eine Untersuchung der unterschiedlichen Konstellationen - Arbeitgeberverband gegen Gewerkschaft einerseits, Gewerkschaft für Gewerkschaftsmitglieder gegen einzelnen Arbeitgeber andererseits -, in denen die Klagen geführt wurden, ergibt das folgende Bild:
Während die beiden ersten Entscheidungen - jeweils Klagen von Gewerkschaften gegen einzelne Arbeitgeber - wegen fehlender Ermächtigung für unzulässig befunden wurden, lehnt das Bundesarbeitsgericht in den beiden anderen Entscheidungen die Prozeßführungsbefugnis für einen Prozeß in gewillkürter Prozeßstandschaft des Arbeitgeberverbands gegen eine Gewerkschaft wegen fehlenden eigenen rechtsschutzwürdigen Interesses des Arbeitgeberverbands ab.

In dem Urteil vom 12.09.1984 verweist das Bundesarbeitsgericht in der Begründung des fehlenden eigenen rechtlichen Interesses des Arbeitgeberverbandes an der gerichtlichen Gel-

[503] Matthießen: Antragsbefugnisse der Tarifparteien im arbeitsgerichtlichen Beschlußverfahren, DB 1988, S. 285, 290; ebenso Grunsky: Antragsbefugnis der Gewerkschaft zur Feststellung der Tarifvertragswidrigkeit einer Betriebsvereinbarung, DB 1990, S. 526, 528.
[504] Loritz: Das Bundesarbeitsgericht und die „Neue Beweglichkeit", ZfA 1985, S. 197.
[505] BAG-Urt. v. 12.09.1984 - 1 AZR 342/83.

tendmachung der Rechte seiner Mitglieder darauf, daß ja auch den Arbeitnehmern gegen die Arbeitgeber zugemutet werde, individuellen Rechtsschutz in Anspruch zu nehmen, ohne von der Gewerkschaft unterstützt zu werden. Dies mutet aber wie eine petitio principii an, denn es ist ja angesichts der BGH-Rechtsprechung gerade fraglich, mit welcher - vom BAG eben nicht gegebenen Begründung - gerade den Arbeitnehmern zugemutet wird, immer selbst ihre Rechte einklagen zu sollen und dies nicht durch die in jeder Hinsicht zur Interessenvertretung berufenen und bereiten Gewerkschaft vornehmen zu lassen.
Diese Begründung überzeugt also nicht. Denn wie bereits vielfach angesprochen, bedeutet die Pflicht zur individuellen Inanspruchnahme des Rechtsschutzes derzeit - zumindest für die Arbeitnehmerinnen - den größten Hemmschuh. Daß die Rechtsprechung bisher lediglich den individuellen Rechtsschutz zuließ, heißt nicht, daß dies immer so bleiben muß. Die besondere Situation des Arbeitsrechts und die Schutzfunktion der Gewerkschaften gegenüber den Arbeitnehmern - hier Arbeitnehmerinnen - gebieten es, gerade im Prozeßrecht umzudenken und die materiell-rechtlich längst anerkannte besondere Schutzbedürftigkeit der Arbeitnehmer entsprechend umzusetzen. Bereits Ramm[506] greift diesen Gedanken auf, indem er aufgrund der „erheblichen sozialen Machtunterlegenheit" der Arbeitnehmer gegenüber dem Arbeitgeber ein gewerkschaftliches Klagerecht der Gruppe zum Schutze der sozial schwächeren Individuen konstruiert. Ramm leitet dabei allerdings das eigene rechtliche Interesse der Gewerkschaften an der Prozeßstandschaft nicht genau her, sondern beschränkt sich auf den allgemeinen Gedanken, daß ein Bedürfnis nach verbesserten Durchsetzungsmöglichkeiten für den Schutz der Arbeitnehmer erforderlich sei, um die Lage der sozial unterlegenen Arbeitnehmer „faktisch zu verbessern".
Der Ansatz von Däubler orientiert sich an den Zulässigkeitskriterien des Bundesgerichtshofs zur gewillkürten Prozeßstandschaft. Er ist in Abweichung von der Meinung des Bundesarbeitsgerichtes der Ansicht, daß ein eigenes rechtsschutzwürdiges Interesse der Gewerkschaften an der Prozeßführung in Prozeßstandschaft gegeben sei, da es um die Verteidigung der von ihnen im Tarifvertrag erzielten Erfolge gehe. Däubler geht allerdings nicht auf den Unterschied einer Klage durch die Gewerkschaft für die Arbeitnehmer zu einer Klage durch einen Arbeitgeberverband für betroffene Mitgliedsunternehmen ein. Zumindest beschränkt auf die Aufgabe der Gewerkschaften gegenüber den Gewerkschaftsmitgliedern - im Unterschied zur Aufgabe der Arbeitgeberverbände gegenüber den Arbeitgebern - ist ein vom Bundesverfassungsgericht formuliertes Anliegen der Gewerkschaften die Unterstützung der strukturell grundsätzlich unterlegenen Arbeitnehmer bei der Schaffung ausgewogener Arbeitsbedingungen in den Tarifverträgen[507]. Diese Aufgabe kann sich nicht darin erschöpfen, bei den Tarifverträgen die Arbeitnehmerschaft angemessen zu repräsentieren, sondern es müssen den Arbeitnehmern auch von Gewerkschaftsseite Hilfen zur Gewährleistung der in den Tarifverträgen geregelten Inhalte zur Verfügung gestellt werden. Insbesondere ergibt sich hieraus auch kein Widerspruch zu den vom Bundesarbeitsgericht aufgestellten Kriterien für das Vorliegen eines eigenen rechtlich schutzwürdigen Interesses. Denn bei der Durchsetzung eines von der Gewerkschaft erreichten Tarifvertrags handelt es sich ja um „die Durchsetzung oder Sicherung einer von den Gewerkschaften als Koalition mitgeschaffenen kollektiv-rechtlichen Regelung"[508].

[506] Vgl. oben Fn. 489.
[507] BVerfG DB 1991, S. 1678 = ArbuR 1992, S. 29 unter C I 3 b aa der Gründe.
[508] Vgl. BAGE vom 12.09.1984, S. 337 ganz unten.

Führt man den Ansatz von Däubler weiter, beziehungsweise überträgt ihn auf die Situation benachteiligter Arbeitnehmerinnen, so liegt der Gewerkschaftsauftrag auch in der Schaffung gerechter Arbeitsbedingungen für Frauen und Männer, deren Durchsetzung durch die Gewerkschaften zu gewährleisten ist. Dabei ist das eigene schutzwürdige Interesse der Gewerkschaft in einer Unterstützung des Gruppeninteresses bei zusätzlichem Individualinteresse zu sehen. Es kann also - entgegen der Meinung des BAG - durchaus von einer Möglichkeit ausgegangen werden, die Rechte von Gewerkschaftsmitgliedern in gewillkürter Prozeßstandschaft durch die Gewerkschaften geltend zu machen.

Die Wahrnehmung der Interessen der Arbeitnehmerinnen würde auch nicht zu einer unüberbrückbaren Interessenkollision bei den von der Gewerkschaft zu vertretenden Interessen der Arbeitnehmerinnen und Arbeitnehmer führen. Ganz unabhängig von den rechtlichen Schwierigkeiten und dem diesbezüglichen Streit um die Frage der Zulässigkeit einer Klage in gewillkürter Prozeßstandschaft, besteht die Aufgabe der Gewerkschaften in der Interessenvertretung der gesamten Arbeitnehmerschaft. Ein „Sich-Einsetzen“ für die Belange der Frauen führt zwar möglicherweise zu Konflikten mit männlichen Gewerkschaftsmitgliedern. Derartige Aktionen würden sich aber nicht „direkt“ gegen männlichen Kollegen richten, es würde vielmehr versucht, Einfluß auf eine gerechtere Verteilung, beziehungsweise die Herstellung gleichberechtigter Zustände zu nehmen.
Die Klagemöglichkeit wäre jedoch beschränkt auf die Prozeßführung für Gewerkschaftsmitglieder. Pfarr/Kocher[509] sehen hierin den wohl größten Nachteil einer derartigen Klagemöglichkeit. Damit dieses Instrumentarium effektiv eingesetzt werden könnte, würde es einen erheblich größeren Organisationsgrad speziell der Frauen voraussetzen. Im Ergebnis ist die Auffassung des BAG somit abzulehnen. Die Gewerkschaft sollte in gewillkürter Prozeßstandschaft für betroffene Arbeitnehmerinnen klagen dürfen.

4.4 Möglichkeiten des Betriebsrats

Für die hier interessierenden Fälle der Benachteiligungen von Arbeitnehmerinnen bei der Entlohnung gilt es auch zu überprüfen, welche Möglichkeiten der Betriebsrat besitzt, um auf die möglichst effektive Umsetzung des Anspruchs von gleichem Lohn für gleiche oder gleichwertige Arbeit hinzuwirken. Der Betriebsrat ist das wichtigste Organ der betrieblichen Interessenvertretung der Arbeitnehmer. Die Arbeitnehmer nehmen über den Betriebsrat und die übrigen Organe an der Willensbildung und an den Entscheidungen der Arbeitgeber durch Mitwirkung und Mitbestimmung teil. Die dem Betriebsrat übertragenen Aufgaben bestehen grundsätzlich unabhängig davon, ob ein/e im Einzelfall betroffene/r Arbeitnehmer/in des Betriebs den Betriebsrat mitgewählt hat oder nicht, und ob er/sie im Zeitpunkt der Wahlen bereits im Betrieb beschäftigt war[510].
Durch das Betriebsverfassungsgesetz sind dem Betriebrat zahlreiche Aufgaben übertragen, mit Hilfe derer er für eine angemessene Beachtung von Arbeitnehmerinteressen sorgen soll.

---

[509] Pfarr/Kocher: Kollektivverfahren im Arbeitsrecht, S. 60. Das Buch von Pfarr/Kocher befaßt sich mit grundlegenden Formen von Kollektivverfahren sowohl in der deutschen als auch in ausgewählten ausländischen Rechtsordnungen. Diese werden unter dem Aspekt untersucht, Ansatzpunkte für ein deutsches Kollektivverfahren im Arbeitsrecht zu finden.
[510] Etzel: Betriebsverfassungsrecht, Rn. 514.

Dem Betriebsrat sind Klagemöglichkeiten bei Verstößen gegen Betriebsvereinbarungen eingeräumt. Desweiteren besitzt er Mitbestimmungsrechte in Fragen der betrieblichen Lohngestaltung gemäß § 87 Abs. 1 Nr. 10 BetrVG sowie auf Beteiligung bei personellen Einzelmaßnahmen nach § 99 Abs. 1 BetrVG. Unter Umständen haben bestimmte Urteile, die ein Zustimmungsersetzungsverfahren nach § 99 Abs. 4 BetrVG betreffen, Bindungswirkung nicht nur zwischen Arbeitgeber und Betriebsrat, sondern auch zwischen Arbeitgeber und Arbeitnehmer. Mit § 75 BetrVG werden der Betriebsrat und die Arbeitgeber verpflichtet, bei der Behandlung der im Betrieb tätigen Personen die Grundsätze von Recht und Billigkeit zu wahren, insbesondere darüber zu wachen, daß jede unterschiedliche Behandlung von Personen wegen u.a. ihres Geschlechts unterbleibt. Alle diese Regelungen bieten Handlungsmöglichkeiten des Betriebsrats, die auf die Brauchbarkeit für das Anliegen der Arbeitnehmerinnen untersucht werden.

Gleich vorab muß jedoch eine entscheidende Einschränkung gemacht werden, die verdeutlicht, wie limitiert letztendlich die wirklichen Einflußmöglichkeiten des Betriebsrats sind. Trotz einer Reihe von allgemeinen Aufgaben (§ 80 BetrVG), Überwachungsrechten und -pflichten sowie Mitbestimmungsrechten bei personellen Einzelmaßnahmen (§§ 99-105) besitzt der Betriebsrat kein Initiativrecht, um Verstöße gegen gesetzliche oder tarifliche Bestimmungen im Wege des arbeitsgerichtlichen Beschlußverfahrens nach §§ 2a, 80 ArbGG untersagen zu lassen[511].

Das BAG hat in der maßgeblichen Entscheidung[512] zu den Überwachungsrechten des Betriebsrats nach § 80 Abs. 1 Nr. 1 BetrVG ausgesprochen, daß „aus dieser Überwachungsaufgabe kein eigener Anspruch des Betriebsrats darauf folge, daß der Arbeitgeber die genannten Rechtsvorschriften, also auch Tarifverträge, gegenüber seinen Arbeitnehmern einhält und durchführt. Der Betriebsrat könne nicht gerichtlich feststellen lassen, welche einzelvertraglichen Ansprüche der Arbeitnehmer nach einem Tarifvertrag habe. Er sei vielmehr darauf beschränkt, eine Nichtbeachtung oder fehlende Durchführung des TV beim Arbeitgeber zu beanstanden und auf Abhilfe zu drängen, wobei das BetrVG davon ausgehe, daß der Arbeitgeber einer berechtigten Beanstandung in aller Regel auch Rechnung tragen werde."

Sofern es dem Betriebsrat darum ginge, Verstöße gegen § 75 BetrVG und in diesem Zusammenhang auch gegen § 612 Abs. 3 i.V.m. § 611 a BGB oder aber gegen Art. 119 EGV und die hierzu entwickelten Grundsätze, oder gegen § 80 Abs. 1 Nr. 2 a BetrVG zu rügen und diese effektiv zu bekämpfen, sind dem Betriebsrat die Hände gebunden. Denn der Betriebsrat hat keine Möglichkeit, die zutreffende Durchführung, insbesondere die Erfüllung individueller Leistungsansprüche durch den Arbeitgeber in einem arbeitsgerichtlichen Beschlußverfahren durchzusetzen.

Buschmann[513] spricht in diesem Zusammenhang von einem Durchsetzungsdefizit staatlicher oder kollektiv-rechtlich gesetzter Normen im Betrieb. Es wird empfohlen, dem Betriebsrat/der Gewerkschaft de lege ferenda ein besonderes Klagerecht zur Überprüfung rechtswidriger Vertragsbestimmungen ähnlich wie im AGBG einzuräumen. Daß ein Bedürfnis gerade nach Unterstützung durch den Betriebsrat besteht, belegen zahlreiche Verstöße in formularmäßig

[511] BAG AP Nr. 26 zu § 80 BetrVG von 1972.

[512] Unter Bezugnahme auf die Entscheidung vom 16.07.1985, 1 ABR 9/83 - AP Nr. 17 zu -§ 87 BetrVG 1972 Lohngestaltung.

[513] Däubler/Kittner/Klebe-Buschmann, § 80 Rn. 12.

verwandten Arbeitsverträgen, die in Teilen rechtswidrig sind, gegen die jedoch aus den genannten Gründen individuell selten vorgegangen wird[514].
Ein Klagerecht in gewillkürter Prozeßstandschaft ist nach Ansicht des Bundesarbeitsgerichts unzulässig[515].

4.4.1 Verstoß gegen Betriebsvereinbarung

Bei Verstößen gegen abgeschlossene Betriebsvereinbarungen besitzt der Betriebsrat die Möglichkeit, gegen den Arbeitgeber auf effektive Umsetzung zu klagen. Der Betriebsrat besitzt also einen durchsetzbaren Anspruch auf Erfüllung einer Betriebsvereinbarung. Nach der Rechtsprechung des BAG[516] ist dieser Durchführungsanspruch allerdings beschränkt auf die Fälle, in denen es dem Betriebsrat gerade nicht darum geht, die Beachtung von Individualinteressen sicherzustellen. In dem konkreten Fall ging es um die Auszahlung an die Arbeitnehmer aus einem Härtefonds. Übertragen auf die hier interessierenden Fälle von Lohndiskriminierungen sind denkbar nur Fälle, in denen der Betriebsrat in den Lohnpraktiken des Arbeitgebers einen Verstoß durch eine diskriminierende Auslegung einer Betriebsvereinbarung durch den Arbeitgeber sieht. Derartige Verletzungen von Betriebsvereinbarungen würden sich aber zwangsläufig immer auf „die Beachtung von Individualinteressen" beziehen, und wären demzufolge nach Ansicht des BAG durch den Betriebsrat im Klageweg nicht zu beanstanden.

4.4.2 Mitbestimmungsrechte nach § 87 Abs. 1 Nr. 10 BetrVG

Der Betriebsrat hat gemäß § 87 Abs. 1 Nr. 10 BetrVG, soweit eine gesetzliche oder tarifliche Regelung nicht besteht, ein „Mitbestimmungsrecht in Fragen der betrieblichen Lohngestaltung, insbesondere die Aufstellung von Entlohnungsgrundsätzen und die Einführung und Anwendung von neuen Entlohnungsmethoden und deren Anwendung".
Ihm ist hiermit die materiellrechtliche Möglichkeit gegeben, mehr Lohngerechtigkeit auf betrieblicher Ebene zu erzielen, das heißt es handelt sich um eine Norm, die geeignet ist, im Wege der Gestaltung auf eine bessere Beachtung der Belange der Arbeitnehmerinnen Einfluß zu nehmen[517].
Sofern sich der Betriebsrat und der Arbeitgeber über eine mitbestimmungspflichtige Angelegenheit nicht einigen können, muß von der Einigungsstelle eine für die beiden Parteien verbindliche Entscheidung getroffen werden.
Sofern es nicht um die Erzielung einer Einigung geht, sondern um die Frage des Umfangs eines Mitbestimmungsrechtes, kann jeweils der Umfang des Mitbestimmungsrechtes im arbeitsgerichtlichen Beschlußverfahren nach §§ 2a, 80 ArbGG geklärt werden.

---

[514] Ders., a.a.O. Empirische Untersuchung zu den Verstößen in formularmäßig verwandten Arbeitsverträgen bei Preis: Grundfragen der Vertragsgestaltung im Arbeitsrecht, S. 581; Preis: Kompensation von Ungleichgewichtslagen in der Rechtsprechung der Arbeitsgerichte und Zivilgerichte - ein Vergleich, ArbuR 1994, S. 139-152.
[515] Vgl. Gamillscheg: Durchsetzungsschwächen des Tarifvertrags, ArbuR 1996, S. 355; Däubler: Kollektive Durchsetzung individueller Rechte, S. 311; sowie die Rechtsprechungsübersicht bei Ankersen, JuS 1995, S. 865.
[516] Zu den diesbezüglichen Einschränkungen durch das BAG in dem Beschluß vom 17.10.1989, BAG AP Nr. 53 zu § 112 BetrVG 1972, siehe Däubler: Kollektive Durchsetzung individueller Rechte, ArbuR 1995, S. 310.
[517] Feldhoff in: Der Anspruch auf gleichen Lohn für gleichwertige Arbeit, S. 333-342, beschreibt Fallgruppen, die eine Einflußnahme des Betriebsrats im Rahmen der Mitbestimmung von § 87 Abs. 1 Nr. 10 BetrVG darstellen, bei denen dem Betriebsrat auch ein Initiativrecht zukommt.

Für den Fall, daß der Arbeitgeber gegen Mitbestimmungsrechte aus § 87 BetrVG verstößt, kann der Betriebsrat hiergegen im Wege einer Unterlassungsklage vorgehen[518]. Er kann zudem nach § 23 Abs. 3 BetrVG verfahren.
Ein Verstoß gegen echte Mitbestimmungsrechte (§§ 87 ff. BetrVG) führt bei belastenden Maßnahmen zu deren Unwirksamkeit auch mit Wirkung gegenüber den einzelnen Arbeitnehmern[519].

4.4.3 Recht auf Beteiligung des Betriebsrats im Rahmen der Mitbestimmungsrechte des § 99 Abs. 1 BetrVG

In § 99 BetrVG werden die Mitbestimmungsrechte des Betriebsrats bei personellen Einzelmaßnahmen geregelt.
Nach § 99 Abs. 2 Nr.1 BetrVG kann er seine Zustimmung zu einer Einstellung[520], Eingruppierung[521], Umgruppierung[522] oder Versetzung[523] verweigern, wenn er der Ansicht ist, daß die personelle Maßnahme gegen § 75 BetrVG bzw. das Verbot der Benachteiligung wegen des Geschlechts verstoßen würde[524].
Vom Betriebsverfassungsgesetz ist nach §§ 99 Abs. 4, 101 ein spezielles Verfahren - das Zustimmungsersetzungsverfahren - vorgesehen für den Fall, daß entweder der Betriebsrat seine Zustimmung verweigert oder der Arbeitgeber die Maßnahme ohne die Zustimmung des Betriebsrats vornimmt. Maßstab für das dann durchzuführende arbeitsgerichtliche Verfahren ist hier § 75 BetrVG.

Speziell für die Fälle von Eingruppierungsentscheidungen wurden vom Bundesarbeitsgericht[525] die Rechte des Betriebsrats auf Beteiligung im Verfahren nach §§ 99 Abs. 4, 101 BetrVG genau umrissen.

---

[518] Däubler/Kittner/Klebe-Klebe, § 87 Rn. 306; Fitting/Kaiser/Heither/Engels, § 87 Rn. 335; Fabricius/Kraft/Wiese/Kreutz -Wiese, Bd. II § 87 Rn. 904-907.
[519] Vgl. v. Hoyningen-Huene: Drittbeziehungen in der Betriebsverfassung, in: RdA 1992, S. 355, 359.
[520] Unter Einstellung sind sowohl die Begründung des Arbeitsverhältnisses als auch die zeitlich damit Zusammenfallende, vorhergehende oder auch nachfolgende tatsächliche Arbeitsaufnahme in einem bestimmten Betrieb zu verstehen. Vgl. Däubler/Kittner/Klebe-Kittner § 99 Rn. 37; Fabricius/Kraft/Wiese/Kreutz-Kraft, Bd. II, § 99 Rn. 20; Fitting/Kaiser/Heither/Engels, § 99 Rn. 10.
[521] Die Einstellung ist regelmäßig verbunden mit der ersten Eingruppierung, das heißt mit der ersten Festlegung der für die Entlohnung des/der Arbeitnehmers/in maßgebenden Lohn- beziehungsweise Gehaltsgruppe. Diese ergibt sich zumeist aus dem gültigen Tarifvertrag. Vgl. Fitting/Kaiser/Heither/Engels § 99 Rn. 14; Fabricius/Kraft/Wiese/Kreutz-Kraft, § 99 Rn. 37; Däubler/Kittner/Klebe-Kittner, § 99 Rn. 69.
[522] Unter Umgruppierung versteht man eine Änderung der Einstufung des/der Arbeitnehmers/in innerhalb des für ihn/sie maßgeblichen tariflichen oder betrieblichen Entgeltschemas nach oben oder unten. Vgl. Fabricius/Kraft/Wiese/Kreutz-Kraft § 99 Rn. 46; Fitting/Kaiser/Heither/Engels § 99 Rn. 16; Däubler/Kittner/Klebe-Kittner, § 99 Rn. 75.
[523] Hierunter ist jede nicht nur vorübergehende Zuweisung eines anderen Arbeitsplatzes, das heißt eine andere als des vertraglich vereinbarten Tätigkeitsbereichs im Betrieb zu verstehen. Vgl. Fitting/Kaiser/Heither/Engels § 99 Rn. 21; Fabricius/Kraft/Wiese/Kreutz-Kraft, § 99 Rn. 51; Däubler/Kittner/Klebe-Kittner, § 99 Rn. 86.
[524] Vgl. Däubler/Kittner/Klebe-Berg, § 75 Rn. 27; Fitting/Kaiser/Heither/Engels § 75 Rn. 17.
[525] Es ging bei diesem Fall um eine Eingruppierung geringfügig Beschäftigter in das vorhandene Lohn- und Gehaltstarifsystem, BAGE 60, S. 330 f..

Danach besteht eine Verpflichtung des Arbeitgebers, einen Arbeitnehmer unter Beteiligung des Betriebsrats einzugruppieren[526], wenn die vom Arbeitnehmer zu verrichtende Tätigkeit überhaupt von einer anzuwendenden Lohn- oder Gehaltgruppenordnung erfaßt wurde und der Arbeitnehmer nach dieser Ordnung einen Anspruch auf Vergütung entsprechend der zutreffenden Vergütungsgruppe und damit auch einen Anspruch auf Eingruppierung habe. Der Arbeitgeber ist dann auch gegenüber dem Betriebsrat verpflichtet[527], diesen bei der erforderlich werdenden Eingruppierung zu beteiligen[528].

Allerdings beschränkt sich dieses Recht auf Beteiligung des Betriebsrats auf Fälle der Neueinstellung, der Versetzung und, wenn die maßgebliche Lohn- und Gehaltsgruppenordnung eine Änderung erfahren hat und damit zu entscheiden ist, welchem der neuen Tätigkeitsmerkmale die von dem Arbeitnehmer auszuübende Tätigkeit entspricht. Der Arbeitgeber ist jedoch nicht verpflichtet, in Fällen "schleichender Veränderungen" der Arbeitsbedingungen eine erneute Eingruppierungsentscheidung vorzunehmen, an der der Betriebsrat seine Beteiligung notfalls erzwingen könnte[529].

In diesem Zusammenhang ist nochmals auf die Systematik der Betriebsverfassung hinzuweisen. Danach kommt dem Betriebsrat im Bereich der Mitbestimmung bei den personellen Einzelmaßnahmen nach § 99 BetrVG kein Initiativrecht zu. Vielmehr liegt bei sämtlichen Maßnahmen wie der Einstellung, der Beförderung, der Ein- und Umgruppierung das Initiativrecht beim Arbeitgeber[530]. Das heißt, die Entscheidung, ob eine Umgruppierung vorzunehmen ist, beispielsweise, weil sich das Tätigkeitsbild einer Beschäftigung gewandelt hat, liegt einzig und allein beim Arbeitgeber. Sofern danach der Betriebsrat der Meinung ist, daß die Eingruppierungen bestimmter Arbeitnehmerinnen gegen § 75 BetrVG verstießen, hat er rechtlich keine Handhabe, dies gerichtlich überprüfen und gegebenenfalls korrigieren zu lassen. Lediglich, wenn der Arbeitgeber überhaupt keine Eingruppierung vornimmt, obwohl ein Lohn- und Gehaltssystem existiert, stellt dies eine Verletzung der betriebsverfassungsrechtlichen Verpflichtung des Arbeitgebers dar, deren Beachtung der Betriebsrat gem. §§ 2a, 80 ArbGG im arbeitsgerichtlichen Beschlußverfahren notfalls erzwingen kann[531]. Damit wird § 75 BetrVG entgegen der Meinung von v. Hoyningen-Huene nicht unzulässig ausgeweitet. V.Hoyningen-Huene ist der Meinung[532], der Betriebsrat könne kein Recht auf Eingruppierung einzelner Ar-

---

[526] Nach ständiger Rechtsprechung des BAG (BAG AP Nr. 103, 104 zu § 99 BetrVG; BAG EzA § 99 BetrVG Nr. 122) und der herrschenden Meinung in der Literatur (Däubler/Kittner/Klebe-Kittner § 99 Rn. 67; Fitting/Kaiser/Heither/Engels, § 99 14 b; Fabricius/Kraft/Wiese/Kreutz-Kraft, Bd. II, § 99 Rn. 3) handelt es sich bei der Vornahme der Eingruppierung nicht um eine gestalterische Tätigkeit, bei der die jeweilige Tätigkeit bewertet würde, vielmehr stellt sie lediglich einen Akt der Rechtsanwendung dar. Entsprechend ist das Mitbestimmungsrecht des Betriebsrats zur Eingruppierung lediglich eine Beteiligung an der korrekten Anwendung durch den Arbeitgeber, nicht jedoch eine Mitgestaltung. Vgl. Feldhoff: Der Anspruch auf gleichen Lohn für gleichwertige Arbeit, S. 342, 343.

[527] Das Recht des Betriebsrats gegenüber dem Arbeitgeber auf Vornahme der Eingruppierung resultiert daraus, daß die Eingruppierung sowohl den Interessen der gesamten Belegschaft als auch dem Interesse des von der jeweiligen Eingruppierung betroffenen Arbeitnehmer dient, vgl. BAG-Beschluß v. 20.12.1988 = BAGE 60, S. 330 (343).

[528] BAGE a.a.O.

[529] BAG-Beschluß v. 18.06.1991 in: BB 1991, S. 933 (934).

[530] Vgl. in diesem Zusammenhang auch: v.Hoyningen-Huene in: RdA 1992, S. 355 (363).

[531] Z.T. wird vertreten, daß sich das arbeitsgerichtliche Verfahren nach § 23 Abs. 3 BetrVG richte. Dieses Verfahren ist jedoch als subsidiär gegenüber dem Verfahren nach §§ 2a, 80 ArbGG anzusehen, da das Verfahren nach §§ 2a, 80 ArbGG bessere vollstreckungsrechtliche Möglichkeiten eröffnet, vgl. Fabricius/Kraft/ Wiese/ Kreutz-Kreutz, Bd. II, § 75 Rn. 89.

[532] V. Hoyningen-Huene: Drittbeziehungen in der Betriebsverfassung, in: RdA 1992, S. 355 (362, 363).

beitnehmer einklagen, das den einzelnen Arbeitnehmern gegen die Arbeitgeber selbst nicht zustünde. Es muß hier genau unterschieden werden zwischen dem individuellen Vergütungsanspruch und dem betriebsverfassungsrechtlichen Anspruch. Der individuelle Vergütungsanspruch beinhaltet bei Vorhandensein eines entsprechenden Eingruppierungssystems auch einen Anspruch auf Vornahme der entsprechenden Eingruppierung, er existiert jedoch nicht als eigener Eingruppierungsanspruch (insbesondere bei nicht vorhandenen Eingruppierungssystemen).

Im Unterschied dazu stellt die Nichtvornahme einer Eingruppierung unter den oben beschriebenen Umständen eine Verletzung der betriebsverfassungsrechtlichen Pflichten des Arbeitgebers gegenüber dem Betriebsrat dar. Deren Einhaltung durchzusetzen, ist Aufgabe und Recht des Betriebsrats.

4.4.4 Das Zustimmungsersetzungsverfahren nach § 99 Abs. 4 BetrVG und die Bedeutung eines Urteils für das Verhältnis zwischen Arbeitgeber und Arbeitnehmer

Vor dem Hintergrund der hier interessierenden Suche nach Möglichkeiten kollektiver Sicherung individueller Rechte der Arbeitnehmerinnen sei in diesem Zusammenhang auf eine neuere Entscheidung des BAG[533] in einem Zustimmungsersetzungsverfahren eingegangen, in der das BAG von einer begrenzten Bindungswirkung des Urteils, das zwischen Arbeitgeber und Betriebsrat ergangen ist, auch für das Verhältnis zwischen Arbeitgeber und Arbeitnehmer ausgeht.

In dem Verfahren ging es um die Frage, ob der Betriebsrat die Korrektur einer Eingruppierung vom Arbeitgeber verlangen kann, nachdem der Antrag des Arbeitgebers auf Ersetzung der vom Betriebsrat verweigerten Zustimmung rechtskräftig abgewiesen worden war.

In dem Verfahren hat das BAG entschieden, daß, „soweit im Zustimmungsersetzungsverfahren nach § 99 Abs. 4 BetrVG eine bestimmte Entgeltgruppe als zutreffend ermittelt oder als unzutreffend ausgeschlossen wurde, der Arbeitnehmer seinen Entgeltanspruch unmittelbar auf die gerichtliche Entscheidung stützen kann. Insoweit ist sein Anspruch nicht von einer weiteren Prüfung der tariflichen Eingruppierungsvoraussetzungen abhängig“[534].

„Wenn ein Zustimmungsersetzungsverfahren nach § 99 Abs. 4 BetrVG stattgefunden hat, ist eine gerichtlich als zutreffend festgestellte Eingruppierung für den Arbeitgeber im Verhältnis zu dem betroffenen Arbeitnehmer verbindlich“[535].

Mit dieser Entscheidung bringt das BAG zum Ausdruck, daß der Betriebsrat als Organ der betrieblichen Interessenvertretung der Arbeitnehmer zum effektiven Schutz der Arbeitnehmer auch Möglichkeiten bedarf, die die Durchsetzung der Individualinteressen der Arbeitnehmer stützen. Dies gilt auch für die Individual- und erst recht für die Gruppeninteressen der Arbeitnehmerinnen.

Solange ihm aber im Bereich der personellen Einzelmaßnahmen kein Initiativrecht im Rahmen des § 99 BetrVG zukommt, sind die Möglichkeiten des Betriebsrats, sich für die Interessen der Arbeitnehmerinnen bei der Beseitigung von Benachteiligungen im Bereich der Entlohnung einzusetzen auf ein Minimum beschränkt.

---

[533] BAG-Beschluß v. 03.05.1994, BAGE Bd. 77 Nr. 1, siehe diesbezüglich auch die Besprechung bei Feldhoff: Der Anspruch auf gleichen Lohn für gleichwertige Arbeit, S. 347, 348.
[534] BAGE Bd. 77 Nr. 1, S. 1 Nr. 3.
[535] BAGE a.a.O., S. 10.

4.4.5 Die Einführung von § 80 Abs. 1 Nr 2 a BetrVG

Mit dem zweiten Gleichberechtigungsgesetz[536] wurden auch Änderungen des Betriebsverfassungsgesetzes verabschiedet. Der Gesetzgeber hat also durchaus Handlungsbedarf hinsichtlich der Rolle des Betriebsrats bei der Verwirklichung von mehr tatsächlicher Gleichberechtigung, das heißt nicht nur der formalen Gleichstellung der Frauen in Gesetzen, gesehen. So gehört nunmehr nach dem neu eingefügten Nr. 2a zu den allgemeinen Aufgaben des Betriebsrats nach § 80 Abs. 1 BetrVG „die Durchsetzung der tatsächlichen Gleichberechtigung von Frauen und Männern, insbesondere bei der Einstellung, Beschäftigung, Aus-, Fort- und Weiterbildung und dem beruflichen Aufstieg zu fördern." Wie der Betriebsrat diese Aufgabe umsetzen kann, bleibt offen. Insbesondere sind ihm hierfür keine Handlungsinstrumentarien mit an die Hand gelegt. Fitting/Kaiser spricht insofern von einer „Klarstellung, die dem Betriebsrat seine besondere Aufgabe noch einmal klarmachen soll". Was durch die einzelnen Ergänzungen im Betriebsverfassungsgesetz geschehen ist, erfüllt somit lediglich eine Feigenblattfunktion und gibt keinerlei nutzbare Rechte für den Betriebsrat.

4.4.6 Feststellungs- und Unterlassungsklagen bei Verstoß gegen § 75 BetrVG

Gemäß § 75 Abs. 1 S. 1 BetrVG sind der Betriebsrat und die Arbeitgeber verpflichtet, bei der Behandlung der im Betrieb tätigen Personen[537] die Grundsätze von Recht und Billigkeit zu wahren, insbesondere darüber zu wachen, daß jede unterschiedliche Behandlung von Personen wegen ihrer Abstammung, Religion, Nationalität, Herkunft, politischer oder gewerkschaftlicher Betätigung oder Einstellung oder wegen ihres Geschlechts unterbleibt. Der Gleichbehandlungsgrundsatz verbietet es dem Arbeitgeber, einzelne Arbeitnehmer/innen aus sachfremden Gründen gegenüber anderen in vergleichbarer Lage befindlichen Arbeitnehmer/innen ungleich zu behandeln[538].

§ 75 Abs. 1 S. 1 BetrVG verlangt ein positives Eintreten der Normadressaten für diesen Grundsatz[539].

Nach ganz herrschender Meinung handelt es sich bei § 75 BetrVG um einen der Grundsätze der Betriebsverfassung, wie schon die Überschrift - "Grundsätze der Behandlung der Betriebsangehörigen" - zu erkennen gibt. Die hier formulierte Überwachungsaufgabe ist für den Betriebsrat und die Arbeitgeber verbindlich[540], ihre Beachtung soll sich grundlegend auf die Ordnung des Betriebs auswirken. Normadressaten des Gesetzes sind Arbeitgeber und Betriebsrat, nicht jedoch der/die einzelne im Betrieb tätige Arbeitnehmer/in. Das heißt, es ist eine kollektiv-rechtliche Regelung. Allerdings wirken sich die Pflichten der Arbeitgeber und des Betriebsrats mittelbar auf die Arbeitnehmer aus. Arbeitgeber und Betriebsrat müssen die Grundsätze von Recht und Billigkeit nicht nur bei ihrem eigenen Verhalten beachten, sondern darauf achten, daß sie von allen Betriebsangehörigen befolgt werden[541] und bei Verstößen auf Abhilfe hinwirken.

---

[536] Vom 24. 06.1994 BGBl. I, S. 1406.

[537] Die h.L. faßt den Begriff der im Betrieb tätigen Personen im Unterschied zu § 75 Abs. 2 BetrVG sehr weit. Danach fallen hierunter über § 5 Abs.1 BetrVG hinaus Arbeitnehmer, die im Betrieb tätig sind, ohne ihm anzugehören, sowie Personen nach § 5 Abs. 2, 3, 4, vgl. Dietz/Richardi § 75 Rn. 6; Fitting//Kaiser/Heither/Engels § 75 Rn. 8.

[538] Vgl. Fitting/Kaiser/Heither/Engels, § 75 Rn. 22.

[539] Ders. a.a.O., Rn. 21.

[540] Dietz/Richardi, § 75 Rn. 8; Galperin/Löwisch, § 75 Rn. 35; Fabricius/Kraft/Wiese/Kreutz-Kreutz, Bd. II § 75 Rn. 3; Handbuch ArbR, Bd. 3, v. Hoyningen-Huene, § 293 Rn. 65.

[541] Handbuch ArbR, Band 3, v. Hoyningen-Huene, § 293 Rn. 68.

Neben den Überwachungspflichten für Arbeitgeber und Betriebsrat enthält § 75 BetrVG auch Überwachungsrechte. Die beiden Adressaten von § 75 BetrVG sind auch berechtigt, bei Verstößen gegen die Grundsätze von Recht und Billigkeit, bzw. die besonderen Grundsätze von § 75 Abs.1 S.1, 2. HS, gerichtlich durchsetzbar Abhilfe zu verlangen.
Verstößt eine Vereinbarung zwischen Arbeitgeber und Betriebsrat gegen § 75 BetrVG, kann der Betriebsrat (genauso natürlich der Arbeitgeber) im Wege der Feststellungs- oder Unterlassungsklage, notfalls auch im Wege der einstweiligen Verfügung, im arbeitsgerichtlichen Beschlußverfahren nach §§ 2a, 80 ArbGG dagegen vorgehen. Bei groben Verstößen kommt auch ein Verfahren nach § 23 Abs. 3 BetrVG in Betracht. Verstößt die Bestimmung gegen § 75 BetrVG, so ist sie nichtig. Ein Verstoß gegen § 75 BetrVG hat hingegen nicht die Nichtigkeit einer individual-rechtlichen Vereinbarung, d.h. der Arbeitsverträge etwaiger betroffener Arbeitnehmerinnen, zur Folge.
In bezug auf die hier interessierenden Diskriminierungen kommen als Klagegegenstand lediglich Betriebsvereinbarungen in Betracht, die bereits seit längerer Zeit in Kraft sind, die jedoch nach dem heutigen Verständnis zur Gleichberechtigung, das heißt bei Auslegung unter Berücksichtigung beispielsweise der Rechtsprechung des EuGH zur mittelbaren Diskriminierung, einen Verstoß gegen § 75 BetrVG darstellen. Für neu zu schließende Betriebsvereinbarungen haben Betriebsrat und Arbeitgeber gemäß § 75 BetrVG auf die Beachtung der gleichen Behandlung der Geschlechter zu achten.

Selbst wenn das Arbeitsgericht einen Verstoß gegen § 75 BetrVG feststellen sollte, bewirkt dies unmittelbar nichts für etwaig betroffene Arbeitnehmerinnen. Der Betriebsrat könnte die Einhaltung nicht erzwingen, die Arbeitnehmerinnen müßten selber klagen, um beispielsweise eine Anpassung ihres Lohns zu erreichen.
Eine Rechtskrafterstreckung auch auf die Fälle betroffener Arbeitnehmer wäre also nur über eine Gesetzesänderung möglich. Ganz unbenommen bleibt es dem Betriebsrat, auf die Beseitigung diskriminierender Regelungen im Betrieb durch Druck auf die Arbeitgeber hinzuwirken. Dies gebietet § 75 BetrVG allemal.

4.4.7 Zusammenfassung

Die Darstellung hat gezeigt, daß für die hier interessierende Frage insbesondere der effektiveren Nutzung von Möglichkeiten des Betriebsrats zugunsten benachteiligter Arbeitnehmerinnen derzeit aufgrund des fehlenden Initiativrechts des Betriebsrats wenig Raum ist.
Mit § 80 Abs. 2 BetrVG ist dem Betriebsrat die Möglichkeit eingeräumt, vom Arbeitgeber die Zurverfügungstellung seiner Unterlagen, sowie Einblick in die Listen über Bruttolöhne und -gehälter zu verlangen. Dem Betriebsrat sind hierbei unter anderem der monatliche Stellenplan, personelle Zielvorstellungen, Stellenbesetzungspläne mit dem aktuellen tatsächlichen Personalstand, sowie Unterlagen über die Kriterien unter- beziehungsweise außertariflicher Lohnzahlungen, Leistungszulagen oder Einmalzulagen oder Nachweise über die Durchführung gesetzlicher Vorschriften zur Verfügung zu stellen[542]. Das Einsichtsrecht in die Bruttolöhne und -gehälter beinhaltet zwar nicht die Möglichkeit, sich die Listen aushändigen zu lassen, aber die Möglichkeit, sich Notizen zu machen[543].

---

[542] Gnade/Kehrmann/Schneider/Blanke/Klebe, § 80 Rn. 15-17.
[543] Gnade/Kehrmann/Schneider/Blanke/Klebe, § 80 Rn. 18-19.

Diese Rechte könnten wesentlich effektiver genutzt werden, wenn dem Betriebsrat ein Initiativrecht zukäme, um Veränderungen im Bereich der personellen Einzelmaßnahmen gerichtlich durchzusetzen. Der Betriebsrat könnte sich beispielsweise durch den Einblick in die Lohn- und Gehaltslisten die nötigen Informationen besorgen, und dieses Material entsprechend in seiner Prozeßführung nutzen.

4.5 Fälle gesetzlicher Prozeßstandschaft im Arbeitsrecht: § 25 Heimarbeitsgesetz[544]

Mit dem Heimarbeitsgesetz vom 14.3.1951[545] gibt es ein Gesetz, das das jeweilige Bundesland dazu ermächtigt, in gesetzlicher Prozeßstandschaft für in Heimarbeit Beschäftigte einen Anspruch auf Nachzahlung eines Minderbetrags einzuklagen, ohne von den in Heimarbeit Beschäftigten beauftragt worden zu sein. Diese Klage kann sogar gegen den ausdrücklichen Willen der in Heimarbeit Beschäftigten oder der ihnen Gleichgestellten erfolgen[546]. Ein so erstrittenes Urteil entfaltet gemäß § 25 S. 2 HAG Bindungswirkung für die davon betroffenen Heimarbeiter.

Heimarbeiter ist gemäß der Legaldefinition von § 2 Abs. 1 S. 1 HAG, wer in selbstgewählter Arbeitsstätte allein oder mit seinen Familienangehörigen im Auftrag von Gewerbetreibenden oder den Auftrag mittelnden Zwischenmeistern erwerbsmäßig arbeitet, jedoch die Verwertung des Arbeitsergebnisses den Gewerbetreibenden überläßt. Die in Heimarbeit Beschäftigten nehmen eine Zwischenstellung zwischen selbständigen Unternehmern und unselbständigen Arbeitnehmern ein, man spricht hier von einem Rechtsverhältnis von arbeitnehmerähnlichen Personen[547]. Dadurch, daß sie zwar die Arbeit zu Hause ausführen können und sich ihre Arbeitszeit frei einteilen können, aber von ihren Auftraggebern wirtschaftlich abhängig sind, und die hergestellte Ware auch nicht selbst vertreiben, sind sie von anderen Gesetzen nicht erfaßt. Zugleich sind sie jedoch besonders schutzbedürftig, und diese Schutzbedürftigkeit wurde schon früh erkannt. Das erste Hausarbeitsgesetz wurde am 20.12.1911 erlassen[548]. Die besondere Schutzbedürftigkeit der Heimarbeiter rührt zum einen aus ihrem Unvermögen, sich gewerkschaftlich zu organisieren, zum anderen aus ihrer höchst unübersichtlichen Struktur. Gerade die in Heimarbeit Beschäftigten sind konjunkturellen Schwankungen in besonders starkem Maß ausgesetzt[549]. Die Bedingungen, unter denen Heimarbeit geleistet wird, sind mit der Gefahr der Ausbeutung und der unsozialen und ungerechten Behandlung verbunden[550].

---

[544] Wortlaut § 25 HAG: Klagebefugnis der Länder:
Das Land, vertreten durch die oberste Arbeitsbehörde oder die von ihr bestimmte Stelle, kann im eigenen Namen den Anspruch auf Nachzahlung des Minderbetrags an den Berechtigten gerichtlich geltend machen. Das Urteil wirkt auch für und gegen den in Heimarbeit Beschäftigten oder den Gleichgestellten.

[545] Geändert durch Gesetz vom 29.10.1974, zuletzt geändert durch Gesetz vom 07.10.1993, BGBl. I, S. 1668.

[546] Brecht, § 25 Rn. 8.

[547] Münchener Handbuch Arbeitsrecht, Band 2, Individualarbeitsrecht II, Heenen, § 231 Rn. 8; Otten: Heimarbeit - ein Dauerrechtsverhältnis eigener Art, NZA 1995, S. 289; er bezeichnet die Heimarbeiter als eine Sondergruppe von arbeitnehmerähnlichen Personen.

[548] Nachweise zur Entwicklung des Heimarbeits- und später Heimarbeitsgesetzes bei Holtschmidt: Die Gleichstellung nach dem Heimarbeitsgesetz, S. 3-13 (Heimarbeitslohngetz v. 23.06.1923, Gesetz über Heimarbeit v. 23.03.1934).

[549] Vgl. Münchener Handbuch Arbeitsrecht, Band 2, Individualarbeitsrecht II, Heenen, § 231 Rn. 1.

[550] Brecht: HAG, Einführung, S. 29.

Bezeichnenderweise - und damit auch besonders in diesen Kontext passend - wird die Heimarbeit zu über 80 % von Frauen ausgeübt[551].
Das Gesetz sieht die Bildung von sogenannten Heimarbeiterausschüssen (§ 4 HAG) vor, die wie Tarifvertragsparteien insbesondere auf das Zustandekommen von Tarifverträgen und die bindende Festsetzung von Entgelten (§ 18 HAG) hinwirken sollen. Gleichzeitig wird von besonderen Entgeltprüfern (§ 23 HAG) staatlich überwacht, daß die Schutzbestimmungen des Gesetzes auch wirklich eingehalten werden. Das Gesetz sieht als allgemeine Schutzbestimmung eine Listenführung der Arbeitgeber über die in Heimarbeit Beschäftigten vor (§ 6 HAG), eine Mitteilungspflicht an die Oberste Arbeitsbehörde des Landes (§ 7 HAG) über die Beschäftigung von Heimarbeitern, sowie das Führen von Entgeltverzeichnissen (§ 18 HAG) und die Ausgabe von Entgeltbelegen an die Heimarbeiter (§ 9 HAG). Die mit der Festsetzung und Überwachung von Entgelten beauftragten Stellen haben zur Durchführung ihrer Aufgaben Auskunfts- und Vorlagerechte (§ 28 HAG). Die Entgeltprüfer haben das Recht, die Arbeitgeber unter Fristsetzung zur Nachzahlung und Vorlage der Zahlungsnachweise aufzufordern (§ 24 HAG). Sofern der Arbeitgeber dieser Aufforderung nicht nachkommt[552], kann das Land von der Klagemöglichkeit des § 25 HAG Gebrauch machen. Dabei erfolgt jedoch von den Entgeltprüfern eine genaue Abwägung im Interesse des Erhalts der Arbeitsplätze von in Heimarbeit Beschäftigten, ob im Einzelfall tatsächlich Klage gegen den jeweiligen Arbeitgeber zu erheben ist oder, ob der Versuch einer außergerichtlichen Einigung vorzuziehen ist oder, ob keine rechtlichen Schritte zu unternehmen sind. Laut Auskunft beispielsweise des hessischen Ministeriums für Frauen, Arbeit und Sozialordnung werden zwar Verstöße gegen das Heimarbeitsgesetz nicht hingenommen, sondern es wird gegebenenfalls geklagt, aber die Entgeltprüfer sind sich dabei über ihre Verantwortung in bezug auf den Erhalt von Arbeitsplätzen in Heimarbeit Beschäftigter bewußt. In Hessen beläuft sich die durchschnittliche Anzahl der jährlich geführten Heimarbeitsklagen auf drei bis vier Verfahren. Der Rest erledigt sich außergerichtlich.

4.5.1 Rechtsnatur der Klagebefugnis

Es handelt sich um einen Fall der gesetzlichen Prozeßstandschaft[553]. Das Land ist zur Klage ermächtigt, obwohl materiell-rechtlich der Anspruch der Heimarbeiterin/dem Heimarbeiter zusteht. Es handelt sich somit um ein Auseinanderfallen von Aktivlegitimation und Prozeßführungbefugnis[554]. Die Klageerhebung ist auch nicht an die spezielle Ermächtigung durch den/die Heimarbeiter/in gebunden. Vielmehr kann die Klage selbst gegen den ausdrücklichen Willen der/des Heimarbeiterin/s erhoben werden. Das Land klagt auf Zahlung an den/die Berechtigte/n[555]. Ob das Land im jeweiligen Einzelfall von seiner Klagemöglichkeit Gebrauch machen möchte, steht in seinem Ermessen.

---

[551] Vgl. Münchener Handbuch Arbeitsrecht, Band 2, Individualarbeitsrecht II, Heenen, § 231, Rn. 4 m.V.a. eine Auskunft des BMA.

[552] Die Durchführung eines Nachforderungsverfahrens gehört nach h. M. nicht zu den Zulässigkeitserfordernissen nach § 25 HAG, vgl. Brecht, HAG, § 25 Rn. 7.

[553] Münchener Kommentar ZPO, Bd.1, Lindacher, Vor § 50 Rn. 47.

[554] Die Klageerhebung des Landes stellt gegenüber dem/der Heimarbeiter/in einen Verwaltungsakt dar. Der/Die Heimarbeiter/in ist berechtigt, auch daneben selbst Klage zu erheben, vgl. Brecht § 25 Rn. 10, 27.

[555] Im Rahmen der Prozeßführungsbefugnis kann das Land auch auf Feststellung oder Rechnungslegung klagen.

4.5.2 Rechtswirkungen

Das in einem Verfahren nach § 25 HAG erstrittene Urteil erzeugt Rechtskraft zwischen den Prozeßparteien, das heißt zwischen dem klagenden Land und dem beklagten Auftraggeber oder Zwischenmeister[556]. Gemäß § 25 S. 2 HAG entfaltet es darüber hinaus Rechtskrafterstreckung für den/die betroffene Heimarbeiter/in.

Das Land ist berechtigt, in eigenem Namen ein fremdes Recht einzuklagen. Diese prozeßrechtliche Konstruktion trägt dem Bedürfnis Rechnung, in speziellen Fällen Klagen selbst dann führen zu können, wenn der/die Kläger/in nicht selbst Inhaber des Rechts ist[557]. Auch wenn in den Fällen der gesetzlichen Prozeßstandschaft nicht ohne weiteres eine Rechtskrafterstreckung auf den Rechtsinhaber erfolgt[558], so ist dies bei den Heimarbeitern in § 25 S. 2 HAG ausdrücklich vorgesehen.

Das gesamte Gesetz soll dem Schutz der Heimarbeiter/innen dienen. Dem Land wird die Möglichkeit eingeräumt, einen Prozeß für die Heimarbeiter/innen zu führen, weil man davon ausgeht, daß nur auf diese Weise die Einhaltung der Schutzbestimmungen des Heimarbeitergesetzes garantiert werden können und nur so die Entgelte von den Auftraggebern an die Heimarbeiter/innen tatsächlich gezahlt werden. Es ist daher nur konsequent, wenn die im Interesse der Heimarbeiter/innen geführten Prozesse sich durch die Rechtskraft des Urteils auch auf diese erstrecken.

Das Land, vertreten durch die Oberste Arbeitsbehörde, nimmt die Aufgabe wahr, Rechte von für besonders schutzbedürftig Befundenen zu überwachen, und gegebenenfalls gerichtlich durchzusetzen. Die Oberste Arbeitsbehörde des Landes besitzt spezielle Befugnisse im Interesse der Schutzbedürftigen[559].

Das Gesetz verankert die Pflicht der Arbeitgeber, Listen zu erstellen, aus denen sich die beschäftigten Heimarbeiter/innen sowie der ihnen zu zahlende Lohn ergeben, sowie ihre Pflicht, Auskünfte über die in Heimarbeit Beschäftigten an das Land, vertreten durch die Oberste Arbeitsbehörde, zu erteilen[560].

Nach dem Heimarbeitsgesetz ist Rechtskrafterstreckung nur auf eine Person und nicht auf eine ganze Gruppe von Heimarbeiterinnen möglich[561]. Bei den Heimarbeiter/innen wäre jedoch eine Rechtskrafterstreckung auf eine ganze Gruppe von Heimarbeiter/innen deshalb nur sehr schwer möglich, weil die Tätigkeiten der einzelnen Heimarbeiter/innen äußerst verschieden sind oder zumindest sein können. Vergleichbare Tätigkeiten werden unter Umständen für verschiedene Auftraggeber und damit unterschiedliche Klagegegner ausgeführt, oder ein Auftraggeber läßt sich ganz unterschiedliche Heimarbeiten produzieren, so daß die jeweiligen Heimarbeiter/innen unterschiedliche Klagebegehren hätten.

---

556 Als dem Prozeßführungsbefugten steht dem Land auch die Entscheidung über die Einlegung von Rechtsmitteln und die Durchführung der Zwangsvollstreckung zu (Brecht, § 25 Rn. 30, 32).

557 Weitere Beispiele für gesetzliche Prozeßstandschaft: Konkursverwalter, Testamentsvollstrecker, Nachlaßverwalter, Prozeßführungsbefugnis des streitbefangenen Veräußerers (§ 265 ZPO).

558 Münchener Kommentar ZPO, Bd. 1, Lindacher, Vor § 50 Rn. 54; Gottwald, § 325 Rn. 45.

559 Diese Rechte sind durchaus den Befugnissen der amerikanischen EEOC ähnlich. Vgl. unten, Kap. 5.1.3,5.1.4.

560 Dies entspricht den Pflichten der Arbeitgeber gegenüber der EEOC zu „records and reports", s. unten, Kap. 5.1.4.1.

561 Im Unterschied hierzu existiert im amerikanischen Recht die Möglichkeit, bei Klagen der EEOC nach Title VII eine Rechtskrafterstreckung auf die ganze Gruppe betroffener Arbeitnehmerinnen zu erzielen. Vgl. unten Kap. 5.1.5.2.2.3.

Wichtig erscheint festzuhalten, daß im deutschen Arbeitsrecht bereits 1951 ein Gesetz eingeführt wurde, das behördliche Kontroll- und Auskunftspflichten zum Schutz einer bestimmten Gruppe von Arbeitnehmer/innen normiert hat. Der Gesetzgeber hielt es damals zusätzlich für erforderlich, den Schutz der Heimarbeiter/innen durch eine behördliche Klagemöglichkeit mit Rechtskrafterstreckung auf die in Heimarbeit Beschäftigten zu sanktionieren. Dies zeigt, daß der Gedanke einer staatlichen Schutzbehörde im Arbeitsrecht speziell in einem Bereich, in dem Frauen besonders schutzbedürftig sind, bereits gesetzlich verankert ist. Daß das Heimarbeitsgesetz nicht in der Intention erlassen wurde, gerade Frauen helfen zu wollen, schadet dabei nicht. Denn es sollte die als besonders schützenswert angesehene Heimarbeit erfassen, die jedoch nahezu ausschließlich von Frauen ausgeübt wird, und diese damit schützt.

4.6 Zusammenfassung

Im Rückblick auf dieses Kapitel, das die im geltenden deutschen Recht vorhandenen Möglichkeiten zur kollektiven Unterstützung der Arbeitnehmerinnen zum Gegenstand hatte, ist festzuhalten: Die Frauenbeauftragten des Bundes, der Länder und Kommunen besitzen eher eine Feigenblattfunktion, als daß sie mit effektiven Mitteln zur Beseitigung von Diskriminierungen ausgestattet wären. Sie besitzen keine Kompetenz, um die in den Frauenförderplänen oder Gleichstellungsgesetzen geforderten Gleichstellungsverpflichtungen notfalls gerichtlich zu erzwingen. Dadurch, daß ihre Befugnisse sich nur auf den Bereich des öffentlichen Dienstes erstrecken, besitzen sie keinerlei Kompetenz, um bei Lohndiskriminierungen im gesamten Sektor der Privatwirtschaft irgendwelchen Einfluß auszuüben. Darüber hinaus sind die Möglichkeiten der Gewerkschaften, sich für die Belange der Arbeitnehmerinnen verstärkt einzusetzen, sehr begrenzt.

Die Verbandsklagen nach § 13 UWG und § 13 AGBG stellen eine durchaus interessante Klageform dar. Denn es geht um eine verbesserte Sanktionierung eines staatlicherseits als besonders schützenswert befundenen Allgemeininteresses. Allerdings wirkt gemäß § 325 ZPO ein Urteil immer nur inter partes, das heißt zwischen den am Rechtsstreit beteiligten Personen. Auch bei einer Verbandsklage erstreckt sich das Urteil demnach auf die Parteien des Rechtsstreits und nicht auf die Verbandsmitglieder.

Als einzige Klageform mit Breitenwirkung existiert die Feststellungsklage nach § 9 TVG. Mit dieser Klage können die Gewerkschaften Fragen, die Gültigkeit und Inhalt eines Tarifvertrags betreffen, arbeitsgerichtlich klären lassen. Für die hier interessierenden Fallgruppen sind sie jedoch nur sehr eingeschränkt nutzbar, da sie einerseits die Fälle von Verstößen gegen Tarifverträge durch einzelne Arbeitgeber überhaupt nicht betreffen, und andererseits den betroffenen Arbeitnehmerinnen in den Fällen, in denen sie anwendbar sind, auch nicht unmittelbar helfen können. Solche Feststellungsurteile bedürfen noch der Umsetzung durch die jeweiligen Arbeitgeber. Diese können die Gewerkschaften jedoch nicht durch Klagen gegen die jeweiligen Arbeitgeber erzwingen[562]. Die Klägerinnen müssen sonst den Inhalt des Feststellungsurteils in einer eigenen Leistungsklage gegen den Arbeitgeber erzwingen. Die diesbezüglichen Hindernisse wurden bereits hinlänglich beschrieben.

Nach Ansicht von Kempen/Zachert belege die bisherige Zurückhaltung der einzelnen Arbeitnehmer bei der Durchsetzung des Tarifvertrags die Notwendigkeit einer eigenen gewerkschaftlichen Klagebefugnis, weil die einzelnen Arbeitnehmer nicht auf eine Durchsetzung

[562] S.o. 4.3.2. Die einzige Möglichkeit besteht in der Einwirkungsklage gegen den Arbeitgeberverband, die allerdings nur sehr beschränkt wirkungsvoll ist.

ihrer tarifvertraglichen Rechte verzichten wollen, sondern sich hierzu nur nicht im Stande sehen[563].
Die Zweifel insbesondere des Bundesarbeitsgerichts hinsichtlich der Zulässigkeit einer Klage durch die Gewerkschaften in gewillkürter Prozeßstandschaft wurden ausführlich beschrieben[564]. Auch wenn das Bundesarbeitsgericht von einer Unzulässigkeit der Klagen in gewillkürter Prozeßstandschaft ausgeht, wird vorliegend die Meinung vertreten, daß eine solche Prozeßführung zulässig ist. Ein Prozeßstandschaftsrecht ist jedoch gerade kein ausreichendes Druckmittel, um wirklich durchschlagende Veränderungen bewirken zu können. Es würde die betroffenen Arbeitnehmerinnen nur von der Prozeßführung selbst und in finanzieller Hinsicht entlasten. Denn ein Prozeßstandschaftsrecht bleibt immer an den individuellen Anspruch gekoppelt und ist insofern nicht mit einer Breitenwirkung im eigentlichen Sinn verbunden.
Darüber hinaus wurde bereits angesprochen, daß ein Prozeßstandschaftsrecht der Gewerkschaften nur für Gewerkschaftsmitglieder überhaupt in Betracht kommt. Eine Prozeßführung jeweils nur für Gewerkschaftsmitglieder führt zu dem unbefriedigenden Ergebnis, daß Nicht-Gewerkschaftsmitglieder ohnehin auf die Individualklage beschränkt bleiben.

Auch eine Betriebsratsklage in dem Sinne, daß der Betriebsrat bei Verstößen gegen den Grundsatz des gleichen Lohns für „gleiche" oder gleichwertige Arbeit Klage für betroffene Arbeitnehmerinnen erheben könnte, gibt es nicht. Dem Betriebsrat fehlt nach der Rechtsprechung des Bundesarbeitsgerichts das Initiativrecht, um entsprechende Klagen aus eigenem Recht zu führen. Der Betriebsrat hat in diesem Zusammenhang auch nicht die Möglichkeit, gem. § 80 Abs. 2 BetrVG vom Arbeitgeber zu verlangen, entsprechende Unterlagen zur Verfügung zu stellen, sowie Einblick in die Listen über Bruttolöhne und -gehälter der Arbeitnehmerinnen und Arbeitnehmer zu erzwingen.
Eine Prozeßführung in Prozeßstandschaft durch den Betriebsrat ist nach Auffassung des BAG unzulässig.
Schließlich wurde noch die Klage in gesetzlicher Prozeßstandschaft nach § 25 Heimarbeitsgesetz behandelt, die eine im deutschen Recht bereits vorhandene Möglichkeit darstellt, im eigenen Namen fremde Rechte mit Wirkungen gegenüber dem/der Rechtsinhaber/in zu erheben. Allerdings sieht auch diese Klagemöglichkeit keine Rechtskrafterstreckung auf Mehrere, das heißt eine Gruppe, vor. Vielmehr stellt sie eine Form einer im deutschen Recht bereits vorhandenen Behördenklage für Angehörige einer als besonders schutzwürdig befundenen Gruppe dar.
Das Arbeitsrecht stellt demzufolge bislang keine prozessualen Möglichkeiten zur Verfügung, um insbesondere dem kollektiven Interesse von benachteiligter Arbeitnehmerinnen im Bereich Entgelt effektiv zur Durchsetzung zu verhelfen.

---

[563] Kempen/Zachert, § 4 Rn. 92, 93 mit Verw. auf eine Untersuchung von Ramm aus dem Jahr 1970, nach der 80% aller gewerkschaftlich organisierten Arbeitnehmer erst nach Beendigung des Arbeitsverhältnisses gegen ihren Arbeitgeber prozessieren.
[564] Vgl. oben 4.3.5.2.

5 Ausländische Beispiele zur Durchsetzung der Lohngleichheit

Das vorangegangene Kapitel hat auf die Frage nach effektiven prozessualen Möglichkeiten zur Durchsetzung insbesondere der kollektiven Interessen von Benachteiligung betroffener Arbeitnehmerinnen im Bereich Entgelt im deutschen Arbeitrecht zu keinen abschließend befriedigenden Antworten geführt.
In dem nun folgenden Kapitel soll das Mittel der Rechtsvergleichung dazu genutzt werden, Lösungsansätze anderer Länder – hier insbesondere der USA, aber auch Großbritanniens, Schwedens sowie der Schweiz – vorzustellen, und in die hier behandelte Fragestellung einzubeziehen.

Bevor auf die einzelnen Länder und deren vorgesehene Durchsetzungsmöglichkeiten eingegangen wird, soll zunächst eine Typisierung der Arten von Durchsetzung der Lohngleichheit gegeben werden. Dadurch kann später besser verglichen und so festgestellt werden, welche die jeweils größten Besonderheiten beziehungsweise Unterschiede der einzelnen Länder sind.
Eine grobe Unterteilung kann durch die Unterscheidung einerseits nach klagevermeidenden schlichtenden Maßnahmen und andererseits nach Klageverfahren vorgenommen werden.
Bei den klagevermeidenden Maßnahmen wird eine intermediäre Institution tätig, deren Aufgabe darin liegt, auf die Vermeidung beziehungsweise Beseitigung von Diskriminierungen bei Löhnen hinzuwirken. Es gibt sowohl unspezialisierte als auch spezialisierte Institutionen wie beispielsweise die Gewerkschaften als unspezialisierte und die Equal Employment Opportunity Commission in USA und Großbritannien als spezialisierte[565]. Je nachdem, wie detailliert die Möglichkeiten dieser Organisationen festgelegt sind und wie stark der Einfluß dieser Institution politisch und gesellschaftlich in den einzelnen Ländern ist, kann der Wirkungsgrad dieser Maßnahmen mindestens ebenso hoch sein wie der von gerichtlichen Durchsetzungsmöglichkeiten.
Sofern Schlichtungsverhandlungen und -bemühungen vorgesehen sind und diese zu keinem Erfolg führen, kommt zur Klärung und Beseitigung der Streitigkeit nur noch eine gerichtliche Auseinandersetzung in Betracht.
Hierbei gibt es mehrere Klagearten mit unterschiedlichen Rechtsfolgen: die Individualklage, die Gruppenklage („class actions“), eine besondere Klageform in den USA, bei der aus einer Gruppe gleichermaßen Betroffener nur eine/r klagt, jedoch mit Rechtswirkung für die ganze Gruppe. Schließlich gibt es in den verschiedenen Ländern eine Institutions- (Gleichberechtigungsombudsmann in Schweden), Verbands- (Schweiz) oder Behördenklage (vor allem in den USA), bei der im eigenen Namen Rechte eingeklagt werden können, zum Teil mit Rechtswirkungen für die Betroffenen.

[565] Erwähnenswert in diesem Zusammenhang sind auch spezifische Schlichtungsmethoden, wie sie in Italien und Japan von sogenannten örtlichen „Drei Parteien“- Kommissionen geführt werden, die für die Schlichtung von Streitigkeiten im Zusammenhang mit Arbeitsverhältnissen zuständig sind. Diese Art von Schlichtungsinstitution ist in manchen Regionen dort die verbreiteste Möglichkeit zur Schlichtung und Beseitigung von Streitigkeiten im Zusammenhang mit Arbeitsverhältnissen, beispielsweise im Vergleich zu gerichtlichen Auseinandersetzungen, vgl. Eyraud: Equal Pay: an International Overview, S. 14.

Bei den Individualklagen gibt es die in vielen Ländern verbreitete Möglichkeit der Unterstützung durch eine Institution oder Organisation. Dies hat oft den Vorteil, die betroffene Person zum einen fachlich, zum anderen aber auch finanziell zu unterstützen.

Die „Class Actions" sind eine Klagemöglichkeit ganz eigener Art, auf die im folgenden ausführlich einzugehen sein wird.

Bei den Behördenklagen gibt es zwei Arten von Klagen, die sich grundsätzlich voneinander unterscheiden. Dies sind einerseits die institutionalisierten Klagen für eine betroffene Person, ohne von dieser ausdrücklich mit der Prozeßführung beauftragt worden zu sein, das heißt also ein eigenes Klagerecht im fremden Namen (unter Umständen mit Rechtskrafterstreckung auf die betreffende Person), und andererseits die Möglichkeit, Klagen zu führen, die sich auf die gesamte Struktur eines Unternehmens beziehen und nicht an eine bestimmte Person und deren Klagebegehren gebunden sind.
Für die Problemstellung, der diese Arbeit nachgehen will, sind die Verfahrensformen, die das amerikanische Recht bietet, von besonderem Interesse. Daher werden die amerikanischen Möglichkeiten zur Herstellung von Lohngleichheit hier als erstes und auch in einer gewissen Ausführlichkeit dargestellt

5.1 Lohngleichheit in den USA - ein Überblick

Obwohl das amerikanische Recht ein sehr viel differenzierteres System als das deutsche zur Beseitigung von Lohnungleichheiten bei Männern und Frauen bereit hält - das im folgenden überblickhaft vorgestellt werden soll -, muß vorweg klargestellt werden, daß auch in den USA nach wie vor ein nicht unbeträchtliches Lohngefälle zwischen den Löhnen und Gehältern von Frauen und Männern vorhanden ist. So haben beispielsweise 1992 vollzeitbeschäftigte Frauen im Jahresdurchschnitt nur 70,6% des durchschnittlichen Jahresverdienstes von Männern erzielt[566]. Bei den Frauen, die Wochenlöhne erhalten, machte die Lohndifferenz im selben Jahr 24,6% aus, und bei den Frauen, die nach Stundenlöhnen bezahlt werden sogar nur 20,6%[567]. Verglichen mit den Lohnabständen in den sechziger und siebziger Jahren, in denen der Abstand zwischen 57 und 60% variierte, hat sich im Laufe der achtziger Jahre also bereits eine deutliche Verbesserung für die Frauenlöhne ergeben[568]. Neuesten Datenerhebungen[569] zufolge reicht der durchschnittliche Jahresverdienst der Frauen im Jahr 1996 mit 75% noch näher an den der Männer heran als noch im Jahr 1992.

---

566 Vgl. US Department of Labor, Women's Bureau: Facts on Working Women (1993), S. 1.

567 Facts on Working Women (1993), S. 1. Die Daten wurden aus laufenden Bevölkerungsumfragen entwickelt und vom Büro für Arbeitsstatistiken und dem Büro für Volkszählung (Zensus) veröffentlicht.

568 O'Neill, a.a.O., S. 354 Tab. 1: 1960: 0,608%; 1967: 0.578%; 1970: 0.594%; 1980: 0.602%. In der Tabelle wird unterschieden nach dem Verhältnis aller vollzeitbeschäftigten Frauen zu allen vollzeitbeschäftigten Männern, sowie nach dem Verhältnis weißer Frauen zu allen weißen Männern, aller schwarzen Frauen zu schwarzen Männern und der schwarzen Frauen zu weißen Männern. Das Verhältnis des Einkommens der schwarzen Frauen zu dem der schwarzen Männer liegt dabei etwa bei 65-80%, also deutlich höher als das der weißen Frauen zu dem der weißen Männern.

569 Homepage des Women's Bureau US Department of Labor im Internet (Febr. 1997), http.//www.dol.gov./dol/wb.public/wb pubs/20lead96.htm: 20 Leading Occupations of Employed Women 1996 Annual Averages, S. 1.

Im Anschluß an die rechtliche Darstellung wird versucht werden, einige Erklärungen dafür zu finden, warum trotz besserer gesetzlicher und sonstiger Möglichkeiten das Lohngefälle sich dennoch recht konstant hält.
Zu den Ursachen für den deutlichen Anstieg von ungefähr 60 auf mittlerweile über 70% gibt es verschiedene Theorien. Während in der Wirtschaft betont wird, daß sich die Ausbildungsqualifikation der Frauen im Vergleich zu den fünfziger, sechziger und auch noch siebziger Jahren deutlich verbessert und in diesem Zeitraum auf dem Arbeitsmarkt erstmals mehr gefragt gewesen sei, vertreten Soziologen andere Theorien[570]. Ihrer Meinung nach resultiert die bessere Relation der Bezahlung von Frauen und Männern aus der rückläufigen Bezahlung typischer Männerjobs, nämlich der sogenannten „blue collar jobs"[571]. Frauen waren in den „blue collar jobs" im Verhältnis zu Männern immer sehr viel weniger vertreten. Außerdem macht sich mittlerweile bemerkbar, daß die Unterbrechung der Berufstätigkeit der Frauen durch „Kinderphasen" stark abgenommen hat, so daß sich der Berufsverlauf der Frauen dem der Männer mehr angeglichen hat. Diese Angleichung hat wiederum eine Verbesserung der Verdienstrelation nach sich gezogen, weil Frauen nicht mehr nach einer Unterbrechung für ihr Alter deutlich unter dem Verdienstniveau der Männer anfangen müssen zu arbeiten[572].
Schließlich haben auch die vielfältigen Bemühungen der EEOC und zahlreicher Gleichberechtigungsorganisationen auf der Ebene der einzelnen Bundesstaaten mit zu dieser Verbesserung beigetragen. Nicht zuletzt haben sowohl die außergerichtlichen als auch die gerichtlichen Bemühungen der EEOC um eine Verwirklichung der Gleichberechtigung der Frauen mit zu einer Veränderung des gesellschaftlichen Bewußtseins beigetragen und helfen, langsam die Lohnunterschiede zwischen Männern und Frauen abzubauen.

Schließlich sei an dieser Stelle darauf aufmerksam gemacht, daß auch in den USA Jobsegregation für das vorhandene Lohngefälle eine ganz erhebliche Rolle spielt[573]. Die Spaltung in traditionelle Frauen- beziehungsweise Männerberufe ist stark ausgeprägt. Beschäftigte in traditionellen Frauenberufen werden üblicherweise deutlich niedriger entlohnt als Beschäftigte in sogenannten traditionellen Männerberufen. Um daher mehr zu einem Abbau des Lohngefälles zwischen den Löhnen von Männern und Frauen beizutragen, müßte entweder ein Großteil der Frauen in eine andere Beschäftigung wechseln, oder es müßten neue Bewertungsmethoden für typische Frauenberufe gefunden werden, um diese aufzuwerten[574].

Im folgenden soll der Blick sowohl auf die außergerichtlichen Druckmittel als auch insbesondere auf die verschiedenen Klagearten in den USA gerichtet werden.
Aufgrund ihrer Geschichte im Zusammenhang mit dem Minderheitsproblem der schwarzen Bevölkerungsteile haben die USA viel längere Erfahrungen in der Bekämpfung von Diskrimi-

---

[570] Jacobs (Hg.): Gender Inequality at Work, S. 9 m.w.N.
[571] O'Neill: The wage gap between men and women in the United States, IntCompPP 1991, S. 335; („Blue-collar" entspricht dem deutschen sogenannten „Blaumann", d.h. den typischen Arbeiteranzügen. Gemeint mit dieser Bezeichnung sind Tätigkeiten, bei denen es vor allem auf Körperarbeit ankommt, im Unterschied zu sämtlichen Schreibtischtätigkeiten, den sogenannten „white collar jobs").
[572] Diese Theorie deckt sich nicht mit den oben für Deutschland beschriebenen Verhältnissen (vgl. oben Kap. 2.3.8). Hier ist gerade keine Verbesserung der Verdienstsituation durchgängig vollzeitbeschäftigter Frauen erkennbar.
[573] So auch Schöpp-Schilling: Gleicher Lohn für gleichwertige Arbeit: Neuere Entwicklungen in den USA, S. 223.
[574] Reskin: Segregating Workers: Occupational differences by race, ethnicity, and sex.

nierungen als beispielsweise Deutschland und die anderen europäischen Länder. Dadurch existieren dort ausgefeiltere Durchsetzungsmethoden im Kampf um gleiche Rechte als in Deutschland.
Das gleiche gilt für die Problematik im Zusammenhang mit der Gleichberechtigung von Frauen unter dem hier interessierenden Aspekt der Durchsetzung von Gleichberechtigung in der Praxis des Arbeitslebens[575].
Der längere Umgang mit den Problemen der Bekämpfung von Diskriminierungen findet seinen Niederschlag unter anderem in speziellen Klagemöglichkeiten, die dem materiellen Gleichheitsgebot[576] auf prozessualer Ebene zu Geltung verhelfen sollen.
Es geht dabei darum, die Prozeßführungslast von einer einzelnen Person wegzunehmen und etwa auf einen Verband oder eine Behörde zu übertragen, oder aber sogenannte "class action suits" zuzulassen, bei denen eine betroffene Person für eine ganze Gruppe gleichermaßen Betroffener klagt, und bei denen das Ergebnis des Prozesses Bindungswirkung für sämtliche Mitglieder dieser Gruppe entfaltet.
Im folgenden werden lediglich die amerikanischen Bundesgesetze, die diesbezüglich existieren, vorgestellt. Zwar gibt es genauso Gesetze der einzelnen Bundesstaaten, die dann ihrer eigenen Gerichtsbarkeit unterworfen sind[577] jedoch kommt den Gesetzen und der Rechtsprechung des Bundes gewissermaßen eine übergeordnete Bedeutung zu. Im übrigen würde ein Eingehen auf sämtliche oder ausgewählte einzelstaatliche Regelungen und die diesbezügliche Rechtsprechung den Rahmen dieser Arbeit sprengen.

5.1.1 Der Equal Pay Act als materielles Lohngleichheitsgebot

Bevor im folgenden auf die verfahrensmäßigen Durchsetzungsmöglichkeiten eingegangen wird, muß zunächst ein kurzer Überblick über die materiellen Rechtsgrundlagen gegeben werden. Mit dem Equal Pay Act[578] (im folgenden EPA) von 1963 wurde erstmals ein Bundesgesetz geschaffen, in dem festgeschrieben wurde, gleichen Lohn für gleiche Arbeit zu zahlen. Das Gesetz definiert die Zahlung gleichen Lohns für gleiche Arbeit für Tätigkeiten, die gleiches Können, gleiche Kraftanstrengung und Verantwortung voraussetzen und unter ähnlichen Arbeitsbedingungen in demselben Betrieb ausgeübt werden[579].
Der EPA sieht eine Reihe von Ausnahmen vor, bei deren Vorliegen keine Diskriminierung wegen des Geschlechts vorliegt. Diese Ausnahmen liegen vor, wenn die unterschiedliche Gehaltszahlung mit Rücksicht auf das Lebens- oder Dienstalter erfolgt, oder wenn ein besonderes „Bonussystem" existiert, oder wenn ein Entlohnungssystem vorliegt, das die Bezahlung an der Quantität oder Qualität der Produktion festmacht, oder wenn eine Differenzierung vorliegt, mit der nach irgendeinem anderen Kriterium als dem des Geschlechts unterschieden wird. Als Rechtsfolge eines Verstoßes gegen den EPA muß der Lohn des/r diskriminierten

---

[575] Seeland: Das Gleichberechtigungssystem in den USA, ZVerglRWiss 1982, S. 286 (287).
[576] Materielle Rechtsgrundlage für das Lohngleichheitsgebot in den USA sind der Equal Pay Act und Title VII des Civil Rights Act.
[577] Vgl. Schack: Einführung in das US-amerikanische Zivilprozeßrecht, S. 2 ff., 17 ff..
[578] 29 USC. § 206 (d) (1985).
[579] "No employer having employees shall discriminate, within any establishment between employees on the basis of sex by paying wages to employees in such establishment at a rate less than the rate at which he pays wages to employees of the opposite sex in such establishment for equal work on jobs the performance of which requires equal skill, effort, and responsibility, and which are performed under similar working conditions, except where such payment is made pursuant to (I) a seniority system; (II) a merit system; (III) a system which measures earnings by quantity or quality of production, or (IV) a differential based on any other factor than sex."

Arbeitnehmers/in an den höheren Lohn der Vergleichsperson angepaßt werden[580]. Dabei erfolgt üblicherweise eine Lohnnachzahlung für zwei Jahre an die betroffene Arbeitnehmerin unter Anpassung an den höheren Lohn des männlichen Arbeitskollegen. Hat der Arbeitgeber vorsätzlich diskriminiert, muß er sogar drei Jahre nachzahlen[581].

Zusätzlich kann bei einer solchen Klage Schadensersatz in Form sogenannter „liquidated damages" geltend gemacht werden[582].
Das Gesetz ist anwendbar auf alle privaten und öffentlichen Arbeitsverhältnisse und ist ausdrücklich nicht durch Tarifvertrag abdingbar[583].

Es darf nur auf die Fälle "gleicher" Arbeit angewendet werden. Zwar braucht eine Arbeit nicht identisch mit einer anderen Tätigkeit zu sein, um im Sinne „gleicher" Arbeit unter den EPA fallen zu können, es reicht vielmehr aus, wenn die Arbeit "wesentlich gleich" ist[584]. Dies bedeutet aber gleichzeitig, daß eine gleichwertige Tätigkeit ausdrücklich nicht unter den EPA fällt[585]. Um eine Arbeit als gleichwertige Arbeit bestimmen zu können, soll das Hauptkriterium für die Vergleichbarkeit zweier Arbeiten die Wertigkeit dieser Arbeiten sein. Es sollen dabei verschiedenartige Arbeiten miteinander nach bestimmten Vergleichskriterien verglichen werden.

Ausgehend von der Überlegung, daß die Lohndiskriminierung von Frauen vor allem ein Problem der systematischen Unterbewertung von Frauenarbeit ist - Trennung nach dem Geschlecht, geringe Entlohnung frauentypischer Berufe -, fordern Vertreterinnen und Vertreter der "comparable-worth"-Theorie, die Wertigkeit unterschiedlicher Arbeitsplätze von Männern und Frauen mit den jeweils gezahlten Entgelten zu vergleichen. Um die Wertigkeit der Arbeitsplätze feststellen zu können, müssen besondere diskriminierungsfreie Arbeitsbewertungsverfahren angewandt werden[586]. Es geht darum, neue abstrakte Kriterien zu entwickeln, anhand derer auch ganz unterschiedliche Tätigkeiten bewertet und anschließend in ihrer Wertigkeit miteinander verglichen werden können. Ist bei einem dergestalt als gleichwertig ermittelten Arbeitsplatz einer Frau das Entgelt niedriger als an einem für gleichwertig befundenen Männerarbeitsplatz, so wird Diskriminierung durch Unterbewertung angenommen[587].

---

[580] 29 USC. sec. 206 (d)(1).
[581] Janssen-Jurreit: - Gemeinsamer Kampf von Frauen und Minderheiten, S. 273.
[582] Unter„liquidated damages" versteht man im amerikanischen Zivilprozeßrecht eine vom Gericht festgesetzte Summe an Schadensersatz, die vom/von der Kläger/in nicht im einzelnen nachgewiesen sein muß. Im Unterschied zu den sogenannten „liquidated damages" gibt es zusätzlich sogenannte „punitive damages", das sind Schadensersatzzahlungen zu Strafzwecken sowie „nominal damages", darunter versteht man die Zahlung eines symbolischen Schadensersatzes.
[583] Geltungsbereich des Gesetzes wie im Fair Labor Standards Act (im folgenden: FLSA): für Betriebe, die entweder ein Handelsgewerbe betreiben oder aber mindestens zwei Arbeitnehmer mit "Handel" im weitesten Sinne beschäftigen. Seeland, ZVglRWiss 81 (1982) S. 297.
[584] Schlei/Grossman: Employment Discrimination, Chap. 13 VI A.
[585] Mockenhaupt: Gleicher Lohn für „gleiche" Arbeit oder für „vergleichbare" Arbeit, in: ZfA 1984, S. 31 (36 Fn. 21); Jochmann-Döll: Gleicher Lohn, S. 92.
[586] Jochmann-Döll: Gleicher Lohn, S. 46.
[587] Als ein Beispiel nennt Mockenhaupt, ZfA 1984, S. 31 (49) den Vergleich zwischen so unterschiedlichen und geschlechtsspezifischen Berufen wie Krankenschwester und Installateur.

5.1.2 Title VII des amerikanischen Civil Rights Act von 1964[588]

Neben dem EPA gibt es in den USA den Civil Rights Act, in dessen Title VII sich weitreichende Bestimmungen zur Gleichberechtigung von Frauen und Männern finden. Title VII des Civil Rights Act (im folgenden: CRA) hat im Unterschied zum EPA ein sehr viel breiteres Anwendungsfeld als der EPA, da er sich gegen Diskriminierungen jeglicher Art im Arbeitsleben und nicht nur gegen Entgeltdiskriminierungen richtet. Der CRA von 1964 ist ein Produkt der amerikanischen Bürgerrechtsbewegung der sechziger Jahre, das in Zeiten großen wirtschaftlichen Wohlstands geschaffen wurde.
Nach fast dreißigjähriger Praxis wurde er im Jahr 1991 in bestimmten Bereichen wie der Schaffung von Schadensersatzregelungen in den Fällen direkter, unmittelbarer Diskriminierung und der Kodifizierung der Beweislastregeln in den Fällen indirekter Diskriminierung überarbeitet und in Teilen rekodifiziert[589].
Noch unter der Bush-Regierung wurde als Ergebnis zweijähriger harter Auseinandersetzungen zwischen der Regierung Bush und dem überwiegend demokratischen Kongreß[590] ein Kompromiß erzielt, der in bestimmten Teilbereichen auf negative Art und Weise verdeutlicht, wie abhängig das materielle Recht vom prozessualen Recht ist.
Zwar enthält das reformierte Gesetz eine Verbesserung der materiellen Regelungen zugunsten diskriminierter Arbeitnehmer/innen durch die Einfügung von Schadensersatzregelungen[591] in den Fällen direkter, d.h. unmittelbarer Diskriminierung, zugleich sind aber die prozessualen Regelungen zur Durchsetzung des Schadensersatzes zuungunsten der Arbeitnehmerinnen so erschwert, daß das Ergebnis der Rekodifizierung keine Verbesserung sondern eher eine Verschlechterung der Verhältnisse ist[592]. Diese Veränderung im prozessualen, das heißt „technischen" Bereich macht deutlich, wie unabdingbar materielles Recht mit der jeweiligen prozessualen Umsetzung verknüpft ist und wie entscheidend seine Durchsetzung vom Verfahrensrecht abhängt. Den amerikanischen Bürgern wurde der Kompromiß als große Verbesserung präsentiert, und die wenigsten werden dabei die „Tücke im prozessualen Detail" bemerkt haben.

Nach dem CRA von 1964 ist es einem Arbeitgeber mit mehr als 15 Angestellten[593] verboten, durch Anstellungsbedingungen oder durch Bevorzugung nach Geschlecht, Rasse, Hautfarbe, Religion oder nationaler Herkunft zu diskriminieren[594]. Derartige Diskriminierungen sind sogenannte „Unlawful Employment Practices" und nach Title VII verboten. Die Tatbestands-

---

[588] 42 USC. section 2000e, ergänzt durch den CRA von 1991.
[589] Sec. 105 CRA von 1991, 42 USC.§ 2000e-2(k).
[590] Zu den juristischen Hintergründen der Auseinandersetzung s.: Wisskirchen: Mittelbare Diskriminierung, S. 33; Michlitch: Guidelines related to disparat impact, S. 570. Es ging hier um die Frage, ob mit dem Gesetz die Supreme Court Entscheidung „Wards Cove Packing v. Antonio" (490 US 642 (1989) zugunsten der älteren Entscheidung „Griggs v. Duke Power Co." (401 US 422 (1971)) wieder aufgehoben werden sollte. Politisch wurden während dieser Zeit die Vorwürfe laut, der Supreme-Court-Kandidat Clarence Thomas habe die Mitarbeiterin Anita Hill sexuell belästigt. Zum damaligen Zeitpunkt gab es noch keine Schadensersatzfolge für der derartige Fälle nach Title VII. Diese Vorwürfe waren das nötige politische Druckmittel, um dann die Schadensersatzfolge doch entgegen den ursprünglichen Wünschen des Präsidenten einzuführen.
[591] Einführung von „compensatory" sowie „punitive damages" (Erklärung der einzelnen Schadensersatzarten s.o. Fn. 582).
[592] Sec. 107 CRA (1991), 42 USC. § 2000e-2(m), 42 USC. § 2000e-5(g)(2)(B).
[593] Sec. 701 (b). Darüberhinaus gilt es für Gewerkschaften mit mehr als 15 Mitgliedern, öffentliche und private Schulen, Colleges, Universitäten und Behörden.
[594] Sec. 703 (a).

voraussetzungen, wann eine solche "unlawful employment practice" vorliegt, sind im einzelnen

- wenn ein Arbeitgeber eine Person nicht einstellt, sie entläßt oder auf andere Weise in bezug auf die Entlohnung, die Arbeitsbedingungen oder sonstige Vorteile des Arbeitsverhältnisses wegen ihrer Rasse, ihrer Hautfarbe, ihrer Religion, ihrem Geschlecht oder ihrer nationalen Herkunft benachteiligt[595],

oder

- wenn er Arbeitnehmer oder Stellenbewerber einschränkt, ausgrenzt oder in einer Weise einstuft, die diesen Personen die Gelegenheit zur Erwerbstätigkeit nimmt oder geeignet ist, ihnen zu nehmen, oder in anderer Weise ihren Status als Beschäftigte wegen ihrer Rasse, ihrer Hautfarbe, ihrer Religion, ihrem Geschlecht oder ihrer nationalen Herkunft beeinträchtigt[596].

Ausnahmen sind dort zugelassen, wo die Religion, das Geschlecht oder die nationale Herkunft vom Standpunkt eines vernünftigen unvoreingenommenen Dritten notwendig zur Beschreibung des Arbeitsplatzes sind.

Der CRA war in erster Linie auf das Problem der Rassendiskriminierung als Folge der Bürgerrechtsbewegung der sechziger Jahre ausgerichtet, das Merkmal "Geschlecht" wurde erst "in letzter Sekunde" mit in den Gesetzestext aufgenommen[597].

Nachdem das Merkmal „Geschlecht" mit zu den anderen Tatbestandsmerkmalen des CRA aufgenommen war, war zunächst das Verhältnis des CRA zum EPA in bezug auf das Merkmal „Geschlecht" ungeklärt und hat zu zahlreichen Kontroversen geführt[598]. Der Konflikt wurde beendet, indem der Anwendungsbereich des CRA neben dem des EPA erheblich durch das sog. "Bennetts Amendment"[599] eingeschränkt wurde. Danach waren die Ausnahmebestimmungen des EPA nun auch auf die Klagen nach Title VII des CRA anzuwenden[600], das heißt, sofern die Rechtfertigungstatbestände des EPA vorlagen, handelte es sich nicht um eine "unlawful employment practice" und somit nicht um eine Verletzung von Title VII, und außerdem waren danach die Klagen nach dem CRA genauso auf die Fälle „gleicher" Arbeit beschränkt wie nach dem EPA[601].

Bis ins Jahr 1981 wurde der CRA so ausgelegt, daß er genauso wie der EPA sich nur auf die Fälle „gleicher" Arbeit und nicht auch auf Fälle „gleichwertiger" Arbeit erstreckte. Klagen von diskriminierten Frauen auf gleichen Lohn konnten nur geführt werden, wenn ein männlicher Arbeitskollege eine „gleiche" Arbeit ausführte.

Eine entscheidende Wendung brachte die vielzitierte Entscheidung Gunther v. County of Washington aus dem Jahr 1981[602]. In dieser Entscheidung ging es um die Frage, ob das Bennett Amendment die Klagen nach Title VII wegen Lohndiskriminierung auf die Fälle „gleicher" Arbeit beschränke. Der Supreme Court entschied sich in diesem Fall gegen eine solch enge

595 Sec. 703 (a)(1).

596 Sec. 703 (a)(2).

597 Greenlaw/Kohl, LabLJ 1994, S. 240 (241).

598 Es wurde vor allem darum gestritten, ob der EPA als "lex specialis" mit auf der einen Seite strengeren Tatbestandsvoraussetzungen und mehr Ausnahmen , dafür aber leichteren Beweisregeln vorgehen müsse.

599 Benannt nach dem gleichnamigen Senator, der für die Einführung dieses Zusatzes gesorgt hat.

600 Sec. 703 (h) von Title VII, bzw. 42 USC. § 2000 e-2 (h) „It shall not be an unlawful employment practice under Title VII for any employer to differentiate upon the basis of sex in determining the amount of the wages or compensation paid or to be paid to employees of such employer if such differentiation is authorized by the provisions of the Equal Pay Act".

601 Sec. 703 (h) von Title VII.

Auslegung von Title VII, weil ansonsten der Schutzzweck von Title VII des CRA völlig vereitelt würde. Der Supreme Court führte aus, daß bei dieser Auslegung eine Frau, die aufgrund des Geschlechts unterbezahlt werde, keinerlei gerichtliche Hilfe erfahren könne - unabhängig davon, wie schwer der Verstoß sei - es sei denn, ihr Arbeitgeber beschäftige zugleich einen Mann in demselben Unternehmen, der die gleiche Arbeit verrichtet wie sie[603].
Der Supreme Court legte in der Entscheidung „Gunther" das Bennetts-Amendment nun so aus, daß lediglich die vier Rechtfertigungstatbestände des EPA auf die Fälle von Title VII zu übertragen seien.
Nach diesem Überblick über die materielle Rechtslage soll sich nunmehr die Aufmerksamkeit besonders auf die verfahrensmäßige Seite richten.

5.1.3 Die EEOC als unabhängige Institution des EPA und des CRA

Die Equal Employment Opportunity Commission (im folgenden: EEOC)[604] ist eine unabhängige staatliche Institution, deren Aufgabe in der Verwirklichung der Gleichberechtigung im Arbeitsleben liegt. Gesetzliche Grundlage für die Errichtung der EEOC ist Title VII des soeben beschriebenen CRA von 1964. Durch Title VII sowie seine Ergänzung aus dem Jahr 1972 wurden der EEOC weitreichende Befugnisse zur Verwirklichung der Ziele des EPA und Title VII des CRA eingeräumt. Sie hat dafür zu sorgen, daß diskriminierende Regelungen und diskriminierendes Verhalten in Unternehmen unterlassen sowie beseitigt werden[605]. Die EEOC ist befugt, Richtlinien und Vollzugsbestimmungen zu den Bestimmungen zu erlassen, mit deren Einhaltung sie befaßt ist. Die EEOC hat vor allem weitreichende Untersuchungs- und Informationsrechte erhalten, die es ihr ermöglichen, Einblick in die Beschäftigungspraktiken der Unternehmen, aber auch in deren Lohnstrukturen zu nehmen[606]. So soll ein Teil der Arbeit der EEOC dazu dienen, Diskriminierungen im Arbeitsleben zu beseitigen, ohne daß es zu einem Prozeß mit dem Arbeitgeber kommen muß[607]. Die EEOC ist in den USA eine sehr bekannte Institution und wird von der Bevölkerung als Hauptanlaufstelle für Diskriminierungsfragen angenommen. Sie setzt sich aus fünf Kommissionären (Beauftragten) zusammen, die vom Präsidenten der Vereinigten Staaten nach Beratung und mit Zustimmung des Senats für die Dauer von fünf Jahren ernannt werden[608]. Auf gleiche Weise wird auch ein Generalkonsul ernannt.

---

[602] 42 US 161, 26 (1981) Eine ausführliche Beschreibung des Falles erfolgt bei Jochmann-Döll: a.a.O., S. 94 ff., sowie bei Greenlaw/Kohl: Thirty years of Civil Rights, S. 243.
[603] 42 US 178-9.
[604] Früher, das heißt bis 1979, lag die Zuständigkeit hierfür beim Arbeitsministerium. Durch Reorganisationspläne Präsident Carters wurde sie vom 01.07.1979 an auf die EEOC verlagert, vgl. Seeland, ZVerglRWiss 1984, S. 286 (303) Neben der Verantwortung für die Durchsetzung der Rechte aus dem EPA obliegen ihr auch die Überwachung des Age Discrimination in Employment Acts von 1967.
[605] Der Aufbau der EEOC ist ganz genau in sec. 705 von Title VII geregelt. Eine Beschreibung hiervon findet sich auch bei: Seeland, ZVerglRWiss 1982, S. 303; Mockenhaupt, ZfA 1984, S. 31, 40 f.; Wisskirchen: Mittelbare Diskriminierung, S. 174 f.
[606] Für den CRA sec. 709 (c) von Title VII; sec. 1602.7 sieht sogar vor, daß Unternehmen mit mehr als 100 Arbeitnehmern jährlich einen standardisierten und nach Berufsgruppen aufgeschlüsselten Report abgeben. Für den EPA sec. 211 (a).
[607] Sec. 706 (b)(6) von Title VII.
[608] Schlei/Grossman: Employment Discrimination, Chap. 26 I A.

5.1.4 Außergerichtliche Druckmittel

Wie bereits eingangs des Kapitels dargestellt, ist eine wesentliche Möglichkeit zur Beseitigung von Diskriminierungen die vorgerichtliche beziehungsweise außergerichtliche Einigung. Der EEOC sind durch sec. 709 (a),(c) und sec. 11 (c) des Fair Labor Standards Act (im folgenden: FLSA)[609] eine Reihe solcher Befugnisse eingeräumt, die in den USA wesentlich zu einem allmählichen Abbau des Gleichberechtigungsdefizits und insbesondere des Lohngefälles zwischen Männern und Frauen beigetragen haben und beitragen. Oftmals reicht bereits ein derartiger Druck der EEOC auf die Arbeitgeber aus, um diskriminierende Regelungen zu beseitigen. Allerdings muß an dieser Stelle deutlich darauf hingewiesen werden, daß in den USA der Druck notfalls durch die Drohung mit gerichtlichen Schritten verstärkt werden kann, das heißt die Möglichkeiten der EEOC sind entsprechend sanktioniert.

5.1.4.1 Verpflichtung zu "records and reports"

Sec. 709 (c) von Title VII verpflichtet die Arbeitgeber, Aufzeichnungen, das heißt Protokolle, Tatsachenmaterial und Berichte zu erstellen und aufzubewahren, die zur Bestimmung von unrechtmäßigen Beschäftigungspraktiken (Diskriminierungshandlungen) relevant sein können. Speziell für den Bereich von Ausbildungsverhältnissen und Trainingsprogrammen werden sehr detaillierte Berichte verlangt. Arbeitgeber mit mehr als 100 Beschäftigten müssen jährlich sogenannte "EEO -1- Formulare" ausfüllen, die Aufschluß über das Verhältnis von Minderheiten sowie weiblichen Beschäftigten zu den übrigen Beschäftigten geben[610]. Der EEOC kommt die Aufgabe zu, die Einhaltung dieser Vorschrift notfalls gerichtlich durchzusetzen[611]. Sie besitzt damit die Kompetenz, die Erstellung von entscheidendem Tatsachenmaterial für eine etwaige spätere Diskriminierungsklage zu erzwingen.
Nach sec. 11 (c) des FLSA[612] darf die EEOC von den Arbeitgebern verlangen, Berichte zu erstellen und aufzubewahren. Sie darf von den Arbeitgebern darüberhinaus ganz spezielle von ihr vorgeschriebene Berichte fordern[613]. Gleichzeitig dienen die so gewonnenen Informationen der EEOC dazu, das Material nach verschiedenen Gesichtspunkten - wie beispielsweise nach Industriezweig, geographischen Regionen, Bundesstaaten oder ähnlichem - zu sortieren und so für spezifische eigene Klagen[614] verwerten zu können[615].

---

[609] 29 USC § 211 (c) (1979 Supp III 1979).
[610] Diese Formulare sind zusätzlich in ganz bestimmte Job-Kategorien aufgeteilt.
[611] Sec. 709 (c) a. E.
[612] Diese Bestimmung ist maßgeblich für den EPA und den Age Discrimination in Employment Act (ADEA).
[613] Nach sec. 11 FLSA, der sich auch auf den EPA bezieht, müssen die Informationen, die verlangt werden, entweder Daten sein, die die Zusammensetzung der Arbeitskräfte widerspiegeln oder Daten, die der Arbeitgeber über den normalen Geschäftsgang aufbewahrt, vgl. Schlei/Grossman Chap. 26 I D, S. 935.
[614] Die EEOC besitzt die Möglichkeit, sowohl Klagen im eigenen Namen für betroffene Frauen durchzuführen, wenn sie vom Vorliegen gewisser Diskriminierungstatbestände überzeugt ist, sie ist also nicht darauf angewiesen, von betroffenen Frauen einen entsprechenden Auftrag zu bekommen, s.u. 5.1.5.2.1, 5.1.5.2.2 , als auch sogenannte „pattern and practice suits" zu führen, in denen es um die abstrakte Feststellung diskriminierender Unternehmenspraktiken geht, s. u. Kap. 5.1.5.2.2.2.
[615] Schlei/Grossman: Employment Discrimination, Chap. 26 I D.1., S. 937.

5.1.4.2 "Investigation and Subpoena Powers" nach sec. 709 (a) von Title VII und dem EPA

Die EEOC[616] hat im Falle einer Anschuldigung nach sec. 706[617] das Recht, von einem Arbeitgeber den Zugang zu Beweismitteln zum Zweck der Einsichtnahme und des Anfertigens von Kopien zu verlangen. Um sich diese Rechte besonders zu sichern, stehen ihr sogenannte "subpoena powers"[618] zu. Mit Hilfe dieser „subpoena powers" sind ihre Rechte aus sec. 706 unter Strafandrohung gerichtlich gesichert[619]. Die Gerichte verfolgen in diesen Fällen eine EEOC-freundliche Linie. Das Gericht, das angerufen wird, um der Strafandrohung Geltung zu verschaffen, ist darauf beschränkt zu untersuchen, ob die unter Strafandrohung verlangte Information rechtserheblich ist.

Für den EPA sind die Rechte der EEOC ähnlich. Sie hat genauso ein Recht auf Zugang zu den Beweismitteln[620]. Die Durchsetzung der Herausgabe unterscheidet sich allerdings etwas[621]: Wenn der Adressat sich weigert, die geforderten Beweismittel herauszugeben, kann die EEOC einen Antrag auf den Erlaß eines Gerichtsbefehls stellen, durch den die Herausgabe erzwungen werden kann[622]. Ein Zuwiderhandeln wird mit Geld- oder Gefängnisstrafe geahndet.

Die Pflicht zur Erstellung von Listen und Berichten über Beschäftigtenstrukturen, sowie die Möglichkeit der EEOC, die Herstellung und Herausgabe relevanter Informationen zu erzwingen, führt dazu, daß viele Arbeitgeber diskriminierendes Verhalten korrigieren, um einer Auseinandersetzung mit der EEOC zuvorzukommen, beziehungsweise eine solche zu vermeiden. Eine Auseinandersetzung mit der EEOC, die gegebenenfalls gerichtlich ausgetragen werden muß, bedeutet nämlich unter Umständen einen viel größeren finanziellen Aufwand als eine Beseitigung im vorhinein, zumal das Unternehmen seine Erfolgschancen selbst am besten einschätzen kann.
Eine Auseinandersetzung, die in jedem Fall auch an die Öffentlichkeit gerät, schadet für gewöhnlich der Reputation eines Unternehmens. So reicht oftmals bereits die Nachfrage der EEOC nach bestimmten Geschäftspraktiken eines Unternehmens aus, um zu erreichen, daß das Unternehmen von sich aus das gleichberechtigungswidrige Verhalten unterläßt. Zumindest aber die in solchen Fällen anschließend stattfindende öffentliche Anhörung vor dem Amtsgericht führt dazu, daß der Arbeitgeber in aller Regel das von der Gleichberechtigungsbehörde bemängelte Verhalten sofort einstellt. Der Einfluß solcher Behörden auf die örtlichen Arbeitgeber ist gerade in kleinen Orten sehr groß, obwohl beispielsweise das örtliche Gerichtsverfahren keine letztverbindliche Entscheidung ist, sondern von Arbeitgeberseite durchaus noch mit Rechtsmitteln angegriffen werden könnte.

---

616 Das Recht steht der Kommission, also dem höchsten Organ der EEOC, bestehend aus fünf vom Präsidenten der USA ernannten Mitgliedern (sec. 705 a), zu.
617 Das heißt eine Anschuldigung neben oder für die Betroffene.
618 "Subpoena powers" sind durch sec. 710 von Title VII i.V.m. sec. 11 des National Labor Relations Act (im folgenden: NLRA) von 1935 (29 USC. sec. 151-168) anwendbar.
619 Vgl. Wisskirchen: Mittelbare Diskriminierung, S. 176.
620 Sec. 9 FLSA i.V.m. 15 USC. § 49, was in etwa § 11 NLRA entspricht.
621 Sec. 9 FLSA i.V.m. 15 USC. § 50.
622 Der Terminus technicus des amerikanischen Rechts für diesen Gerichtsbefehl heißt "wit of mandate".

5.1.4.3 Die Rolle der amerikanischen Gewerkschaften bei der außergerichtlichen Beseitigung von Diskriminierungen

Die Gewerkschaften spielen in den USA - verglichen mit der Rolle der Gewerkschaften in Deutschland oder erst recht in Schweden[623] - eine eher untergeordnete Rolle. In den seltenen Fällen, in denen sich jedoch eine Gewerkschaft in einem Betrieb gebildet hat[624], gehen die Rechte der Gewerkschaft deutlich weiter als beispielsweise in Deutschland. Den Arbeitgebern ist es dann untersagt, (Vertrags-) Verhandlungen mit den einzelnen Arbeitnehmer/innen zu führen, er muß sich hierfür an die Gewerkschaft halten[625]. Auch sind die Gewerkschaften berechtigt, beispielsweise den Arbeitgeber zu Verhandlungen über Beseitigung von Rassen- oder Geschlechtsdiskriminierungen zu zwingen[626].

In Amerika verstehen sich die Gewerkschaften genauso wie die EEOC als Unterstützer im Kampf um die Verwirklichung der Rechte aus Title VII. Sie besitzen in diesem Zusammenhang eigene Informationsrechte in bezug auf die Beschäftigungsverhältnisse der Arbeitnehmer und damit auch den Zugang zu Informationen über mögliche Diskrimininierungen von Frauen[627].

5.1.5 Gerichtliche Durchsetzung des EPA und des CRA - die verschiedenen Klagemöglichkeiten

Es bedarf keiner besonderen Erwähnung, daß sowohl bei Verletzungen des EPA als auch von Title VII des CRA die betroffene Frau grundsätzlich die Möglichkeit hat, individuell Rechtsschutz im Klageweg vor den Gerichten in Anspruch zu nehmen. Die beiden anderen Klagearten - die sogenannten „class action suits" und die Klagen der EEOC - finden keinerlei Entsprechung im deutschen Recht. Sie sollen an dieser Stelle vorgestellt werden.

5.1.5.1 „Class action suits"

„Class actions" sind eine besondere Klageart, die in der amerikanischen Zivilprozeßordnung in Rule 23 geregelt sind. Bei den „class actions" handelt es sich um eine frühe Einrichtung des Prozeßrechts[628]. Sie dienen einerseits der Prozeßökonomie, um die Interessen vieler einzelner bündeln zu können, aber genauso der Rechtssicherheit, denn auf diese Weise soll verhindert werden, daß inhaltlich gleichgelagerte Fälle möglicherweise sich widersprechend entschieden werden[629]. „Class actions" sind keineswegs nur für Diskriminierungsklagen zulässig, sondern als Klageform, beispielsweise in Wirtschaftsprozessen wie bei Kartellrechtsverstößen, Prozessen von Aktionären gegen die Verwaltung der Gesellschaft wegen irreführender Angaben über die wirtschaftliche Lage des Unternehmens, oder im Verbraucherschutzrecht als normale Kla-

[623] Nähere Einzelheiten diesbezüglich in diesem Kapitel unter 5.3.
[624] Es gibt in den USA keine Betriebsräte.
[625] Getman-Progrebin: Labor Relations, S. 96.
[626] Jochmann-Döll: Gleicher Lohn, S. 103.
[627] Jochmann-Döll, a.a.O., S. 103 m.w.N. Als Beispiele für Erfolge der Gewerkschaften in diesem Zusammenhang nennt Schöpp-Schilling die Tarifverhandlungen und die Umsetzung von „comparable worth", Schöpp-Schilling in: Gleicher Lohn für gleichwertige Arbeit: Neuere Entwicklungen in den USA, S. 231. Auf diese Weise wurden die Löhne von öffentlichen Angestellten in San José in Kalifornien in typischen Frauenarbeitsbereichen um 5-10% angehoben.
[628] Note, Harv.L.Rev. 89 (1976), S.1319 (1321) m.w.N.
[629] Mark: Amerikanische Class Action und deutsches Zivilprozeßrecht, S. 238.

geform[630] üblich. Im Unterschied zu den Verbandsklagen nach deutschem Recht (§ 13 AGBG und § 13 Abs. 2 UWG), die nur auf Unterlassung gerichtet sind, kann es sich bei den amerikanischen „class actions" durchaus um Zahlungsklagen handeln[631].

„Class action suits" sind eine Klageform, bei der eine einzelne Person für die Durchsetzung von Interessen eines größeren Kreises von ähnlich oder gleichermaßen Betroffenen klagt mit rechtlichen Auswirkungen für den gesamten Kreis[632]. Mit den „class action"-Prozessen können die Arbeitgeber dauerhaft zu einem rechtmäßigen Verhalten gezwungen werden. Denn durch die Rechtskrafterstreckung eines Urteils oder Vergleichs auf sämtliche davon betroffenen Arbeitnehmer/innen wird eine Umgehung des Diskriminierungsverbots – wie oben im Fall Weber-v. Hartz[633] exemplarisch beschrieben -, die in Deutschland auch nach einem Urteil, in dem das Vorliegen eines Verstoßes gegen den Lohngleichheitsgrundsatz festgestellt und der Arbeitgeber zur Zahlung an die klagende Arbeitnehmerin verurteilt wurde, möglich und auch durchaus üblich bleibt, erfolgreich verhindert. Das Gruppeninteresse und nicht das Individualinteresse steht im Vordergrund oder spielt zumindest neben dem Individualinteresse eine gleichgewichtige Rolle. Wenn beispielsweise ein Arbeitgeber allen Arbeitnehmerinnen einer bestimmten Leistungsgruppe weniger Entgelt zahlt als einer Gruppe vergleichbarer männlicher Arbeitnehmer, könnten sich sämtliche Arbeitnehmerinnen zusammentun und eine Gruppe, das heißt eine „class" bilden.
Als typische Klageform für Klagen nach Title VII des CRA sollen sie in diesem Kontext besprochen werden, sie sind aber genauso für Klagen nach dem EPA zulässig.
Das Besondere an dieser Klageart ist, daß lediglich ein Kläger der Gruppe -der/die Repräsentant/in - klagt und den Prozeß führt, und daß das von ihm erstrittene Urteil oder der Vergleich dann Bindungswirkung (Rechtskraft) für alle Mitglieder der Gruppe erlangt, ohne daß die Mitglieder der Gruppe ("class members") sich selbst am Prozeß beteiligt haben oder den/die Repräsentanten/in mit ihrer Vertretung beauftragt haben.

5.1.5.1.1 Die einzelnen Zulässigkeitsvoraussetzungen

Bei einer „class action" klagt ein/e Repräsentant/in für eine Gruppe, die wegen desselben Tatbestands aufgrund desselben Anspruchs gegen den/dieselbe/n Beklagte/n gleichermaßen betroffen ist.
Die „class action" vor den Bundesgerichten wird von Rule 23 der Federal Rules of Civil Procedure (im folgenden: F.R.Civ.P.) geregelt[634].
Gemäß 23 (a) F. R. Civ. P.[635]

---

[630] Eine ausführliche Darstellung der Beispiele von amerikanischen „class action suits" findet sich bei Kötz, in Homburger/Kötz: Klagen Privater, S. 78-84.
[631] Die Möglichkeit, mit den „class actions" auch Schadensersatzklagen oder sonstige Leistungsklagen führen zu können, unterscheidet sie ganz wesentlich von den Verbandsklagen des deutschen Rechts. Bei einer Unterlassungsklage eines Verbands im deutschen Recht wirkt sich ein Urteil im Falle eines Obsiegens bereits positiv für sämtliche davon Betroffenen aus, auch unabhängig davon, ob die Klage eine Rechtskrafterstreckung für alle Verbandsmitglieder hat oder nicht. Als Beispiel seien Wettbewerbsverstöße genannt, bei denen ein Urteil, das bestimmte Werbung untersagt, Auswirkungen auf einen weiten Kreis und nicht lediglich den klagenden Verband hat. Bei einer Schadensersatz- oder Leistungsklage hingegen reicht das Obsiegen allein nicht aus, um die „Schadensersatzwirkung" für alle möglicherweise Betroffenen herbeizuführen. Hier ist vielmehr zusätzlich eine Rechtskrafterstreckung unabdingbare Voraussetzung.
[632] Schack: Einführung in das US-amerikanische Zivilprozeßrecht, S. 73.
[633] S.o., Kap. 3, 4.2

1. muß die Gruppe so groß sein, daß eine Klage jeder/s einzelnen unpraktikabel[636] wäre („numerosity“),
2. müssen Rechts- oder Tatsachenfragen allen Mitgliedern gemein sein („commonality“),
3. müssen die Ansprüche oder Einwendungen des Repräsentanten typisch für die Ansprüche und Einwendungen der gesamten Gruppe sein („typicallity“),
4. muß gesichert sein, daß der Repräsentant der Gruppe deren Interessen "fair und angemessen" vertritt („adequacy of representation“).
Diese vier Voraussetzungen müssen kumulativ vorliegen.
Darüber hinaus muß zumindest eine der drei Alternativen von R. 23 (b) vorliegen. Für „class actions“ nach Title VII interessieren die zweite und die dritte Alternative[637] nach R. 23 (b). Danach ist eine „class action“ zulässig, wenn sie entweder aus Gründen in bezug auf den Klagegegner geboten erscheint - meist als Feststellungs- oder Unterlassungsklage[638] - oder, wenn die rechtlichen und tatsächlichen Probleme aller Gruppenmitglieder aus prozeßökonomischen Gründen am effizientesten gemeinsam behandelt werden können -meist als Schadensersatz- oder Leistungsklage[639]-.
Die Unterlassungs- und Feststellungsklage ist die häufigste Form der „class actions“ in Antidiskriminierungsfällen[640].
Aber auch die dritte Alternative ist eine durchaus gebräuchliche Klageform. Sie wird insbesondere im Verbraucherschutzrecht oder im Wettbewerbsrechts in Anspruch genommen, wenn es um die Geltendmachung von Massenbagatellschäden geht[641].
Gemäß Rule 23 b) (3) (A)-(D) hat das Gericht bei jeder einzelnen Art von Klage die Zulässigkeitsvoraussetzungen sorgfältig zu überprüfen. Nach diesen Ermessensvorschriften hat sich die Zulässigkeit einer Klage als „class action“ nach Gesichtspunkten ihrer Praktikabilität und Prozeßökonomie zu richten.

Daneben hat das Gericht noch eine ganze Reihe weiterer „Fürsorge“- beziehungsweise „Kontrollpflichten“ gegenüber den Parteien des Prozesses. Wollen die Parteien beispielsweise einen Vergleich schließen, so ist das Gericht verpflichtet zu überprüfen, ob der Vergleich für

---

[634] In den einzelnen Bundesstaaten gibt es häufig noch detailliertere Vorschriften als in F.R.Civ.P. 23; so zum Beispiel in New York, CPLR §§ 901 ff. (1975), vgl. Schack: Das US-amerikanische Zivilprozeßrecht, S. 73.
[635] Fed.R.Civ.P. 23 (a).
[636] Der englische Wortlaut „impracticable“ ist hier wohl am ehesten mit „praktisch unmöglich“ zu übersetzen. Schack, S. 74, übersetzt die Formulierung so, „daß die Klasse so groß sein muß, daß eine subjektive Klagehäufung nicht mehr zulässig wäre“. v. Beseler/Jacobs-Wüstfeld, Law Dictionary, impracticable = unmöglich, praktisch undurchführbar.
[637] Die Ausnahme (b)(1)(A) betrifft vor allem Patentrechtsfälle, bei denen es um die Frage der Gültigkeit von Patenten geht, und bei denen nur allen Beteiligten gegenüber gleichmäßig entschieden werden kann. Die getrennte Rechtsverfolgung würde die Gefahr sich einander widersprechender Einzelentscheidungen mit sich bringen. Die Alternative (b)(1)(B) betrifft die Fälle, in denen die „class action“ im Interesse der abwesenden Mitglieder der „class“ von Vorteil ist. Koch: "Kollektiver Rechtsschutz", S. 46, ordnet diese Alternative solchen Klagen zu, die einen Fonds oder ein Trust-Vermögen betreffen, und die nur sinnvoll allen Betroffenen gegenüber entschieden werden können.
[638] Homburger, in Homburger/Kötz: Klagen Privater, S. 22; Schlei/Grossman: Employment Discrimination (Supplement 1989), Chap. 34 VII.
[639] Schack, Einführung in das US-amerikanische Zivilprozeßrecht, S. 74 unter Verweisung auf „Zahn v. International Paper Co.“, 414 US 291 (1973).
[640] Vgl. Schlachter: Wege zur Gleichberechtigung, S. 358; Koch: Kollektiver Rechtsschutz im Zivilprozeß, S. 47.
[641] Vgl. Schlurmann: Die Class Action im Recht der USA, S. 64.

alle Gruppenmitglieder „fair“ wäre (Rule 23 e)[642]. Für den Fall, daß eine Regelung ins Auge gefaßt ist, die weibliche gegenüber männlichen Arbeitnehmern bevorzugen würde, muß das Gericht mit sogenannten „fairness hearings“ überprüfen, ob derartige Regelungen die männlichen Arbeitnehmer oder Bewerber unangemessen hart treffen würden. Derartige „fairness hearings“ müssen genauso auch nach einer Verurteilung des Arbeitgebers stattfinden, um den Arbeitgeber dazu zu hören, ob er die vom Gericht angeordneten Maßnahmen befolgt. Das Gericht hat zudem die Möglichkeit, durch richterliche Anordnung („injunctions“) den Arbeitgebern ganz bestimmte Maßnahmen aufzuerlegen. In diesem Zusammenhang legt das Gericht gleichzeitig fest, in welcher Form die Befolgung dieser Maßnahmen durch das Gericht überwacht werden soll.

5.1.5.1.2 Anfängliche Zulassungspraxis der Gerichte

Die „class action“ scheint die in vieler Hinsicht dem Anliegen der Gruppendiskriminierung am nächsten kommende Klageform zu sein. Neben dem Gesichtspunkt der Rechtskrafterstreckung sind hier vor allem die Prozeßökonomie und die geringe finanzielle Belastung der einzelnen Gruppenmitglieder zu nennen. Nach Einführung von Title VII wurden „class actions“ von den Gerichten zunächst großzügig für zulässig erklärt. Hierbei wurden die Voraussetzungen der vier Alternativen von R. 23 (a) nicht im einzelnen geprüft.

Als lediglich erforderlich wurde es angesehen, daß entweder (1) die Klage "ihrer Natur nach" eine class action war. Hierbei waren die Gerichte der Auffassung, daß die sog. "employment discrimination cases" ihrer Natur nach Auswirkungen auf die ganze Gruppe ("classwide wrongs"[643]) beinhalten müßten, oder daß(2), das Gericht einen sogenannten "across-the-board" Fall als besonders geeignet für eine class action ansah.

Bei einem "across-the-board-approach" geht das Gericht davon aus, daß jeder, der eine vermeintliche Diskriminierungshandlung erlitten hat, geeignet ist, alle Personen, die demselben Diskriminierungsmerkmal (Rasse, Geschlecht, Religion, etc.) zugeordnet werden können, angemessen zu repräsentieren[644]. Als Folge hiervon wird der Kreis der „class“-Mitglieder außergewöhnlich groß. Dies führt typischerweise zu Interessenskonflikten der einzelnen „class“-Mitglieder. Denn die „class action“ bringt für sie auch erhebliche Risiken mit sich, da sie ja selbst keinen Einfluß auf den Verlauf des Prozesses haben.

Solche typischen Interessenskonflikte existieren beispielsweise zwischen früheren und jetzigen Beschäftigten oder bei unterschiedlich Qualifizierten, sowie bei unterschiedlicher Auffassung der Mitglieder darüber, wie notwendig eine Klage ist oder welche Rechtsfolgen angestrebt werden sollen.

5.1.5.1.3 Einschränkungen durch den Supreme Court

Erst durch die Entscheidung „East Texas Motor Freight System, Inc. v. Rodriguez“[645] hat zum ersten Mal der Supreme Court die Voraussetzungen einer „class action“ nach Title VII genauer beleuchtet. Dabei rückte er von der großzügigen Zulassungspraxis der Untergerichte ab und stellte die Forderung auf, daß auch unter der besonderen Berücksichtigung der Bedeutung von

[642] Schlei/Grossman: a.a.O., S. 1267.
[643] Bowe v. Colgate-Palmolive Co., 416 F. 2d 711 (1969), S. 719: "A suit for violation of Title VII is necessarily a class action as the evil sought to be ended is discrimination on the basis of a class characteristic..."
[644] Schlei/Grossman: Employment Discrimination, Chap. 34 B 2.
[645] 431 US 395 (1977).

„class actions“ für Title VII dennoch eine sorgfältige Prüfung der einzelnen Voraussetzungen von Rule 23 der amerikanischen Zivilprozeßordnung unverzichtbar sei[646].

Fünf Jahre später in der „General Telephon of the Southwest v. Falcon“[647]-Entscheidung des Supreme Court konkretisierte sich diese Rechtsprechung noch weiter, indem insbesondere die "across-the-board-classes“ für Klagen nach Title VII als nicht geeignet befunden wurden[648]. Das Gericht wiederholte in dieser Entscheidung seine Forderung nach einer engen Interessensübereinstimmung zwischen den Interessen des Repräsentanten und denen der Kläger.

5.1.5.1.4 Erfordernis der "fairen und angemessenen" Interessenvertretung

Nach Rule 23 a ist es unter anderem erforderlich, daß der Repräsentant die Interessen der abwesenden Gruppenmitglieder angemessen vertritt[649]. Von der Rechtsprechung wurden im Anschluß an die „Rodriguez“- und die „Falcon“-Entscheidung eine Reihe von Kriterien aufgestellt, nach denen sich die Eignung der Repräsentanten ermessen läßt.
Danach
- muß der Repräsentant selbst betroffen sein und mit der selben Art von Diskriminierung wie die Mitglieder der Gruppe[650],
- darf kein grundsätzlicher Interessenskonflikt zwischen seinen Interessen und den Interessen einzelner Gruppenmitglieder bestehen[651]. In solchen Fällen ist allerdings unter Umständen die Bildung sogenannter "subclasses" zulässig und wünschenswert.
- dürfen die „class“-Mitglieder und der Repräsentant keine verschiedenen Job-Qualifikationen haben,
- muß die „class“ anwaltlich gut vertreten sein, da die Entscheidung auch die abwesenden Mitglieder bindet. So soll der Anwalt qualifiziert, erfahren und grundsätzlich geeignet sein, den Prozeß zu führen[652]. Nach dieser dem deutschen Prozeßrecht völlig fremden Überlegung hängt die Eignung einer Person als Repräsentant einer Gruppe also unter anderem von der Qualität eines Anwalts nach Einschätzung des Gerichts ab[653].

Eine zusätzliche Möglichkeit, eine Gruppe möglichst angemessen zu vertreten, besteht in der bereits erwähnten Bildung von Untergruppen, den sogenannten "subclasses"[654]. Durch solche Untergruppen werden auf der einen Seite überhaupt „class actions“ ermöglicht, wo normaler-

[646] Wortlaut: Schlei/Grossman: Employment Discrimination, Chap. 34 I C.
[647] 457 US 147 (1982).
[648] Allerdings ließ der S. Ct. in dieser Entscheidung, S. 157, Fn. 15, doch noch eine "Hintertür" für "across-the-board certification“ offen für den Fall, daß der Kläger "significant proof that a general policy of discrimination manifested itself in different employment decisions in the same general fashion" bringen kann. Danach ließ ein Teil der Untergerichte "across-the-board-approach" weiterhin zu.
[649] Die verfassungsrechtliche Implikation dieses Problems wird aus der "due process clause" des 14. Amendments hergeleitet.
[650] Festgelegt in der „Falcon“-Entscheidung, s. hierzu auch Schlei/Grossman: Employment Discrimination (Supplement 1989), Chap. 34 II B.
[651] Batesville Casket Co. EEO Litigation 35 FEP 1560, 1564 (1984): Entlassene Angestellte dürfen nicht gegenwärtige und zukünftige Angestellte repräsentieren, weil das Potential divergierender Interessen zu groß ist.
[652] Schlei/Grossman: Employment Discrimination, Chap. 34 III, mit Verweis auf die Entscheidung „Gill v. Monroe County Dep't. of Social Services“ 79 FRD 316 (1978).
[653] Schlurmann: Die Class Action im Recht der USA, S. 111, 112. Die Kriterien, nach denen ein Anwalt wiederum als geeigneter Vertreter für eine Klasse angesehen werden kann, werden allerdings von den Gerichten offenbar relativ unpräzise danach ausgerichtet, ob jemand allgemein als erfolgreicher und erfahrener Anwalt bekannt ist.
[654] Die Bildung sog. "subclasses" ist von R. 23(c)(4) ausdrücklich vorgesehen.

weise die Interessenskonflikte wegen der Spannweite der Gruppe zu groß sind, und auf der anderen Seite werden die Interessen der einzelnen Mitglieder ausreichend berücksichtigt.
Auf diese Art und Weise wird der große Vorteil der „class actions“ im Rahmen von Title VII-Verfahren möglichst optimal genutzt, ohne die Interessen der einzelnen Gruppenmitglieder zu sehr zu vernachlässigen.

Auch eine Gewerkschaft kann als Repräsentantin einer „class“ in Betracht kommen[655]. An sich setzt die Zulassung einer Klage als „class action“ - wie eben behandelt - voraus, daß die Person, die die Gruppe repräsentiert, selbst von der in Rede stehenden Rechtsverletzung betroffen ist. Dieses Kriterium unterscheidet die „class action“ gerade von einer Behördenklage, bei der eine nicht selbst betroffene dritte Person beziehungsweise Organisation für eine benachteiligte Person tätig wird.
Die Gewerkschaften können hierbei eine Sonderrolle einnehmen, und selbst als Repräsentanten einer „class“ in Betracht kommen. Dies setzt voraus, daß ein Gewerkschaftsmitglied zu der benachteiligten Gruppe gehört. Übertragen auf die Fälle der Lohndiskriminierung würde es voraussetzen, daß eine von der streitigen Benachteiligung betroffene Arbeitnehmerin Mitglied der Gewerkschaft ist.
Darüber hinaus muß die Gewerkschaft bereits vor der Klage sich für die Rechte der benachteiligten Gruppe eingesetzt haben. Schließlich darf die Klage nicht eine Beteiligung der von der Benachteiligung betroffenen Person selbst erfordern[656].
Wirklich unstreitig ist die Zulässigkeit einer Gewerkschaft als Repräsentantin allerdings nur bei Feststellungsklagen, für Leistungs- und Schadensersatzklagen sind die Voraussetzungen im einzelnen umstritten und nicht abschließend geklärt.

5.1.5.1.5 Mindestgröße

Als Richtzahl für die Mindestgröße einer „class“ hat der Supreme Court[657] in etwa 45 Personen angegeben, allerdings ist dies nicht gesetzlich festgelegt.

5.1.5.1.6 Benachrichtigungserfordernis

Grundsätzlich sind die einzelnen Mitglieder einer „class“ durch den Repräsentanten von der Tatsache der Klageerhebung zu benachrichtigen. Die Pflicht zur Benachrichtigung der einzelnen Mitglieder resultiert zum einen aus der „due-process-clause“[658] der Verfassung, sie ist aber auch in R. 23 of C. Proc. selbst geregelt. Je nachdem, ob es sich um eine Schadensersatzklage oder eine Feststellungs-, beziehungsweise eine Unterlassungsklage handelt, ist die Benachrichtigungspflicht unterschiedlich streng geregelt. Während bei Schadensersatzklagen nach R. 23 (b)(3) zwingend die "bestmögliche Benachrichtigung" vorgeschrieben ist, und diese auch schon vor Prozeßbeginn erfolgen muß, sind die Anforderungen an die Benachrichtigung bei bloßen Feststellungs- oder Unterlassungsklagen nicht ganz so streng[659].
Bei Schadensersatzklagen wird die individuelle Benachrichtigung der einzelnen „class“-Mitglieder vor Prozeßbeginn verlangt, soweit sie durch vernünftigen Aufwand ausgemacht

655 Schlei/Grossman: a.a.O: Chap. 19, S. 618-655 (651).
656 Schlei/Grossman: a.a.O., S. 1262 sowie Schlei/Grossman, Supplement 1989, S. 462.
657 General Telephone Co. of Northwest v. EEOC, 446 US 318, 330 (1980).
658 Grundsatz des fairen Verfahrens.
659 Ausführlich hierzu: Koch: Kollektiver Rechtsschutz, S. 70 ff.; sowie Dam, S.Ct.Rev. 1974, S. 97 ff..

werden können[660]. Die Gruppenmitglieder haben hier die besondere Möglichkeit, offiziell aus der „class" auszutreten ("to opt out"). Das Urteil hat dann keine Bindungswirkung für sie. Das Benachrichtigungserfordernis kann insbesondere bei Schadensersatzklagen leicht eine Klage als „class action" scheitern lassen.
Die weitaus häufigsten Klagen nach Title VII sind die Feststellungs- und Unterlassungsklagen (R. 23 (b)(2)), bei denen eine Benachrichtigung während des Prozesses ausreicht.

5.1.5.1.7 Die Vertretung - Anwaltskosten

„Class actions" bedeuten in aller Regel weder für den/die Repräsentanten/in noch für die „class members" ein finanzielles Risiko. Das amerikanische Gebührenrecht ist gänzlich anders organisiert als das deutsche. So sind die Gerichtsgebühren traditionell niedrig[661].
Ganz anders verhält es sich mit den Anwaltskosten. Für Rechtsanwälte gibt es keine der deutschen Gebührenordnung für Rechtsanwälte vergleichbare Gebührenordnung[662]. Als Bezahlung werden daher üblicherweise entweder Stundenlöhne oder Erfolgshonorare vereinbart. Jede Partei bezahlt ihren Anwalt selbst, unabhängig davon, ob sie den Prozeß gewonnen oder verloren hat[663]. Bei den „class actions" werden üblicherweise Erfolgshonorare[664] vereinbart. Für den Fall, daß der Prozeß gewonnen wurde, wird das vereinbarte Honorar von der erstrittenen Summe abgezogen. Der restliche Betrag wird bei einer „class action" auf die Mitglieder der „class" quotenmäßig verteilt. Falls der Prozeß verloren wird, erhält der Anwalt bei der Vereinbarung eines Erfolgshonorars keine Vergütung[665].
Bei den Vereinbarungen von Erfolgshonoraren liegen die Sätze gewöhnlich zwischen 25 und 50% der streitigen Summe[666].
Die Vereinbarung des Erfolgshonorars stellt damit so etwas wie eine Bezahlung von der ganzen Gruppe, also anteilsmäßig von sämtlichen Gruppenmitgliedern, dar. Dahinter steht der Gedanke, der Person, die Vermögenswerte „rettet", an denen auch andere teilhaben, ihre Rechtsverfolgungskosten von den Nutznießern mit erstatten zu lassen[667].
Die Art der Bezahlung bildet gleichzeitig die Hauptangriffsfläche für Kritiker der „class actions". Unter dem Vorwand der Prozeßerleichterung für arme Kläger würden Prozesse lediglich von Anwälten um des Honorars willen betrieben, und die Erfolgsaussichten einer Klage seien entscheidend von der Qualität des Anwalts abhängig. Der ohnehin schlechte Ruf der Anwälte in den USA, denen vor allen Dingen Geldgier nachgesagt wird, erfährt durch die Methoden, die bei „class actions" zum Teil angewandt wurden, nicht gerade eine Aufwertung. So fuhren

---

[660] Der Begriff "reasonable effort" ist hier weniger unter einem dogmatischen als vielmehr einem ökonomischen Aspekt zu sehen, da der Repräsentant die Kosten für die Benachrichtigung zu tragen hat. Teilweise ist es ihm jedoch nicht zuzumuten, Unzählige zu benachrichtigen.
[661] Vgl. Schack: Einführung in das US-amerikanische Prozeßrecht, S. 7.
[662] Der Supreme Court sieht in der Einführung von Mindesthonoraren für Rechtsanwälte verbotene Kartellabsprachen. Dies ist der Grund dafür, daß es keine Gebührenordnung für Rechtsanwälte gibt; vgl. Schack, Einführung in das US-amerikanische Zivilprozeßrecht, S. 7 unter Verweis auf: „Goldfarb v. Virginia State Bar", 421 US 773 (1975).
[663] Kötz in: Homburger/Kötz: Klagen Privater, S. 84 ff..
[664] Sog. „contingent fees".
[665] Als Besonderheit der Klagen nach Title VII ist es zu bewerten, daß hier im Gesetz (42 USC. § 2000a - 3 (b), § 200 e - 5 (k) (1970) sogar ausdrücklich die Kostenerstattung inklusive des Anwaltshonorars nur zugunsten eines erfolgreichen Klägers vorgesehen ist.
[666] Schack: Einführung in das US-amerikanische Zivilprozeßrecht, S. 8.
[667] Schlurmann: Die Class Action im Recht der USA, S. 116.

nach dem Chemieunfall in Bhopal einige Anwälte dorthin, um sich von den Opfern möglichst sofort die notwendigen Prozeßvollmachten zu beschaffen[668].

5.1.5.1.8 Lohngleichheitsklagen bei mittelbarer Diskriminierung nach Title VII besonders geeignet für „class actions"?

Lohngleichheitsklagen sind in den USA genauso wie in Deutschland häufig Klagen wegen mittelbarer Diskriminierung ("disparat-impact"-Klagen). Grundsätzlich eignen sich Klagen wegen „disparat-impact" besonders für „class actions" nach Title VII, weil bei diesen Klagen typischerweise auch der besondere Gruppenbezug gegeben ist. Denn eine bestimmte Verhaltensweise ist üblicherweise dann mittelbar diskriminierend, wenn sie zwar für sich genommen keine Diskriminierung darstellt, jedoch in bezug auf die ganze Gruppe diskriminierende Auswirkungen hat.
Seit der „Griggs v. Duke Power Co."-Entscheidung des Supreme Court von 1971[669] ist der Gruppenbezug der Benachteiligung als ausreichend angesehen, es muß nicht mehr eine individuelle, vorsätzliche Benachteiligung[670] nachgewiesen werden:
Danach verbietet Title VII nicht nur "overt discrimination but also practices that are fair in form, but discriminatory in operation"[671].
In der Entscheidung „Teamsters v. USA"[672] definierte der Supreme Court den Begriff der mittelbaren Diskriminierung als „Praktiken, die zwar rein äußerlich in der Behandlung verschiedener Gruppen neutral sind, tatsächlich aber eine Gruppe mehr als die andere betreffen, und die nicht durch eine Notwendigkeit des Arbeitgebers gerechtfertigt werden können"[673].
Ein Beweis der benachteiligenden Absicht ist nicht erforderlich.
Die benachteiligende Wirkung muß allerdings anhand konkreter, identifizierbarer Maßnahmen nachgewiesen werden[674]. Der Beweis kann jedoch auch mit Hilfe von Statistiken geführt werden[675].

Dieser besondere Vorteil der Beweiserleichterung von „class action suits" für Klagen nach Title VII des CRA trifft allerdings nicht auf die Fälle von Lohngleichheitsklagen zu, in denen es um gleichwertige Arbeit geht. Dieses besondere Anwendungsfeld von Title VII des CRA gegenüber dem EPA für Lohngleichheitsklagen ist vom Supreme Court sehr eingeschränkt worden. Demzufolge ist der Erfolg derartiger Klagen gering. Die amerikanische Rechtsprechung steht der „comparable-worth-Argumentation" äußerst skeptisch gegenüber und hat deshalb ganz spezielle Kriterien für den Erfolg einer „comparable-worth"-Klage nach Title VII entwickelt.

---

[668] Schack, a.a.O., S. 8 m.w.N. aus der amerikanischen Rechtsprechung.
[669] 401 US 424 (1971).
[670] Im Unterschied hierzu muß bei den Diskriminierungsklagen wegen unmittelbarer Diskriminierung (disparat treatment) im Prozeß sowohl die Benachteiligung wegen des Geschlechts als auch der Diskriminierungsvorsatz des Arbeitgebers bewiesen werden. Dies ist in aller Regel sehr schwierig.
[671] Griggs v. Duke Power Co., 401 US 421, 431 (1971).
[672] Teamsters v. USA, 431 US 324, 335 Fn. 15 (1977).
[673] "Disparat impact involve employment practices that are facially neutral in their treatment of different groups but that in fact fall more harshly on one group than another and cannot be justified by business necessity".
"Proof of discriminatory intent ... is not required."
[674] Schlei/Grossman: Employment Discrimination (Supplement 89), Chap.36 III B.
[675] Zu den einzelnen Arten der statistischen Beweise: s. Schlachter: Wege, S. 325; Schlei/Grossman: Employment Discrimination (Supplement 89), Chap 36 IV B.

Wie bereits oben erläutert, obliegt es bei den „disparat-impact“ Klagen der Klägerin, eine einzelne Benachteiligungshandlung für das benachteiligende Ergebnis verantwortlich zu machen. Die Rückführung auf einen einzelnen Bestandteil ist jedoch im Zusammenhang mit Entgeltungleichheit nur sehr schwer darzustellen.
Der Rechtsprechung reicht es nicht aus, wenn insgesamt das Entlohnungssystem des Arbeitgebers als diskriminierend angegriffen wird und hierfür entsprechende Statistiken vorgebracht werden.
Läßt die Rechtsprechung auch sonst im Bereich der „disparat-impact“-Fälle statistische Beweise genügen, reichen hier nicht von der Klägerin vorgebrachte Arbeitsbewertungsmethoden. Lediglich vom Arbeitgeber aufgestellte Arbeitsbewertungsmethoden werden vom Gericht anerkannt und im Prozeß dann auf ihre korrekte Anwendung durch den Arbeitgeber hin überprüft.

5.1.5.1.9 Rechtsfolgen bei der Feststellung von Diskrimierungen

Das amerikanische Recht kennt eine Fülle von abgestuften Maßnahmen, die bei Verstößen gegen das Diskriminierungsverbot verwendet werden können[676]. So werden in vielen Vergleichen oder Gerichtsentscheidungen nicht nur die Beseitigung der Diskriminierung im konkreten Fall beschlossen, sondern unter dem Stichwort „affirmative relief“ bekannt, hat das Gericht zugleich die Möglichkeit, Programme zu entwickeln, die auf die Verwirklichung der Ziele des CRA und des EPA hinwirken sollen. Es wird also beispielsweise ein langfristiges Einstellungsziel festgelegt, wonach der Prozentsatz der Frauen bei einem bestimmten Arbeitgeber (dem Beklagten) dem der entsprechend qualifizierten Frauen auf dem Arbeitsmarkt in zehn Jahren entsprechen soll, und gleichzeitig wird ein ganz konkretes Einstellungsziel für das nächste Jahr festgelegt.

Exkurs: Affirmative Action und Reverse Discrimination

Vor dem Hintergrund, daß die Maßnahmen, die mit dem Oberbegriff „affirmative action“[677] verbunden sind, einen wesentlichen Teil der amerikanischen Antidiskriminierungspolitik ausmachen, soll hier ein kurzer Einschub zu diesem Bereich erfolgen. Um die Möglichkeiten, aber zugleich auch die Grenzen des amerikanischen Rechts in diesem Bereich verstehen zu können, kann dieser Bereich nicht ganz ausgeblendet werden.
Nachdem sich zunächst als eine Folge der Bürgerrechtsbewegung der sechziger Jahre eine spezielle Förderung von Minderheiten entwickelt hatte, hat sich unter den Gegnern dieser Bewegung - speziell in den Jahren der konservativen Regierungen von Reagan und Bush eine Gegenbewegung herausgebildet, die die Meinung vertritt, die Bevorzugung der Minderheiten wie sie durch „affirmative action“ erfolge, verstoße gegen den Gleichbehandlungsgrundsatz, das heißt den 5. Verfassungszusatz, denn es handele sich um nichts anderes als eine „reverse

---

676 Sec. 705 (g) Title VII; Beschreibung der einzelnen Möglichkeiten sowie der hierzu ergangenen Entscheidungen bei Schlei/Grossman, a.a.O., Chap. 37.

677 Es sei in diesem Zusammenhang auf die eingehende Darstellung bei Sacksofsky: Das Grundrecht auf Gleichberechtigung, S. 233-288 (sowohl eine Darstellung der Rechtsprechung zu der Thematik als auch der Literatur) hingewiesen. Der Einführung von „affirmative action“ Programmen liegt die Überlegung zugrunde, daß man von Menschen, die generationenlang durch Diskriminierung (vor allem Afroamerikaner, Frauen, Behinderte) im Arbeitsprozeß behindert worden sind, nicht sofort den Wettbewerb mit Nichtdiskriminierten (Weiße, Männer, Gesunde) verlangen kann. Es soll mit derartigen unterstützenden Fördermaßnahmen etwas zugunsten der diskriminierten Personen eingeführt werden, was über ein bloßes Verbot von Diskriminierung hinausgeht.

discrimination", also eine umgekehrte Diskriminierung[678]. Mit der angestrebten Förderung der Minderheiten werde die Mehrheit diskriminiert.

Zwar gab es bislang kein Bundesgesetz, das die „affirmative actions" zwingend vorsah, jedoch gab es zahlreiche Erlasse und Anordnungen der Ministerien und Behörden in Washington, mit denen vor allem Förderprogramme ausgearbeitet wurden. Hierzu zählen beispielsweise Subventionierungen bei der Vergabe von Aufträgen an Betriebe, die nachweislich Minderheiten beschäftigen. Gerade im Hochschulbereich machten und machen die Förderprogramme einen beträchtlichen Teil aus, und bieten daher für ihre Gegner ständigen Anlaß zur Kritik. An fast allen privaten und öffentlichen Colleges und Universitäten gibt es „Ziele", mit Hilfe derer den Minderheiten der Zugang zum Hochschulbereich erleichtert werden soll, und das Verhältnis von Minderheit zu Mehrheit entsprechend dem Anteil der Minderheit verbessert werden soll. Wie bereits öfters in diesem Kapitel angesprochen sah sich die amerikanische Gesellschaft stark rückläufigen Tendenzen im Bereich der Diskriminierungsgesetzgebung und -rechtsprechung ausgesetzt. Die wirtschaftliche Rezession und die 15 Jahre Reagan- und Bush-Regierung htaten sowohl bei den Gerichten als auch bei der Gesetzgebung zu objektiv gesehenen Rückschritten geführt.

Bereits 1978 hatte der Supreme Court den Fall „Allan Bakke v. University of California"[679] zu entscheiden, in dem es um die Zulassung eines weißen Bewerbers zum Medizinstudium ging. In diesem Fall hatte sich ein weißer Interessent um einen Medizinstudienplatz an der Universität von Kalifornien beworben. Es gab 100 Plätze, von denen 16 für Bewerber benachteiligter Gruppen reserviert waren. Da der Bewerber mit seiner Bewerbung relativ spät kam, waren von den Plätzen für Nicht-Benachteiligte bereits alle vergeben. Der weiße Bewerber Allan Bakke klagte daraufhin gegen die Universität wegen Verletzung des Gleichbehandlungsgrundsatzes mit der Begründung, seine Noten seien wesentlich besser als die sämtlicher Bewerber aus den benachteiligten Gruppen. Der Kläger obsiegte in diesem Rechtsstreit, wenngleich die Mehrheit der Richter in dieser Entscheidung nur hauchdünn war[680].

Mit Entscheidung vom 21.07.1995 hat der Verwaltungsrat der Universität von Kalifornien offiziell die Abschaffung der „affirmative action"-Programme beschlossen[681]. Für die Abschaffung des Programms stimmten 14 Mitglieder, gegen die Abschaffung stimmten zehn. Im Sommer 1997 schaffte schließlich der Bundesstaat Kalifornien die Programme zur Förderung von Minderheiten ab[682]. Das Gesetz regelt die Abschaffung der bevorzugten Behandlung von Frauen sowie von afroamerikanischen und hispanischen Amerikanern bei der Vergabe von öffentlichen Arbeitsplätzen und Aufträgen oder bei der Vergabe von Studienplätzen[683].

Auch der Supreme Court fällte im Jahr 1995 eine Entscheidung, die im Zusammenhang mit der sogenannten „affirmative action" und „reverse discrimination" steht. Es ging in dieser

---

678 Sacksofsky: Das Grundrecht auf Gleichberechtigung, S. 234: Sie weist darauf hin, daß es im amerikanischen Sprachgebrauch und in der Rechtsdiskussion keine einheitliche Linie über die Verwendung der Begriffe „affirmative action" einerseits und „reverse discrimination" andererseits gibt. Vielmehr geben die jeweils verwendeten Begriffe Aufschluß über die Haltung des Verfassers, je nachdem, ob er/sie mehr dafür oder dagegen eingestellt sind.

679 Regents of University of California v. Allan Bakke, 438 US 265 (1978); auszugsweise in: EuGRZ 1978, S. 522.

680 Einzelheiten nachzulesen bei Sacksofsky: Grundrecht auf Gleichberechtigung, S. 238-246.

681 Süddeutsche Zeitung v. 22./23.07.1995.

682 vgl. Süddeutsche Zeitung v. 30./31.08.1997.

683 Von den Gegnern des Gesetzes - eine Koalition von Bürgerrechtsgruppen - wurde der Supreme Court angerufen. Sie bezweifeln die Verfassungsmäßigkeit des Gesetzes und möchten seine Aufhebung erreichen.

Entscheidung um die Klage einer „weißen" Baufirma wegen Verletzung des Grundsatzes auf Gleichbehandlung gegen die Bundesregierung, die ihrer Hauptvertragsfirma Subventionen zum Bau einer Straße in Colorado gewährt hatte, damit diese wiederum Subunternehmen anheuern konnte, in denen sozial und ökonomisch diskriminierte Bevölkerungsschichten beschäftigt waren. Obwohl in der Ausschreibung das Angebot der „weißen" Baufirma billiger war, erhielt die hispanoamerikanische Baufirma den Zuschlag. Hierdurch sah sich die „weiße" Baufirma in ihren Rechten verletzt. Der Supreme Court entschied mit einer fünf zu vier Mehrheit zugunsten der „weißen" Baufirma. Die Klage wurde an das erstinstanzliche Gericht zurückverwiesen[684].
Diese Entscheidung bedeutet einen weiteren Einschnitt in die amerikanische „affirmative action"-Politik. Trotz der in den USA nach wie vor existierenden starken Rassensegregation, ist plötzlich nicht mehr die Beseitigung der rassenspezifischen Segregation oder die Beseitigung der Benachteiligung von Frauen vorrangig, vielmehr gilt es jetzt, den Rahmen für Förderungsmaßnahmen ganz eng zu fassen, und derartige Maßnahmen nur dann zu erlauben, wenn sie für den Staat von zwingendem Interesse sind, da sie sonst gegen das Gleichbehandlungsgebot verstoßen würden. Die Auffassung, nach der das Ziel der Gleichberechtigung nicht nur die Abschaffung von Diskriminierungen durch Klagen wegen Verletzung von Differenzierungsverboten, sondern auch die tatsächliche Schaffung von Chancengleichheit für benachteiligte Gruppen ist, scheint von dieser neuesten Supreme Court Rechtsprechung nicht mehr gedeckt zu sein.
Als weiteres Beispiel im Zusammenhang mit dem Bereich der Legislative kann die Rekodifizierung des Civil Rights Acts von 1991 dienen, in dessen Zusammenhang die Prozeßregeln sowohl für die „Mixed Motive"-Fälle[685] als auch für die Disparat-Impact-Fälle deutlich verschlechtert wurden[686].

Nachdem nunmehr ein kurzer Blick auf den Bereich der affirmative action geworfen wurde, interessieren für die Perspektive der vorliegenden Arbeit die im Zusammenhang mit den „affirmative action" eigens dafür eingeführten gerichtlichen Kontroll- und Überwachungsmöglichkeiten. Darin unterscheidet sich das amerikanische Rechtssystem wiederum deutlich vom

---

[684] Zur Begründung der Entscheidung des Supreme Court v. 12.06.1995 sowie der abweichenden Meinungen einzelner Richter s. Schiller: Der weiße Mann darf hoffen, in: „DIE ZEIT", Nr. 26 v. 23.06.1995, Politik, S. 6 Hervorzuheben ist insbesondere die Meinung des konservativen schwarzen Richters Clarence Thomas, der zwar selbst an die Yale-University über ein „affirmative action"-Programm gekommen ist, nunmehr aber der Auffassung ist, die „affirmative action" -Programme stempelten Minderheiten als solche ab und würden die zu den Minderheiten gehörenden Personen nur von derartigen Programmen abhängig machen und ihnen das Gefühl vermitteln, daß sie ein Recht auf Bevorzugung hätten.

[685] „Mixed motive"-Fälle sind Fälle, in denen der/die Kläger/in zwar beweisen kann, daß das Geschlecht oder die Rasse ein motivierender Faktor bei der Entscheidung für die Einstellung war, in denen der Arbeitgeber jedoch nachweisen kann, daß es – auch - andere, nicht diskriminierende Gründe für die Entscheidung gab. Für den Nachweis des Arbeitgebers reicht überwiegende Wahrscheinlichkeit aus. Zwar hat der/die Arbeitnehmer/in einen Anspruch auf Rechtsanwaltsgebühren und Sachverständigenkosten gegen den Arbeitgeber, wenn der Arbeitgeber in derartigen Fällen allerdings nur mit durchschnittlicher Wahrscheinlichkeit (neu durch den CRA von 1991) beweisen kann, daß er aus anderen Gründen den/die Arbeitnehmer/in sowieso nicht eingestellt/befördert hätte, lassen eine Verpflichtung zur Einstellung, eine Lohnnachzahlung oder einen Schadensersatzanspruch ausscheiden. Eine Haftung des Arbeitgbers kommt danach nur in Betracht, wenn der/die Arbeitnehmer/in beweisen kann, daß er/sie ohne das Diskriminierungsmerkmal (Rasse/Geschlecht) vom Arbeitgeber eingestellt beziehungsweise befördert worden wäre.

[686] Beschreibung der einzelnen Veränderungen für die „disparat impact" Fälle bei Wisskirchen: Mittelbare Diskriminierung, S. 34.

deutschen. Nicht nur, daß dem deutschen die Verhängung solcher detaillierten „Heilungspläne“ gänzlich fremd ist, sondern es existiert auch nicht die Möglichkeit, gerichtlich verhängte Rechtsfolgen seitens des Gerichts auf ihre Befolgung hin zu überprüfen. Das deutsche Zivilprozeßrecht kennt keine Möglichkeit, von Seiten des Gerichts zu überprüfen, ob die in Urteilen oder Vergleichen festgelegten Rechtsfolgen von den Parteien tatsächlich befolgt wurden. Es obliegt hier wiederum dem Einsatz der Klägerpartei, im Fall der Nichtbeachtung die Vollstreckung gerichtlich zu erzwingen (§§ 767 ff. ZPO).

Nach dem amerikanischen Recht ist es üblich, in dem Gerichtsbefehl, Vergleich oder Urteil festzulegen, wann und wie oft die Einhaltung der getroffenen Regelungen überwacht werden soll.

Rule 53 räumt dem Gericht darüber hinaus die Möglichkeit ein, einen sogenannten „Special Master“ zu ernennen, der für das Gericht die Aufgabe übernimmt, den Arbeitgeber zu überwachen. Im Rahmen dieser Überwachungsfunktion hat der „Special Master“ sogar eigene Rechte, beispielsweise zusätzliche Beschlüsse zu erlassen oder eigene „hearings“ zu veranstalten[687]. Das Gericht wird von der Möglichkeit, einen „Special Master“ zu ernennen, vor allem dann Gebrauch machen, wenn es größere Schwierigkeiten bei der Umsetzung der von ihm gesetzten Ziele erwartet und daher eine „spezielle Betreuung“ des Arbeitgebers für nötig erachtet.

Als Ergebnis des Exkurses ist festzuhalten, daß auch im Bereich der „affirmative action“ effiziente Instrumente des Verfahrensrechts die Durchsetzung materieller Rechte fördern.

5.1.5.1.10 Zusammenfassung und Konsequenzen

„Class actions“ als spezielle Klageform bringen sowohl Vor- als auch Nachteile mit sich.

Ein Vorteil einer „class action“ ist ihre Prozeßökonomie. Denn durch die Zulassung einer Klage als „class action“ läßt es sich vermeiden, eine Vielzahl von Prozessen wegen desselben Rechtsproblems gegen denselben Beklagen zu führen. Pfarr/Kocher[688] wenden ein, daß weder in Diskriminierungsfällen noch in Massenschadensfällen dieses Argrument ausschlaggebend für die Erhebung einer Klage sein dürfte. Vor dem hier speziell interessierenden Problem der spezifischen Schutzbedürftigkeit von Arbeitnehmerinnen ist diesem Einwand sicherlich zuzustimmen. Dennoch ist die Prozeßökonomie ein abstrakter Aspekt, der auch für eine „class action“ spricht. Eine Prozeßführung nur einmal spart zahllose einzelne Prozesse und ist damit insgesamt effektiv.

Eine „class action“ bringt zugleich besondere Rechtssicherheit mit sich. Durch die einheitliche Behandlung einer Vielzahl gleichgelagerter Fälle wird sichergestellt, daß die Betroffenen nicht mit unterschiedlichen Ergebnissen zu rechnen haben.

Speziell im Bereich der Lohndiskriminierungen ist die Möglichkeit, Abhilfe bei individuell geringfügigem Unrecht zu schaffen, ein Ergebnis, das mit Individualklagen allein nie erzielt werden kann. Das Urteil einer „class action“ hat eine ganz andere Breitenwirkung als jede Individualklage. Diesbezüglich kommt den „class actions“ Vorbild-Charakter zu. Allerdings werden gerade von den Konservativen in den USA die „class actions“ und die umfangreichen Überwachungsrechte der Gerichte oft kritisiert. Sie sähen es lieber, wenn der Einflußbereich der Gerichte auf Rechtsstreitigkeiten zwischen einzelnen Prozeßparteien beschränkt würde.

---

687 Schlei/Grossman, a.a.O., Chap. 37 VII.

688 Pfarr/Kocher: Kollektivverfahren im Arbeitsrecht, S. 191, 197.

Abgesehen von den Aspekten der Prozeßökonomie, der Rechtssicherheit und der Rechtskrafterstreckung ist die „class action“ als Klageform auch noch in weiterer Hinsicht reizvoll. Dadurch, daß jeweils ein selbst Betroffener der Gruppe klagt, bietet sie Gewähr dafür, daß der Repräsentant ein ausgeprägtes eigenes Interesse an der Verfolgung des Klageziels hat. Er wird sich also mit entsprechendem Engagement einsetzen. Dies ist beispielsweise auch ein Vorteil gegenüber einer Verbandsklage oder einer Behördenklage, bei der der Kläger nicht selbst betroffen ist.

Den Vorteilen der „class action“ als Klageform stehen auch Nachteile gegenüber, die hier nicht unerwähnt bleiben sollen. Die einzelnen Zulassungsvoraussetzungen machen oft umfangreiche Vorprüfungen für eine „class action“ erforderlich, die sehr aufwendig und langwierig sein können. Dabei ist nicht zu übersehen, daß bei diesen Vorprüfungen vielfach schon Fragen der Begründetheit geprüft werden müssen. Dies ergibt sich beispielsweise durch die Frage der Zusammensetzung der „class“, inwieweit die Mitglieder gemeinsam betroffen sind, worin die Diskriminierungshandlung den einzelnen gegenüber liegt, etc[689]. Dies hat wiederum zur Folge, daß der zulässige Umfang dieser Vorprüfungen durchaus umstritten ist.

Wie sich aus den Ausführungen zur "fairen und angemessenen" Vertretung ergibt[690], kann die Bestimmung eines geeigneten Repräsentanten genauso wie die Bestimmung der Gruppe in der Praxis ein großes Problem darstellen.

Das Benachrichtigungserfordernis kann dazu führen, daß der Prozeß nicht geführt werden kann, weil alle zu Benachrichtigenden nicht ausgemacht werden können. Der Aufwand wäre unter Umständen viel zu groß, die Kosten der Benachrichtigung würden jeden vernünftigen Rahmen sprengen.

Insgesamt ist das aus deutscher Sicht wohl auffälligste Ergebnis der „class action“ im Hinblick auf die Fälle der von Lohndiskriminierung betroffenen Arbeitnehmerinnen die Rechtskrafterstreckung auf am Prozeß nicht Beteiligte. Geht die Klage zuungunsten der „class“ aus, sind ihre Mitglieder daran genauso gebunden, wie wenn die „class“ im Prozeß obsiegt. Die einzelnen Gruppenmitglieder können keinen neuen Prozeß anstrengen, auch wenn sie der Meinung sind, von ihrem Repräsentanten nicht angemessen vertreten worden zu sein. Sofern eine Klage einmal als „class action“ zugelassen ist, steht die Diskriminierungshandlung gegenüber den einzelnen „class“-Mitgliedern bereits bindend fest. Es kann dann von den einzelnen „class“-Mitgliedern noch über die möglicherweise unterschiedlichen Auswirkungen prozessiert werden.

Zugleich bedeutet es bei positivem Ausgang des Rechtsstreits, daß ein Arbeitgeber generell gezwungen ist, seine diskriminierenden Entlohnungspraktiken aufzugeben und zwar nicht nur gegenüber einer klagenden Person, sondern neben dem Repräsentanten auch gegenüber der ganzen Gruppe.

Hervorzuheben bleiben auch die vielfältigen abgestuften Rechtsfolgemöglichkeiten, die bei Verstößen gegen das Diskriminierungsverbot verhängt werden können[691], und die deshalb das Verfahren auch für die „class“ attraktiv machen[692].

---

[689] Schlei/Grossman: Employment Discrimination, Chap. 34 C, m.w.N.

[690] S. oben 5.1.5.1.4.

[691] S. oben 5.1.5.1.9.

[692] So Pfarr/Kocher: Kollektivverfahren im Arbeitsrecht, S. 197.

Die in diesem Teil besprochenen Probleme betreffen die Zulassung einer Klage als „class action". Liegen die oben genannten Voraussetzungen nicht vor, bleibt den einzelnen Gruppenmitgliedern immer die Möglichkeit, einen individuellen Prozeß zu führen.

5.1.5.2 Klagemöglichkeiten der EEOC

5.1.5.2.1 Für den EPA:

Wie bereits angesprochen hat die EEOC die Möglichkeit, als Behörde auf die Beseitigung von Diskriminierungen im Arbeitsleben gegenüber Frauen gerichtlich hinzuwirken. Die einzelnen Klagevoraussetzungen sind je nachdem, ob es sich um eine Klage nach dem EPA oder nach dem CRA handelt an unterschiedlicher Stelle geregelt.
Da der EPA[693] in den Fair Labor Standards Act (FLSA)[694] inkorporiert ist, gelten für die gerichtliche Durchsetzung des EPA die Vorschriften der §§ 16 b, c und 17 FLSA.
Während in § 16 b ein Klagerecht des/der einzelnen Arbeitnehmers/in geregelt ist, wird in §§16 c und 17 der EEOC ein eigenes Klagerecht eingeräumt.
Sofern die EEOC von ihrem Klagerecht Gebrauch macht, ist die einzelne Betroffene von einer eigenen Klage ausgeschlossen.
Die Klagearten nach § 16 c und § 17 FLSA unterscheiden sich vor allem in ihren Rechtsfolgen. Während die Klage nach § 16 c es der EEOC ermöglicht, neben der Nachzahlung von entgangenem Lohn ("back pay") von zwei bis drei Jahren an die Betroffene bei vorsätzlicher Benachteiligung zusätzlich noch eine besondere Form des Schadensersatzes ("liquidated damages") zu verlangen, ist die Klage nach § 17 FLSA auf eine Unterlassung für die Zukunft sowie die Nachzahlung des zu wenig gezahlten Lohns gerichtet[695]. Beide Klagearten dürfen von der Behörde nebeneinander erhoben werden.
Die Kägerin (die Arbeitnehmerin oder die EEOC) trägt die Beweislast für die ungleiche Bezahlung von gleicher Arbeit. Der beklagte Arbeitgeber muß dann das Vorliegen einer der vier Ausnahmen beweisen[696], das heißt, daß die unterschiedliche Bezahlung entweder wegen des unterschiedlichen Lebens- oder Dienstalters erfolgt oder wegen eines speziellen Bonussystems oder wegen eines Entlohnungssystems, bei dem die Bezahlung sich nach der Quantität oder Qualität der Produktion richtet, oder wegen einer Differenzierung, die nach irgendeinem anderen Faktor als dem des Geschlechts unterscheidet[697].

5.1.5.2.2 Klagemöglichkeiten der EEOC nach Title VII

Neben der Individualklagebefugnis von Diskriminierung Betroffener eröffnet Title VII der EEOC die Möglichkeit, entweder den Klagen Betroffener beizutreten oder selbst Klage zu erheben.

---

693 Sec. 216 (b)(c), 217 EPA.
694 FLSA: 29 USC. Sec. 201-219. Der FLSA stammt aus dem Jahr 1938 und war das erste Gesetz, das Mindestlöhne festsetzte. Gleichzeitig wurde hierin eine Höchstarbeitszeit bestimmt. Zum Verbot der Lohndiskriminierung gegenüber Frauen enthielt er jedoch noch keine Bestimmungen. Zwar handelt es sich bei Frauen nicht um "Minderheiten" im eigentlichen Sinn, jedoch sind die Diskriminierungsmechanismen ihnen gegenüber genauso wie bei Minderheiten, so daß sie wie Minderheiten zu behandeln sind
695 Die Rechtsprechung billigt darüber hinaus lediglich die Zinsen des zu Unrecht einbehaltenen Lohns (prejudgment interest) zu, Nachweis bei Schlachter: Wege, S. 278.
696 Dieser Beweis wird „affirmative defense" genannt.
697 Vgl. oben 5.1.1.

5.1.5.2.2.1 Beitritt der EEOC zu einer Klage als Nebenintervenient oder Klagen der EEOC für eine Betroffene

Zum einen kann sie die Klage von Betroffenen als Nebenintervenient unterstützen, wenn sie ein besonderes öffentliches Interesse an dem Ausgang dieses Prozesses hat[698].

Zum anderen kann sie selbst Klage für betroffene Arbeitnehmer/innen erheben. Dies geschieht in aller Regel dann, wenn die EEOC es als ein generelles öffentliches Interesse ansieht, die Rechte der Diskriminierten gerichtlich durchzusetzen, und wenn sie vom Vorliegen eines Diskriminierungstatbestands überzeugt ist. Das eigene Klagerecht der EEOC wurde erst durch eine Ergänzung des Title VII im Jahr 1972 in den CRA eingefügt. Bis dahin mußten von Diskriminierung Betroffene genauso wie in Deutschland selbst klagen, wenn der freiwillige, behördliche Vermittlungs- und Schlichtungsversuch der EEOC keinen Erfolg brachte.
Eine Klage der EEOC ist nicht an die Ermächtigung oder Genehmigung durch eine/n Betroffenen gebunden.
Allerdings muß, bevor die EEOC Klage erheben kann, ein umfangreiches vorgerichtliches Verfahren vorgeschaltet werden, das darauf hinwirken soll, die Streitigkeit ohne Einschaltung eines Gerichts beizulegen[699].

5.1.5.2.2.2 "Pattern or practice suits"

Die EEOC kann nach Title VII in sogenannten „pattern or practice suits" die gesamte Politik eines Unternehmens zum Gegenstand eines Rechtsstreits machen[700], wenn sie davon überzeugt ist, daß beispielsweise die gesamten Lohnstrukturen des Unternehmens diskriminierend sind[701]. Wenn die EEOC in einem solchen Verfahren selbständig klagt, dürfen die betroffenen Arbeitnehmerinnen daneben nicht noch zusätzlich klagen, sondern können diesem Rechtsstreit nur als Nebenintervenientinnen beitreten[702].

5.1.5.2.2.3 Klage für eine Gruppe von Arbeitnehmerinnen:

Eine ganz besondere Möglichkeit der EEOC stellt die Klage nach sec. 706 (f)(1) von Title VII dar. Danach ist es der EEOC erlaubt, für eine ganze Gruppe Betroffener zu klagen, ohne daß sie die komplizierten Zulassungserfordernisse einer „class action" nach Rule 23 Civil Procedure erfüllen müßte. Es wird der Behörde damit prozeßrechtlich ein Bonus eingeräumt, weil der Gesetzgeber davon ausgeht, daß die Behörde die Interessen der Gruppe in der erforderlichen Form vertreten wird. Die EEOC ist damit so etwas wie der Repräsentant der Gruppe. Die EEOC besitzt die Möglichkeit, im Interesse einer ganzen Gruppe von betroffenen Personen -

---

698 Sec. 705 (g)(6) von Title VII.
699 Das Vorverfahren besteht aus einer förmlichen Beschuldigung („charge") durch die benachteiligte Person, die diese der EEOC mitteilt. Sie muß den Arbeitgeber nennen und die Art der Benachteiligung im einzelnen beschreiben. Damit ist dann auch der Streitgegenstand für eine spätere Klage bestimmt. In sec. 706 von Title VII werden die Frist, innerhalb derer die Beschuldigung zu erheben ist, der Adressat der Beschuldigung und die erforderlichen Schlichtungsbemühungen der EEOC genau festgelegt. Falls die EEOC sich im Anschluß daran entschließt, keine Klage zu erheben, muß sie der Betroffenen hiervon eine Mitteilung machen und ihr die förmliche Erlaubnis erteilen, selbst Klage zu erheben ("right-to-sue-letter", sec.706 (b)(6)). Eine genaue Beschreibung des Vorverfahrens würde im Rahmen dieser Arbeit zu weit führen.
700 Derartige Klagen sind auch nach dem EPA für die EEOC möglich und zulässig.
701 Sec. 707 von Title VII. Diese Art von Klage ist auf eine "systemic approach" gerichtet.
702 Schlachter: Wege, S. 356; Mockenhaupt, ZfA 1984, S. 41.

hier interessieren die weiblichen Arbeitnehmer - bei Verdacht von Verstößen gegen Title VII des CRA gerichtlich gegen die Arbeitgeber vorzugehen.
Diese von der EEOC schon immer vertretene Auffassung wurde vom Supreme Court in der Entscheidung „General Telephone Co. of the Northwest v. EEOC"[703] bestätigt.
Hierin heißt es:

„Given the clear purpose of Title VII, the EEOC's jurisdiction over enforcement and the remedies available, the EEOC need look no farther than § 706 for its authority to bring suit in its own name for the purpose, among others, of securing relief for a group of aggrieved individuals. Its authority to bring such actions is in no way dependent upon Rule 23, and the Rule has no application to a § 706 suit."

„This understanding of the statute is supported by the purpose of the 1972 amendments of providing the EEOC with enforcement authority. The purpose of the amendments, plainly enough, was to secure more effective enforcement of Title VII. As Title VII was originally enacted as part of the Civil Rights Act of 1964, the EEOC's role in eliminating unlawful employment practices was limited to „ informal methods of conference, conciliation and persuasion." Civil actions for enforcement upon the EEOC's inability to secure volontary compliance could be filed only by the aggrieved person. 78 Stat. 261. Congress became convinced, however, that „the failure to grant the EEOC meaningful enforcement powers has proved to be a major flaw in the operation to Title VII." The 1972 amendments to § 706 accordingly expanded the the EEOC's enforcement powers by authorizing the EEOC to bring a civil action in federal district court against privat employers reasonably suspected of violating Title VII. In so doing, Congress sought to implement the public interest as well as to bring about more effective enforcement of private rights"[704].

Diese Möglichkeit stellt eine ganz spezielle und sehr wirkungsvolle Alternative für die Fälle dar, in denen eine „class action" beispielsweise wegen zu stark differierender Interessen der Mitglieder nicht zugelassen würde. Nach dieser Bestimmung können Klagen vergleichsweise einfach zugelassen werden und haben dennoch die Vorteile einer „class action".
Die EEOC kann auf diese Weise Leistungsklage im eigenen Namen erheben und beispielsweise Lohnnachzahlung für eine ganze Gruppe beantragen[705]. Ein danach ergehendes Urteil erlangt wie sonstige „class actions" Rechtskrafterstreckung für alle Betroffenen, das heißt, es erlangt eine besondere Breitenwirkung und ist nicht mehr von einem weiteren Umsetzungsschritt abhängig.

5.1.5.3 Unterschiede zwischen Title VII und dem EPA

Wenn Lohngleichheitsklagen sowohl nach dem EPA als auch nach Title VII des CRA geführt werden dürfen, so interessiert schließlich noch, welche unterschiedlichen Regelungsbereiche die beiden Gesetze haben.
Ein Unterschied liegt im Anwendungsbereich der Gesetze: während nach dem EPA die Löhne nur innerhalb desselben Betriebs verglichen werden[706], sieht Title VII solche Beschränkungen nicht vor. Nach Title VII des CRA reicht es aus, wenn Lohngleichheit mit einer Person im

[703] 446 US 318 (1980).
[704] General Telephone Co. of the Northwest v. EEOC, 446 US 318, 22 FEP 1196 (1980), II A, B.
[705] S. auch Freivogel: Die Verbandsklage und -beschwerde nach dem neuen Gleichstellungsgesetz in: Schwander/Schaffhauser (Hg.): Das Bundesgesetz über die Gleichstellung von Frau und Mann, S. 139.
[706] 29 USC. § 206 (d)(1).

selben Unternehmen verlangt wird. Bestimmte Unternehmensbereiche sind vom EPA ganz ausgenommen, nicht aber von Title VII.
Schließlich bestehen auch Unterschiede in der Beweisführung: Nach Title VII obliegt dem Kläger der "prima-facie" Beweis für das Vorliegen einer direkten Diskriminierung. "To establish a prima-facie-case" ist vergleichbar mit dem Beweiserfordernis des deutschen Rechts. Der Kläger muß zunächst die für ihn günstigen Tatsachen beweisen.
Der Beklagte muß dann diesen Beweis erschüttern, indem er einen legitimen, nichtdiskriminierenden Grund für sein Verhalten anführt. Daran anschließend liegt die Beweislast wieder beim Kläger, der nun beweisen muß, daß es sich bei den vom Beklagten angegebenen Gründen lediglich um einen Vorwand handelt (mere pretext for discrimination).
Durch den neuen Civil Rights Act von 1991 hat sich an der Beweislastverteilung nur bei Klagen wegen mittelbarer Diskriminierung etwas verändert. Die Beweislast zur Rechtfertigung der mittelbar diskriminierenden Maßnahme wurde auf den Beklagten übertragen. Vorher lag sie während des gesamten Verfahrens beim Kläger.
Daraus ergibt sich, daß die Beweislasterfordernisse strenger sind als beim EPA. Ist dort der Beweis für die diskriminierende Maßnahme geführt, hat der Kläger den Beweiserfordernissen genügt. Die Bürde der Rechtfertigungen obliegt dann vollständig dem Beklagten[707].
Da Lohndiskriminierungsklagen sowohl nach dem EPA als auch nach Title VII geführt werden dürfen, stellt sich die Frage, welche Beweislastregeln anzuwenden sind. Es hat sich in der Rechtsprechung und Literatur der USA eine große Kontroverse darüber entwickelt, ob die Beweislastregeln des EPA auf Title VII zu übertragen seien oder nicht[708]. Ein Teil der Gerichte wendet die Beweislastregeln des EPA auf die von Title VII an (sog. "single case approach"), um zu verhindern, daß ein Prozeß mit den exakt gleichen Beweisen nach dem EPA möglicherweise gewonnen wird, und nach Title VII verloren geht.
Die anderen Gerichte, die die gegenteilige Meinung vertreten ("dual case approach"), halten es für wichtiger, daß ein einheitlicher Maßstab innerhalb der einzelnen Diskriminierungsformen nach Title VII angewandt wird. Sie halten es für unvertretbar, einen unterschiedlichen Maßstab anzuwenden je nachdem, ob es sich um eine Diskriminierung nach dem Geschlecht oder wegen der Hautfarbe handelt.
Der Supreme Court hat bislang zu diesem Problem nicht abschließend Stellung bezogen. Zwar hat er in der Entscheidung Gunther[709] die comparable-worth-Fälle ausdrücklich für unter Title VII zulässig erklärt (dies sei sozusagen der Anwendungsbereich im „wage discrimination"-Bereich neben EPA), jedoch hat er keine Antwort auf das Beweislastproblem gegeben[710]. Seitdem werden nach wie vor beide Auffassungen von den Gerichten angewandt. Die "single case approach" hat den Vorteil, daß sie besonders einfach zu handhaben ist.

5.1.6 Würdigung

Vorgestellt wurde die im Vergleich zu Deutschland große Bandbreite prozessualer und verfahrensmäßiger Möglichkeiten, um dem Lohngleichheitsgrundsatz zur Wirksamkeit zu verhelfen. So gibt es die EEOC, deren Aufgabe ausschließlich darin besteht, Diskriminierungen „aufzu-

---

[707] Greenlaw/Kohl, LabLJ 1994, S. 240 (241).
[708] Vgl. zum Meinungsstand Greenlaw/Kohl, LabLJ 1994, S. 240 (242 f.).
[709] County of Washington, Oregon v. Gunther 42 US 161 (1981).
[710] A.a.O., S.171:"Although we do not decide in this case how sex based wage discrimination litigation under Title VII should be structured to accommodate the fourth affirmative defense of the Equal Pay Act...we consider that under this interpretation, is not rendered superfluous." S. auch S. 181.

spüren“, und sowohl außergerichtlich als auch gerichtlich auf ihre Beseitigung hinzuwirken. Den Gewerkschaften kommt dort, wo sie existieren und entsprechend organisiert sind, genauso wie der EEOC die Aufgabe zu, einerseits im Verhandlungsweg diskriminierende Regelungen aus Tarifverträgen zu beseitigen, aber auch betroffene Frauen in Diskriminierungsklagen zu unterstützen.
Für den Fall gerichtlicher Auseinandersetzungen bietet das amerikanische Rechtssystem eine Reihe unterschiedlicher Klageformen, um Diskriminierungen zu beseitigen und eine möglichst weitreichende Breitenwirkung zu gewährleisten.
Es sei in diesem Zusammenhang noch einmal an die Möglichkeit von „Class Actions“, aber auch „Behörden-Class Actions“, sowie der Möglichkeit, von Gerichts wegen den Einsatz eines „Special Masters“ anzuordnen, beziehungsweise abgestufte „Heilungspläne“ zu entwikkeln, deren Einhaltung vom Gericht überprüft werden kann, erinnert.

Nun kann zu Recht eingewendet werden, daß auch das amerikanische Rechtssystem mit den Möglichkeiten, die zur Beseitigung von Lohndiskriminierungen bei Frauen zur Verfügung stehen, nicht wirklich effektiv sei, weil - wie eingangs dargestellt - der Lohnabstand zwischen den Löhnen und Gehältern von Frauen und Männern in den USA trotz der erheblich längeren Bekämpfungspraxis und trotz der differenzierten Beseitigungsmöglichkeiten nach wie vor ungefähr gleich hoch ist wie etwa das diesbezügliche Lohngefälle in Deutschland. Daß dies so ist, hat jedoch vielfältige Gründe und ist nicht auf die unzureichenden gesetzlichen Bestimmungen oder auf die Unzweckmäßigkeit von „Class Actions“ als Klageform zurückzuführen. Wie bereits an entsprechender Stelle in diesem Kapitel dargestellt, ist die EEOC so schlecht personell ausgestattet, daß die Wirkungsmöglichkeiten der Behörde auf ein Minimum beschränkt sind. Solange eine von der EEOC zu führende Klage sich über Jahre oder gar Jahrzehnte erstreckt, bis sie zu einem Abschluß kommt, bleiben weitreichende und durchschlagende Erfolge durch ein Tätigwerden der EEOC aus. Gerade die Jahre der konservativen Regierungen Reagan und Bush haben in dieser Hinsicht zu einer erheblichen Verschlechterung der bestehenden Situation beigetragen[711].

Eine restriktive Finanzpolitik gegenüber der EEOC hatte eine Blockierung der Möglichkeiten der Behörde zur Folge[712]. Derartige rechtstatsächliche Probleme sagen jedoch nichts über die Qualität verfahrensrechtlicher Institutionen aus, sondern allenfalls über die Haltung politischer Mehrheiten, die derartige Probleme hinnehmen.
Daß die Möglichkeit der „Class Action“ nicht zu einer weitaus stärkeren Inanspruchnahme zur Beseitigung von Lohndiskriminierungen geführt hat und führt, hängt möglicherweise mit den sehr umfangreichen, zeitaufwendigen Zulassungsprüfungen für die Klage als Gruppenklage

---

[711] So auch Raasch: Frauenquoten und Männerrechte, S. 51.

[712] Erwähnenswert in diesem Zusammenhang ist der besondere Einfluß, den die jeweilige Regierung in den USA auf die Besetzung des obersten Gerichts hat. Der Supreme Court wurde in den Jahren der Reagan-Bush-Regierungen mit einer Reihe von konservativen, jungen Richtern besetzt, die ihre Stelle noch für lange Zeit behalten werden, da nach Art. III § 1 der Bundesverfassung die Bundesrichter auf Lebenszeit ernannt werden. Die Rechtsprechung des Supreme Court spielt dann wiederum eine maßgebliche Rolle bei der Verwirklichung der Gleichlohngesetze.

bei Gericht zusammen. Die Klageform stellt dadurch keine wirkliche Alternative beispielsweise zu den Behördenklagen dar, die ebenfalls an der erheblichen Länge kranken. Seitdem die sogenannten „across-the-board-approaches"[713] in Diskriminierungsfällen nicht mehr zulässig sind, ist die Führung eines „class-action"-Prozesses zumindest gegenüber der bis dahin üblichen Zulassungspraxis durch die Gerichte erheblich erschwert worden. Der Rückgang der Nutzung von „class-actions" als Klageform in Diskriminierungsfällen deckt sich zeitlich mit der maßgeblichen „Rodriguez"-Entscheidung[714] aus dem Jahr 1977[715].

Auch das Problem des stark gespaltenen amerikanischen Arbeitsmarktes und der damit einhergehenden niedrigen Entlohnung im Bereich typischer Frauenberufe wurde in diesem Kapitel bereits angesprochen. Diesem Problem könnte durch eine Umsetzung des „comparable worth"- Ansatzes begegnet werden. Da aber der EPA sich nicht auf die Fälle „gleichwertiger" Arbeit erstreckt und der CRA zwar diese Fälle grundsätzlich erfaßt, aber durch ein kompliziertes Beweislastsystem die Führung derartiger Verfahren praktisch unmöglich macht, sind sogenannte „comparable worth"-Klagen vergleichsweise wirkungslos.
Am Beispiel der USA in diesem Bereich zeigt sich, wie stark die Umsetzung bestimmter gesetzlich vorgesehener Maßnahmen auch politisch beeinflußbar ist. Das stark marktwirtschaftlich ausgerichtete System befürchtet, durch zu starke staatliche Fördermaßnahmen oder Unterstützungen in seiner Existenz bedroht zu werden.

5.2 Wege zur Verwirklichung von Lohngleichheit in Großbritannien

Das britische Rechtssystem hat wie das amerikanische auch ein eigenes Lohngleichheitsgesetz sowie eine „Equal Opportunity Commission", die ähnlich wie die EEOC in den USA spezielle Aufgaben bei der Verwirklichung der Gleichberechtigung von Frauen wahrnehmen soll. Im Unterschied zum EPA in den USA erfaßt der britische Equal Pay Act (im folgenden: EqPA) auch die Fälle gleichwertiger Arbeit.
Dennoch sei an dieser Stelle vorab erwähnt, daß auch die britische Wirklichkeit[716] einen deutlichen Lohnabstand zwischen den Löhnen und Gehältern von Frauen und Männern aufweist[717]. Insgesamt hat sich dieser Lohnabstand zwar seit 1975, das heißt seit Einführung der Equal-Pay-Gesetzgebung, von etwa einem Drittel niedrigerem Verdienst hin zu etwas weniger als einem Viertel entwickelt, dieser Lohnabstand bleibt aber fast konstant auf dieser Höhe seit Ende der siebziger/Anfang der achtziger Jahre[718], beziehungsweise es läßt sich eine minimale, ganz allmähliche Abnahme des Gefälles der Löhne zwischen Frauen und Männern verzeich-

[713] S. oben 5.1.5.1.2, 5.1.5.1.3.
[714] S. oben Fn. 645.
[715] Wisskirchen: Mittelbare Diskriminierung, S. 164 m.V.a. Kotkin, 41 Hast. L. J. 1301, 1340, weist auf den zeitlichen Zusammenhang beim Rückgang der „disparat impact"-Klagen als „class-actions" hin. Während Mitte der 70er Jahre noch 20 % aller Diskriminierungsprozesse als „class actions" geführt wurden, machten sie im Jahr 1988 nur noch 0,5 % der Diskriminierungsprozesse aus.
[716] S.o. Kap. 2.1.3.
[717] Vgl. Kap. 2.1.3, Tabelle 5.
[718] Ermisch/Joshi/Wright: Women's Wages in Great Britain, in: IntRevCompPP 3/1991, S. 226, Ratio. Die Aufstellung geht von 1970-1989; Torrington/Goodman: The Equal Pay Act, in: ER, vol. 6 (1984), No. 2, S. 32; Glucklich: The Effects Of Statutory Employment Policies In The U.K. Labour Market, S. 124, Table 2 (Zeitraum: 1970-1982); EOC Annual Report 1991, S. 2; EOR 1992 No. 46, Nov./Dez. 1992, S. 31.

nen. Die Frauenerwerbstätigkeit liegt mit 43 %[719] im europäischen Vergleich[720] an dritter Stelle. Auch in England ist der Arbeitsmarkt sehr stark geschlechtsspezifisch getrennt: Das Spektrum der von Frauen ausgeübten Tätigkeiten ist eng, die Tätigkeiten selbst sind schlecht bezahlt[721]. Der Anteil der teilzeitbeschäftigten Frauen ist in England besonders hoch.

5.2.1 Der Equal Pay Act (EqPA) von 1975, 1984 und der Sex Discrimination Act von 1975

Rechtsgrundlage für das Lohngleichheitsgebot in Großbritannien ist der Equal Pay Act, der 1970 erlassen wurde und 1975[722] in Kraft trat.

§ 1 Abs. 1 legt fest, daß alle Arbeitsverhältnisse von Frauen in Großbritannien eine sogenannte „equality clause" enthalten sollen. Für den Fall, daß sie dies nicht tun, werden diese Arbeitsverträge so behandelt, als enthielten sie eine „equality clause". Eine „equality clause" ist eine Vorschrift, die sich auf bestimmte Vertragsbestandteile des Arbeitsvertrags der Frau bezieht - unabhängig davon, ob unmittelbar in bezug auf die Bezahlung oder nicht -, mit der Folge, daß dort,

a) wo eine Frau gleiche („like") Arbeit[723] wie ein Mann im selben Beschäftigungsverhältnis (Unternehmen „same employment") verrichtet, eine für die Frau ungünstigere Vertragsbestimmung so behandelt werden soll, als wäre sie nicht ungünstiger für die Frau,

b) wo eine Frau eine Tätigkeit ausübt, die als „gleichartige („equivalent")[724] behandelt wird, eine für die Frau ungünstige Vertragsbestimmung verglichen mit der entsprechenden Vertragsbestimmung des Mannes so behandelt werden soll, als wäre sie nicht ungünstiger für die Frau.

c) wo eine Frau eine Tätigkeit ausübt, die nicht unter die Kategorie a) oder b) fällt, und wo es sich um eine gleichwertige Tätigkeit innerhalb desselben Unternehmens[725] handelt, eine der Frau ungünstige Vertragsbestimmung verglichen mit der entsprechenden Vertragsbestimmung des Mannes so behandelt werden soll, als wäre sie nicht zuungunsten der Frau.

---

[719] Equal Opportunities Commission: Annual Report 1991, S. 2. Erwartet wird eine Steigerung bis auf 50 % zur Jahrtausendwende.

[720] EOR No. 62, 7/8 1995, S. 6. Lediglich Dänemark und das Bundesgebiet Ost haben eine noch höhere Erwerbsbeteiligung.

[721] Glucklich, a.a.O., S. 107

[722] Das Gesetz trat erst 5 Jahre nach Erlaß in Kraft, um den Arbeitgebern ausreichend Zeit zu lassen, die Arbeitsverträge den neuen Bestimmungen anzupassen.

[723] Zu den einzelnen Tatbestandsvoraussetzungen von „like work" s. § 1 Abs. 4 EqPA.

[724] § 1 Abs. 5 EqPA. Das Arbeitsbewertungsverfahren zur Ermittlung der Vergleichbarkeit von Arbeit muß ein analytisches sein (Bromley v. H & J. Quick Ltd., (1988) I.R.L.R. 249 (C.A.)).

[725] Gemäß § 1 Abs. 6 c EqPA ist jemand dann im „selben Unternehmen" (same establishment) beschäftigt, wenn er 1. entweder beim selben Arbeitgeber beschäftigt ist, oder 2. zwar in dem selben Unternehmen aber von einem anderen Arbeitgeber beschäftigt ist, vorausgesetzt die Arbeitgeber sind irgendwie miteinander verbunden, oder 3. wenn der andere zwar in einem anderen Unternehmen aber beim selben Arbeitgeber beschäftigt ist, oder 4. wenn die beiden Vergleichspersonen zwar bei verschiedenen Arbeitgebern in verschiedenen Unternehmen beschäftigt sind, wenn aber die gleichen Arbeitsbedingungen auf beide Arbeitsverhältnisse Anwendung finden und zwischen den beiden Arbeitnehmern bestimmte Verknüpfungen (associated) gesellschaftsrechtlicher Art bestehen.

Ähnlich wie in § 611 a Abs. 1 S. 2 BGB sieht das Gesetz Rechtfertigungstatbestände vor für die Fälle, in denen das Geschlecht unverzichtbare Voraussetzung zur Ausübung der Tätigkeit ist, das heißt dort, wo sachliche Gründe für die Differenzierung vorliegen[726].
Das Gesetz bezieht sich sowohl auf private als auch auf öffentliche Arbeitsverhältnisse[727].
Die Erstreckung auf die Fälle „gleichwertiger" Arbeit erfolgte erst als Reaktion auf ein Urteil des EuGH aus dem Jahr 1982[728], wonach der Equal Pay Act zu Teilen als nicht ausreichende Umsetzung der Richtlinie 75/117 EWGV angesehen wurde. 1983 wurde eine Gesetzesänderung des EqPA beschlossen, die 1984 in Kraft trat, und nach der nun ausdrücklich auch die Fälle gleichwertiger Arbeit erfaßt sind[729]. Bis zur Ausdehnung des Gesetzes auf die Fälle gleichwertiger Arbeit[730] war der Erfolg des EqPA äußerst gering. Der Haupterfolg des EqPA bestand in der Beseitigung sogenannter „overt discrimination", das heißt der Tatbestände direkter Diskriminierung aus Tarif- und Arbeitsverträgen. Der ansonsten geringe Erfolg erklärt sich vor allem damit, daß ein Großteil der erwerbstätigen Frauen auf typische Frauenberufe konzentriert war und ist, die traditionell besonders niedrig entlohnt sind. Bis zur Ausdehnung auf die Fälle gleichwertiger Arbeit wurden außerordentlich wenig Prozesse von Frauen wegen Verstößen gegen den EqPA geführt wurden[731].
In bezug auf die „like work"-Klausel des Gesetzes war der Erfolg beschränkt durch die stark vorherrschende geschlechtsspezifische Segmentierung des Arbeitsmarkts. In bezug auf die „work rated as equivalent"-Klausel war der Erfolg wiederum durch die geringe Verbreitung sogenannter „job evaluation schemes", das heißt Bewertungssysteme zur Feststellung der Vergleichbarkeit von Arbeit, begrenzt[732]. Ein weiterer Grund für den zunächst ausbleibenden Erfolg des EqPA war auch der nicht vorhandene Einsatz von gewerkschaftlicher Seite für die gleiche Bezahlung der Frauen.
Auch die bloße Existenz des Gesetzes führte nicht zu Verhaltensänderungen[733], die gerichtliche Auseinandersetzungen antizipierten.
1975 wurde zusätzlich zum EqPA der Sex Discrimination Act[734] (im folgenden: SDA) erlassen. Er ergänzt den EqPA für alle Bereiche von Diskriminierungen im Arbeitsleben, die nicht Lohndiskriminierungen sind, das heißt vor allem in den Bereichen Zugang, beruflicher Aufstieg sowie Kündigungen. Die beiden Gesetze stehen zueinander in einem Ausschließlich-

[726] Sec. 1 (3) EqPA.
[727] Sec. 1 (8) EqPA.
[728] Kommission/Großbritannien (Case 61/81), 1982 ECommCt.J.Rep. 2601 (E.C. J.).
[729] Die „Equal value provision" wurde 1983 eingefügt. Seit dieser Zeit hat auch die Anzahl der Klagen insgesamt stark zugenommen: vgl. Zahlen bei Jochmann-Döll: Gleicher Lohn, S. 127, Abb. 26; McCrudden: Between Legality and Reality, in: IntRevCompPP 3/1991, S. 180/18: "in the British statutory scheme established in 1970, the contracts of employment of a considerable number of employees had a new „equality clause" incorporated into them that modified contrary terms and conditions of employment. Under this clause was guaranteed where men and women are doing work that is either „like work" or „work rated as equivalent". These original two grounds remain in the legislative provisions which are currently in force."
[730] Im Englischen heißen diese Fälle „work of equal value". Dies entspricht den amerikanischen „comparable-worth"-Fällen.
[731] Glucklich, a.a.O., S. 110-113, erklärt den geringen Erfolg des ursprünglichen EqPA unter anderem damit, daß ein Großteil der arbeitenden Frauen überhaupt nicht darunter fiel, weil sie beispielsweise nicht gewerkschaftlich organisiert waren, und ihre Arbeitsverträge auch nicht in den Geltungsbereich irgend eines Tarifvertrags fielen. Zwangsnotwendig waren diese nicht organisierten Frauen am wenigsten in der Lage, sich für die gleiche Bezahlung einzusetzen. Für die Gewerkschaften war die gleiche Bezahlung von Frauen noch kein Thema.
[732] McCrudden, a.a.O., S. 182.
[733] Vgl. Goodman/Torrington: The Equal Pay Act - The State of the Law, in: ER, vol. 6 (1984), No. 2, S. 29; Mc Crudden: Between Legality and Reality, in: IntRevCompPP 3/1991, S. 182.

keitsverhältnis. Zuständig für Diskriminierungsklagen in erster Instanz sind in Großbritannien die Industrial Tribunals, vergleichbar den deutschen Arbeitsgerichten, da auch sie mit einem Berufsrichter und zwei ausgewählten ehrenamtlichen Richtern besetzt sind[735].

5.2.2 Die EOC

Die britische EOC setzt sich aus einem Vorsitzenden, einem stellvertretenden Vorsitzenden und zwölf sogenannten „Commissioners" zusammen. Damit ist der in sec. 53 SDA gesetzlich vorgesehene Rahmen praktisch voll ausgeschöpft, denn von Gesetzes wegen müssen es mindestens acht, dürfen aber nicht mehr als 15 „Commissioners" sein. Daneben gibt es eine Rechtsabteilung mit insgesamt fünf Mitgliedern, sowie eine Finanz- und Haushaltsabteilung mit ebenfalls fünf Mitgliedern.

Genauso wie mit der EEOC in den USA wurde mit der EOC in Großbritannien eine staatliche Institution geschaffen[736], deren Aufgabe es vor allem ist, die Einhaltung des EqPA sowie des SDA zu überwachen und auf die Arbeitgeber und Gewerkschaften hinzuwirken, diskriminierende Regelungen aus ihren Vereinbarungen, das heißt sowohl einzel- als auch tarifvertraglich herauszunehmen und durch diskriminierungsfreie Regelungen zu ersetzen.

5.2.3 Außergerichtliche Druckmittel

5.2.3.1 Die förmlichen Nachforschungsrechte der EOC

Der EOC kommt das Recht zu, förmliche Untersuchungen[737] bei den Arbeitgebern durchzuführen, Unterlassungsbefehle[738] bei Diskriminierungsfällen zu beantragen, sowie den Klägerinnen generellen Rat und finanzielle Hilfe zu erteilen[739]. Außerdem besitzt sie die Möglichkeit, sogenannte „Codes of Practice" (Verhaltensmaßregeln) herauszugeben[740], die dazu dienen sollen, jegliche Diskriminierungen im Bereich von Arbeit zu beseitigen, sowie die Chancengleichheit zwischen Frauen und Männern in diesem Bereich zu fördern.

Das Recht zu förmlichen Nachforschungen kommt der EOC zum einen bei einer konkreten Beschwerde einer Arbeitnehmerin zu. Zum anderen besitzt die EOC zusätzlich die Befugnis, von sich aus Untersuchungen bei den Arbeitgebern durchzuführen, ohne hierzu von einer Arbeitnehmerin durch eine Beschwerde (complaint) aufgefordert worden sein zu müssen.

Die Untersuchungen können sich entweder auf die Verletzung einer ganz bestimmten Gleichberechtigungsvorschrift erstrecken, die die EOC in einem konkreten, namentlichen Fall betreibt, oder aber die Untersuchungen sind ganz allgemeiner Art, und die EOC hat keinen spe-

---

734 Halsbury's Statutes, Vol. 6 (Version v. 1975), S. 262-268, sec. 53-61.

735 Weitere Einzelheiten in: McCrudden: Between Legality and Reality, in: IntRevCompPP 3/1991, S. 197; Allen: How to Prepare a Case for an Industrial Tribunal, S. 4; Hepple: The Judicial Process in Claims for Equal Pay and Equal Treatment in the United Kingdom, S. 143 ff.

736 Sec. 53-61 des SDA.

737 Das Recht zu förmlichen Nachforschungen wird in sec. 57 SDA geregelt. Die EOC kann zum einen auf die Beschwerde einer Arbeitnehmerin hin tätig werden, hat aber auch ein Initiativrecht. Diese förmlichen Nachforschungsrechte entsprechen in etwa den Untersuchungs- und Nachforschungsrechten der amerikanischen EEOC („investigation and subpoena powers" s.o. 5.1.4.2).

738 „Injunction proceedings" in the county court against the discriminator.

739 Sec. 54 I SDA m.V.a. sec. 53 I (a, b) für den SDA; sec. 54 I m.V.a. sec. 53 I c) m.V.a. EqPA, sowie für beide Gesetze sec. 75.

740 Sec. 56 A.

zifischen Verdacht des Verstoßes gegen den Lohngleichheitsgrundsatz[741]. Während bei der ersten Art von Untersuchung im Ergebnis ein Empfehlung oder eine „non discrimination notice" von der EOC ausgesprochen werden kann, darf bei der zweiten Art nur eine Empfehlung gegeben werden. Die EOC ist jeweils verpflichtet, einen Bericht über die Ergebnisse ihrer Untersuchungen (sec. 60 (2)) zu verfassen. Sofern der Bericht nicht vom Staatssekretär im Arbeitsministerium[742] angefordert war, soll ihn die Kommission veröffentlichen oder zumindest zur Einsichtnahme zur Verfügung stellen (sec. 60 (4)).
Im Unterschied zur EEOC in den USA kann die britische EOC bei Verstößen gegen den EqPA nicht eine Einhaltung des Gleichlohngebots notfalls zwangsweise selbst gerichtlich durchsetzen. Sie ist nicht mit eigenen Durchsetzungsrechten, das heißt insbesondere eigenen Klagerechten gegenüber den Arbeitgebern ausgestattet. Sie besitzt neben den oben genannten Kompetenzen für etwaige Gerichtsverfahren nur die Möglichkeit, die Klage betroffener Arbeitnehmerinnen zu unterstützen[743], nicht jedoch selbständig bei einer Verletzung des EqPA gerichtlich gegen den Arbeitgeber vorgehen zu können.
Verglichen mit den von Gesetzes wegen vorgesehenen abgestuften Instrumentarien der EEOC in den USA sind die Möglichkeiten der britischen EOC gering. Sie ist mehr eine Beratungs- und Informationsinstanz als eine Behörde, die gezielt und mit entsprechenden Mitteln ausgestattet auf die Einhaltung der Ziele des EqPA hinwirken kann[744]. Die fehlenden Druckmittel der EOC könnten nach der Einschätzung von Goodman und Torrington[745] wohl kompensiert werden, wenn die Gewerkschaften sich einheitlich für das Problem der niedrigeren Bezahlung von Frauen einsetzen würden. Am Beispiel Großbritanniens zeigt sich deutlich ein entscheidender Nachteil der institutionalisierten Gleichberechtigungsorganisationen.
Solange und sofern diese Organisationen nicht mit empfindlichen Druckmitteln ausgestattet sind, führen sie eher ein Schattendasein und erfüllen mehr eine Feigenblattfunktion, als daß sie die Gleichberechtigung der Frauen im Erwerbsleben - insbesondere die gleiche Bezahlung von Frauen und Männern – tatsächlich vorantreiben.

5.2.3.2 Die Rolle der Gewerkschaften bei der außergerichtlichen Beseitigung von Lohndiskriminierungen

Im Jahr 1993 waren insgesamt 8 000 000 Beschäftigte gewerkschaftlich organisiert, davon waren ca. 3 000 000 Frauen[746]. Der Anteil von Frauen in den Gewerkschaften ist seit Mitte der siebziger Jahre enorm angestiegen, allgemein leiden die Gewerkschaften aber an einem deutlichen Mitgliederschwund.
Seit Mitte bis Ende der achtziger Jahre gehört die Verwirklichung des Grundsatzes von „Equal Pay" für Frauen und Männern zu den entschiedenen Zielen der britischen Gewerk-

---

[741] Die zweite Art der Untersuchung kommt praktisch eher selten vor. Zur Überwachung der Situation von erwerbstätigen Frauen wurde beispielsweise zwischen November 1991 und Januar 1993 die sogenannten Training and Enterprise Councils der Unternehmen auf ihre Effektivität hin von der Kommission untersucht. Durch Fragebogenaktionen sollte herausgefunden werden, inwieweit die Ziele der EOC befolgt, beziehungsweise umgesetzt werden. So sollte zum Beispiel herausgefunden werden, ob sich an der starken geschlechtsspezifischen Spaltung des Arbeitsmarkts etwas ändert, welche Chancen Berufsrückkehrerinnen haben, wie die Chancen beim Zugang zum Beruf sind. Am Ende der Untersuchung wurde ein Bericht verfaßt und Empfehlungen an die TECs gegeben.
[742] Halsbury's Statutes, Vol. 16 EPA 1970, S. 83, sec. 2 Notes zu „Secretary of State".
[743] Sec. 75 SDA.
[744] Goodman/Torrington, a.a.O., S. 30.
[745] Dieselben, a.a.O., S. 30.
[746] EOR No. 59, Jan./Febr. 1995, S. 38.

schaften[747]. Bei der Verwirklichung der Forderung nach gleichem Lohn kommt ihnen eine zweifache Aufgabe zu:
Zum einen sollen sie durch aktive Förderungspolitik insbesondere bei kollektiven Verhandlungen außergerichtlich auf eine Gleichstellung der Frauen hinwirken. Man erachtet die Rolle der Gewerkschaften hierbei deswegen als so besonders wichtig, weil die Gerichte allein nicht in der Lage sein werden, wirkliche Veränderungen in den Entlohnungssystemen sämtlicher Bereiche herbeizuführen[748]. Insbesondere bei der Umsetzung des „equal pay for work of equal value" spielen die hier von den Gewerkschaften geführten Verhandlungen und Erfolge in der Umsetzung in Tarifverträgen ein große Rolle.
In diesem Zusammenhang muß vor allem darauf hingewiesen werden, daß es bereits abgeschlossene Vereinbarungen zwischen einzelnen Gewerkschaften und Arbeitgeberverbänden gibt, in denen nach dem „equal pay for work of equal value"-Grundsatz neue diskriminierungsfreie Arbeitsbewertungsmethoden zugrunde gelegt wurden.
Daneben haben die Gewerkschaften in gerichtlichen Verfahren die Aufgabe, die Individualklagen von Frauen tatsächlich zu unterstützen[749]. Auf die Strukturen der prozessualen Verfahren soll im folgenden eingegangen werden.

5.2.4 Gerichtliche Durchsetzungsmöglichkeiten

Zur gerichtlichen Durchsetzung gibt es nur die Möglichkeit einer Individualklage, die allerdings gemäß sec. 75 SDA von der EOC unterstützt werden kann. Bei den Verfahren, die wegen Verstoßes gegen „equality clauses" geführt werden können, ist zu unterscheiden zwischen gewöhnlichen „equal pay"- Fällen und den sogenannten „equal value claims".

5.2.4.1 „Nomale" Equal-Pay-Claims

Sofern eine Arbeitnehmerin meint, ihr Arbeitgeber verstoße gegen den Grundsatz des „Equal Pay", und es sich nicht um einen speziellen „equal value case" handelt, muß sie ein Beschwerdeformular an das Zentrale Büro der Arbeitsgerichte schicken (Central Office of Industrial Tribunals). Danach schaltet sich der „Advisory, Conciliation and Arbitration Service (ACAS)" ein, eine Organisation, die während des gesamten Verfahrens zwischen Arbeitgeber und Arbeitnehmer zu vermitteln, und den Streit auf außergerichtliche Weise beizulegen versuchen soll[750]. Wenn diese Vermittlung erfolgreich ist, wird ihr Ergebnis offiziell beim Arbeitgericht - ähnlich wie in Deutschland ein gerichtlicher Vergleich - aufgenommen. Sofern diese Bemühungen zu keinem Erfolg führen, werden vom Arbeitsgericht zunächst Anhörungen und daran anschließend ein Gerichtsverfahren durchgeführt, in dem das Vorliegen einer Diskriminerung gerichtlich geklärt wird.

---

[747] Jochmann-Döll: Gleicher Lohn, S. 135 Abb. 27 weist darauf hin, daß von dem Frauenanteil in den verschiedenen Gewerkschaften, die besonders für die Verwirklichung des „equal value"-Grundsatzes eintreten, keine Rückschlüsse auf den Einfluß dieser Frauen in diesen Bereichen geschlossen werden kann. Denn sowohl Gewerkschaften mit einem hohen als auch Gewerkschaften mit einem sehr niedrigen Frauenanteil treten für die Verwirklichung von „equal pay for work of equal value" ein. Mc.Crudden: Equal Pay in the UK, S. 153, erachtet die Aktivitäten der Gewerkschaft auf diesem Gebiet als Maßnahme gegen die abnehmenden Gewerkschaftsmitgliederzahlen an.
[748] McCrudden: Between Legality and Reality, S. 202.
[749] Equal Value: A Union Update 1988, S. 13.
[750] McCrudden, a.a.O., S. 198, Jochmann-Döll, a.a.O., S. 124.

5.2.4.2 Equal Value Claims

Im Unterschied hierzu müssen bei den „Equal Value"-Fällen verschiedene Vorstufen durchlaufen werden, bevor es zu dem üblichen gerichtlichen Verfahren kommt[751].
Zunächst werden verschiedene Vor-Anhörungen durchgeführt. Falls es bereits in dieser Phase zu einer Einigung kommt, handelt es sich noch um eine außergerichtliche Einigung.
Dann kommt die Phase des „Initial Hearing", der erste Verfahrensschritt, in dem die Parteien vom Gericht aufgefordert werden, den Prozeß noch einmal zu vertagen, um eine außergerichtliche Einigung zu erzielen. Der zweite Verfahrensschritt betrifft die Beachtlichkeit von Rechtfertigungsgründen. In einem dritten Verfahrensschritt wird geklärt, ob vernünftige Gründe dafür sprechen, daß es sich um „gleichwertige Arbeit" handelt. Wenn nach Einschätzung des Gerichts keine vernünftigen Gründe dafür bestehen, daß es sich um gleichwertige Arbeit handelt (§ 2 A 1), dürfen sie das Verfahren nicht einleiten. An vierter Stelle wird geprüft, ob ein diskriminierungsfreies „Job-Evaluation-Scheme" existiert, wonach die Tätigkeit der Klägerin als nicht gleichwertig mit der der Vergleichsperson zu bewerten ist. In diesem Verfahrensstadium kommt es schließlich zur Einschaltung eines unabhängigen Experten, der in einem Gutachten die Arbeitsplätze miteinander vergleichen soll. Mit der Auswahl des Gutachters wird wiederum die ACAS (§ 2 A (4)) betraut. Ist dies der Fall, darf das Gericht das Verfahren nicht mehr weiter betreiben.

Dieser gesamte Verfahrensablauf gilt ausschließlich für Individualklagen betroffener Frauen. Es existiert lediglich die Möglichkeit, die Klagen von verschiedenen Kläger/innen so zu verbinden, daß das Verfahren, etwa Anhörungen unabhängiger Experten, gemeinsam durchgeführt werden[752]. Diese Möglichkeit stellt allerdings nur eine Vereinfachung des Verfahrens dar und die Urteile, die auf das jeweilige Verfahren hin ergehen, ergehen individuell für jede einzelne Betroffene.

5.2.4.3 Representative Proceedings

Erwähnenswert in diesem Zusammenhang ist die in den „Rules of the Supreme Court"[753] vorgesehene Möglichkeit, sogenannte „representative proceedings", das heißt so viel wie Gruppenklagen, zu führen. Danach können in den Fällen, in denen eine ganze Anzahl von Klägern dasselbe Interesse an einer Klage hat, und in denen es unpraktikabel wäre, diese Klagen alle zu verbinden, einige Repräsentanten bestimmt werden, die entweder die ganze Gruppe repräsentieren oder die Gruppe mit Ausnahme von einer oder einigen Personen[754]. Der Sache nach handelt es sich hier um nichts anderes als bei den amerikanischen „Class Actions"[755]. Zulässigkeitsvoraussetzung derartiger „Representative Proceedings" sind ein gemeinsames Interesse der Gruppe (common interest), eine gemeinsame Beschwer (common grievance), und daß das erstrebte Urteil sich notwendigerweise auf alle erstrecken muß (relief sought is in its na-

[751] Beschreibung im einzelnen bei: Allen: How to prepare, S. 44 ff., sowie Jochmann-Döll: Gleicher Lohn, S. 123 ff.; McCrudden, a.a.O., S. 196.
[752] S. hierzu: Halsbury's Laws, Bd. 16 Para 512, Fn. 7: Es wird ausdrücklich darauf hingewiesen, daß es keine entsprechenden prozessualen Bestimmungen gibt, wonach Test- beziehungsweise Musterverfahren durchgeführt werden könnten in Fällen, in denen es mehrere Klägerinnen gäbe (Verweis auf: Ashmore v. British Coal Corpn (1990) ICR 485, CA.
[753] Rules of the Supreme Court, Order 15, rule 12.
[754] Barnard/Houghton: The New Civil Court in Action, S. 52, 53.
[755] Vergleich bei Andrews: Principles of Civil Procedure, S. 135.

ture beneficial to all those whom the plaintiff proposes to represent)[756]. Demnach entfaltet ein Urteil solcher Klagen Rechtskraft auf die ganze Gruppe[757].
Andererseits unterscheiden sich die „representative proceedings" deutlich von den amerikanischen „class actions".
Die Möglichkeit solcher „representative proceedings" existiert nur für ganz bestimmte Fallgestaltungen, in denen viele Personen wie beispielsweise die Mitglieder einer „unincorporated association" oder die Teilhaber einer „company" identische Rechte und Pflichten haben. Vergleichbar ist diese Klageform bei uns mit notwendiger Streitgenossenschaft nach § 62 ZPO, bei der notwendig eine Entscheidung nur einheitlich gegenüber allen Streitgenossen ergehen kann[758].
Daß es sich bei dieser Klageform eher um eine Streitgenossenschaft des deutschen Zivilprozesses als um eine US-amerikanische „class action" handelt, zeigt sich an verschiedenen Details. Die einzelnen Gruppenmitglieder haben die Möglichkeit, den Rechtsstreit selbst als Repräsentanten fortzuführen für den Fall, daß der ursprüngliche Repräsentant beschließt, die Klage aufzugeben[759]. Diese Möglichkeit entspricht den Möglichkeiten von § 63 ZPO. Sofern ein Gruppenmitglied mit der Art der Prozeßführung durch den Repräsentanten nicht einverstanden ist, kann es sich der Prozeßführung durch den Repräsentanten entgegenstellen und beim Gericht beantragen, dem Beklagten beizutreten[760] („to be joined as a defendant")
Gemäß Order 15 R. 12 (3) bindet ein Urteil zwar sämtliche Gruppenmitglieder, es kann aber nicht gegenüber einer Person vollstreckt werden, die nicht Prozeßpartei war, sofern das Gericht hierfür nicht ausdrücklich die Erlaubnis erteilt. Eine Person, die durch das Urteil gebunden ist - also ein Gruppenmitglied -, kann gegen eine Inanspruchnahme vorgehen, indem sie Gründe darlegt, die ihrem Prozeß eigen sind[761]. Bei den „representative proceedings" ist lediglich die Person, die als Kläger erscheint, Partei des Prozesses in dem Sinne, daß sie Anträge stellen darf und gleichzeitig auch für die Kosten aufzukommen hat[762]. Auch in der Kostentragungspflicht unterscheiden sich die „representative proceedings" damit wesentlich von den „class actions". Denn bei den „class actions" sind im Falle des Obsiegens alle Gruppenmitglieder zu einem bestimmten Anteil an den Kosten mitbeteiligt. Eine einzelne Person nicht mit den Kosten alleine zu belasten, ist gerade ein wichtiges Anliegen von „class actions".
Abgesehen davon, daß die „representative proceedings" sich ihrem Wesen nach doch deutlich von den amerikanischen „class actions" unterscheiden, sind sie auf Equal Pay-Klagen sowie auf andere Klagen wegen Verletzung des SDA nicht anwendbar[763]. Bei Klagen wegen Verletzung des EqPA oder des SDA können die Klagen der Betroffenen lediglich verbunden werden, es ergeht jedoch ein einzelnes Urteil für jeden einzelnen Fall[764].

---

[756] Langan/Henderson: Civil Procedure, S. 140 m. Verweis auf Duke of Bedford v. Ellis (1901) A.C. 1, S. 8.
[757] RSC Order 15, rule 12 (3).
[758] Thomas/Putzo, Kommentar zur ZPO, § 62, Rn. 7.
[759] Moon v. Atherton (1972) 2 Q.B. 435.
[760] Langan/Henderson, a.a.O., S. 142.
[761] Langan/Henderson, a.a.O., S. 140.
[762] Langan/Henderson, a.a.O., S. 142 mit Verweis auf Price v. Rhondda U.D.C. (1923) 2 Ch. 372.
[763] McCrudden: Between Legality and Reality, IntRevCompPP 3/1991, S. 197, 198; Gregory: Equal Value/Comparable Worth, S. 58.
[764] Bei den von Jochmann-Döll in „Gleicher Lohn", S. 134 angesprochenen „Testverfahren" von drei Sprachtherapeutinnen und 14 Arbeitnehmerinnen der Kohleindustrie, die die Ansprüche von weiteren 1000 Arbeitnehmerinnen testweise eingefordert haben, handelt es sich prozessual nicht um derartige „representative proceedings". Mit diesen Verfahren sollten nur die Erfolgsaussichten für die anderen Prozesse ausgelotet werden, rein technisch konnten diese Urteile aber keine Rechtskrafterstreckung auf die anderen gleichermaßen Betroffenen entfalten.

5.2.5 Rechtsfolgen

Die Klagen einzelner entfalten keine Rechtskrafterstreckung auf gleichermaßen betroffene Personen[765]. Die EOC in Großbritannien macht sich deswegen für die Einführung von „class action suits“ nach amerikanischem Vorbild stark[766]. Teilweise wird auch die Meinung vertreten, den Klagen einzelner durch die Gerichte kollektive Wirkung zukommen zu lassen[767]. Hierzu wird vorgeschlagen, den Gerichten die Macht beziehungsweise Entscheidungsbefugnis zukommen zu lassen, zu bestimmen, wann einem Urteil breitere Wirkung zukommen sollte. In einem derartigen Fall könnte das Gericht beispielsweise von einem Arbeitgeber verlangen, ganz bestimmte diskriminierende Praktiken zukünftig zu unterlassen. Eine andere Möglichkeit wäre es, dem Gericht die Möglichkeit einzuräumen, die Rechtsfolge einer Individualklage auf ähnlich gelagerte Fälle von Frauen bei ungleicher Bezahlung oder diskriminierenden Kollektivvereinbarungen zu übertragen. Bei derartigen Prozessen sollte den Klägerinnen der Parallelverfahren die Möglichkeit eröffnet werden, sich für die Rechtsfolge aus der ursprünglich geführten Individualklage zu entscheiden[768]. Bei dieser Variante käme dem Gericht die Entscheidungsbefugnis zu, gleichgelagerte Fälle als solche zu erkennen und die beschriebene Vorgehensweise anzuwenden.

Ein Bedürfnis für die Einführung von mehr kollektiven Klagen läßt sich ohne Schwierigkeiten an der hohen Anzahl von Klägerinnen ermessen, die parallel Prozesse gegen denselben Arbeitgeber führen. Jochmann-Döll weist beispielsweise anhand einer Abbildung[769], in der die Anträge auf „Equal Value Claims“ bei den britischen Industrial Tribunals in den Jahren 1984 - 1987 dargestellt werden, auf dieses Phänomen hin. Innerhalb dieses Zeitraumes standen einer Zahl von insgesamt 3.830 Klageanträgen betroffener Frauen in „equal-value-claims“ nur 339 beklagte Arbeitgeber gegenüber. Insgesamt betrachtet gab es im Jahr 1990-1991 508 „Equal Pay“ Fälle, von denen überhaupt nur 7 % von den Arbeitsgerichten durch Urteil entschieden wurden. In den übrigen Fällen wurde der Rechtsstreit entweder durch eine Schlichtung mit Hilfe der ACAS (etwa 12 %) beigelegt, genau die Hälfte hat die Klage zurückgenommen, 2 % der Fälle konnten im Vergleichsweg nach einer Anhörung erledigt werden und der Rest wurde entweder zurückgewiesen oder erledigte sich auf andere Weise[770].

Betrachtet man die Zahl der Individualklagen wegen „equal pay“ oder wegen „equal pay for work of equal value“, in denen sich Klägerinnen an die EOC zur Unterstützung wandten, so muß man feststellen, daß nur selten derartige Unterstützung erbeten wird. Im Jahr 1990 wurden lediglich 38 Fälle[771], 1991 dann 125[772], und 1992 nur 93 Fälle[773] registriert, in denen Frauen nach sec. 75 SDA die EOC um Unterstützung in einem Prozeß vor den Arbeitsgerichten gebeten haben. Diese geringe Inanspruchnahme von Hilfen durch die EOC ist vor dem Hintergrund der ausführlichen und detaillierten Regelung von sec. 75 SDA ganz besonders bedauerlich.

[765] Jochmann-Döll: Gleicher Lohn, S. 126.
[766] EOC 1989, S.6 ff., so auch: Gregory: Equal Value/Comparable Worth, S. 58.
[767] McCrudden: Between Legality and Reality, in: IntRevCompPP 3/1991, S. 205.
[768] Ders. a.a.O., S. 205.
[769] Jochmann-Döll: Gleicher Lohn, S.127, Abb. 26.
[770] Vgl. EOR No. 42, März/April 1992, S. 33.
[771] EOC Annual Report 1990, S. 34, Appendix Two.
[772] EOC Annual Report 1991, S. 42, Appendix Two.
[773] EOC Annual Report 1992, S. 51, Appendix Two.

5.2.6 Kritische Würdigung

Versucht man, den britischen Weg zur Erreichung von gleicher Bezahlung für Frauen und Männer grob zu skizzieren, zeichnet sich in etwa folgendes Bild ab: Einerseits wird versucht, durch besondere Methoden (Stichwort: gleichwertige Arbeit), Diskriminierung im Arbeitsleben überhaupt als solche zu erkennen, andererseits wird versucht, diese möglichst effektiv zu bekämpfen.

Im Unterschied zu den USA werden zur Erfassung von Diskriminierungstatbeständen die Fälle gleichwertiger Arbeit miteinbezogen.

Bei der Bekämpfung von Diskriminierung - hier Lohnungleichheit - wird außergerichtlich durch Verhandlungen versucht, diskriminierungsfreie Lohngefüge zu erreichen. In diesem Bereich spielen die Gewerkschaften eine verhältnismäßig starke Rolle, denn sie haben zum Teil schon mit großem Erfolg das Prinzip von „equal value" in Tarifverträgen umgesetzt. Zu diesem Bereich zählt auch die EOC, denn ihr sind zur zwangsweisen Durchsetzung keine besonderen Druckmittel eingeräumt.

Sofern es jedoch um eine Umsetzung des Gleichlohngrundsatzes im Wege gerichtlicher Auseinandersetzung geht, kranken die britischen Gerichtsverfahren an einer viel zu langen Verfahrensdauer. Diese Langwierigkeit kommt durch das mehrphasige komplexe Vorverfahren und durch sehr zeitraubende Arbeitsbewertungsverfahren zustande. Oft werden die unabhängigen Expertengutachten zurückgewiesen,[774] und es müssen neue Gutachter bestimmt, und sodann von diesen neue Gutachten erstellt werden.

Um einen Eindruck über die tatsächliche Verfahrensdauer zu vermitteln, sei hier als Beispiel der Fall „Bromley and others v. H. and J. Quick Ltd."[775] erwähnt, der von 1986 bis 1992 dauerte, insgesamt also sieben Jahre. Diese Verfahrenslänge ist keineswegs ungewöhnlich. Damals klagten 11 Frauen dieser Firma gegen ihren Arbeitgeber auf die Bezahlung gleichen Lohns nach dem Equal-value-Grundsatz. Sie arbeiteten haupsächlich als Finanz- und Büro-(Verwaltungs-) „Clerks" und verlangten, ihre Arbeit mit der eines „Parts Salesman"[776], eines Busfahrers und eines Autowäschers zu vergleichen, und ihre Arbeit entsprechend höher zu bewerten. Während die Frauen in erster und zweiter Instanz die Verfahren jeweils verloren, gewannen sie in dritter Instanz, und das Verfahren wurde zur Neuverhandlung an die erste Instanz zurückverwiesen. Zu diesem Zeitpunkt wurde ein unabhängiger Experte eingeschaltet, der ermitteln sollte, ob es sich um vergleichbare Jobs handelt. Er kam im Jahr 1990 zu dem Ergebnis, daß fünf der Frauen gleichwertige Arbeit wie ihre männlichen Vergleichspersonen ausübten. Das Gericht schloß sich der Einschätzung des Gutachters an und verurteilte den Arbeitgeber, die Frauen entsprechend dem Grundgehalt der Vergleichsperson zu bezahlen. Bei seiner Betrachtung ließ das Gericht jedoch außer Acht, daß der Parts Salesman, der immerhin Vergleichsperson für vier der fünf Frauen war, hohe Provisionen für seine Arbeit zusätzlich zu seinem Grundgehalt erhielt. So ging der Rechtsstreit weiter, und erst im Jahr 1992 erhielten die Frauen dann uneingeschränkt denselben Lohnanspruch in vollem Umfang wie ihre männliche Vergleichsperson vom Gericht zugesprochen. Nach so langer Verfahrensdauer arbeitete aber nur noch eine der fünf Frauen bei diesem Arbeitgeber. Die anderen Frauen er-

---

[774] Zu den einzelnen Kritikpunkten an der Rolle der unabhängigen Experten s. McCrudden: Betweeen Legality and Reality, IntRevCompPP 3/1991, S. 206.

[775] Bromley and others v. H. and J. Quick Limited aus: EOC Annual Report 1992, S. 7.

[776] Nach Auffassung der Verfasserin kann es sich bei dieser Berufsbezeichnung nur um eine Art teilzeitbeschäftigten Vertreter handeln.

hielten ihren erhöhten Lohnanspruch also nur rückwirkend, und für den Arbeitgeber entstand natürlich auch keinerlei Bindungswirkung in vergleichbaren Fällen (ähnlich wie in dem Fall „Weber-v. Hartz“[777]). Die fünfte Frau erhielt rückwirkend nur für die Jahre 1984-1989 den gleichen Lohn wie der Busfahrer, denn er war danach aus betriebsbedingten Gründen entlassen worden[778].

Zur Vermeidung dieser langen Verfahrensdauer wird daher zum Teil gefordert, dem Gericht die Möglichkeit einzuräumen, Fristen für die Bestimmung der Gutachter und Erstellung der Gutachten zu setzen[779]. Ein weiteres großes Problem stellen die hohen Kosten dar, die unter Umständen durch die Erstellung eines unabhängigen Expertengutachtens entstehen können.

Die EOC verlangt in Anbetracht all dieser gravierenden Einschränkungen eine umfassende Reform gerade im Bereich der „equal pay for work of equal value“ - Gesetzgebung, weil die Komplexität der Regelungen und Verfahren eine derart abschreckende und verwirrende Wirkung auf potentielle Klägerinnen habe, daß das eigentlich angestrebte Ziel der Gesetzgebung nicht nur nicht erreicht werde, sondern auf kontraproduktive Art und Weise verfehlt werde[780].

In diesem Zusammenhang wird auch diskutiert, ob nicht unter Umständen eine effektive Mindestlohn-Gesetzgebung das Problem der ungleichen Bezahlung von Frauen und Männern schneller und einfacher beseitigen könne, als dies durch gesetzliche Regelungen und Reformen im Rahmen des sehr komplizierten und differenzierten derzeitigen Lohngefüges möglich sei.

Jochmann-Döll kritisiert zu Recht, daß der britische Ansatz versuche, das kollektive Problem der Unterbewertung von Frauenarbeit durch individuelle Gerichtsentscheidungen bewältigen zu wollen[781]. Damit ist die britische Rechtslage im Ergebnis sehr vergleichbar mit der deutschen, denn auch im deutschen Rechtssystem wird das kollektive Problem der Diskriminierung von Frauen der individuellen Inanspruchnahme gerichtlichen Schutzes überlassen. Das deutsche Diskriminierungsverbot des § 611a BGB erstreckt sich zwar ausdrücklich auf die Fälle gleichwertiger Arbeit, allerdings wird von den Gerichten die Ausdehnung auf Fälle gleichwertiger Arbeit so lange nicht vorgenommen, solange keine einheitlich anerkannten Bewertungskriterien entwickelt sind.

5.2.7 Vergleich der amerikanischen und der englischen Durchsetzungsmöglichkeiten

Vergleicht man die amerikanischen und die englischen Durchsetzungsmöglichkeiten, so haben beide Länder eine spezielle Organisation für die Verwirklichung des Gleichlohngrundsatzes.

Im Unterschied zu der EEOC in den USA sind der englischen EOC keine eigenen Durchsetzungsmöglichkeiten gesetzlich eingeräumt, mit der sie die Einhaltung des EqPA notfalls gerichtlich erzwingen kann. Die britische EOC ist daher ein „zahnloser Tiger“, der die entscheidenden Waffen fehlen.

Sowohl die amerikanische EEOC als auch die britische EOC sind finanziell - da staatliche Behörden - von der politischen Wertschätzung der jeweiligen Regierungen abhängig. Sowohl in Zeiten allgemeiner wirtschaftlicher Rezession als auch abhängig von der politischen Gewichtung, die dem Problem der Gleichbehandlung von Frauen beigemessen wird, können diese Institutionen ein hülsengleiches Dasein führen, da ihre Möglichkeiten sowohl in den USA

---

777 S. oben, Kap. 3.4.2.
778 EOC Annual Report 1992, S. 7.
779 McCrudden, a.a.O., S. 204.
780 EOC Annual Report 1990, S. 17, sowie 1991, S. 5.
781 Jochmann-Döll: Gleicher Lohn, S. 133.

als auch in Großbritannien aus verschiedenen Gründen derartig beschränkt sind, daß sie praktisch ihrer Funktion entäußert wurden.
Das englische System kennt genau wie das deutsche keine „class actions". Es existieren zwar in anderen Rechtsbereichen sogenannte „representative proceedings", diese Verfahren sind aber nicht für den Bereich der Gleichberechtigung zulässig.

5.3 Wege zur Verwirklichung der Lohngleichheit in Schweden

5.3.1 Das schwedisches Gleichberechtigungsgesetz von 1980

Das hohe Maß der Angleichung der Löhne erwerbstätiger Frauen an die Löhne erwerbstätiger Männer in Schweden legt es nahe, den Blick kurz auf die dortigen Verhältnisse zu richten, um die Gründe hierfür feststellen zu können. Beispielsweise im Jahr 1988 lag das durchschnittliche Einkommen der Frauen nur 10 % unter dem der Männer[782], während zur selben Zeit in Deutschland (Bundesrepublik West)[783] das durchschnittliche Einkommen der Frauen ungefähr ein Drittel unter dem der Männer lag[784]. Die Erwerbsbeteiligung von Frauen und Männern in Schweden war 1988 mit 85 % bei den Frauen[785] und 90 % bei den Männern nahezu gleich hoch[786]. Die sehr ausgeglichenen Lohnverhältnisse von Frauen und Männer überraschen umso mehr - verglichen mit den in Deutschland vorherrschenden Arbeitsmarktverhältnissen -, als in Schweden die geschlechtsspezifische Spaltung des Arbeitsmarktes ganz besonders stark ausgeprägt ist[787].
Seit 1979 existiert ein Gesetz über die Gleichberechtigung von Männern und Frauen im Arbeitsleben[788]. Mit diesem Gesetz wird sowohl ein Verbot der Diskriminierung aufgrund des Geschlechts festgelegt[789], als auch eine aktive Förderung der Gleichberechtigung[790] in den Betrieben gefordert.

---

782 Willborn: Economic and Legal Perspectives on Women´s Wages in Six Countries, in: IntRevCompPP 3/1991, S. 2.
783 Zur besonderen Verdienstsituation der Frauen im Osten vor der Wende vgl. oben, Kap. 2.3.5.
784 Vgl. oben, Kap. 2.3.2, 2.3.3, 2.3.4.
785 Die Erwerbsbeteiligung der Frauen ist von 54% im Jahr 1963 auf 85% im Jahr 1988 gestiegen. Neben mehreren staatlichen Hilfen für Frauen bei der Berufstätigkeit ist die herausragendste wohl die Bezahlung von Erziehungsurlaub. Der Elternurlaub beträgt 15 Monate und wird 12 Monate lang mit 90 % des vorherigen Bruttoeinkommens ausgestattet.
786 Vgl. Löfström/Gustafsson: Policy Changes and Women´s Wages in Sweden, S. 314, Tab. 1 (entnommen aus: AKU Labor Force Survey, Yearly Averages, Statistics Sweden).
787 Zur Segregation des Arbeitsmarktes: vgl. Jonung: Patterns of Occupational Segregation by Sex in the Labor Market in: Schmid/Weitzel: Sex Discrimination and Equal Opportunity, S. 52.
788 Act on Equality Between Men and Women in Working Life. In der schwedischen Verfassung existiert ein generelles Verbot der Diskriminierung aufgrund des Geschlechts, allerdings betrifft dieses Verbot nur die formale Diskriminierung durch Gesetze. vgl. Victorin: Equal Pay in Sweden, IntRevComPP 3/1991, S. 291. Das Gesetz ist am 01.07.1980 in Kraft getreten.
789 Das Benachteiligungsverbot erstreckt sich sowohl auf Beschäftigte als auch auf Bewerber. Für den Fall des Zuwiderhandelns kann der Arbeitgeber zur Zahlung eines Schadensersatzes verurteilt werden.
790 Sec. 6 (1-3) of the Act on Equality Between Men and Women in Working Life. Diese aktiven Förderungen entsprechen den amerikanischen „affirmative actions". Sec. 9 sieht als Druckmittel zur Befolgung dieser aktiven Gleichstellungsverpflichtung der Arbeitgeber Strafen oder Geldbußen für den Fall des Zuwiderhandelns vor.

Das Gesetz gilt sowohl für den privaten als auch für den öffentlichen Bereich[791].

5.3.1.1 Außergerichtliche Druckmittel - Die Behörde des Gleichberechtigungsombudsmannes (JämO) und die Gleichberechtigungskommission (EOC)

Zur Erreichung dieser Ziele sieht das Gesetz die Schaffung der Behörde eines Gleichberechtigungsombudsmannes (JämO) und einer Gleichberechtigungskommission (Equal Opportunity Commission) vor. Der Gleichberechtigungsombudsmann ist eine staatliche Behörde mit dem Ombudsmann und einem „Assisting" Ombudsmann sowie einer Reihe von Anwälten. Er ist damit betraut, die Befolgung des Gleichberechtigungsgesetzes zu überwachen[792]. Das Gesetz zielt darauf, die Gleichberechtigung von Frauen und Männern in bezug auf die Arbeit und die Arbeitsbedingungen zu verwirklichen, sowie die Entwicklungsmöglichkeiten in der Arbeitswelt zu fördern. Die Hauptaufgabe des Ombudsmannes liegt darin, im Verhandlungsweg auf die Erreichung der Ziele des Gesetzes hinzuwirken[793]. Allerdings ist mit sec. 11 (2) dem Ombudsmann ähnlich wie der EEOC in den USA die Möglichkeit eingeräumt, notfalls im Klageweg vor dem Arbeitsgericht die Rechte betroffener diskriminierter Frauen durchzusetzen. Der Ombudsmann besitzt jedoch kein Einsichtsrecht in Personalakten oder sonstige Materialien des Arbeitgebers. Im Bereich der Frauenfördermaßnahmen[794] kann der Gleichberechtigungsombudsmann von einem Arbeitgeber die Verwirklichung, das heißt die Umsetzung ganz bestimmter Maßnahmen verlangen. Hierfür muß allerdings zuvor die Equal Opportunity Commission eingeschaltet werden, die dann eine Anhörung durchführt und den Arbeitgeber dazu auffordern kann, die vom Ombudsmann geforderten Maßnahmen durchzuführen. Der Kommission ist darüber hinaus die Möglichkeit eingeräumt, vom Arbeitgeber andere Maßnahmen zur Beseitigung der Diskriminierung zu verlangen als vom Ombudsmann gefordert, allerdings unter der Voraussetzung, daß diese den Arbeitgeber nicht stärker belasten als die vom Ombudsmann auferlegten[795]. Verstößt der Arbeitgeber gegen die Anweisung der Equal Opportunity Commission, muß er eine Geldstrafe zahlen, die in der Anweisung der Kommission bereits festgesetzt wurde. Der Schwerpunkt der Tätigkeit des Ombudsmannes soll jedoch im Erzielen einer einvernehmlichen Lösung zwischen Arbeitgeber und Arbeitnehmerin liegen, um möglichst eine gerichtliche Auseinandersetzung zu vermeiden (sec. 10 (1)).

---

[791] Die Anwendung des Gesetzes ist beschränkt auf einen Vergleich der Arbeit (Bezahlung) von Männern und Frauen, die beim selben Arbeitgeber beschäftigt sind. Ein Vergleich zwischen verschiedenen Unternehmen oder Branchen ist nach dem Gesetz nicht zulässig. Ein Vergleich nach dem Prinzip von „comparable worth" ist danach auf als gleichwertig zu ermittelnde Beschäftigungen beim gleichen Arbeitgeber beschränkt. Hinsichtlich der Beweislastverteilung sieht das Gesetz eine Umkehrung vor. Diskriminierung aufgrund des Geschlechts wird immer dann angenommen, wenn der Arbeitgeber nicht in der Lage ist zu beweisen, daß jegliche Art von Unterschieden in bezug auf die Bezahlung aus Verschiedenheiten herrührt, die entweder auf objektiv unterschiedlichen Qualifikationen für den Job beruhen, oder die nichts mit dem Geschlecht des/der Beschäftigten zu tun haben.

[792] Die Einsetzung solcher Ombudsmänner ist dem schwedischen Rechtssystem durchaus vertraut und auch in anderen Bereichen geläufig. Es soll dem Schutz der Einzelnen beim Kontakt mit Behörden dienen, und in diesem Zusammenhang eine Garantie gegen repressive und unredliche Maßnahmen im Gerichtswesen darstellen. vgl. Pettersson u.a.: Zeitpuzzle, S. 140.

[793] Sec. 10 (1) of the Act on Equality between Men and Women in Working Life.

[794] Derartige Frauenfördermaßnahmen entsprechen wohl in etwa dem, was in den USA unter dem Stichwort „affirmative action" zusammengefaßt wird.

[795] Sec. 18 (1).

5.3.1.2 Gerichtliche Druckmittel

Die Möglichkeiten einer gerichtlichen Auseinandersetzung des Ombudsmannes für eine betroffene Arbeitnehmerin („on behalf of“) sind sehr begrenzt, da die Zulässigkeitsvoraussetzungen einer derartigen Klage eng umrissen sind: der Ombudsmann darf nur tätig werden, wenn zuvor die an sich zuständige Gewerkschaft die Unterstützung der Betroffenen abgelehnt hat, keine bestehenden Tarifverträge von der Auseinandersetzung berührt werden (sec. 7), und die betroffene Arbeitnehmerin oder Bewerberin ihre Einwilligung zu einem Tätigwerden des Gleichberechtigungsombudsmannes gegeben hat (sec. 11 (2))[796]. Im übrigen trägt das fehlende Einsichtsrecht in Personalakten im Bereich der Beweisführung bei einem Gerichtsverfahren stark zur Erschwerung desselben bei. Ein auf diese Weise erzieltes Urteil erlangt keine Rechtskrafterstreckung auf gleichgelagerte Fälle.

5.3.1.3 Empirische Bedeutung der Behörde des Ombudsmannes zur Erreichung der Gleichberechtigung im Bereich von „equal pay“

Bei der Behörde des Ombudsmannes gingen im Jahr 1990 zwischen 150 und 200 Angelegenheiten ein, von denen etwa 75 Diskriminierungen aufgrund des Geschlechts waren[797].

Nur um einen Eindruck über die Häufigkeit der Klagen zu vermitteln, die der Ombudsmann unterstützt, sei an dieser Stelle erwähnt, daß im Bereich von „equal pay“ bis 1991[798] lediglich ein einziger Fall vom Arbeitsgericht entschieden wurde, bei dem die Klage einer Frau auf Feststellung der Gleichartigkeit ihrer Arbeit gegenüber der Arbeit zweier männlicher Kollegen zur Entscheidung stand. Die Klage wurde jedoch abgewiesen[799]. Weitere 35 Verfahren desselben Inhalts wurden vor dem Arbeitsgericht verhandelt, dann aber ohne Urteil erledigt[800]. Diese Zahl mutet sehr gering an, wenn man sich vor Augen führt, daß immerhin 85 % der Frauen in diesem Jahr erwerbstätig waren. Häufiger als im Bereich von „equal pay“ wird der Ombudsmann bei Verfahren, die die Anstellung oder Beförderung betreffen, tätig. Aber auch in diesem Bereich werden vergleichsweise wenig Verfahren durchgeführt[801]. Die geringe Anzahl von Streitigkeiten, die der Ombudsmann für Frauen bei Benachteiligungen aufgrund des Geschlechts führt, und die im Gleichberechtigungsgesetz vorgesehenen, stark eingegrenzten Durchsetzungsmöglichkeiten legen es nahe, die Ursachen für die nahezu ausgeglichenen Lohnverhältnisse von Frauen und Männern nicht allein in den effektiveren Durchsetzungsmöglichkeiten zu suchen.

In Schweden ist das Aushandeln von Löhnen und Gehältern traditionell eine Aufgabe der Arbeitsmarktparteien, aus der sich der Staat völlig herauszuhalten hat[802]. Die Arbeitsmarktparteien haben eine lange Tradition, was speziell den Bereich der Lohngleichheit und Gleichheit der Geschlechter allgemein anbelangt. Für den Staat gilt diesbezüglich seit jeher ein absolutes Gebot der Nichteinmischung[803]. Von daher hat sich die sozialdemokratische Regierung lange Zeit dagegen gesperrt, überhaupt ein derartiges Gesetz zu schaffen und sich auf diese Weise in

---

[796] Vgl. Willborn: A Comparable Worth Primer, S. 96, diese Voraussetzungen müssen kumulativ vorliegen.
[797] Pettersson u. a.: Zeitpuzzle, S. 141.
[798] Stand: 1991.
[799] Victorin: Equal Pay in Sweden, in: IntRevCompPP 3/1991, S. 294.
[800] Vgl. Victorin, a.a.O., S. 296.
[801] Vgl. Kulawik: Gleichstellungspolitik in Schweden, in: WSI-Mitteilungen 4/1992, S. 231.
[802] Victorin: Equal Pay in Sweden, in: IntRevCompPP 3/1991, S. 292.
[803] Victorin: Equal Pay in Sweden, in: IntRevCompPP 3/1991, S. 294.

die Aufgaben der Tarifvertragsparteien einzumischen. Erst durch einen Regierungswechsel im Jahr 1976 wurde der Weg für ein schwedisches Gleichberechtigungsgesetz geebnet.
Die Durchsetzungsmöglichkeiten des Gesetzes im Falle eines Verstoßes fallen unter Berücksichtigung des traditionellen Gebots der Nichteinmischung bewußt gering aus. Das Gesetz läßt den starken Einfluß der Arbeitsmarktparteien deutlich erkennen. So müssen insbesondere im Bereich der Beurteilung von gleicher Bezahlung („equal pay“) die Beurteilungskriterien, die von den Arbeitsmarktparteien entwickelt wurden, angewandt werden. Das Gericht darf keine eigenen Beurteilungskriterien an die Stelle der Werte setzen, die von den Arbeitsmarktparteien festgesetzt wurden[804]. Auch darf der Gleichberechtigungsombudsmann nur dann tätig werden, wenn die Gewerkschaften ausdrücklich die Unterstützung einer Klage verweigert haben und auch keine Kollektivverhandlungen laufen, die diesen Bereich berühren[805]. Diese Einschränkung der Zulässigkeit des Tätigkeitwerdens des Ombudsmannes bringt auf ihre Weise zum Ausdruck, welcher Stellenwert der Nichteinmischung von seiten des Staats beigemessen wird.
Wenn daher also das Lohngefüge in Schweden zwischen Frauen und Männern relativ gesehen ausgewogener ist als in den anderen europäischen Ländern, hängt dies einerseits vor allem mit der Rolle der Gewerkschaften zusammen, die in ganz anderem Maße als die Gewerkschaften in Deutschland ihre Aufgabe traditionell in der Förderung gleicher Löhne sehen. Es sind mehr als 90 % bei den Arbeiterinnen und Arbeitern sowie etwa 70 % bei den Angestellten gewerkschaftlich organisiert[806]. Die Gewerkschaften besitzen eine sehr starke Verhandlungsmacht und können aufgrund eines zentralisierten gut funktionierenden Verhandlungssystems sogar kurzfristige Änderungen im Lohngefüge bewirken[807]. Hinzu kommt, daß auch ein großer Teil der Arbeitgeber gewerkschaftlich organisiert ist[808]. In diesem Zusammenhang muß jedoch hervorgehoben werden, daß auch die schwedischen Gewerkschaften sich traditionell eher frauenunfreundlich verhalten.
Andererseits hängt es aber auch und gerade mit der unterschiedlichen gesellschaftlichen Bewertung von Arbeit zusammen, die auf mehr Lohnsolidarität[809] basiert, beziehungsweise mit einem Lohngefüge, das in sich wesentlich weniger differenziert ist als das deutsche, und sich insgesamt mehr innerhalb eines einheitlichen Lohnniveaus bewegt[810]. Nur so ist es beispielsweise möglich, daß Männer und Frauen nahezu gleichviel verdienen, obwohl eine starke

---

804 Victorin a.a.O., S. 295, weist darauf hin, daß das schwedische Gesetz aufgrund der nationalen Besonderheiten sehr stark von den sonstigen Gleichberechtigungsgesetzen zum Beispiel in den anderen nordischen Ländern abweicht und insbesondere im Bereich der mittelbaren Diskriminierung nicht sehr weit geht, unter Umständen auch nicht den Anforderungen der Europäischen Gemeinschaft zur indirekten Diskriminierung entspricht.
805 Den Gewerkschaften kommt ein eigenes Klagerecht in Gleichberechtigungsverfahren zu. Im Zeitraum zwischen 1981 und 1988 haben sie 20 derartige Verfahren vor den Gerichten bis zu einem Urteilsspruch betrieben, vgl. Kulawik: Gleichstellungspolitik in Schweden, a.a.O., S. 231.
806 Jochmann-Döll: Gleicher Lohn, S. 160 mit Verweis auf Willborn: A Comparable Worth Primer, S. 94 ff.
807 Dieselbe, ebda., S. 160.
808 Willborn: A Comparable Worth Primer, S. 94; Es muß in diesem Zusammenhang allerdings hervorgehoben werden, daß sich auch schwedische Gewerkschaften traditionell eher frauenunfreundlich verhalten. Kulawik: Gleichstellungspolitik in Schweden, a.a.O., S. 232 weist auf die vernichtende Kritik an den Gewerkschaften durch betroffene Arbeitssuchende oder Arbeitnehmerinnen, die sich aufgrund von Diskriminierungen an gewerkschaftliche Vertreter wandten.
809 Konzept der „solidarischen Lohnpolitik“, vgl. Weiler: „Gleicher Lohn für gleiche Arbeit“ oder Frauenlohnpolitik? aus: Lang/Richter (Hg.): Geschlechterverhältnisse - schlechte Verhältnisse, S. 129.
810 Die Anpassung der Löhne wurde durch größere absolute und relative Erhöhungen der Niedriglohngruppen in den periodischen Lohnrunden erzielt (vgl. Pfromm: Solidarische Lohnpolitik, S. 136, Weiler: Gleicher Lohn für gleiche Arbeit, a.a.O., S. 130) .

Trennung nach frauen- und männerspezifischen Berufen vorliegt. Das Resultat von geringen Lohndifferenzen wird eher auf die generellen Anstrengungen zurückgeführt, die zugunsten von niedrigbezahlten Arbeitnehmern unternommen worden sind, als speziell auf direkte Maßnahmen zur Beseitigung des Lohngefälles zwischen Frauen und Männern[811]. Daß diese Maßnahmen dann in erster Linie Frauen zugutekamen, die überproportional häufig niedriger bezahlt waren, ist sozusagen nur ein positiver Nebeneffekt gewesen[812].

5.3.2 Würdigung

Zusammenfassend läßt sich zum Beispiel Schwedens sagen, daß hier die im Jahr 1980 gesetzlich eingräumte Möglichkeit der Prozeßführung durch eine Behörde - den Ombudsmann - für eine durch Diskriminierung betroffene Frau nicht die ausschlaggebende Veränderung für die im europäischen aber auch US-amerikanischen Vergleich ausgeglichenere Lohnrelation zwischen Frauen und Männern bedeutet hat[813]. Die Ursachen hierfür sind in der gänzlich anderen Bedeutung der Gewerkschaften sowie einem anderen Gesellschaftskonsens im Sinne von mehr Lohnsolidarität zu suchen[814].
Das Beispiel Schwedens eignet sich daher wenig als Maßstab zur Beurteilung der Frage, ob verbesserte prozessuale Möglichkeiten in Deutschland dazu führen könnten, die tatsächliche Situation der Frauen hin zu mehr Lohngleichheit zu verbessern. Was sich am Beispiel Schwedens jedoch sehr deutlich zeigen läßt, ist die Bedeutung einer kollektiven Unterstützung - wie hier durch die Gewerkschaften - für ein bestimmtes Anliegen. Obwohl in Schweden prozessuale Druckmittel wie „class actions“ oder Klagen durch den Gleichberechtigungs-Ombudsmann nicht existieren, bzw. von ihnen so gut wie kein Gebrauch gemacht wird - obwohl letzteres sogar gesetzlich vorgesehen ist -, hat ein funktionierendes System kollektiver Aushandlung von Löhnen zu deutlich mehr Lohngleichheit auch zugunsten von Frauen geführt. Die Gewerkschaften haben sich hierbei nicht in erster Linie für die Interessen der Frauen eingesetzt[815]. Dem Gruppenanliegen der Frauen wird damit - auf andere Weise als prozessual - kollektiv Rechnung getragen. Jochmann-Döll[816] weist allerdings darauf hin, daß das komplizierte deutsche Tarifsystem sowie die dezentrale Aushandlung der Löhne es schlechterdings unmöglich erscheinen lassen, das schwedische Prinzip auf die deutsche Situation zu übertragen, das heißt mit einer so geringen Anzahl durchsetzungskräftiger Gesetze auszukommen.

Ein auch in Schweden noch völlig unbewältigtes Problem stellt der geschlechtsspezifisch gespaltene Arbeitsmarkt dar. Eine diesbezügliche Aufbrechung erscheint nur möglich und sinnvoll, wenn andere Vergleichsmethoden zum Vergleich von Arbeit für die Gerichte als zulässig

---

[811] Vgl. Weiler, A.: Frauenlöhne - Männerlöhne, S. 211.

[812] So auch Weiler, A.: Lohngerechtigkeit durch Lohntechnik? in: Winter, R. (Hg.): Frauen verdienen mehr, S. 74.

[813] Gerade, um mehr im Bereich des geschlechtsspezifisch gespaltenen Arbeitsmarktes und im Bereich der aktiven Frauenförderung bewirken zu können, wird daher zum Teil auch eine Ausweitung der Rechte des Ombudsmannes verlangt. Erfahrungen mit dem Ombudsmann werden von betroffenen Arbeitnehmerinnen meist als sehr positiv beurteilt. (Vgl. Kulawik, a.a.O., S. 232).

[814] Vgl. Weiler: Frauenlöhne - Männerlöhne, S. 208.

[815] In den letzen vier bis fünf Jahren war jedoch eine Tendenz erkennbar, wonach der Lohnabstand zwischen Männern und Frauen wieder größer wird. Grund dafür ist, daß die Bedeutung kollektiver Vereinbarungen beim Festsetzen der Löhne zurückgegangen ist (vgl. Victorin, a.a.O., S. 306).

[816] Dieselbe, a.a.O., S. 161.

erklärt werden. Ein nicht gespaltener Arbeitsmarkt erscheint deswegen erstrebenswert, weil auch in Schweden Frauen in den typischen Frauenberufen meist schlechter bezahlt[817] sind als Männer in den typischen Männerberufen, und weil Frauen in höheren, verantwortungsvolleren Tätigkeiten deutlich unterrepräsentiert sind[818]. So führt der Gleichberechtigungsombudsmann derzeit ein Verfahren vor dem Arbeitsgericht, in dem es um die Gleichwertigkeit der Arbeit von Hebammen im Vergleich zu den meist männlichen Klinikkollegen geht[819]. Vom Ausgang dieses Rechtsstreits erhoffen sich wiederum Krankenschwestern, die weit überwiegend weiblich sind und traditionell sehr niedrig entlohnt werden, positive Auswirkungen auf ihre Löhne. Zehn Jahre nach Inkrafttreten des schwedischen Gleichberechtigungsgesetzes - also Anfang der neunziger Jahre - wurde über Nutzen und Veränderungsvorschläge des Gesetzes nachgedacht. Insbesondere der Ombudsmann sähe seine Rechte gerne ausgeweitet in bezug auf Kollektivregelungen sowie auf fördernde Gleichberechtigungsmaßnahmen im Bereich der gleichen Bezahlung[820].

5.4 Verwirklichung von Lohngleichheit in der Schweiz

Auch in der Schweiz gibt es einen gesetzlich verankerten Lohngleichheitsgrundsatz. Das Beispiel der Schweiz soll an dieser Stelle herangezogen werden, weil in der Schweiz im Jahr 1996 ein Gleichstellungsgesetz in Kraft getreten ist, das unter anderem die Einführung von Verbandsklagen bei Benachteiligungen von Frauen vorsieht. Zu diesem Gesetz kam es, weil der in der Verfassung verankerte Gleichlohngrundsatz für sich allein als nicht ausreichend angesehen wurde, um effektiv die Ungleichheit der Geschlechter im Bereich der Entlohnungen beseitigen zu können. Aufgrund von Expertengutachten wurde insbesondere die Einführung von effektiveren prozessualen Möglichkeiten angeraten, um wirksam etwas verändern zu können.

5.4.1 Rechtsgrundlage: Art. 4 Abs. 2 Bundesverfassung und das Bundesgesetz über die Gleichstellung von Frau und Mann (Gleichstellungsgesetz) vom 25. März 1995[821]

Der Lohngleichheitsgrundsatz ist in der Schweiz direkt in der Verfassung verankert. Art. 4 Abs. 2 der schweizerischen Bundesverfassung lautet wie folgt:

Mann und Frau sind gleichberechtigt. Das Gesetz sorgt für ihre Gleichstellung, vor allem in der Familie, Ausbildung und Arbeit. Mann und Frau haben Anspruch auf gleichen Lohn für gleichwertige Arbeit.

Der Lohngleichheitssatz ist sowohl auf privatrechtliche als auch auf öffentlich-rechtliche Arbeitsverhältnisse direkt anwendbar. Obwohl der Lohngleichheitsgrundsatz also sogar auf Verfassungsebene angesiedelt ist, hat er in der Praxis bisher kaum große Wirkung gezeigt. Auch in der Schweiz werden im Vergleich Frauen deutlich schlechter bezahlt als Männer. Der Verabschiedung des Gleichstellungsgesetzes lagen eingehende Untersuchungen und Forschungs-

---

[817] Vgl. die Beschreibung des siebenwöchigen Streiks schwedischer Krankenschwestern Ende 1995 in: Frankfurter Rundschau v. 08.01.1996: „Wir verdienen, mehr zu verdienen" v. Hannes Gamillscheg (Kopenhagen). Mit dem Streik wollten die Krankenschwestern bessere Entlohnungen erreichen, da sie nicht weiter in Niedriglohngruppen eingestuft sein wollten. Als Ergebnis wurde zwar eine Verbesserung zugunsten der Krankenschwestern erreicht, das angestrebte Ziel wurde jedoch bei weitem verfehlt.

[818] Victorin, a.a.O., S. 302.

[819] Vgl. Frankfurter Rundschau v. 08.01.1996, S. 2: „Wir verdienen, mehr zu verdienen" v. Hannes Gamillscheg (Kopenhagen).

[820] Kulawik: Gleichstellungspolitik in Schweden, a.a.O., S. 234.

[821] Das Gesetz trat am 01. Juli 1996 in Kraft.

arbeiten zugrunde[822], mittels derer Gründe und Ausmaß der Lohnungleichheiten zwischen Frauen und Männern ermittelt werden sollten, und - gestützt auf die Ergebnisse - rechtspolitische Lösungsvorschläge erarbeitet werden sollten. Die hierfür eingesetzte Arbeitsgruppe „Lohngleichheit" erstellte im Jahr 1988 eine Studie und erarbeitete Maßnahmevorschläge. Ergebnis der Studie waren statistische Lohnunterschiede in Höhe von ungefähr 41 Prozent[823]. Die Arbeitsgruppe nahm eine Korrektur des statistisch ermittelten Lohngefälles nach unten hin zu einem Lohnunterschied von immer noch etwa 28 Prozent vor, weil Frauen mit potentiell höheren Löhnen vergleichsweise seltener seien als mit niedrigeren Löhnen. Von dem so ermittelten Lohnunterschied wurde nochmals eine Korrektur nach unten um etwa die Hälfte vorgenommen, die mit anderen lohnbestimmenden Faktoren wie Ausbildung, beruflicher Erfahrung und Gesundheit erklärt wird[824].

Die Vorschläge der Arbeitsgruppe wurden Ende 1988 der Öffentlichkeit vorgestellt, und es wurde ein sogenanntes „Vernehmlassungsverfahren", das heißt Stellungnahmeverfahren, durchgeführt, das sämtlichen möglicherweise Interessierten wie Frauen- und Wirtschaftsorganisationen, Parteien und Kantonen die Möglichkeit gab, sich hierzu zu äußern. In der Folgezeit wurde durch den Bundesrat beschlossen, die Vorschläge der Arbeitsgruppe weiterbearbeiten zu lassen. Sie fanden ihren Abschluß letztendlich in der Verabschiedung des Gesetzes in seiner heutigen Form[825].

Ergebnis der speziell für den Bereich Lohngleichheit eingesetzten Arbeitsgruppe[826] war unter anderem, daß der vorhandene individuelle Rechtsschutz für von Diskriminierung betroffene Frauen seit Einführung des Verfassungsartikels im Jahr 1981 nicht ausreiche, um den Grundsatz „gleicher Lohn für gleiche und gleichwertige Arbeit" tatsächlich umzusetzen, und die zwischen traditionell weiblichen und traditionell männlichen Berufen bestehenden Lohnunterschiede zu beseitigen[827].

---

[822] Im Jahr 1986 wurde vom Eidgenössischen Justiz- und Polizeidepartement (EJPD) eine Arbeitsgruppe eingesetzt, die sich mit der Erforschung der Lohnunterschiede befassen sollte. Die Arbeitsgruppe gab daraufhin vier Forschungsberichte in Auftrag, die ihr als Grundlage für die Erarbeitung eines Maßnahmekatalogs zur Beseitigung der Lohnunterschiede dienen sollte. Die Forschungsberichte erschienen im Oktober 1988. Einzelheiten über die Mitglieder der Arbeitsgruppe, die Themen der Forschungsberichte, sowie die Schlußfolgerungen der Arbeitsgruppe sind nachzulesen in: Botschaft zum Bundesgesetz über die Gleichstellung von Frau und Mann, S. 22-25; sowie im Schlußbericht der Arbeitsgruppe Lohngleichheit (Hg. Eidg. Justiz- und Polizeidepartement). Auch der Anteil erwerbstätiger Frauen liegt im Vergleich deutlich hinter dem Anteil erwerbstätiger Männer (vgl. Botschaft zum Bundesgesetz über die Gleichstellung von Frau und Mann, S. 7 m.w.N.).

[823] Untersuchungen zum Lohngleichheitsgrundsatz nach Art. 4 Abs. 2 BV: Arbeitsgruppe Lohngleichheit, Lohngleichheit für Mann und Frau, Schlußbericht EJPD Okt. 1988; Kugler: Lohndiskriminierung in der Schweiz: Evidenz von Mikrodaten, Forschungsbericht 1.

[824] Diese Korrektur um weitere 14 Prozent nach unten ist durchaus umstritten, weil nicht sicher ist, daß Frauen, die bessere Ausbildungsvoraussetzungen hätten, tatsächlich auch entsprechend mehr - etwa wie vergleichbare Männer - verdienen würden (vgl. Botschaft, S. 6).

[825] Einzelheiten über die einzelnen Schritte des Verfahrens können nachgelesen werden in: Botschaft, S. 22-29

[826] Beispielsweise das Eidgenössische Büro hatte eine Studie zur Arbeitsbewertung und Lohndiskriminierung erstellen lassen (hrsg. vom Eidg. Büro im Nov. 1991) sowie 1992 eine Empfehlung zur Verwirklichung des Lohngleichheitsanspruchs veröffentlicht. Zentrale Forderung beider Studien ist jeweils die Einführung des Klagerechts für Frauenverbände oder andere Berufsorganisationen, weil das vorhandene individuelle Klagerecht aus der Zurückhaltung der Arbeitnehmerinnen gegenüber Lohnklagen, der Angst vor öffentlicher Exponierung, dem Risiko des Arbeitsplatzverlustes sowie der Gefahr sozialer Isolation nicht ausreichten, um den Lohngleichheitsgrundsatz zu verwirklichen (vgl. Arbeitsgruppe „Lohngleichheit": Lohngleichheit für Mann und Frau. Schlußbericht EJPD, S. 70 ff.).

[827] Vgl. Botschaft, S. 4, 21; sowie Freivogel: Die Verbandsklage und -beschwerde im neuen Gleichstellungsgesetz, S. 129.

Als konkrete Maßnahmen zur Beseitigung dieses Problems der Durchsetzung der gleichen Rechte der Geschlechter - wie es in Art. 4 Abs. 2 S. 2 der Bundesverfassung, der den Gesetzgeber beauftragt, die tatsächliche Gleichstellung der Geschlechter zu verwirklichen, garantiert ist [828] -, wurden einerseits eine prozessuale Veränderung im Sinne einer Erleichterung der Beweisführung, sowie andererseits die Einführung von Verbandsklagen verlangt und mit dem Gesetz vom 24. März 1995[829] (GlG) auch erreicht.
Das Gesetz orientiert sich dabei unter anderem an der Lohngleichheitsrichtlinie der EG. Es sollen einheitliche Standards innerhalb Europas geschaffen werden, auch wenn die Schweiz selbst nicht Mitglied der EU ist[830]. Durch das nunmehr gültige Gleichstellungsgesetz wird im Sinne der Richtlinie 75/117/EWG aus dem Jahr 1975 eine Beweislastumkehr zugunsten betroffener Arbeitnehmerinnen eingeführt, der Kündigungsschutz wird verbessert, und es wird ein Klagerecht für Verbände eingeführt.

5.4.2 Regelungsbereiche des Gleichstellungsgesetzes

Das Gleichstellungsgesetz gilt für das Erwerbsleben. Gemäß Art. 2 GlG ist es auf sämtliche unselbständigen Arbeitsverhältnisse anwendbar. Damit erstreckt sich der Anwendungsbereich des Gesetzes sowohl auf privatrechtliche als auch auf sämtliche öffentlich-rechtlichen Arbeitsverhältnisse von Arbeitnehmerinnen und Arbeitnehmern, die bei der Verwaltung oder Institutionen des Bundes, der Kantone oder der Gemeinden angestellt sind[831]. Die Kompetenz des Bundes, ein derartiges Gesetz zu erlassen, das in Hoheitsbereiche der Kantone und Gemeinden eingreift, liegt in seiner verfassungsmäßigen Befugnis, Bereiche des Arbeitnehmerschutzes zu regeln. Das verfassungsmäßig garantierte Selbstbestimmungsrecht der Kantone und Gemeinden bleibt hiervon unberührt, da in ihre Personalhoheit nicht eingegriffen wird[832].

5.4.3 Diskriminierungsverbot des Art. 3 GlG

Das Gesetz verbietet jede Benachteiligung aufgrund des Geschlechts. Erfaßt werden damit sowohl direkte als auch mittelbare Diskriminierungen. Wann direkte und wann mittelbare Diskriminierungen aufgrund des Geschlechts vorliegen, entspricht den von der Rechtsprechung des EuGH und von bundesdeutschen Gerichten entwickelten Kriterien[833].
Das Diskriminierungsverbot des Art. 3 GlG ist für die gesamte Dauer des Arbeitsverhältnisses gültig. Es erstreckt sich auf den Bereich der Einstellung, der Aufgabenzuteilung, der Gestaltung der Arbeitsbedingungen, sowie den gesamten Bereich der Entlohnung, auf die Beförderung, die Aus- und Weiterbildung sowie schließlich die Entlassung. Die Aufzählung im Gesetz ist nicht abschließend[834].

---

[828] Der neue Art. 4 Abs. 2 BV wurde am 14. Juni 1981 von Volk und Ständen in der Bundesverfassung angenommen.
[829] Art. 1 GlG.
[830] Vgl. Botschaft zum Bundesgesetz über die Gleichstellung von Frau und Mann, S. 2, 42.
[831] Vgl. Eidg. Büro f. d. Gleichstellung v. Frau und Mann: Gleichstellung im Erwerbsleben, S. 5; Freivogel: Tragweite und Durchsetzung der materiellrechtlichen Bestimmungen des Gleichstellungsgesetzes, S. 1. Freivogel weist darauf hin, daß mit der Einführung des Gesetzes der Rechtsschutz öffentlicher und privater Arbeitsverhältnisse praktisch einheitlich bis auf die Fälle diskriminierender Entlassung geregelt wurde. In diesen Fällen kann nur die Beendigung eines öffentlich-rechtlichen Arbeitsverhältnis gerichtlich überprüft und verhindert werden.
[832] Vgl. Botschaft, Kommentar zum Gesetzentwurf, Art. 2, S. 46.
[833] Vgl. oben Kap 3.2 mit Verweis auf Bilka-Kaufhaus-Entscheidung des EuGH, Urt. v. 13.05.1986, Rs 170/74, Slg. 1986, S. 1607 ff.).
[834] Vgl. Botschaft, Kommentar zum Gesetzentwurf, Art. 3 Abs. 2, S. 50.

5.4.4 Prozessuale Erleichterungen (Art. 6, 12, 13 GlG)

Im Unterschied zu der vorher geltenden Beweislastregel für Klagen auf gleichen Lohn muß mit Einführung des Art. 6 GlG eine von Diskriminierung betroffene Person nicht mehr streng das Vorliegen einer Diskriminierung beweisen, es reicht vielmehr aus, wenn sie die Diskriminierung behauptet und glaubhaft macht. Dies ist dann der Fall, wenn Tatsachen vorgetragen werden, die eine Diskriminierung als wahrscheinlich erscheinen lassen[835]. Mit dieser Beweisregelung wird der Problematik Rechnung getragen, daß es für den/die von Diskriminierung betroffene Arbeitnehmer/in viel schwerer ist, an die notwendigen Informationen heranzukommen als für den jeweiligen Arbeitgeber.

Als weitere Besonderheit ist die Regelung des Art. 12 Abs. 2 GlG in Verbindung mit Art. 343 Abs. 4 OR (Obligationenrecht) zu erwähnen, wonach für die Gerichte der Amtsermittlungsgrundsatz gilt.

5.4.5 Außergerichtliche Schlichtungsmöglichkeiten (Art. 11 GlG), das Eidgenössische Büro für die Gleichstellung von Frau und Mann (Art. 16 GlG)

Art. 11 GlG sieht die Einrichtung von Schlichtungsstellen in den jeweiligen Kantonen vor. Aufgabe dieser Schlichtungsstellen soll es sein, auf außergerichtlicher Basis eine Einigung in Diskriminierungsfällen herbeizuführen, und so gerichtliche Auseinandersetzungen möglichst zu vermeiden[836]. Die Schlichtungsstellen haben im Unterschied zu einem Gericht keine Möglichkeit, die Parteien zu einer bestimmten Lösung zu zwingen. Sofern jedoch eine Einigung herbeigeführt werden kann, und die so erzielte Einigung von der Schlichtungsstelle unterschrieben wurde, ist die Vereinbarung genauso wie ein rechtskräftiges Urteil bindend und kann nicht erneut gerichtlich angefochten werden.

5.4.6 Gerichtliche Druckmittel - Das Verbandsklagerecht des Art. 7 Gleichstellungsgesetz

Die Einführung eines Verbandsklagerechts ist im Schweizer Rechtssystem nichts Neues, vielmehr existiert die Möglichkeit der Verbandsklage bereits unter anderem im Recht des unlauteren Wettbewerbs, im Kartellrecht und im Umweltschutzrecht[837].

Mit der Klage nach Art. 7 GlG kann gegen jede Form der Diskriminierung nach Art. 3 und 4 GlG geklagt werden. Das heißt, die Klageart erstreckt sich auf sämtliche oben[838] angesprochenen Bereiche sowohl für die Fälle direkter als auch indirekter Diskriminierung[839].

---

[835] Es gelten hier die gleichen vom EuGH in den Entscheidungen „Bilka-Kaufhaus" (Rs 170/74, Slg. 1986, S. 1607 ff.) und Kowalska (Rs C-33/89, Slg. 1990, I, S.2591 ff.) entwickelten Grundsätze. Danach muß bei mittelbarer Diskriminierung die von Diskriminierung betroffene Person zunächst glaubhaft darlegen, daß eine bestimmte Praxis des Arbeitgebers ungleiche Auswirkungen auf die Geschlechter hat und die Frauen davon nachteilig betroffen sind. Der Arbeitgeber muß dann beweisen, daß die Differenzierung sachlich gerechtfertigt ist, oder das Geschlecht unabdingbare Voraussetzung für die Ausübung der streitigen Tätigkeit ist.

[836] Art. 11 GlG regelt nur die obligatorische Einführung von Schlichtungsstellen in allen Kantonen. Ob ein Kanton die Durchführung eines außergerichtlichen Schlichtungsverfahrens als Prozeßvoraussetzung einem gerichtlichen Verfahren vorschalten möchte oder nicht, bleibt in der eigenen Regelungskompetenz der jeweiligen Kantone (Art. 11 Abs. 2 GlG).

[837] Näheres bei: Berni: Verbandsklagen als Mittel privatrechtlicher Störungsabwehr.

[838] Vgl. oben 5.4.2.

[839] Beispiele bei Freivogel: Die Verbandsklage und -beschwerde im neuen Gleichstellungsgesetz, S. 154.

In der Phase der Entstehung des Gleichberechtigungsgesetzes gehörte der Artikel, mit dem die Einführung eines Klagerechts für Institutionen geregelt werden sollte, zu den umstrittensten Regelungen des neuen Gesetzes.
Man störte sich insbesondere daran, daß der klagebefugte Verband oder eine sonstige Institution ohne die Zustimmung der eigentlich Betroffenen klagebefugt sein sollte[840], weil eine solche Klage einen unzulässigen Eingriff in das Persönlichkeitsrecht der betroffenen Arbeitnehmerinnen darstellen könnte. Beispielsweise dann, wenn die betroffene Arbeitnehmerin gar nicht klagen möchte.
Die Einführung einer (Bundes-) Behördenklage - beispielsweise nach amerikanischem Vorbild - stand allerdings nie ernsthaft zur Diskussion[841]. Die Verfassungsmäßigkeit kantonaler Behördenbeschwerden und -klagen zur Durchsetzung von Art. 4 Abs. 2 BV ließ das Eidgenössische Büro für die Gleichstellung von Frau und Mann in einer Stellungnahme vom Juni 1991 aufgrund eines Gutachtens des Bundesamtes für Justiz vom 24. August 1990 überprüfen. Ergebnis des Stellungnahme war es, daß die Beteiligung kantonaler Gleichstellungsbehörden an Lohngleichheitsprozessen in Form eines Interventionsrechts oder der Mitwirkung mit voller Parteistellung in privat- und in öffentlich-rechtlichen Arbeitsverhältnissen denkbar sei. Ein selbständiges Klagerecht der Behörden unabhängig vom Einverständnis der Betroffenen sei jedoch jeweils nur für Feststellungsklagen und nicht für Leistungsklagen zulässig[842].
Abschließend heißt es, daß eine Behördenbeteiligung sich für die effiziente Durchsetzung des zwingenden Lohngleichheitssatzes als angebracht erweise.
Art. 7 GlG eröffnet Organisationen, die nach ihren Statuten die Gleichstellung von Frau und Mann fördern, oder die Interessen der Arbeitnehmerinnen und Arbeitnehmer wahren, die Möglichkeit, im eigenen Namen zu klagen und nicht nur beratend tätig werden zu können. Bei derartigen Organisationen ist dabei an Frauenverbände (ideelle Vereinigungen), Gewerkschaften (zumindest teilweise auch ideelle Vereinigungen) oder sonstige Berufsorganisationen[843] gedacht. Im Unterschied zu Klagen von Verbänden nach Art. 28 ZGB wegen Verletzung des Persönlichkeitsrechts der Mitglieder des Verbandes oder des Persönlichkeitsrechts des Verbandes selbst, sowie Klagen nach Art. 7 i. V. m. Art. 10 UWG wegen Verletzung des Gesetzes betreffend unlauteren Wettbewerb, ist die Aktivlegitimation ausdrücklich nicht auf Berufsverbände beschränkt, die nach ihrem Statut ein wirtschaftliches Interesse verfolgen

---

[840] Vgl. die Diskussion in der Bundesversammlung (Nationalrat) v. 17. März 1994 zu Art. 6 GlG abgedruckt in: Schweizerische Eidgenossenschaft, Amtl. Bulletin der Bundesversammlung/Nationalrat, 1994/I Frühjahrssession, S. 483-493; die Diskussion im Ständerat abgedruckt in: Schweizerische Eidgenossenschaft, Amtl. Bulletin der Bundesversammlung (Ständerat), 1994/III, Herbstsession, S. 826-828; und erneut die Diskussion in der Nationalversammlung, abgedruckt in: Schweizerische Eidgenossenschaft, Amtl. Bulletin der Bundesversammlung, Nationalrat, 1995/I, Januarsession, S. 200-203; sowie Botschaft, S. 26; Ausführliche Darstellung der Entwicklung des Gesetzestextes in den verschiedenen Phasen bei Bundesrat, Nationalrat und Ständerat bei: Freivogel, a.a.O., S. 132-134.
Zu den ebenfalls umstrittenen Regelungen gehörte das Recht des Eidgenössischen Büros für die Gleichstellung von Frau und Mann, Akteneinsicht sowie die Herausgabe von Unterlagen bei Arbeitgebern verlangen zu dürfen. Man sah hierin einen unzulässigen Eingriff in die Privatautonomie der Unternehmen. Im Ergebnis wurde das Akteneinsichts- und Herausgaberecht auch nicht gesetzlich verankert.

[841] Hintergründe nachzulesen bei Freivogel, a.a.O., S. 130, 131.

[842] Die betroffene Arbeitnehmerin muß nach ungeschriebenem Bundesrecht selbst darüber entscheiden können, ob sie einen Prozeß einleiten will, ob sie einen bestimmten Vergleich abschließen will, oder ob sie ihre Klage zurücknehmen will.

[843] Sofern der Berufsverband nach seiner Satzung die Interessen von Arbeitnehmer/innen nur innerhalb einer bestimmten Berufsgruppe oder Branche wahrnimmt, ist das Klagerecht des Verbands auf diesen Bereich beschränkt, vgl. Botschaft, S. 56.

müssen. Wichtig ist, in diesem Zusammenhang zu erwähnen, daß die von einer Verbandsklage betroffenen Arbeitnehmer/innen selbst nicht Mitglied der Organisation zu sein brauchen und in dem Verfahren nicht persönlich genannt werden. Damit wird das originäre Klagerecht der Organisationen zum Ausdruck gebracht, das eben unabhängig vom individuell existierenden Klagerecht der Betroffenen konstruiert wird.
Das Gesetz knüpft die Klagemöglichkeit an die Bedingung, daß die Organisation seit mindestens zwei Jahren besteht, und daß der Ausgang des Verfahrens sich vermutlich auf eine Vielzahl von Arbeitsverhältnissen auswirken wird. Mit der ersten Bedingung soll die Gründung von sogenannten „Ad hoc-Vereinigungen" lediglich zum Zwecke der Prozeßführung verhindert werden. Mit der zweiten Bedingung soll das kollektive Interesse an der Prozeßführung durch einen Verband abgesichert werden. Sinn der Regelung des Art. 7 GlG ist es damit, die Prozeßführung einem Verband in den Fällen zu ermöglichen, in denen eine Anzahl von Arbeitsverhältnissen und nicht bloß einzelne vom Ausgang betroffen wären. Zudem soll durch das Erfordernis des Gruppenanliegens eine Klärung von Grundsatzfragen gegenüber einer ganzen Gruppe ermöglicht werden[844].
Gedacht ist dabei beispielsweise an die Klagen von Kindergärtnerinnen, Krankenschwestern oder Handarbeitslehrerinnen betreffend Gesamtarbeitsverträge (Tarifverträge) oder bezüglich genereller Lohnentscheidungen, bezüglich betrieblicher Systeme der Arbeitsplatz- und Persönlichkeitsbewertung oder bezüglich Ausbildungsreglementierungen[845].

Das Gesetz schreibt keine bestimmte Mindestgröße der Gruppe vor, weil es nicht darauf beschränkt sein soll, bereits bestehende Arbeitsverhältnisse auf vorhandene Diskriminierungen hin zu untersuchen, sondern auch die Möglichkeit von Auswirkungen auf eine Gruppe von zukünftigen Arbeitsverhältnissen erfassen will[846].

5.4.6.1 Passivlegitimation

Die Verbandsklage kann sich genauso wie die Individualklage sowohl gegen öffentlichrechtliche Arbeitgeber (Bund, Kanton, Gemeinde) als auch gegen privatrechtliche Arbeitgeber richten. Das Gesetz enthält keine Beschränkung auf eine bestimmte Mindestgröße der Betriebe.
Zusätzlich besteht die Möglichkeit, gegen Arbeitgeberverbände oder Gewerkschaften zu klagen, sofern sie an der Gestaltung von verbindlichen Arbeitsbedingungen beteiligt waren, und sie auch dafür verantwortlich sind. Ziel solcher Klagen ist es, feststellen zu lassen, daß beispielsweise ein Gesamtarbeitsvertrag (Tarifvertrag) diskriminierende Regelungen enthält. Es

---

[844] Vgl. Freivogel: Die Verbandsklage und -beschwerde im neuen Gleichstellungsgesetz, S. 153.
[845] Vgl. Schweizerische Eidgenossenschaft, Amtl. Bulletin der Bundesversammlung/Nationalrat 1994/I, Frühjahrssession v. 17.03.1994, S. 484.
[846] Vgl. Freivogel: Die Verbandsklage und -beschwerde im neuen Gleichstellungsgesetz, S. 153 sowie Stamm, S. 490 in Amtl. Bulletin der Bundesversammlung/Nationalrat 1994/I, Frühjahrssession, v. 17.03.1994: Sie verweist auf die Auswirkungen einer Verbandsklage am Beispiel der Kindergärtnerinnen, Hauswirtschafts- und Arbeitsschullehrerinnen im Kanton Basel, bei denen sich eine entsprechende Klage auf den ganzen Berufsstand ausgewirkt hat (Urteil des Appellationsgerichtes des Kanton Basel-Stadt vom 09.07.1993, abgedruckt in: STREIT 2/96, S. 65-68). Ergebnis dieses Prozesses war die Eingruppierung sämtlicher Klägerinnen in zwei Lohnklassen höher unter Berücksichtigung des Grundsatzes „gleicher Lohn für gleichwertige Arbeit". Als weitere Beispiele für sinnvolle Verbandsklagen werden die Nichtbeförderungsprozesse von Frauen in frauenuntypischen Berufen wie Polizeioffizierin oder Maurerpolierin genannt. Genauso verhielte es sich bei Lohnklagen, die wegen diskriminierender Arbeitsplatzbewertung geführt würden. Auch hier wirke sich das Ergebnis des Prozesses auf eine Vielzahl von Arbeitsverhältnissen aus.

besteht schließlich die Möglichkeit, daß eine Gewerkschaft einen zwischen anderen Tarifvertragsparteien abgeschlossenen Gesamtarbeitsvertrag (Tarifvertrag) angreift, indem sie die Parteien des Gesamtarbeitsvertrags (Tarifvertrags) in Streitgenossenschaft verklagt, um feststellen zu lassen, daß der zwischen ihnen geschlossene Gesamtarbeitsvertrag (Tarifvertrag) diskriminierende Regelungen enthält[847].

5.4.6.2 Klageart: Feststellungsklage

Mit der Verbandsklage nach Art. 7 GlG kann die klagende Organisation durch ein Gericht feststellen lassen, daß beispielsweise eine bestimmte Entlohnungspraxis diskriminierend ist. Nicht möglich ist es jedoch, auf Leistung an die davon betroffenen Arbeitnehmerinnen zu klagen. Als Begründung für die Beschränkung auf eine Feststellungsklage wird angegeben, daß mit dem Verbandsklagerecht in erster Linie ermöglicht werden soll, Klagen zur Klärung grundsätzlicher Fragen betreffend die Lohngleichheit von Frauen zu führen[848].

5.4.6.3 Fehlendes Zustimmungserfordernis

Wie bereits eingangs erwähnt, müssen die betroffenen Arbeitnehmer/innen nicht Mitglieder der klagenden Organisation sein und auch keine Zustimmung zu einem von einem Verband nach Art. 7 GlG geführten Prozeß erteilen.
Dem Kommentar zur Botschaft zu dem Gesetz[849] ist zu entnehmen, daß nur auf diese Weise die Klagebefugnis der Verbände klar von einer bloßen Vertretungsmacht abgegrenzt und damit abgehoben wird. Durch die Einführung eines eigenen Klagerechts der Verbände soll ja gerade die Bereitschaft zur Klage erhöht, und damit die tatsächliche Durchführung von Klagen erleichtert und verbessert werden, damit ein neuer Schritt in Richtung zu mehr tatsächlicher Gleichberechtigung gegangen werden kann. Allein die praktischen Probleme, die ein Zustimmungserfordernis bereiten würde, würden eine neue nicht zu unterschätzende Hemmschwelle für die Klagen der Verbände darstellen[850]. Gerade im Unterschied zu den amerikanischen „class actions" kann aber mit der Verbandsklage nach Art. 7 GlG nur die Diskriminierung festgestellt und nicht zugleich Leistung an die davon betroffenen Arbeitnehmerinnen verlangt werden. Insofern hat die Verbandsklage auch weniger unmittelbare Folgen für das Arbeitsverhältnis der einzelnen Arbeitnehmerin, zumindest sind die negativen Folgen deutlich eingeschränkt. Während nach amerikanischem Recht das Ergebnis einer „class action" bindend für sämtliche „class members" ist, und damit eben auch der negative Ausgang einer Leistungsklage, wird hier im Klageverfahren lediglich festgestellt, ob ein diskriminierendes Verhalten eines Arbeitgebers vorliegt oder nicht.

5.4.6.4 Kosten und Beweisregeln

Wie in allen Arbeitsgerichtsprozessen ist im Unterschied zu sonstigen Zivilprozessen ein besonderer Schutzaspekt zu berücksichtigen: Das Prozeßkostenrisiko darf nicht dazu führen, daß Arbeitnehmer/innen von Verfahren gegen ihre Arbeitgeber gänzlich abgeschreckt und damit

---

847 Vgl. Freivogel, a.a.O., S. 152.
848 Vgl. Botschaft, S. 56.
849 Botschaft, S. 56.
850 Auch besteht bei einem Zustimmungserfordernis die Gefahr, unnötigen Druck auf einzelne Arbeitnehmerinnen auszuüben, wenn sie ihre Zustimmung verweigern und wissen, daß sie so ihren Kolleginnen die Verbandsklage unmöglich machen.

abgehalten werden. Nach Art. 343 des Obligationenrechts (OR) sind daher die Verfahren gerichtskostenfrei.
Beabsichtigt war außerdem, eine Regelung in dem Gesetz zu treffen, die die möglicherweise anfallenden Gutachtenskosten so verteilt, daß nicht eine betroffene Arbeitnehmerin durch deren Höhe von vornherein vom Prozeß abgeschreckt würde. Andererseits aber galt es, die Unabhängigkeit des Gerichts in Beweiserhebungsfragen nicht dadurch zu beeinflussen, daß das Gericht gezwungen werden könnte, zu jedem Beweisantrag entsprechende Gutachten einzuholen. Der nunmehr gefundene Kompromiß sieht vor, daß in Gleichstellungsprozessen die am Prozeß beteiligten Parteien nicht an die sonstige Streitwertgrenze im Obligationenrecht von 20.000 Franken, bei denen keine Gerichtsgebühren anfallen, gebunden sind, [851] andererseits aber das Gesetz auch keine Regelung enthält, die das Gericht dazu zwingen kann, kostenlose Gutachten anzuordnen. Sofern ein Gericht jedoch die Einholung eines Gutachtens für erforderlich hält und dies anordnet, können hierfür anfallende Kosten auch nicht der unterliegenden Partei hinterher auferlegt werden.

Die Regeln über die Beweiserleichterung in Individualprozessen gelten sinngemäß gem. Art. 7 Abs. 2 GlG auch bei den Verbandsklagen.

5.4.7 Kritik

Mit Art. 7 GlG wurde keine Leistungsklage für die klagenden Verbände eingeführt. Dadurch, daß die Verbände lediglich auf Feststellung einer Diskriminierung klagen dürfen, ist für die vollständige Beseitigung der Diskriminierung noch ein weiterer Schritt, nämlich die Umsetzung des Festgestellten erforderlich. Im Klageweg erfordert dies eine Individualklage durch die betroffene Person auf Leistung des gleichen Lohns[852]. Der besondere Vorteil der amerikanischen „class actions", nämlich der Rechtskrafterstreckung auf sämtliche Mitglieder der betroffenen Gruppe, wird durch die Schweizer Verbandsklage nicht erreicht. Überträgt man das oben genannte Beispiel der Frau Weber-v. Hartz[853] auf die Schweiz, so ist anzunehmen, daß ein Betrieb, der sich wie im Fall der Frau Weber-v. Hartz nicht von dem Individualurteil der Klägerin hat „beeindrucken" lassen, insofern, als er von sich aus vergleichbare Fälle dem Urteil des Gerichts angepaßt hätte, sich wohl kaum von einer bloßen Feststellungsklage wird beeindrucken lassen. Es steht zu befürchten, daß er sich von jeder einzeln betroffenen Arbeitnehmerin wird verurteilen lassen, weil er bereits kalkuliert, daß eine Vielzahl von Betroffenen von dem Streß und den Mühen eines Prozesses Abstand nehmen wird.
Abgesehen von den vielfach angesprochenen zusätzlichen Umständen und Problemen, die die eigene Leistungsklage bedeutet, ist vor allem der zeitliche Aspekt zu berücksichtigen. Denn mit einem zusätzlichen Leistungsklageverfahren gewinnt der Arbeitgeber wieder Zeit:

---

[851] Art. 12 Abs. 2 GlG.
[852] Schweizerische Eidgenossenschaft, Amtl. Bulletin der Bundesversammlung/Nationalrat, 1994/ I v. 17.03.1994, S. 486: So heißt es in der Diskussion des Artikels durch die Bundesversammlung (Nationalrat) von denjenigen, die die Einführung einer Leistungsklage fordern (Goll), daß mit der Einführung einer bloßen Feststellungsklage eine absurde Situation geschaffen werde:
„Es sollen Diskriminierungen zwar festgestellt werden, aber wenn der rechtswidrige Zustand dann feststeht, kann er nicht beseitigt werden."
Als Beispiel wird eine Klage der Gewerkschaft Druck und Papier genannt, bei der die Verfassungswidrigkeit einer Regelung richterlich festgestellt wurde, die betroffenen Arbeitnehmerinnen erhalten aber dennoch nicht den verfassungsmäßig garantierten Lohn.
[853] S.o. 3.4.2.

Der betreffenden Arbeitnehmerin ist es möglicherweise mittlerweile schon zu lange her, seit die Lohndiskriminierung erfolgt ist. Sie arbeitet beispielsweise inzwischen bei einem anderen Arbeitgeber, und es ist ihr die Mühe nicht mehr wert, gegen ihren ehemaligen Arbeitgeber zu klagen. Oder aber sie verliert die Geduld, weil sich die Durchsetzung ihres Rechts so lange hinzieht, daß sie aufgibt, weil es ihr einfach zu lange dauert. Schließlich kann die betroffene Arbeitnehmerin allein dadurch, daß sie nun ihren Leistungsanspruch selber geltend machen muß, nun doch von der Klage abgehalten sein, weil sie ja nun nicht mehr anonym bei ihrem Arbeitgeber ist, und sie befürchten muß, daß der Arbeitgeber sich bei nächster Gelegenheit bei ihr „rächt".

Kritiker der bloßen Feststellungsklage befürchten daher, daß durch die Beschränkung auf eine Feststellungsklage die kollektive Durchsetzung des Gleichstellungsanliegens erneut nicht gewährleistet werden kann, ja daß sogar der derzeitige unbefriedigende Zustand auf diese Weise zementiert werde.

Nicht ausgeschlossen von der Klage nach Art. 7 GlG sind allerdings die Klagen nach Art. 28 ZGB wegen Verletzung des Persönlichkeitsrechts der Mitglieder des Verbands[854] oder des Verbands selbst[855] oder die Klagen nach Art. 7 UWG[856]. Das heißt, unter den Voraussetzungen dieser Klagen ist es gegebenenfalls durchaus für den Verband möglich, mehr als eine reine Feststellungsklage zu erheben. Mit diesen Klagen kann, wie auch im deutschen Recht, eine Unterlassung, Störungsabwehr oder Schadensersatz begehrt werden. Allerdings ist es auch mit diesen Rechtsinstituten nicht möglich, Schadensersatz an die von der Diskriminierung betroffenen Mitglieder des Verbands zu verlangen. Der Verband kann lediglich Ersatz des ihm zugefügten Schadens im Klageweg erzwingen.

Dennoch läßt sich sagen, daß die Einführung eines Verbandsklagerechts in Diskriminierungsfällen als deutliche Veränderung zu erachten ist, um Grundsatzfragen in der Diskussion um Lohngleichheit zu thematisieren und zwar unabhängig von der Situation einer individuell betroffenen Arbeitnehmerin.

---

854 Voraussetzung dieser Klagen ist es jedoch, daß es sich um einen Verband handelt, dessen satzungsgemäße Aufgabe u.a. darin besteht, die wirtschaftlichen Interessen seiner Mitglieder zu wahren, und daß die Mitglieder auch selbst klagebefugt wären. Darüber hinaus ist ein derartiger Verband befugt, auch die nichtwirtschaftlichen Interessen seiner Mitglieder wahrzunehmen. Streitig ist jedoch, inwiefern das Klagerecht auch rein ideellen Verbänden zukommen soll. Zu den Einzelheiten der Verbandsklage nach Art. 28 ZGB wegen Verletzung des Persönlichkeitsrechts der Mitglieder des Verbands vgl. Freivogel: Die Verbandsklage und -beschwerde im neuen Gleichstellungsgesetz, S. 144, 145 m.w.N. bundesgerichtlicher Rechtsprechung.

855 Durch diskriminierende Regelungen eines Gesamtarbeitsvertrags (Tarifvertrags) kann auch das Persönlichkeitsrecht eines Verbands selbst betroffen sein (Urteil des Schweizer Bundesgerichts v. 27.4.1995 - 4C 332/1994/tb, abgedruckt in: STREIT 2/96, S. 71-74), wenn es nämlich dadurch beispielsweise einer Gewerkschaft unmöglich ist, diesem Gesamtarbeitsvertrag (Tarifvertrag) beizutreten. Ist dies der Fall, kann sie einen Teil ihrer Gewerkschaftsaufgaben nicht wahrnehmen und läuft so Gefahr, vom Markt verdrängt zu werden (vgl. Freivogel, a.a.O., S. 145-147).

856 Klagen wegen Verstoßes gegen Art. 7 GlG kommen dann in Betracht, wenn beispielsweise ein Gesamtarbeitsvertrag (Tarifvertrag) diskriminierende Lohnbestimmungen enthält, weil hierdurch der Wettbewerb gegenüber anderen Mitbewerbern, die sich an die Regelungen halten, verfälscht wird. Im Bereich der Lohndiskriminierung schafft sich beispielsweise ein Arbeitgeber, der Frauen zu niedrigeren Löhnen beschäftigt als Männer, die die gleiche oder gleichwertige Arbeit ausführen, einen Wettbewerbsvorteil gegenüber anderen Arbeitgebern, die sich an die Diskriminierungsverbote halten. Zu den einzelnen Voraussetzungen einer Klage gem. Art. 7 i.V.m. Art. 10 Abs. 2a UWG vgl. Freivogel, a.a.O., S. 147-150.

5.5 Zusammenfassung

Abschließend sollen noch einmal die den vorgestellten Ländern eigenen besonderen Möglichkeiten gegenübergestellt werden, bevor im nachfolgenden Kapitel der Frage nachgegangen werden soll, welche der dargestellten im Ausland gewählten Lösungsansätze sich eignen könnten, um - möglicherweise modifiziert - auf Deutschland übertragen zu werden.

Das amerikanische System hält mit dem Institut der „class action" eine spezielle, sehr wirkungsvolle Möglichkeit bereit, um dem Gruppenanliegen betroffener Arbeitnehmerinnen in Diskriminierungsklagen zu helfen. Die Rechtskrafterstreckung eines solchen Urteils gewährleistet die angestrebte Breitenwirkung.

Außerdem sind von seiten des Gerichts differenzierte Überwachungsmöglichkeiten gegeben, mit Hilfe derer sich das Gericht über die Befolgung von ihm angeordneter Maßnahmen vergewissern kann. Es kann hierfür eigens vom Gericht ein sogenannter „Special Master" ernannt werden[857]. Das Gericht hat dadurch die Möglichkeit, über einen längeren Zeitraum mitverfolgen zu können, ob sich in dem jeweiligen Betrieb tatsächlich etwas verändert.

Die EEOC hat als speziell errichtete Diskriminierungsbehörde zahlreiche Kompetenzen sowohl im Bereich der außergerichtlichen als auch der gerichtlichen Beseitigung von Diskriminierungen. Sie soll versuchen, Diskriminierungen aufzuspüren und außergerichtlich zu beseitigen. Hierfür sind ihr umfangreiche Informations- und Untersuchungsrechte eingeräumt[858], deren Einhaltung sie notfalls gerichtlich erzwingen kann. Im Klageweg kann sie einerseits individuell Betroffene unterstützen oder für diese einen Prozeß führen, sie kann aber auch die gesamte Personalpolitik eines Unternehmens in sogenannten „pattern and practice suits" zum Gegenstand einer Klage machen, wenn sie der Auffassung ist, daß die Strukturen des Unternehmens diskriminierend sind. Wichtig in diesem Zusammenhang ist noch einmal hervorzuheben, daß die amerikanische EEOC von sich aus die Möglichkeit besitzt, Druck auf Arbeitgeber auszuüben.

Schließlich besitzt die EEOC in Umgehung der strengen Zulässigkeitserfordernisse von „class action suits" die Möglichkeit, für eine ganze Gruppe betroffener Arbeitnehmerinnen Prozesse zu führen. Auf diese Weise erstrittene Urteile entfalten Rechtskraft für die ganze Gruppe.

Auch in Großbritannien wurde zur Verwirklichung des Grundsatzes von „equal pay" speziell eine Gleichberechtigungskommission eingerichtet (EOC). Ihre Aufgabe besteht einerseits darin, darauf hinzuwirken, daß die im EqPA und im SDA festgelegten Grundsätze eingehalten werden und andererseits darin, auf Arbeitgeber und Gewerkschaften hinzuwirken, diskriminierende Regelungen aus Einzelarbeits- und Tarifverträgen herauszunehmen und durch diskriminierungsfreie Regelungen zu ersetzen. Zur Verwirklichung der Ziele aus dem EqPA besitzt die EOC ähnlich wie die amerikanische EEOC auch Kompetenzen, förmliche Untersuchungen bei Arbeitgebern zu führen. Anders als im amerikanischen System stehen der britischen EOC zur Gewährleistung der tatsächlichen Befolgung durch die Arbeitgeber keine gerichtlichen Sanktionsmittel zur Verfügung. Aus diesem Grund wird die EOC oft als „zahnloser Tiger" bezeichnet.

Eine den amerikanischen „class actions" ähnliche Klageform mit Rechtskrafterstreckung eines Urteils auf eine ganze Gruppe betroffener Arbeitnehmerinnen existiert für den Bereich von

---

[857] Vgl. oben Kap. 5.1.5.1.9.

[858] Vgl. oben 5.1.3, 5.1.4, 5.1.5.2.2.

„equal pay“ nicht, insbesondere ähneln die „representative proceedings“ eher der deutschen Streitgenossenschaft als den amerikanischen „class actions“.
Der EqPA erstreckt sich zwar ausdrücklich auch auf die Fälle „gleichwertiger“ Arbeit, und es werden bei den Gerichten auch Verfahren im Zusammenhang mit „gleichwertiger“ Arbeit geführt, derartige Prozesse sind jedoch aufgrund sehr umfangreicher Verfahrensschritte sowie des Erfordernisses von Expertengutachten so langwierig, daß sie sich nicht als praktikabel erweisen.

Schweden genießt europaweit insoweit Vorbildcharakter, als dort die Lohnunterschiede zwischen den Löhnen und Gehältern von Frauen und Männern vergleichsweise gering sind.
Zwar gibt es auch in Schweden speziell einen Gleichberechtigungsombudsmann und eine Gleichberechtigungsbehörde, die zur Verwirklichung der Gleichberechtigung von Frauen und Männern eingesetzt sind. Die schwedische Lohngleichheit basiert jedoch auf einer gesamtgesellschaftlichen Lohnsolidarität, deren Folge eine Politik der allgemeinen Lohnnivellierung gewesen ist. Das schwedische Modell der Lohnsolidarität hat eine weitaus stärkere Angleichung der Löhne von Frauen an die Löhne der Männer bewirkt, das Problem des stark geschlechtsspezifisch gespaltenen Arbeitsmarktes wurde hiervon überhaupt nicht erfaßt. Im Bereich des geschlechtsspezifisch gespaltenen Arbeitsmarktes gibt es jedoch auch ein starkes Lohngefälle zum Nachteil der Frauen. Die Möglichkeiten des Ombudsmannes hiergegen vorzugehen sind vergleichsweise gering, zwar besitzt er grundsätzlich eine eigene Klagebefugnis, die Gebrauchsmöglichkeiten sind jedoch sehr eingeschränkt. Das schwedische Modell eignet sich somit wenig, um zu zeigen, daß anhand spezieller Durchsetzungsmöglichkeiten das kollektive Anliegen von mehr Lohngerechtigkeit zugunsten weiblicher Beschäftigter zu verwirklichen ist. Der spezielle schwedische Weg, der sich vor allem durch eine weitaus höhere Lohnnivellierung zwischen sämtlichen Löhnen auszeichnet, eignet sich daher nicht dazu, auf das deutsche System übertragen zu werden. Denn es erscheint mehr als unwahrscheinlich, in Deutschland einen gesamtgesellschaftlichen Konsens für eine Politik der Lohnnivellierung zu erzielen. Anhand des schwedischen Modells zeigt sich allerdings, welche Bedeutung die kollektive Unterstützung eines Anliegens zur tatsächlichen Umsetzung hat. Dadurch, daß sich die Gewerkschaften stark für ein System von insgesamt ausgeglichenen Löhnen eingesetzt haben, und traditionell eine große Bedeutung haben, konnte viel bewirkt werden.

Mit der Einführung eines Verbandsklagerechts in der Schweiz ist der eidgenössische Bundesgesetzgeber dem Ergebnis umfangreicher Untersuchungen zur Frage der besseren Umsetzung der verfassungsrechtlich verankerten Forderung nach tatsächlicher Gleichberechtigung - und insbesondere Lohngleichheit - von Frauen und Männern nachgekommen. Danach wurde zur besseren Umsetzung die Einführung von Verbandsklagen sowie eine erleichterte Beweisführung in Diskriminierungsprozessen verlangt. Die helvetische Verbandsklage ermöglicht es entsprechenden Organisationen zu klagen und beispielsweise die diskriminierende Entlohnungspraxis eines Unternehmens feststellen zu lassen. Nicht eingeführt wurde mit dem neuen Gesetz die Möglichkeit, auch Leistungsklagen für betroffene Arbeitnehmerinnen zu führen. Dem helvetischen Verbandsklagerecht kommt daher auch eo ipso keine Breitenwirkung in dem Sinne zu, daß bereits durch die Klage eines Verbandes das diskriminierende Entlohnungssystem eines Unternehmens beseitigt würde, und der Verband zugunsten betroffener Arbeitnehmerinnen, Klagen mit unmittelbar rechtlich bindender Breitenwirkung - wie bei einer „class action“ - führen könnte. Insofern kann das schweizerische Verbandsklagerecht als ein Weg in die richtige Richtung verstanden werden, es bleibt jedoch abzuwarten, ob, und wenn ja, welcher Erfolg rein aufgrund des Gesetzes in seiner jetzigen Form zu verzeichnen sein wird, beziehungsweise, ob noch Korrekturen vorgenommen werden.

6 Geeignete Instrumentarien zur Verwirklichung des Rechtes auf gleichen Lohn für gleiche und gleichwertige Arbeit in Deutschland

6.1 Einleitung

In den vorangegangenen Kapiteln wurde vor dem Hintergrund spezifischer Schutzbedürftigkeit von durch Benachteiligung bei der Entlohnung betroffenen Arbeitnehmerinnen ein Bedüfnis nach Effektivierung des Gleichlohngrundsatzes dargelegt. Auf der Grundlage der bestehenden Gesetze wurde untersucht, ob dem kollektiven Anliegen der Gruppe benachteiligter Arbeitnehmerinnen durch Ausschöpfung der gegebenen rechtlichen Mittel wie den Landesgleichstellungsgesetzen mit der hierdurch geschaffenen Institution der Frauenbeauftragten, einem Gewerkschafts- oder einem Betriebsratsklagerecht zu effektiverem Schutz verholfen werden kann. Im vorangegangenen Kapitel wurden diesbezüglich ausländische Lösungswege zur Bekämpfung von Lohnungleichheit vorgestellt.
In diesem letzten Kapitel soll nun der Frage nachgegangen werden, ob und gegebenenfalls welche Verbesserungsmöglichkeiten sich für das deutsche Recht anbieten.

Die deutsche Zivilprozeßordnung geht von einer Zweiparteienstruktur[859] aus. Parteien eines Prozesses sind danach Kläger und Beklagter, die jeweils mehrere Personen sein können. Das Prozeßrecht behandelt die beiden sich gegenüberstehenden Parteien als ebenbürtig. Eine solche Ebenbürtigkeit legt auch das Arbeitsgerichtsgesetz zugrunde[860].
Wie oben bereits angesprochen[861] besteht eine spezifische Schutzbedürftigkeit für von Benachteiligung wegen des Geschlechts im Bereich Entgelt betroffene Arbeitnehmerinnen.
Wegen des Drucks, dem Arbeitnehmerinnen durch ihre Arbeitgeber, beziehungsweise männlichen Kollegen, bei einem Prozeß wegen Benachteiligung aufgrund des Geschlechts auch und gerade in Fällen von Lohnungleichheit ausgesetzt sind, besteht eine besondere Schutzbedürftigkeit der Arbeitnehmerinnen[862]. Hinzu kommt, daß derzeit eine prozeßführende Arbeitnehmerin alleine mit dem Risiko eines Prozeßverlusts behaftet ist. Das finanzielle Risiko, das zu der ohnehin bestehenden nervlichen Belastung eines Prozesses gegen den eigenen Arbeitgeber hinzukommt, gibt oft den Ausschlag dafür, von einem Prozeß Abstand zu nehmen, bevor die betroffene Arbeitnehmerin es überhaupt versucht hat.
Ein allgemeines Problem des Arbeitsgerichtsprozesses ist es, daß die Zeugen meist selbst in das Arbeitsverhältnis eingebunden sind, das heißt deutlich „im Lager" einer der beiden Prozeßparteien stehen[863]. Der Arbeitgeber verfügt zudem über sämtliche Vergleichsinformationen der bei ihm im Betrieb beschäftigten Arbeitnehmer, wohingegen die einzelne Arbeitnehmerin nur mit einem erheblich größeren Aufwand - wenn überhaupt - Zugang zu entsprechenden Informationen erhalten kann. Die strukturell schwächere Position ist damit deutlich.

Das deutsche Recht basiert jedoch im Arbeitsrecht genauso wie im sonstigen Zivilprozeß darauf, daß eine von Benachteiligung betroffene Arbeitnehmerin als ebenbürtige Partei dem Ar-

[859] Rosenberg/Schwab: Zivilprozeßrecht, § 40 III; Zöller-Vollkommer, vor § 50 Rn. 1.
[860] S. auch: Däubler: Kollektive Durchsetzung individueller Rechte, ArbuR 1995, S. 306.
[861] Vgl. oben, Kap. 0.
[862] Vgl. oben, Kap. 0, sowie Kap. 2, wo die Problemstruktur von Individualklagen bereits ausführlich beschrieben wurde.
[863] Binkert/Preis: Zeugenbeweis in der arbeitsgerichtlichen Praxis, S. 81.

beitgeber in einem Individualprozeß vor dem Arbeitsgericht gegenübersteht, und sich in der gebotenen Form für die Durchsetzung ihrer Rechte einsetzen kann. Dies steht im Widerspruch zu einem wesentlichen Grundgedanken des Arbeitsrechts, die schwächere Position des/der abhängigen Arbeitnehmers/in durch besondere Gesetze zu schützen. Wie sich das Arbeitnehmerschutzprinzip auf dem Gebiet des Gleichlohngrundsatzes prozessual und verfahrensrechtlich im deutschen Recht umsetzen ließe, ist Gegenstand dieses Kapitels. Dabei sollen die bisherigen Erwägungen bezogen auf die bundesdeutsche Rechtswirklichkeit umgesetzt werden.

6.1.1 Zusammenfassung der Ergebnisse der bisherigen Kapitel

Im 2. Kapitel wurde anhand von Statistiken die Erwerbssituation von Arbeitnehmerinnen in Deutschland dargestellt. Im Hinblick auf die Einkommenssituation der Frauen wurde ein seit Jahrzehnten mehr oder weniger gleichbleibendes Einkommensgefälle zwischen den Löhnen und Gehältern von Frauen und Männern festgestellt. Diesbezügliche soziologische Erklärungsansätze wurden vorgetragen und diskutiert.

6.1.1.1 Das verfahrensrechtliche Defizit im deutschen Recht

Das 3. Kapitel befaßte sich mit dem Verständnis des Entgeltbegriffs. In diesem Zusammenhang wurden verschiedene Formen von Lohnungleichheit angesprochen. Insbesondere fand das Problem struktureller Lohnungleichheit Berücksichtigung. Durch eine Beseitigung ungleicher Löhne dort, wo Frauen an gleichen oder gleichartigen Arbeitsplätzen weniger verdienen als ihre männlichen Kollegen, ist das Problem der Lohnungleichheit allein nicht zu bewältigen. Vielmehr müssen auch die Bereiche mit erfaßt werden, in denen überwiegend oder fast ausschließlich Frauen arbeiten, und die typischerweise besonders niedrig entlohnt sind. Hinzu kommt das Problem, daß Frauen nicht ihrem Anteil an der Erwerbsbeteiligung entsprechend gleichmäßig auf alle Verdienstgruppen verteilt sind, sondern überproportional stark in den unteren Verdienstebenen anzutreffen sind. Diesem Problem ist nur durch eine effektive Anwendung des Grundsatzes von „gleichem Lohn für gleichwertige Arbeit“ zu begegnen. Das Fehlen einheitlicher Bewertungsmaßstäbe für die Bestimmung der „Gleichwertigkeit“ hatte bislang zur Folge, daß die Gerichte den Vergleich geleisteter Arbeiten unter dem Aspekt von deren Gleichwertigkeit vermeiden.

Anschließend wurde der Frage nachgegangen, wie der Anspruch auf „gleichen Lohn für gleiche und gleichwertige Arbeit“ durchzusetzen sei. Dabei ergab sich, daß lediglich die Möglichkeit der Individualklage ohne Breitenwirkung besteht. Die Schwächen einer derartigen Klage für den Bereich der Benachteiligung von Frauen bei der Entlohnung, bei der die Benachteiligung oftmals ein Massenphänomen ist, das nicht nur gegenüber einer einzelnen Arbeitnehmerin, sondern gegenüber einer ganzen Gruppe gleichartiger Arbeitsverhältnisse besteht, wurde am Beispiel der Klage der Frau Weber-v. Hartz vorgestellt. Obwohl die Kägerin als Teilzeitbeschäftigte vom BAG einen Anspruch auf eine betriebliche Altersrente zugesprochen bekommen hatte, hat das beklagte Unternehmen an sämtliche anderen Teilzeitbeschäftigten, die nicht geklagt haben, denen aber genauso ein Anspruch zugestanden hätte, keine betriebliche Altersrente gezahlt.

In diesem Zusammenhang wurden auch die positiven Auswirkungen möglicher Klagen mit mehr Breitenwirkung gerade für den Bereich, der unter den Begriff der Gleichwertigkeit von Arbeit fällt, dargestellt.

Ein weiteres Problem im Bereich der Klagen wegen Benachteiligung aufgrund des Geschlechts liegt in der erforderlichen Eigeninitiative derartiger Individualklagen. Von einer solchen Initiative auszugehen, überschätzt jedoch aufgrund der besonderen Verhältnisse und Abhängigkeiten der Arbeitnehmerin aus dem Arbeitsvertrag die Möglichkeiten der einzelnen Arbeitnehmerin.
Trotz Einführung zahlreicher Schutzgesetze und trotz Rechtsstreitigkeiten einzelner Arbeitnehmerinnen, in denen ein Anspruch klagender Arbeitnehmerinnen auf gleichen Lohn gerichtlich bestätigt wurde, sind keine durchgreifenden Veränderungen eingetreten. Der spezifischen Schutzbedürftigkeit der Arbeitnehmerinnen wird durch die vorhandenen materiellen Regelungen zur Beseitigung von Diskriminierungen im Entgeltbereich nicht genügend Rechnung getragen.

Im 4. Kapitel wurde untersucht, ob im Arbeitsrecht bereits Möglichkeiten vorhanden sind, um die Anspruchsdurchsetzung benachteiligter Arbeitnehmerinnen für den Bereich der Entlohnung durch Frauenbeauftragte, Verbände, Gewerkschaften oder Betriebsräte zu unterstützen: Inwiefern diesen Institutionen bereits Möglichkeiten eingeräumt sind, Rechte für benachteiligte Arbeitnehmerinnen wahrzunehmen, oder inwieseit ihnen eigene (Klage)-Rechte eingeräumt sind, mit Hilfe derer sie das spezifisch kollektive Anliegen dieser Arbeitnehmerinnen fördern könnten.
Ein behördliches Klagerecht durch Frauenbeauftragte existiert nicht. Die Möglichkeiten der Frauenbeauftragten sind auf Arbeitsverhältnisse in der öffentlichen Verwaltung beschränkt und stellen keinerlei Instrumentarien bereit, um bei Benachteiligungen wegen des Geschlechts die Klagen betroffener Frauen zu unterstützen oder deren Rechte wahrzunehmen.
Aber auch die Möglichkeiten von Gewerkschaften oder Betriebsräten sind äußerst begrenzt.

Gewerkschaften können nicht aus eigenem Recht die Rechte benachteiligter Gewerkschaftsmitglieder gerichtlich durchsetzen[864].
Die Zulässigkeit von Gewerkschaftsklagen in gewillkürter Prozeßstandschaft ist äußerst umstritten. Sie wird vom BAG für die Klagen von Tarifvertragsparteien in gewillkürter Prozeßstandschaft für ihre Verbandsmitglieder abgelehnt, vom BGH in Klagen anderer Verbände für Verbandsmitglieder jedoch bejaht. Nach der hier vertretenen Auffassung werden sie zwar für zulässig befunden, sie lösen jedoch die speziellen Problem der als Gruppe benachteiligten Arbeitnehmerinnen auch nicht auf befriedigende Weise.
Sie setzen die Gewerkschaftsmitgliedschaft betroffener Arbeitnehmerinnen voraus. Eine Breitenwirkung etwaiger Urteile nur für Arbeitnehmerinnen, die Gewerkschaftsmitglieder sind, wäre aber ein ungewollt zufälliges Ergebnis. Davon abgesehen können Klagen in gewillkürter Prozeßstandschaft per se keine Breitenwirkung erzielen wie dies mittels einer Rechtskrafterstreckung der Fall wäre. Die prozessuale Durchsetzung des fremden Rechts bleibt bei dieser Klageform immer an den Rechtsinhaber gebunden.

Ein eigenes Betriebsratsklagerecht zugunsten benachteiligter Arbeitnehmerinnen scheitert am fehlenden Initiativrecht des Betriebsrats für derartige Klagen.
Eine Klage in gewillkürter Prozeßstandschaft mit der Möglichkeit von Rechtsschutz für betroffene Arbeitnehmerinnen ist nach der Meinung des BAG unzulässig. Auch nach dem Be-

[864] S. oben, Kap. 4.3.3.

triebsverfassungsgesetz sind keine Klagemöglichkeiten mit Breitenwirkung für betroffene Arbeitnehmer/innen gegeben.
Hinzu kommt auch hier der starke Interessenkonflikt in der Interessenvertretung sowohl männlicher als auch weiblicher Arbeitnehmer. Zwar kann eine Klage, die auf die Beseitigung von Lohnungleichheiten in Tarifverträgen gerichtet ist, grundsätzlich nicht zu einer Herabstufung beziehungsweise niedrigeren Entlohnung männlicher Arbeitnehmer führen. Jedoch wird sich die gerichtlich erzwungene Personalkostenerhöhung durch Anpassung der Löhne der Arbeitnehmerinnen „nach oben" für die Zukunft dahin auswirken, daß der Arbeitgeber diese ungeplanten Mehrausgaben durch keine oder geringere Lohnsteigerungen zu kompensieren versuchen wird, was zwangsläufig vergleichsweise besonders nachteilig für die männlichen Arbeitnehmer zu Buche schlägt.
Im Zusammenhang mit der Betriebsratsklage wurde auf die in § 80 Abs. 2 BetrVG vorgesehenen Rechte des Betriebsrats aufmerksam gemacht, wonach er vom Arbeitgeber verlangen kann, seine Unterlagen zur Verfügung zu stellen und Einblick in die Listen über Bruttolöhne und –gehälter nehmen zu können. Es wurde gezeigt, daß diese Rechte wesentlich effektiver genutzt werden könnten, wenn dem Betriebsrat ein Initiativrecht zur Klage zukäme. Auch wurde auf die begrenzte Bindungswirkung, die nach Auffassung des BAG den Zustimmungsersetzungsurteilen nach § 99 Abs. 4 BetrVG für das Verhältnis Arbeitgeber - Arbeitnehmer zukommt, hingewiesen.
Als Beispiel für eine im deutschen Recht bereits vorhandene Behördenklage wurde die Klagemöglichkeit nach § 25 Heimarbeitsgesetz vorgestellt, welche eine Klage in gesetzlicher Prozeßstandschaft für Heimarbeiter/innen darstellt.

6.1.1.2 Umsetzung ausländischer Anregungen?

Im 5. Kapitel wurden ausländische Lösungen erörtert, die vom Gesetzgeber in den USA, in Großbritannien, in Schweden und in der Schweiz zur Bekämpfung der Benachteiligung von Frauen bei der Entlohnung gewählt wurden. Besonderes Augenmerk galt dabei jeweils der Fragestellung, weche außergerichtlichen und welche gerichtlichen Druck- und Durchsetzungsmöglichkeiten zur Beseitigung von Benachteiligungen bei der Entlohnung das jeweilige Land vorsieht.
Im Bundesrecht der USA sind sowohl außergerichtlich als auch gerichtlich die vielschichtigsten Druckmittel und Einflußnahmemöglichkeiten, als auch die am besten auf Breitenwirkung ausgerichteten Klageformen anzutreffen.
Speziell im Bereich des Antidiskriminierungsrechtes gibt es mit der EEOC eine Behörde, die mit umfangreichen Untersuchungs- und Informationsrechten ausgestattet ist, die sie notfalls gerichtlich erzwingen kann, und mit Hilfe derer ihr bereits außergerichtlich eine nicht zu unterschätzende Bedeutung bei der Beseitigung von Diskriminierungen zukommt.
Als Behörde besitzt sie zudem die Möglichkeit, einerseits Klagen von durch Diskriminierung Betroffenen zu unterstützen, aber auch im eigenen Namen für diese einen Prozeß zu führen.
Schließlich kann sie mit sogenannten „pattern and practice suits" die gesamten Strukturen eines Unternehmens zum Gegenstand einer gerichtlichen Überprüfung machen.

Als im deutschen Recht bisher nicht vorhandene Klagemöglichkeit wurde das Institut der „class action" vorgestellt. Bei dieser Klage klagt ein/e Repräsentant/in einer Gruppe gleichartig Betroffener. Das Urteil eines derartigen Prozesses entfaltet Rechtskraftwirkung für alle diese Betroffenen. Wegen der spezifischen Breitenwirkung, die einem solchen Urteil zukommt, galt dieser Klageform besondere Aufmerksamkeit.

Auch im englischen Recht gibt es eine Gleichberechtigungsbehörde, die auf die Verwirklichung der Ziele aus dem EqPA hinwirken soll. Sie besitzt zwar auch die Möglichkeit, förmliche Untersuchungen bei Arbeitgebern zu führen, ihr stehen jedoch zur Umsetzung ihrer Rechte keine gerichtlichen Sanktionsmittel zu.

Schweden nimmt eine Sonderstellung im Vergleich zu den sonstigen hier untersuchten Ländern ein, weil Schweden das Land mit den geringsten Lohnunterschieden zwischen Frauen und Männern ist. Die schwedische Lohngleichheit ist jedoch Ausdruck einer gesamtgesellschaftlichen Lohnsolidarität, die wiederum einhergeht mit einer Politik der Lohnnivellierung. Auch wenn es in Schweden einen Gleichberechtigungsombudsmann und eine spezielle Gleichberechtigungsbehörde gibt, so sind die vergleichsweise angeglichenen Löhne nicht Folge einer speziellen Durchsetzungspolitik dieser Organe beziehungsweise Institution.

In der Schweiz wurde 1996 ein Gleichberechtigungsgesetz eingeführt, das eine Verbandsklage für Verbände vorsieht, deren Aufgabe in der Förderung der Gleichstellung von Frauen und Männern oder in der Wahrnehmung der Interessen der Arbeitnehmerinnen und Arbeitnehmer liegt. Das Verbandsklagerecht ist allerdings auf die Feststellung von Diskriminierungen beschränkt, es enthält keine Möglichkeit, die Arbeitgeber zur Zahlung an von Benachteiligung betroffene Arbeitnehmerinnnen zu verpflichten.

6.1.2 Gesetzgeberischer Handlungsbedarf aus der Zielrichtung von Art. 3 Abs. 2 GG sowie Art. 4 RL 75/117/EWG

Durch den bisher vorhandenen Individualrechtsschutz wird dem in § 612 Abs. 3 BGB gesetzlich geforderten Schutz vor Benachteiligungen nicht in erforderlichem Maß zu praktischer Wirksamkeit verholfen. Dem Benachteiligungsverbot des § 612 Abs. 3 BGB fehlt auf prozessualer Seite eine Entsprechung. Diese Lücke ist durch veränderte Möglichkeiten auf prozessualer Ebene zu schließen. Dabei sollen die im Ausland vorhandenen, hier vorgestellten Möglichkeiten zur Durchsetzung der Lohngleichheit darauf geprüft werden, was davon am besten geeignet wäre, um in das deutsche Recht - gegebenenfalls modifiziert - übertragen zu werden.
Ein Bedürfnis nach Handlung des Gesetzgebers ergibt sich aus der Zielrichtung von Art. 3 Abs. 2 S. 2 GG, der das Hinwirken von Seiten des Staates auf die Herstellung tatsächlicher Gleichheit verlangt.
Als Ergebnis der Diskussion der achtziger Jahre[865] kann festgehalten werden, daß das Grundrecht von Art. 3 Abs. 2 im Unterschied zu dem reinen Differenzierungsverbot von Art. 3 Abs. 3 und dem allgemeinen Gleichheitssatz von Art. 3 Abs. 1 GG eine Verpflichtung enthält, tatsächliche Gleichberechtigung zwischen Frauen und Männern zu verwirklichen, das heißt, die Gleichberechtigung auch in der Realität durchzusetzen. Das Grundrecht enthält demnach - auch wenn die Umsetzung im einzelnen streitig ist - einen durch das Bundesverfassungsgericht[866] bestätigten, mittlerweile durch den Verfassungszusatz im Grundgesetz mit aufge-

---

865 Vgl. zum Meinungsstand etwa Sacksofsky: Grundrecht auf Gleichberechtigung, S. 157 ff.
866 BVerfGE 85/191 (Entscheidung zum Nachtarbeitsverbot).

nommenen Satz 2 von Art. 3 Abs. 2 GG, formulierten Auftrag, die Gleichberechtigung von Frauen und Männern auch tatsächlich umzusetzen.
Diese objektiv-rechtliche Verpflichtung[867] schließt eine prozessuale Ergänzung zum Zweck effektiverer Verwirklichung mit ein.
Auch nach Art. 4 der RL 75/117/EWG[868] sind die Mitgliedstaaten gehalten, „Möglichkeiten zu schaffen, um lohndiskriminierende Bestimmungen in Tarifverträgen, Lohn- und Gehaltstabellen oder -vereinbarungen und Einzelarbeitsvertägen für nichtig erklären zu können." Vom EuGH wurde diese Bestimmung bereits im Jahr 1982 in der Entscheidung Kommission/Vereinigtes Königreich[869] so ausgelegt, daß die Lohngleichheitsrichtlinie lediglich dann wirksam umgesetzt sei, wenn der Anspruch auf Lohngleichheit für den Betroffenen auch wirklich durchsetzbar ist. Zu diesen „Möglichkeiten" im Sinne der Richtlinie wären auch prozessuale Ergänzungen oder Erweiterungen zu zählen, die für eine derartige Effektivierung geschaffen würden[870]. In bezug auf die Überprüfung des Merkmals „Gleichwertigkeit" sind nach Art. 2 der RL 75/117 EWG zwei Möglichkeiten denkbar. Die Gerichte - in Deutschland die Arbeitsgerichte - sind zwingend zu ihrer Überprüfung zuständig. Zusätzlich obliegt es den Mitgliedstaaten, „eine Behörde mit der erforderlichen Zuständigkeit dafür auszustatten, gegebenenfalls nach Einholung aller sachdienlichen Auskünfte zu entscheiden, ob eine Arbeit einer anderen gleichwertig ist"[871].

6.2 Einführung von Verbandsklagen für Frauenverbände?

Es wäre zu überlegen, entsprechend dem Schweizer Verbandsklagerecht, ein Verbandsklagerecht[872] speziell für Frauenverbände oder „Organisationen", die nach ihren Satzungen die Gleichstellung von Frau und Mann fördern, oder die die Interessen der Arbeitnehmerinnen wahren[873], einzuführen.

6.2.1 Inhalt und Klagebefugnis

Um der Gründung von „ad hoc"-Vereinigungen lediglich zum Zweck einmaliger Anliegen vorzubeugen, wäre es sinnvoll, entsprechend der Regelung in der Schweiz die Zulässigkeit von Verbandsklagen an ein mindestens zweijähriges Bestehen der Verbände zu knüpfen. Auf diese Weise wird gleichzeitig ein gewisser qualitativer Nachweis bezüglich der Ernsthaftigkeit des verfolgten Interesses gewährleistet.

---

[867] Verständnis als objektiv-rechtliche Verpflichtung ohne damit korrespondierendes subjektives Recht: König: Die Grundgesetzänderung in Art. 3 Abs. 2 GG, S. 840; Merten: Über Staatsziele, DÖV 1993, S. 370; Sannwald: Die Reform des Grundgesetzes, in: NJW 1994, S. 3314; Vogel: Verfassungsreform und Geschlechterverhältnis, S. 412.
[868] Vom 10.02.1975, Abl. EG L 45/19 v. 19.02.1975.
[869] EuGH-Urteil v. 06.07.1982 -Rs 61/81, Slg. 1982, S. 2601 ff.
[870] Vgl.: Pfarr/Bertelsmann: Diskriminierung im Erwerbsleben, S. 84 ff., 312, 313, Jochmann-Döll: Gleicher Lohn für gleichwertige Arbeit - eine vergleichende Untersuchung, ArbuR 1992, S. 368; Schlachter: Wege zur Gleichberechtigung, S. 220, 438.
[871] EuGH-Urt. v. 06.07.1982 - Rs. 61/81, Slg. 1982, S. 2601.
[872] In diese Richtung argumentieren auch: Colneric: Frauenerwerbsarbeit und Diskriminierung, in: AiB 4/92, S. 185; Däubler: Arbeitsrecht 2, S. 770; Schiek: Das zweite Gleichberechtigungsgesetz, in: STREIT 1/95, S. 7, die alle jeweils verlangen, das Benachteiligungsverbot von Frauen auf der Verfahrensseite effektiver zu machen. Colneric argumentiert auch in die Richtung, daß Möglichkeiten geschaffen werden sollten, über den Einzelfall hinaus lohngleichheitswidrige Regelungen für nichtig erklärt zu können.
[873] Art. 7 GlG der Schweiz.

Die Befürworter der Einführung eines Verbandsklagerechts[874] sprechen sich jeweils für eine Feststellungsklage aus, die beispielsweise auf die Feststellung der Nichtigkeit einer diskriminierenden Entlohnungspraxis eines bestimmten Unternehmens gerichtet sein soll. Die Verbandsklage sollte sowohl auf öffentlich-rechtliche als auch auf privatrechtliche Arbeitsverhältnisse anwendbar sein.
Ein solches Verbandsklagerecht, das eine originäre Klagebefugnis der Verbände für Klagen auf Feststellung einer Diskriminierung beinhalten würde, dürfte nicht von einem Zustimmungserfordernis betroffener Arbeitnehmerinnen abhängig gemacht werden, weil eine Zustimmungsbedürftigkeit eine unnötige Beschränkung des Klagerechts bedeuten würde. Die Bereitschaft zur Klage soll durch ein Verbandsklagerecht ja gerade erhöht werden. Ein Zustimmungserfordernis würde diese Bereitschaft erneut hemmen. Notwendigkeiten für ein Zustimmungserfordernis sind aus rechtsstaatlicher Hinsicht im Hinblick auf Art. 103 GG nicht gegeben, denn eine entsprechende Klage enthebt die einzelnen nicht von der Befugnis, ihre Rechte selbst gerichtlich geltend zu machen. Sie verlieren nicht ihre Individualrechte.
Das Schweizer Verbandsklagerecht verlangt zudem, daß der Ausgang des Verfahrens sich vermutlich auf eine Vielzahl von Arbeitsverhältnissen auswirken wird. Auf diese Weise soll die kollektivrechtliche Bedeutung einer solchen Klage abgesichert werden. Grundsätzlich erscheint der Bezug zum kollektivrechtlichen Anliegen durchaus sinnvoll, jedoch besteht die Gefahr, hier eine ungewollte Hemmschwelle für die Zulassung derartiger Prozesse bei Gericht einzubauen. Das Schweizer Verbandsklagerecht soll so möglichst zur Klärung von Grundsatzfragen mit Auswirkungen auf eine ganze Gruppe von Arbeitnehmerinnen zum Einsatz kommen. Der Gruppenbezug sollte jedoch nicht eine Bedingung zur Prozeßführung sein.

6.2.2 Einwände

Die Wirkungsmöglichkeiten eines auf diese Weise erstrittenen Urteils sind allerdings beschränkt. Die gewünschte Breitenwirkung kommt dieser Art von Verfahren und Urteilen nicht zu. Vielmehr bedarf es bei einem bloßen Feststellungsurteil wieder des Umsetzungsschritts durch den Arbeitgeber. Zwar ließe sich nach dem Vorbild von § 21 AGBG[875] konstruieren, daß die betreffende Arbeitnehmerin berechtigt sein sollte, sich in einer Leistungsklage gegen ihren Arbeitgeber auf den Inhalt des Feststellungsurteils zu berufen, diesbezügliche Zugangsbarrieren sind aber hinlänglich bekannt.

Wollte man diesem Problem begegnen, müßte man zum einen ein Leistungsklagerecht für die Verbände einführen[876], das zudem eine Rechtskrafterstreckung auf gleichermaßen Betroffene beinhalten würde.
Die Klagebefugnis könnte sich aus einer gewillkürten Prozeßstandschaft für Verbandsmitglieder ergeben. Sofern sich die Urteile der in gewillkürter Prozeßstandschaft geführten Verfahren auch auf weitere, am Prozeß nicht beteiligte Personden erstrecken sollten, müßte zum einen eine ausdrückliche Regelung in bezug auf die Rechtskrafterstreckung getroffen werden und

[874] Vgl. Colneric: Frauenerwerbsarbeit und Diskriminierung, AiB 4/92, S. 185, 186; Däubler: Kollektive Durchsetzung individueller Rechte, ArbuR 1995, S. 305 ff. Dieser Ansatz wird auch von Matthies/Mückeberger/Offe/Raasch in ihrem Buch „Arbeit 2000", S. 308, 400 (Verbandsklage von Gleichstellungsbeauftragten) vertreten.
[875] Vgl. oben Kap. 4.2
[876] Nach Einschätzung der Kritiker des Schweizer Verbandsklagerechts krankt die Effektivität des Verbandsklagerechts daran, daß das Gesetz lediglich Feststellungen und keine Leistungsklagen zuläßt.

zum anderen wegen der Gefahr des Mißbrauchs die Rechtskrafterstreckung ausdrücklich auf die Art der hier interessierenden Verfahren beschränkt werden.
Eine solche Klageart wirft jedoch zahlreiche weitere Probleme auf. Klagen in gewillkürter Prozeßstandschaft sind grundsätzlich denkbar und zulässig[877]. Für ihre Zulässigkeit setzen sie allerdings ein eigenes rechtsschutzwürdiges Interesse[878] des Verbandes und die Ermächtigung durch den Rechtsträger voraus[879].
Danach wäre sie entweder nur für Verbandsmitglieder möglich, nämlich dann, wenn der Verband durch die Verbandssatzung zur Prozeßführung für die Verbandsmitglieder ermächtigt wäre, oder der Verband bedürfte einer ausdrücklichen Ermächtigung durch die Rechtsträger. Das Erfordernis der ausdrücklichen Ermächtigung durch die betroffenen Arbeitnehmerinnen bringt zwangsläufig eine Erschwerung der Prozeßführungsmöglichkeit durch den Verband mit sich. Der Verband muß sämtliche möglicherweise Betroffene aufsuchen, um ihre Ermächtigung zu erhalten. Je nachdem, um wie viele gleichgelagerte Fälle es sich handelt, kann dies einen großen zeitlichen Aufwand bedeuten. Der Verband muß hierbei vermutlich oft Überzeugungsarbeit leisten, warum es überhaupt notwendig und sinnvoll ist zu klagen. Das Problem der Zugangsbarrieren bei Individualklagen wird hier möglicherweise nur verlagert auf das Verhältnis Arbeitnehmerin - Verband.
Für Verbandsmitglieder sollte die Satzung eine Regelung enthalten, die es betroffenen Arbeitnehmerinnen offen läßt, sich grundsätzlich gegen eine Prozeßführung durch den Verband zu entscheiden, und eine derartige Prozeßführungsbefugnis von einer ausdrücklichen Ermächtigung im Einzelfall abhängig zu machen.
Weiterhin gilt es zu bedenken: Das Hinwirken auf die Herstellung tatsächlicher Gleichberechtigung gehört zu den staatlichen Aufgaben. Die Verbesserung der Durchsetzungsmöglichkeiten durch Einführung eines Verbandsklagerechts könnte dabei theoretisch dazu dienen, diese Verpflichtung zu erfüllen. Wie aber ließe sich die Qualität dieser Vereinigungen garantieren in dem Sinne, daß sie der staatlichen Verpflichtung in erforderlichem Umfang genügen würden. Im Unterschied zu den Verbraucherschutzverbänden, die berechtigt sind, Klagen im Interesse der Verbandsmitglieder zu führen, und die dabei ein staatliches Interesse an der lauteren Durchführung des allgemeinen Geschäftsverkehrs verfolgen, das sich praktisch durch die Zulassung derartiger Klagen bewältigen läßt, handelt es sich hierbei um ein Problem, das nicht bloß durch die Zulassung derartiger Klagen als Klageform zu lösen ist. Um erfolgreich Verbandsklagen für benachteiligte Frauen führen zu können, müßten die Verbände beispielsweise zusätzlich mit Informations- und Kontrollrechten ausgestattet sein. Diese Rechte müßten sie notfalls sanktionsbewehrt gerichtlich durchsetzen können.
Auch die Beweisführung müßte zugungsten der Verbände erleichtert werden, da sie sonst die gleichen Beweisprobleme wie die Arbeitnehmerinnen in Individualklagen hätten.

Festzuhalten bleibt somit: Eine Verbandsklage ist nur schwer so zu gestalten, daß sie die gewünschten kollektiven Verbesserungen für benachteiligte Arbeitnehmerinnen brächte. Der Verband klagt nach herrschender Meinung ein eigenes Recht ein. Ein vom Verband erstritte-

---

[877] Zöller-Vollkommer, Vor § 50, Rn. 42; Stein-Jonas-Bork, Vor § 50 Rn. 41; Münchener Kommentar-Lindacher, Vor § 50 Rn. 55; Schellhammer: Zivilprozeß, Rn. 1227, 1230 ff.
[878] Zöller-Vollkommer, Vor § 50 Rn. 44; Stein-Jonas-Bork, Vor § 50, Rn. 42; Münchener Kommentar-Lindacher, Vor § 50, Rn. 59.
[879] Zöller-Vollkommer, Vor § 50, Rn. 45; Stein-Jonas-Bork, Vor § 50, Rn. 43; Münchener Kommentar-Lindacher, Vor § 50, Rn. 56.

nes Urteil entfaltet per se keine Rechtskrafterstreckung auf Verbandsmitglieder. Damit stellt das Instrumentarium der Verbandsklage zumindest nur eingeschränkt eine prozessuale Möglichkeit dar, um dem Anliegen durch Diskriminierung betroffener Frauen in arbeitsgerichtlichen Prozessen auf effektive Weise zu verbessertem Rechtsschutz zu verhelfen.

6.3 Einführung einer deutschen "EEOC"?Anknüpfungspunkte im deutschen Recht

Bislang wurde noch nicht die Möglichkeit erörtert, eine staatliche Behörde zu schaffen, deren Aufgabe in der Umsetzung und Durchsetzung des Benachteiligungsverbots gegenüber Frauen im Bereich Entgelt besteht. Der Blick ins Ausland in die USA, nach Großbritannien, Schweden und in die Schweiz hat gezeigt, daß es in sämtlichen Ländern eine Gleichberechtigungsbehörde gibt[880], deren Aufgabe jeweils in der Verwirklichung der entsprechenden Antidiskriminierungsgesetze liegt. Die Zuständigkeit einer speziellen Behörde für die Überwachung -ja sogar Durchsetzung- bestimmter als staatlich schützenswert befundener Interessen kommt in verschiedenen anderen Rechtsbereichen des deutschen Rechts bereits vor, und ist unserem System demzufolge nicht gänzlich fremd.
Speziell für den Bereich der Benachteiligungen von Frauen wurden durch das Frauenfördergesetz des Bundes[881] und die verschiedenen Landesfördergesetzen[882] Frauenbeauftragte eingesetzt. Die Defizite in bezug auf ihre Möglichkeiten, der Forderung von „gleichem Lohn für gleiche oder gleichwertige Arbeit“ zu mehr Wirkung zu verhelfen, wurden an anderer Stelle bereits ausführlich behandelt[883]. Es existiert keine behördliche Kontrolle, die die Einhaltung des Benachteiligungsverbots von § 612 Abs. 3 BGB im öffentlichen Dienst und in der Privatwirtschaft garantieren und nicht nur fördern würde. Die durch die Landesgleichstellungsgesetze der Bundesländer geschaffenen Gleichstellungsbeauftragten besitzen keinerlei Kompetenz, die Rechte der betroffenen Arbeitnehmerinnen notfalls im Klageweg gerichtlich durchzusetzen.

In anderen Bereichen wie dem Datenschutz wird durch die Einführung eines Datenschutzbeauftragten oder im Umweltrecht durch den Einsatz eines Umweltbeauftragten sowie der Schaffung eines Umweltbundesamtes[884] als Kontrollbehörde dem besonderen Schutzbedürfnis bestimmter gesellschaftlicher Belange Rechnung getragen.
Im Heimarbeitsgesetz ist in § 25 HAG eine behördliche Klage in gesetzlicher Prozeßstandschaft gesetzlich geregelt[885].
Damit sind im deutschen Recht durchaus vergleichbare Ansätze bereits vorhanden.
Es muß daher untersucht werden, ob einerseits spezifische Informations-, Untersuchungs- und Kontrollrechte, eigene außergerichtliche Schlichtungsmöglichkeiten und andererseits Klage-

[880] S. oben, Kap. 5.1.3 (EEOC) für die USA, 5.2.2 (EOC) für Großbritannien, 5.3.1.1 (JämO und EOC) für Schweden, 5.4.5 (Eidgenössisches Büro für die Gleichstellung von Mann und Frau) für die Schweiz.
[881] Das Frauenfördergesetz des Bundes wurde mit dem 2. Gleichberechtigungsgesetz des Bundes vom 24.06.1994 (BGBl. I S.1406) neu eingeführt. Maßgeblich sind hier die §§ 15 ff. FFG.
[882] S. zu den einzelnen Frauenfördergesetzen der Länder die Synopse bei Böhmer: Gesetze zur Gleichberechtigung von Männern und Frauen in Bund und Ländern, sowie in STREIT, 1/1995.
[883] S. oben, Kap. 4.1.
[884] Das Umweltbundesamt ist eine Bundesoberbehörde ohne Verwaltungsunterbau, vgl. Maurer § 22, Rn. 38.
[885] S. oben, Kap. 4, 4.

rechte einer speziellen Diskriminierungsbehörde in das deutsche Rechtssystem eingebettet werden können.

6.3.1 Einführung von Informationspflichten, Nachforschungs- und Kontrollrechten

Die Ausstattung der EEOC in den USA mit weitreichenden Untersuchungs-, Informations- und Kontrollrechten in Title VII hat starke Auswirkungen auf das Verhalten der Arbeitgeber[886]. Allein die Pflicht, regelmäßig Bericht über die Beschäftigtenstrukturen und -zahlen erstatten zu müssen, hat dort in erheblichem Umfang dazu beigetragen, daß Diskriminierungen gegenüber Frauen abgebaut wurden[887]. Die Pflicht zur Erstellung von Berichten über die Beschäftigungspraktiken liefert der amerikanischen EEOC zudem das nötige Tatsachenmaterial, auf das sie dann gegebenenfalls ihre Klagen stützen kann. Die amerikanische EEOC besitzt in diesem Zusammenhang auch das Recht, vom Arbeitgeber Zugang zu Beweismitteln zum Zweck der Einsichtnahme oder des Erstellens von Kopien zu verlangen.
Hervorzuheben bleibt, daß die EEOC notfalls das Druckmittel einer Klage gegen den Arbeitgeber besitzt, sofern dieser den Forderungen der EEOC nicht in entsprechender Form nachkommt.
Auch das Schweizerische Eidgenössische Büro für die Gleichstellung von Frau und Mann besitzt solche Untersuchungsrechte[888]. Gerade zur Unterstützung der individuellen Ansprüche auf Gleichstellung - und in diesem Zusammenhang besonders der Lohngleichheitsansprüche - wurden in einzelnen Ländern Verwaltungsbehörden mit eigenen Schlichtungs- und auch Untersuchungskompetenzen geschaffen.

Die umfangreichen Informations- und Kontrollbefugnisse gerade der amerikanischen EEOC könnten, wenn man sie auf eine deutsche Behörde überträgt, verfassungsrechtlichen Bedenken unter dem Aspekt eines Verstoßes gegen die Privatautonomie (Art. 2 Abs. 1 GG) begegnen. Nicht ohne weiteres hat eine Behörde das Recht, von einem Arbeitgeber genaue Unterlagen und Angaben über Beschäftigungs- und Lohnpraktiken zu verlangen.
Die Befugnisse für solche Informations- und Kontrollrechte ließen sich jedoch mit dem Benachteiligungsverbot des Art. 3 Abs. 2 GG rechtfertigen. Sie wären nur auf einen ganz bestimmten Zweck bezogen, und würden dem Verhältnismäßigkeitsgrundsatz genügen, sofern der Gesetzgeber sie entsprechend den amerikanischen oder englischen Kontrollrechten beschränkt.
Derartige Informationsrechte und Untersuchungsbefugnisse sind dem deutschen Recht nicht fremd und existieren bereits in anderen Rechtsgebieten wie beispielsweise dem Kartellrecht in § 46 GWB. Danach kann die Kartellbehörde, soweit es zur Erfüllung der im GWB ihr übertragenen Aufgaben erforderlich ist, erstens von Unternehmen Auskunft über ihre wirtschaftlichen Verhältnisse verlangen, zweitens bei Unternehmen innerhalb der üblichen Geschäftszeiten die geschäftlichen Unterlagen einsehen und prüfen.

---

[886] Auch die britische Gleichberechtigungsbehörde (EOC) besitzt förmliche Nachforschungsrechte bei den Arbeitgebern (vgl. oben, Kap. 5.2.3.1.). Ihr sind aber keine Druckmittel eingeräumt, um Verstöße gegen den EqPA gerichtlich zu sanktionieren. Der schwedische Gleichberechtigungsombudsmann besitzt keine förmlichen Nachforschungsrechte (vgl. oben, Kap. 5.3.1.1). Auch das Schweizer Eidgenössische Büro für die Gleichstellung von Frauen und Männern besitzt keine eigenen Informations- oder Überwachungsrechte.
[887] Statistische Nachweise bei Donohue, U.Chic.L.Rev., 1989, S. 1361.
[888] Art. 16 GlG der Schweiz.

Auskunft oder Prüfung sind vom Bundeswirtschaftsminister oder der obersten Landesbehörde durch Einzelverfügung oder vom Bundeskartellamt durch Beschluß anzufordern. Es handelt sich hierbei um einen Verwaltungsakt[889]. Die Kartellbehörde darf allerdings nur nach § 46 GWB tätig werden, wenn konkrete, tatsächliche Umstände eine Gesetzesverletzung als möglich erscheinen lassen. Bei den Ermittlungen ist der Grundsatz der Verhältnismäßigkeit zu beachten[890].

Auch nach § 242 BGB, beziehungsweise mittlerweile gewohnheitsrechtlich anerkannt[891], existiert ein Auskunftsanspruch dann, wenn es für das zugrunde liegende Rechtsverhältnis typisch ist, daß eine Partei über das Vorhandensein oder den Umfang ihrer Rechte im unklaren ist, die andere Partei aber die Information leicht vermitteln kann[892].

Bezogen auf die Fälle von Diskriminierung im Bereich Entgelt, erscheint es sinnvoll und notwendig, von den Arbeitgebern das Erstellen bestimmter Dokumentationen über das Lohngefüge des Betriebs oder Unternehmens allgemein zwingend zu verlangen. Nur so ist gewährleistet, daß Tatsachenmaterial existiert, anhand dessen überprüft werden kann, ob und gegebenenfalls in welchem Umfang Verstöße gegen das Verbot des § 612 Abs. 3 BGB vorliegen.

Einer Behörde sollte ein Einsichts- und Informationsrecht bezogen auf diese Unterlagen eingeräumt werden, das allerdings unabhängig vom Verdacht eines Verstoßes gegen § 612 Abs. 3 BGB zu gewährleisten ist. Denn sonst würden unnötige zeitraubende Streitigkeiten über das Vorliegen eines Verdachts hinsichtlich eines Verstoßes gegen § 612 Abs. 3 BGB geführt werden müssen.

Genau wie der EEOC in den USA sollten einer deutschen Behörde etwaige Untersuchungs- und Kontrollrechte losgelöst von individuellen Ansprüchen wegen möglicher Verletzungen im Bereich von Diskriminierungen übertragen werden. So käme einer Behörde eine eigenständige Aufgabe bei der Verwirklichung des Grundsatzes von „gleichem Lohn für gleiche oder gleichwertige Arbeit" zu. Die Behörde könnte damit dazu beitragen, bereits im Vorfeld einer gerichtlichen Auseinandersetzung Diskriminierungen zu beseitigen und wäre hierbei nicht an die Initiative oder die Zustimmung von Betroffenen gebunden.

Ähnlich wie im Kartellrecht wären derartige Auskunftsansprüche durch Verwaltungsakt der Behörde gegenüber den jeweiligen Arbeitgebern geltend zu machen.

Damit die Einführung von Informationspflichten sowie Untersuchungs- und Kontrollrechten ähnlich wie in den USA bereits ein Druckmittel sein kann, um Lohndiskriminierungen zu beseitigen, ist es erforderlich, die Auskunfts- und Informationsrechte notfalls auch gerichtlich erzwingen zu können. Entsprechende Rechte sind beispielswese im Kartellrecht in § 46 GWB auch der Kartellbehörde eingeräumt.

6.3.2 Einführung eines eigenen Klagerechts einer deutschen „EEOC"

Darüber hinaus könnten entweder den Gleichstellungsbeauftragten oder einer speziellen Gleichberechtigungsbehörde ähnlich der amerikanischen oder englischen eigene Klagerechte eingeräumt werden. Hier interessieren zwei Klagen:

zum einen ein gesetzliches Prozeßstandschaftsrecht, das sie dazu ermächtigen würde, bei Verstößen gegen jede Art von Benachteiligungen im Bereich Entgelt - unter noch näher zu be-

---

[889] Vgl. zum Auskunftsverfahren im einzelnen: Langen/Bunte-Schultz: Kommentar zum deutschen und europäischen Kartellrecht, § 46 GWB, Rn. 7 ff.

[890] Langen/Bunte-Schultz: § 46 GWB, Rn. 12.

[891] Vgl. Palandt-Heinrichs, 56. Aufl., § 261 Rn. 8 ff..

[892] Vgl. Palandt-Heinrichs, 56. Aufl., § 261 Rn. 8.

stimmenden Voraussetzungen - im eigenen Namen für die davon betroffenen Arbeitnehmerinnen zu klagen.
Zum anderen käme außerdem ein eigenes Klagerecht, mit dem ähnlich der amerikanischen „pattern and practice suits" die gesamte Lohnstruktur eines Unternehmens zum Gegenstand eines Verfahrens gemacht werden könnte, in Betracht. Es würde sich hierbei um eine Feststellungsklage handeln, die die Rechtswidrigkeit bestimmter Entlohnungspraktiken oder -regelungen unter dem Gesichtspunkt des Verstoßes gegen den Grundsatz des gleichen Entgelts für gleiche oder gleichwertige Arbeit feststellt.

6.3.2.1 Vorteile einer Behördenklage:

Eine Behördenklage - sowohl die Feststellungs- als auch die Leistungsklage - hat den Vorteil, betroffenen Arbeitnehmerinnen die Initiative abzunehmen, ob überhaupt geklagt werden soll. Die entsprechenden Arbeitnehmerinnen werden bei einem Prozeß durch eine Behörde von den Unsicherheiten und damit verbundenen Belastungen eines Prozesses ferngehalten und vom finanziellen Risiko befreit.
Zugleich hätte eine Behörde Möglichkeiten durch systematisches Untersuchungsvorgehen, sich einen Überblick über vorhandene Diskriminierungsformen zu verschaffen und gegen diese gezielt vorgehen zu können. Gerade, was den Bereich der Gleichwertigkeit von Arbeiten anbelangt, wäre ein systematisches Vorgehen sicher von großem - insbesondere kollektivem - Nutzen.
Durch Leistungsklagen einer Behörde, mit denen ohne eine bestimmte Zustimmungsbedürftigkeit die rückwirkende Lohnzahlung an eine Gruppe betroffener Arbeitnehmerinnen in einem Betrieb eingeklagt werden könnte, könnte ohne zusätzlichen Umsetzungsschritt das Gebotene vom Arbeitgeber mit Wirkung für eine ganze Gruppe von Diskriminierung Betroffener verlangt werden.

Grundsätzlich ist die Einführung eines Vorverfahrens nach amerikanischem Muster zu befürworten und zu übertragen. Ähnliches existiert bereits im Arbeitsgerichtsprozeß durch das Güteverfahren. Es soll dazu dienen, zunächst den Konflikt gütlich beizulegen, und damit keine unnötig langen Prozesse zu führen.
Ein genauso umfangreiches Vorverfahren wie in den USA wäre jedoch nicht erforderlich, wenngleich die Betroffenen von der Behörde über ihre Absichten benachrichtigt werden sollten, und Gelegenheit erhalten sollten, sich zu dem Problem zu äußern, Stellung zu nehmen und gegebenenfalls am Verfahren zu beteiligen. Dies kann erfolgen, ohne daß der Arbeitgeber Kenntnis vom Namen der einzelnen Betroffenen erlangen müßte. Auf diese Weise blieben die großen Vorteile der Behördenklage den Betroffenen erhalten.

6.3.2.2 Einwände

Das Aushandeln der Löhne ist in Deutschland den Tarifvertragsparteien überlassen. Die Klagen der Behörde könnten eine unzulässige Einmischung in die grundgesetzlich garantierte Tarifautonomie (Art. 9 Abs. 3 GG) darstellen. Grundsätzlich ist der Staat in diesem Bereich zur Zurückhaltung verpflichtet.
Sofern allerdings das Grundrecht aus Art. 3 Abs. 2 GG durch die Ausübung der Tarifautonomie nicht im erforderlichen Maße gefördert wird, kann die grundsätzlich zu beachtende Tarifautonomie demgegenüber zurücktreten. Da beispielsweise die Gewerkschaften als Repräsen-

tanten der Arbeitnehmerinnen- und Arbeitnehmerinteressen die Interessen der Frauen in den Belangen der Diskriminierung im Bereich Entgelt nicht ausreichend wahrnehmen, was unter anderem in der damit verbundenen Interessenkollision wurzelt, kann eine ausreichende Gewährleistung des Schutzes der Arbeitnehmerinneninteressen durch die Inanspruchnahme behördlichen Schutzes gerechtfertigt sein.

Denkt man an die Einführung eines Behördenklagerechts nach amerikanischem oder englischem Vorbild, so wäre vor allem die Einrichtung und Ausstattung eines neuen Behördenapparats erforderlich. Die Kompetenz für die Errichtung einer entsprechenden Bundesbehörde ergäbe sich aus Art. 87 Abs. 3 GG in Verbindung mit der konkurrierenden Gesetzgebungszuständigkeit für Bürgerliches Recht und Arbeitsrecht. Im Interesse einer möglichst effektiven Bewältigung der Probleme wäre es sinnvoll, regionale Behördendependencen auf das gesamte Bundesgebiet zu verteilen, die die Untersuchungs- und Kontrollrechte dann jeweils ausüben würden.

In Zeiten großer Knappheit öffentlicher Haushalte erscheint es jedoch wenig aussichtsreich, auf die Einrichtung einer neuen Behörde zu hoffen, die mit einem großen Personalapparat ausgestattet sein müßte, um in der Lage zu sein, entsprechende Untersuchungen bei Arbeitgebern zu führen und in zeitlicher Nähe zu den Untersuchungen auch Klagen durchzuführen. Hinzu kämen die Kosten, die durch die Verwaltungs- und Gerichtsverfahren entstehen. Wollte man die Arbeitnehmerinnen von den finanziellen Lasten eines Prozesses befreien, so müßte die Behörde die Kosten eines vorgerichtlichen Verfahrens, genauso wie die eines sich dann möglicherweise anschließenden Gerichtsverfahrens tragen. Im Hinblick auf die hierbei möglicherweise anfallenden Gutachtenskosten, können bei der Prozeßführung jeweils erhebliche Kosten entstehen.

Die unzureichende personelle und finanzielle Ausstattung der Gleichberechtigungsbehörden in den USA und Großbritannien werden als Gründe dafür genannt, daß die dortigen (Klage-) Möglichkeiten der Behörden nicht wesentlich stärkere Wirkung beim Abbau der Lohnungleichheit zwischen Frauen und Männern zeigen. In Großbritannien, wo der EOC kein eigenes Klagerecht eingeräumt ist, wird die EOC als „zahnloser Tiger“ bezeichnet, ihre Einflußnahmemöglichkeiten sind demzufolge äußerst gering.
Gerade damit eine Gleichberechtigungsbehörde erfolgreich tätig werden könnte, wäre insbesondere ihre politische Unabhängigkeit erforderlich. Sofern dies nicht gewährleistet ist, kann die Behörde vergleichsweise einfach politisch beeinflußt werden, und auf diese Weise ihren Zweck verfehlen. Auch hierauf zu hoffen, erscheint wenig wahrscheinlich, denn der Staat würde durch die Schaffung einer unabhängigen Behörde, die entsprechend tätig würde, viel Unmut von Seiten der Arbeitgeber auf sich ziehen. Daß er, ohne hierzu von der EG gezwungen zu sein, eine solche Lösung wählen würde, erscheint gerade aufgrund der in den USA und in Großbritannien gemachten Erfahrung unwahrscheinlich.
Schließlich muß noch auf die Gefahren hingewiesen, die zwangsläufig mit einer hierarchisch geführten Behörde verbunden sind. Aufgrund ihrer Größe erstarrt sie leicht in Unflexibilität und kann durch komplizierte interne Strukturen an Effizienz einbüßen.
Genauso wie die Übernahme eines Prozesses durch eine Behörde ohne das Erfordernis einer Genehmigung der Betroffenen Vorteile für die davon betroffenen Arbeitnehmerinnen mit sich

brächte, bestünde die Gefahr einer Bevormundung der Arbeitnehmerinnen. Dadurch, daß derartige Klagen nicht zustimmungsbedürftig sind - weder in den USA die Klagen der EEOC, noch in Deutschland die Klagen nach § 25 HAG -, können sie grundsätzlich auch entgegen den ausdrücklichen Willen davon Betroffener geführt werden.
Um den Bedenken einer Prozeßführung entgegen dem ausdrücklichen Willen der Betroffenen vorzubeugen, bestünde die Möglichkeit, ähnlich wie bei „class actions“ ein Benachrichtigungserfordernis einzuführen, und auf diese Weise die Betroffenen in Kenntnis zu setzen mit Möglichkeit zur Stellungnahme, und vielleicht bei einer Leistungsklage verbunden mit der Möglichkeit, sich von der Bindungswirkung ausschließen zu lassen.

Auch wenn die behördlichen Auskunfts- und Untersuchungsrechte mit einer sich anschließenden Klagemöglichkeit der Behörde für benachteiligte Frauen rechtlich gesehen in vieler Hinsicht eine in anderen Rechtsgebieten bereits vorhandene und daher eine im deutschen Recht nicht gänzlich unbekannte Möglichkeit darstellen würden, um die Forderung nach „gleichem Lohn für gleiche und gleichwertige Arbeit“durchzusetzen, so kann es nicht Anliegen dieser Arbeit sein, ein Ergebnis zu präsentieren, das - zumindest derzeit - gänzlich unrealisierbar erscheint. Es soll zumindest versucht werden, nach Lösungen zu suchen, die praktikabel erscheinen. Daher wäre zu erwägen, ob eine Kombinationslösung aus Behördenermittlung und Verbandsklage in Betracht käme.

Dies hätte den Vorteil, daß auf bereits vorhandene Organisationsstrukturen - beispielsweise beim Bundesfrauenministerium - zurückgegriffen werden könnte, und somit die Realisierung sich relativ einfach und kostengünstig gestalten würde.
Die Befugnisse der bereits existierenden Gleichstellungsbehörden bei Bund und Ländern könnten durch die oben angesprochenen Kontroll-, Überwachungs- und Infomationsrechte erweitert werden. Es müßte hierbei bundeseinheitlich geregelt werden, daß sich die Aufgaben der Gleichberechtigungsstellen nicht nur auf die öffentlichen Arbeitsverhältnisse, sondern auch auf die gesamte Privatwirtschaft erstrecken.
Die Behörden könnten dann je nach Ergebnis der von ihnen geführten Untersuchungen das Tatsachenmaterial entsprechenden Verbänden zur Verfügung stellen. Damit würde dem Bedürfnis nach entsprechenden Informationen, die zur Prozeßführung erforderlich sind, nachgekommen, und andererseits müßte kein völlig neuer Apparat geschaffen werden.
Allerdings begegnet diese Art der Kombination erheblichen datenschutzrechtlichen Bedenken. Nicht ohne weiteres könnte eine Behörde Daten in bezug auf Löhne und Gehälter, die sie von Arbeitgebern verlangt, an Dritte, das heißt hier, Verbände weiterleiten, zumindest wäre die Weiterleitung personengebundener Daten an die Einwilligung der Betroffenen gebunden[893].
Aus diesem Grund scheidet eine solche Kombination aus. Im übrigen könnten nur leichte organisatorische Veränderungen im Bundesfrauenministerium keine wirkliche Abhilfe bei den angesprochenen allgemeinen Problemen schaffen, die Probleme würden nur an eine andere Stelle verlagert, anstatt sie wirklich zu lösen.

[893] Vgl. §§ 4, 14, 16 BDSG.

6.4 Einführung von Gruppenklagen nach dem Vorbild amerikanischer „class actions“?

Das Institut der Gruppenklage, dem sich die folgenden Seiten zuwenden wollen, erscheint als eine erfolgversprechende Möglichkeit zur Lösung vieler bis hier erörterter Schwierigkeiten. Die Einführung von Gruppenklagen ist auch der Vorschlag der vorliegenden Arbeit. Allerdings wird zu zeigen sein, daß das US-amerikanische Modell teilweise an die bundesdeutsche Situation angepaßt werden muß. Die anwaltliche Vertretung, die Wesensmerkmal der US-amerikanischen „class actions“ ist, läßt sich in dieser Form nicht auf das bundesdeutsche Recht übertragen. Statt der anwaltlichen Vertretung der Gruppenklägerinnen empfiehlt sich eine Vertretung durch Frauenverbände oder Gewerkschaften. Mit gewissen Modifikationen wären Gruppenklagen somit ein wünschenswertes prozessuales Institut zur Durchsetzung von Gleichheitsdefiziten.

Wie vielfach in dieser Arbeit bereits hervorgehoben, besteht ein bislang prozessual noch nicht aufgegriffenes Bedürfnis nach spezifischem Schutz der Gruppe der Arbeitnehmerinnen, die auf vielfältige Weise, sei es in Einzelarbeitsverträgen oder aber in Tarifverträgen im Bereich Entlohnung benachteiligt sind.

Ziel dieser Arbeit sollte es sein, Wege zu finden, mit denen auf effektive Weise dem Gruppenphänomen Diskriminierung von Arbeitnehmerinnen bei der Entlohnung Rechnung getragen werden kann, denn häufig bestehen die Diskriminierungen gerade nicht nur gegenüber einer einzelnen Arbeitnehmerin, sondern treten kollektiv auf. Diese Massenhaftigkeit ist dabei gerade charakteristisch, das heißt typisch: Beispielsweise in den Fällen, die die Gleichwertigkeit von Arbeiten betreffen, sind die niedrigentlohnten Arbeitsplätze in aller Regel mit Arbeitnehmerinnen besetzt, während die besser entlohnten Arbeitsplätze typischerweise mit Männern besetzt sind. Das läßt sich auch am Beispiel der Klägerin Frau Weber-v. Hartz aufzeigen, in dem es um die Zahlung einer betrieblichen Altersrente für Teilzeitbeschäftigte ging. Obwohl eine Individualperson geklagt und mit ihrer Klage auch Erfolg hatte, wurde dennoch weiter in gleichgelagerten Fällen in derselben Weise diskriminiert.

Diesem spezifischen Gruppenanliegen könnte durch die Einführung eines dem deutschen Rechtssystem bislang fremden Instituts der Gruppenklage begegnet werden

6.4.1 Vorteile durch die Einführung von „class actions“

Wie im Zusammenhang mit den amerikanischen Durchsetzungsmöglichkeiten dargestellt[894], bietet die Einführung einer Gruppenklage, bei der ein/e Gruppenrepräsentant/in für sämtliche Gruppenmitglieder klagt, eine Reihe von Vorteilen, die in dieser Arbeit als anzustrebende Ziele einer Veränderung der prozessualen Möglichkeiten dargestellt wurden. Der wichtigste Aspekt einer „class action“ ist die Rechtskrafterstreckung eines so erstrittenen Urteils auf sämtliche gleichermaßen Betroffene und somit das Erzielen einer Breitenwirkung für die gesamte Gruppe betroffener Arbeitnehmerinnen. Im Unterschied zu sämtlichen bislang angesprochenen Klagemöglichkeiten ist bei einem derartigen Urteil kein weiterer Umsetzungsschritt mehr erforderlich. Auf das Beispiel der Frau Weber-von-Hartz übertragen hieße dies, daß mit ihrer Klage an sämtliche Teilzeitbeschäftigte bei „Bilka“ die betriebliche Altersrente hätte ausgezahlt werden müssen.

[894] Vgl. oben, Kap. 5.1.5.1.

Auf diese Weise könnte einerseits Prozessen, die wegen eines Verstoßes gegen das Benachteiligungsverbot bei „gleicher“ oder „gleichartiger“ Arbeit geführt werden, Breitenwirkung zukommen, aber gerade auch für die Fälle, in denen es um die Feststellung „gleichwertiger“ Arbeit und deren effektive Umsetzung geht, könnten derartige Klagen zu einer durchschlagenden Veränderung beitragen.
Sofern in diesem Zusammenhang Leistungsanträge gestellt würden, wären diese auch in Form von individuellem Ausgleich zu gewähren[895].
Neben diesem wichtigsten Aspekt kommen weitere wesentliche Gesichtspunkte hinzu. Die Prozeßführung durch eine einzelne Repräsentantin würde eine echte Entlastung der übrigen Betroffenen in dem Sinne bedeuten, daß sie nicht mit der gesamten Unsicherheit eines Prozesses jeweils einzeln belastet würden. Die Angst vor den Belastungen, die mit einem Prozeß verbunden sind, schreckt nämlich gerade die Arbeitnehmerinnen vielfach ab.
Hinzu käme, daß die Repräsentantin als selbst Betroffene den Prozeß mit entsprechendem Engagement betreiben wird, weil es um ihr eigenes Anliegen geht.

6.4.2 Einwände gegen die Einführung von „class actions“

Die Hauptkritik, die einer Rechtskrafterstreckung nach dem Vorbild einer „class action“ entgegengebracht wird, ist die Verletzung des Grundrechts auf rechtliches Gehör nach Art. 103 Abs. 1 GG. Nach der Rechtsprechung des Bundesverfassungsgerichts ist denjenigen rechtliches Gehör zu gewähren, „die durch die gerichtliche Entscheidung unmittelbar in ihren Rechten beeinträchtigt werden“[896]. Dieser Einwand berührt allerdings nur die Fälle, in denen eine Entscheidung zuungunsten der „class“ ausgeht.
Durch die Prozeßführung eines Repräsentanten würde den abwesenden Gruppenmitgliedern keine Möglichkeit zur eigenen Interessenverfolgung gewährt, sie hätten keine Möglichkeit auf Art und Gang des Verfahrens Einfluß zu nehmen, und damit könnte ihr Recht auf rechtliches Gehör verletzt werden.
Träfe dieser Einwand zu, würde der Einführung von „class actions“ ein gewichtiges verfassungsrechtliches Prinzip entgegenstehen, denn diese Verfassungsvorschrift gilt als das zentrale prozessuale Grundrecht[897] . Dem Einwand kann jedoch begegnet werden.
Im amerikanischen Verfassungsrecht existiert mit der "due-process-clause" (Grundsatz des fairen Verfahrens) des 14. Amendments eine Verfassungsbestimmung, die mit dem deutschen Grundrecht auf rechtliches Gehör (Art. 103 I GG) vergleichbar ist[898]. Nach dieser Bestimmung sind der Beklagte oder die Personen, deren Rechte vom Verfahren betroffen sein können, von der Klage in Kenntnis zu setzen, und ihnen muß Gelegenheit zu rechtlichem Gehör eingeräumt werden.
Dieser Verfassungsvorschrift wird in den „class actions“ durch spezielle Verfahrensvorschriften Rechnung getragen.

---

[895] Pfarr/Kocher: Kollektivverfahren im Arbeitsrecht, S. 210 weisen darauf hin, daß die Einführung von Strafschadensersatz ins deutsche Recht wohl größeren Bedenken begegnen dürfte. Anders verhält es sich jedoch mit den hier angesprochenen individuellen Leistungsansprüchen.
[896] BVerfGE 60, 7 (12 f.), 21, 132.
[897] Vgl. Lüke: Beteiligung Dritter am Zivilprozeß, S. 123. Zur Herleitung des Rechtes auf rechtliches Gehör für Dritte, s. Lüke, a.a.O., S. 124-157.
[898] Vgl. hierzu: Schlachter: Wege, S. 224; Koch: Kollektiver Rechtsschutz; S. 93, Note, Harv.LRev. 1986, 619 (634 Fn. 92); Lüke: Beteiligung Dritter am Zivilprozeß, S. 171.

So bestimmt die amerikanische Rule 23 (c)(2) und (c)(3) of Civil Procedure[899], daß die Gruppenmitglieder entweder vor oder während des Prozesses - je nachdem, ob es sich um eine Feststellungs-/Unterlassungsklage oder um eine Schadensersatzklage handelt[900] - von dem Prozeß benachrichtigt werden müssen.
Auf diese Weise haben die „class"-Mitglieder die Möglichkeit, sich über das Verfahren zu informieren, und Einfluß auf den/die Repräsentanten/in auszuüben. Bei Schadensersatzklagen haben sie die Möglichkeit, sich von dem Verfahren ausschließen zu lassen[901], das heißt, von den Folgen eines Urteils gänzlich unberührt zu bleiben.
Sie können sowohl mit dem/der Repräsentanten/in als auch mit dem/der gemeinsamen Rechtsanwalt/wältin Kontakt aufnehmen, und auf diese Weise Einfluß auf ein gerichtliches Verfahren nehmen. Dem/der Repräsentanten/in und ihrem/r jeweiligen Rechtsanwalt/wältin kommt eine entscheidende Bedeutung für die faire Interessenvertretung der von ihm/ihr vertretenen Gruppenmitglieder zu.
Würde ein derartiges Benachrichtigungsverfahren als Zulässigkeitsvoraussetzung zusammen mit einer Gruppenklage eingeführt, so würde dies auch dem vom Grundgesetz garantierten Schutz des rechtlichen Gehörs genügen. Art. 103 I GG umfaßt ein Recht auf vollständige Information über den dem Rechtsstreit zugrundeliegenden Sach- und Streitstand[902], sowie das Recht auf Äußerung[903]. Allerdings reicht hier bereits die Möglichkeit der Wahrnehmung des Rechts aus. Dem von Art. 103 I GG garantierten Schutz ist genügend Rechnung getragen, wenn der betreffenden Person die Möglichkeit auf Information und Äußerung im Prozeß eingeräumt wurde. Diesem Erfordernis würde durch ein streng zu handhabendes Benachrichtigungserfordernis genügt. Eine derartige Benachrichtigung erscheint auch praktikabel, weil es sich bei den Beschäftigten eines Betriebs oder Unternehmens um eine leicht bestimmbare Gruppe handelt, die als solche begrenzt ist, und deren Adressen ohne größere Schwierigkeiten ausgemacht werden können. Selbst wenn es um die Einbeziehung ehemaliger Beschäftigter ginge, so ist auch dieser Kreis mit einem verhältnismäßig geringen Aufwand ausfindig zu machen.
Verfassungsrechtlich könnte die „class action" weiterhin problematisch sein, wenn in ihr eine Popularklage zu sehen sein könnte. Jedoch handelt es sich bei der „class action" nicht um eine nach deutschem Recht unzulässige Popularklage[904]. Während bei der Popularklage der/die Kläger/in gerade nicht die Verletzung eines subjektiven Rechts rügt, und daher nicht klagebefugt ist, sondern nur eine Gesetzesverletzung, von der er/sie selbst nicht betroffen ist, ist der/die Repräsentant/in einer Gruppenklage als einer aus der Gruppe von der Verletzung selbst betroffen. Im Ergebnis ist sie also verfassungsrechtlich zulässig.

---

899 S. oben, Kap. 5.1.5.1.6.
900 S. oben, Kap. 5.1.5.1.6
901 „To opt out", s. o., Kap. 5.1.5.1.6.
902 Jarass/Pieroth: GG-Kommentar, Pieroth, Art. 103 Rn. 8: Zum Verfahrensstoff gehören danach Äußerungen der Gegenseite, einschließlich der Anlagen von Schriftsätzen, allgemeinkundige Tatsachen, soweit sie einer Partei möglicherweise nicht bekannt sind und von Amts wegen eingeführte Tatsachen und Beweismittel.
903 Ebenda, Rn. 14: hinreichende Möglichkeit, sich grundsätzlich vor Erlaß einer Entscheidung mindestens schriftlich in tatsächlicher und rechtlicher Hinsicht äußern zu können und Anträge stellen zu können (BVerfGE 86, 133/144; sowie 69, 145/148).
904 Vgl. Maurer: Allgemeines Verwaltungsrecht, § 8 Rn. 5: Der/die Kläger/in muß selbst, gegenwärtig und unmittelbar betroffen sein (BVerfGE 43, 291/386).

6.4.2.1 Streitgenossenschaft

Im vorliegenden Zusammenhang muß noch der Frage nachgegangen werden, ob nicht das prozessuale Institut der Streitgenossenschaft in §§ 59 ff ZPO ausreichende Mittel zur Verfügung stellt.

Die ZPO unterscheidet zwischen notwendiger (§ 62 ZPO) und einfacher Streitgenossenschaft (§§ 59, 60 ZPO).

Bei der notwendigen Streitgenossenschaft kann der Prozeß aus zwingenden materiellen oder prozessualen Gründen nur einheitlich geführt werden, da die Entscheidung auch notwendig nur gegenüber allen einheitlich getroffen werden kann[905]. Um einen Fall der notwendigen Streitgenossenschaft handelt es sich jedoch nicht, da das Verfahren ja gerade nicht von allen Betroffenen gemeinsam betrieben werden muß, und eben auch nicht nur einheitlich allen gegenüber entschieden werden kann.

Mit der einfachen Streitgenossenschaft allein kann das, was die „class action" bezweckt, nicht erreicht werden[906]. Es wird eben gerade kein Urteil erwirkt, dessen Rechtskraft sich auf alle gleichermaßen Betroffenen erstreckt. Dadurch kann die mit einer „class action" erstrebte Breitenwirkung nicht erzielt werden. Möglichkeiten zu schaffen, die eine Breitenwirkung beinhalten, ist jedoch das hier verfolgte Anliegen. Denn Ausgangspunkt der Überlegung war der unbefriedigende Wirkungsgrad der Individualklagebefugnis. Somit ist die einfache Streitgenossenschaft nach §§ 59, 60 ZPO kein taugliches Mittel, um die unbefriedigende Situation im Bereich der Benachteiligungen von Arbeitnehmerinnen bei der Entlohnung zu beseitigen.

6.4.2.2 Nebenintervention und Streitverkündung

Andere Formen der Beteiligung Dritter am Zivilprozeß als bei der Streitgenossenschaft stellen die Nebenintervention (§ 66 ZPO) und die Streitverkündung (§ 72 ZPO) dar. Es ist auch hier zu überlegen, ob das mit der „class action" verfolgte Interesse im deutschen Recht nicht auf diese Weise – zumindest in modifizierter Form - zu erreichen wäre.

Normzweck der Nebenintervention ist es, einem Dritten die Einflußnahme auf einen zwischen anderen Parteien anhängigen Prozeß durch Unterstützung der einen Partei zu ermöglichen, wenn sich die Entscheidung des Prozesses auf seine Rechtsstellung negativ auswirken kann[907]. Die Streitverkündung (§ 72 ZPO) ist die förmliche Benachrichtigung eines Dritten von einem anhängigen Rechtsstreit. Derjenige, dem der Streit verkündet wurde, wird dazu aufgefordert, dem Streitverkünder beizutreten, und ihn im Prozeß zu unterstützen.

Durch die Nebenintervention können einerseits unterschiedliche Prozeßergebnisse und andererseits unter Umständen auch die Führung unnötig vieler Prozesse vermieden werden. Die Aspekte der Rechtssicherheit und der Prozeßökonomie sind jeweils auch Vorteile der „class actions". Bis auf die Voraussetzung des § 66 ZPO, daß sich die Prozeßentscheidung auf die Rechtsstellung des Nebenintervenienten möglicherweise negativ auswirken kann, sind die übrigen Voraussetzungen denen der gleichermaßen betroffenen Arbeitnehmerinnen bei demselben Arbeitgeber durchaus vergleichbar.

---

[905] Münchener Kommentar ZPO, Bd. I, Schilken, § 62 Rn. 5 ff., 24 ff.

[906] A.A. Wisskirchen: Mittelbare Diskriminierung, S. 165, 166, die ausschließlich die Vorzüge der vereinfachten Beweisführung bei Streitgenossenschaften hervorhebt.

[907] Münchener Kommentar ZPO, Bd. I, Schilken § 66 Rn. 1.

Der Nebenintervenient beteiligt sich nur an einem fremden Prozeß und ist dort nicht selbst Partei (§ 67 ZPO). Er vertritt nicht die unterstützte Partei und ist auch nicht deren gesetzlicher Vertreter[908].
Folge einer Nebenintervention und der Streitverkündung (§ 74 Abs. 1 ZPO) ist die Interventionswirkung nach § 68 ZPO. Sie ist der Rechtskraftwirkung ähnlich, aber nicht gleich. Sie tritt nur im Verhältnis von Nebenintervenient oder Streitverkündungsempfänger zur unterstützten Partei ein, und wirkt sich nur in einem weiteren Prozeß zwischen diesen aus. Die Interventionswirkung beinhaltet eine Entscheidungswirkung eigener Art, die die tatsächlichen und rechtlichen Feststellungen des Vorprozesses mitumfaßt[909]. In einem Folgeprozeß ist das Gericht an die Feststellungen tatsächlicher und rechtlicher Art des Vorprozesses gebunden.
Die Streitverkündung hat insbesondere Bedeutung für einen weiteren Prozeß, einen Regreßprozeß. Sofern der Streitverkünder im ersten Prozeß unterlegen ist, und er einen weiteren Prozeß gegen den Streitverkündungsempfänger auf Gewährleistung oder Schadensersatz führt, so muß der Dritte (Streitverkündungsempfänger) das Ergebnis des Vorprozesses hinsichtlich Tatbestand und rechtlicher Würdigung gegen sich gelten lassen.
Die Nebeninterventions- beziehungsweise Streitverkündungswirkung tritt demzufolge erst in einem weiteren noch zu führenden Prozeß ein. Das Erfordernis eines weiteren Prozesses macht sie aber für das hier verfolgte Interesse uninteressant, und unterscheidet sie zugleich auch wesentlich voneinander. Charakteristikum der Interventionswirkung ist ihre Erstreckung auf einen Folge- meist Regreßprozeß.
Durch die Rechtskrafterstreckung von „class actions“ soll die Notwendigkeit, mehrere Prozesse zu führen, aber gerade abgewendet werden. Aus im einzelnen vielfach angesprochenen Gründen, ist es gerade erforderlich, eine Prozeßform zu finden, die es den Einzelnen erspart, jeweils selbst zu prozessieren, und die es den Arbeitgebern nicht ermöglicht, abzuwarten, ob sich Arbeitnehmerinnen in gleichgelagerten Fällen auch prozessual dagegen zur Wehr setzen, oder ob sie es dabei bewenden lassen.

Auch hinsichtlich der Kosten eines Prozesses, an dem Nebenintervenienten beteiligt sind, kann die Nebenintervention keine Vorzüge aufweisen, die für das mit Gruppenklagen verfolgte Interesse von Vorteil wären. Gemäß § 101 ZPO tragen die Nebenintervenienten die Kosten der Nebenintervention selbst, sofern sie im Rechtsstreit unterliegen. Dies bedeutet, daß sämtliche Arbeitnehmerinnen, sofern sie an einem Rechtsstreit in Form von Nebenintervention beteiligt wären, für ihre diesbezüglichen Kosten selbst aufkommen müßten.

6.4.2.3 Rechtskrafterstreckung auf die Fälle gleichwertiger Arbeit?

Große Effektivität könnten „class actions“ durch die Rechtskrafterstreckung in den Fällen „gleichwertiger" Arbeit bringen.
Der Vergleich mit dem amerikanischen Rechtssystem zeigt, daß dort derzeit das größte Problem zur Beseitigung von Lohnungleichheiten zwischen Männern und Frauen in den fehlenden Möglichkeiten zur Bekämpfung der strukturellen Lohnungleichheiten gesehen wird[910]. Vom amerikanischen EPA sind die Fälle von „comparable worth“ nicht mit erfaßt und können

[908] Thomas-Putzo, § 67, Rn. 1; Münchener Kommentar ZPO, Bd. I, Schilken, § 67, Rn. 2; Baumbach-Lauterbach, § 67, Rn. 1.
[909] Münchener Kommentar ZPO, Bd. I, Schilken, § 68 Rn. 6; Schellhammer, S. 718, Rn. 1621; Thomas-Putzo, § 68 Rn. 1.
[910] Vgl. Schlachter: Wege zur Gleichberechtigung, S. 22, 284.

damit auch nicht mit „class actions“ nach dem EPA gerichtlich sanktioniert werden. Zwar wird der Ansatz von "comparable worth" über die Verfahren nach Title VII des CRA grundsätzlich zugelassen, jedoch sind die Beweiserfordernisse zu Lasten der betroffenen Klägerinnen so streng, daß die Erfolgsaussichten einer "comparable worth"-Klage als extrem gering zu bewerten sind.

Nach §§ 611a, 612 Abs. 3 BGB erstreckt sich das Benachteiligungsverbot auch auf die Fälle gleichwertiger Arbeit. Derzeit wird allerdings von der Klagemöglichkeit unter dem Aspekt der Verletzung wegen Verstoßes gegen den Grundsatz „gleicher Lohn für gleichwertige Arbeit“ praktisch kein Gebrauch gemacht. Das heißt, während immer wieder einzelne Prozesse wegen des Verstoßes gegen den Grundsatz „gleicher Lohn für gleiche und gleichartige Arbeit“ erfolgreich geführt werden und es in diesen Fällen vor allem an der Breitenwirkung fehlt, werden im Bereich „Gleichwertigkeit“ auch Einzelprozesse kaum geführt. Dies hängt mit den nicht vorhandenen Kriterien zur einheitlichen Bestimmung von „Gleichwertigkeit“ zusammen. In diesem Bereich herrscht nach wie vor große Unsicherheit, die Arbeitsgerichte vermeiden es tunlichst, diesbezügliche Entscheidungen zu treffen[911]. Solange daher für die Frage der Vergleichbarkeit von Arbeiten unter dem Gleichwertigkeitsaspekt keine Bewertungsmaßstäbe entwickelt werden, die von einer Behörde oder den Gerichten überprüft werden können, wird allein die Möglichkeit einer Klage mit Breitenwirkung nicht zu dem gewünschten Erfolg verhelfen.

6.4.2.4 Gebührenrechtliche Zusammenhänge

Das amerikanische Kostenrecht unterscheidet sich erheblich vom deutschen. Jede/r muß für die Kosten des/der Prozeßbevollmächtigten selbst aufkommen, unabhängig davon, ob der Prozeß gewonnen oder verloren wurde. Durch die Vereinbarung von Erfolgshonoraren wird in der amerikanischen Praxis vermieden, daß die Gruppenmitglieder bei „class actions“ mit für sie möglicherweise unbezahlbar hohen Anwaltskosten belastet werden. Diese Form der Kostenregelung - wie oben bereits angesprochen - hat dazu geführt, daß „class action“ Prozesse für Anwälte sehr attraktiv sind, weil sie im Falle des Obsiegens große Gewinne abwerfen. Die Bezahlung amerikanischer Anwälte mit einem Erfolgshonorar bietet nicht nur den speziellen Anreiz für Anwälte, eine „class action“ zu führen, sondern sie bringt sowohl für die/den Repräsentantin/en als auch für die Mitglieder der „class“ eine finanzielle Entlastung mit sich, da sie den Prozeß nicht aus eigener Tasche bestreiten müssen[912].

Übertragen auf das deutsche Rechtssystem stellt sich die grundsätzliche Frage, warum sich „eine für alle“ opfern sollte, das heißt, warum eine einzelne Arbeitnehmerin einen solchen Prozeß für die „class“ als Repräsentantin führen sollte. Es müßte handfeste Vorteile gegenüber der bisherigen prozessualen Situation aber auch beispielsweise gegenüber der Einführung von Behördenklagen geben.

Im amerikanischen Recht ist die „class action“ ein historisch gewachsenes Prozeßrechtsinstitut, das nicht erst im Zusammenhang mit dem EPA oder Title VII des CRA neu eingeführt wurde[913]. Die Öffentlichkeit ist demzufolge durchaus vertraut mit solchen „class actions“.

---

911 Vgl. oben, Kap. 3.4.4, 3.4.5.1, sowie diesbezüglich die eingehende Darstellung bei Winter: Gleiches Entgelt für gleichwertige Arbeit, Bd. II, S. 321-372.

912 Vgl. oben, Kap. 5.1.5.1.7.

913 Dieselbe: a.a.O., S. 443.

Der Zusammenschluß der Arbeitnehmerinnen zu einer „class" würde ein hohes Maß an Problembewußtsein bei den betroffenen Arbeitnehmerinnen aber auch an Organisiertheit voraussetzen. Die Gruppe müßte sich zunächst finden, eine müßte bereit sein, als Repräsentantin den Prozeß zu führen. Es steht in diesem Zusammenhang nicht zu erwarten, daß diese Arbeit komplett von einer/m Rechtsanwältin/anwalt übernommen würde, da hier wohl das deutsche System sich von dem amerikanischen am deutlichsten unterscheidet. Während der/die amerikanische Rechtsanwalt/wältin sich um einen „class-Prozeß" regelrecht reißt, und er/sie seine/ihre ganze Arbeitskraft darauf ausrichten wird, eine „class" zu finden, eine/n diesbezüglichen Repräsentantin/en festzumachen, und die „class action" zu gewinnen, weil sie/er dann - und nur dann[914] - ihr/sein Honorar bekommt, gibt es nichts entsprechendes in der deutschen Gebührenordnung für Rechtsanwälte[915]. Zunächst einmal richten sich die Verdienstmöglichkeiten der Rechtsanwälte nach dem Streitwert der Streitigkeit, und dieser kann im Verhältnis zu dem Aufwand, der von einer/m Anwältin/Anwalt zu betreiben wäre, sehr niedrig sein. Es wäre natürlich eine Möglichkeit, das Anwaltsgebührenrecht diesbezüglich zu ändern und dem amerikanischen Recht anzupassen. Ein solcher Schritt würde aber möglicherweise die Einführung von „class actions" von zusätzlichen Schritten abhängig machen, die im Zweifel dazu beitragen, Gegnern der „class actions" das Wort zu führen, und Anwälte eher abzustoßen, solche Prozesse zu führen.

Sofern aber die deutschen Rechtsanwältinnen und Rechtsanwälte nicht entscheidend an der Führung etwaiger Prozesse beteiligt wären, und auf diese Weise den Arbeitnehmerinnen dabei helfen würden, die Gruppe betroffener Arbeitnehmerinnen überhaupt ausfindig zu machen, die Beweismittel zusammenzustellen und auf ihre Eignung hin zu prüfen, die finanziellen Risiken für die Repräsentantin und gegebenenfalls die anderen betroffenen Arbeitnehmerinnen - beispielsweise, wenn es um das Erstellen von Gutachten ginge - auszuloten, erscheint es mehr als fragwürdig, wie sich eine Gruppe finden sollte, und weshalb gegenüber der bisher vorhandenen Individualklagemöglichkeit eine Repräsentantin bereit sein sollte, den Prozeß für die ganze Gruppe zu führen. Denn gerade die beträchtlichen Risiken, die für eine Arbeitnehmerin mit einem Prozeß verbunden sind, stoßen sie von einem Prozeß ab, und es sollte nach Alternativen gesucht werden, um gerade dem spezifischen Schutzbedürfnis der Arbeitnehmerinnen ein Instrumentarium bereit zu stellen, das sie von den bekannten Zugangsbarrieren befreit.

Insgesamt bleibt festzuhalten, daß die „class action" von ihrer Rechtsfolge her zwar für die hier interessierende Fälle eine attraktiv klingende Alternative darstellt. Allein ihre Zulassung im deutschen Recht, so wie es im amerikanischen Recht mit Rule 23 Civ. Proc. der Fall ist, würde noch nicht den gewünschten Erfolg herbeiführen. Dies hängt mit der großen Bedeutung der amerikanischen Rechtsanwältinnen und Rechtsanwälte bei der Führung von „class actions" zusammen, die sich nicht – oder jedenfalls nicht problemlos - auf das deutsche Recht übertragen läßt.

---

[914] Vgl. oben, Kap. 5.1.5.1.7.

[915] Pfarr/Kocher: Kollektivverfahren im Arbeitsrecht, S. 214 weisen im Zusammenhang mit der Problematik des unterschiedlichen Gebühren- bzw. Abrechnungssystems deutscher und amerikanischer Rechtsanwälte auf einen für das deutsche Recht zusätzlich bedenkenswerten Aspekt hin: In bundesdeutschen Zivilverfahren im öffentlichen Interesse – also bei Verbands- und Behördenklagen – besitzen lediglich ideell motivierte Institutionen die Klagebefugnis.

6.4.3 Einführung von „Gewerkschafts-class actions“

Es ließe sich in diesem Zusammenhang an eine „class action“ durch Frauenverbände oder Gewerkschaften denken.

Bei den amerikanischen Gruppenklagen ist es grundsätzlich auch möglich, daß eine Gewerkschaft Repräsentantin einer Gruppe betroffener Arbeitnehmerinnen und/oder Arbeitnehmer ist, sofern ein Gewerkschaftsmitglied zur betroffenen Gruppe gehört, und die Gewerkschaft es als Ziel verfolgt, die betroffenen Interessen zu wahren. Schließlich ist eine Klage durch die Gewerkschaft nur dann möglich, wenn keine individuelle Verfahrensbeteiligung der Betroffenen notwendig ist[916].

Eine „Gewerkschafts- beziehungsweise Verbands- class action“ würde einerseits die im deutschen Recht problematische Eigeninitiative der betroffenen Arbeitnehmerinnen vermeiden, und andererseits die angestrebte Breitenwirkung durch eine Rechtskrafterstreckung ermöglichen.

Es muß wiederum zwischen Feststellungs- und Unterlassungsklagen einerseits und Leistungsklagen andererseits unterschieden werden.

Hinsichtlich der Zulässigkeit von Feststellungs- und Unterlassungsklagen dürften keine größeren Bedenken bestehen. Diese sind in den USA unter bestimmten Voraussetzungen zulässig. Die Gewerkschaften sind dann geeignete Repräsentanten, wenn sie bereits über einen längeren Zeitraum die Rechte der betroffenen Gruppe als eigenes Ziel verfolgt haben. Hinsichtlich des Anspruchs der Gewerkschaften, den Grundsatz „gleicher Lohn für gleiche und gleichwertige Arbeit von Frauen und Männern“ verwirklichen zu wollen und sich damit als Repräsentant zu eignen, bestehen keine rechtlichen Bedenken, auch wenn es an der Umsetzung oft fehlt. Dasselbe würde für etwaige Frauenverbände wie etwa den Deutschen Juristinnenbund (DJB) gelten.

Bei den Gewerkschaften würde es hinsichtlich der Vertretung der Interessen der gesamten Arbeitnehmerschaft - und damit verbunden der männlichen - auch keinen Interessenkonflikt in dem Sinne geben, daß die Gewerkschaften sich deswegen nicht als Repräsentanten eignen würden. Zwar kann ein verstärktes Einsetzen für die Interessen der Frauen dazu führen, daß die männliche Arbeitnehmerschaft beispielsweise bei nächsten Lohnerhöhungen ausgespart wird. Dies stellt jedoch keinen eigentlichen Interessenkonflikt dar, denn die Gewerkschaft würde mit ihren Bemühungen versuchen, gesetzmäßige Zustände herzustellen und nicht eine Gruppe - die Arbeitnehmerinnen - zu bevorzugen, was in der Tat einen Interessenkonflikt bedeuten würde. Im übrigen setzen sich eine Reihe von Gewerkschaften auf vielfältige Weise seit einigen Jahren bereits speziell für die Belange der Frauen ein. Hierzu gehören beispielsweise die Höherbewertungs- und Aufwertungssaktionen der Gewerkschaften, mittels derer versucht wird, kollektiv etwas an der Situation beschäftigter Frauen im Sinne von mehr Lohngerechtigkeit zu verändern[917].

Wegen des spezifischen Gruppenbezugs, der bei einer „class action“ für ihre Zulässigkeit gegeben sein sollte, wäre es notwendig, ähnliche Zulässigkeitserfordnisse wie bei den amerikanischen „class actions“ aufzustellen. Das sind insbesondere eine bestimmte Mindestgröße der

---

[916] Schlei/Grossman: Employment Discrimination, Chap. 19, S. 618-655, insbes. S. 651; Schlachter: Wege zur Gleichberechtigung, S. 360, Fn. 396.

[917] S. oben, Kap.3.3.4.3, sowie die Beschreibungen bei Dürk: Vom Aufschrei in den Niederungen der kleinen Schritte, in: Winter (Hg.): Frauen verdienen mehr, S. 117 ff.

Gruppe sowie die Bedingung, daß die Klage jeder einzelnen unpraktikabel wäre[918]. Weiterhin wäre auch durch das Gericht zu klären, daß es sich um die Überprüfung von Rechts- oder Tatsachenfragen handelt, die für sämtliche Gruppenmitglieder relevant sind.
Das Erfordernis einer „fairen und angemessenen" Vertretung wäre bei einer Prozeßführung durch die Gewerkschaft oder einen entsprechenden Frauenverband verbunden mit einem Benachrichtigungserfordernis während des Prozesses durch das Gericht gegenüber sämtlichen Betroffenen ausreichend erfüllt. Es wäre insbesondere bei dieser Klageform gerade nicht erforderlich, Rechtsanwältinnen oder Rechtsanwälte mit der Führung der Prozesse zu betrauen, denn diese könnten von den Rechtssekretären der Gewerkschaften oder entsprechend Befugten in Frauenverbänden geführt werden. Zugleich würde dies auch das Kostenrisiko der Prozesse von den betroffenen Arbeitnehmerinnen wegnehmen.
Während noch Mitte der siebziger Jahre das Institut der „class action" insbesondere deshalb als für das deutsche Recht ungeeignet abgelehnt wurde, weil es die Prozeßführung und das Gelingen eines Prozesses so entscheidend an die Initiative und das Engagement einer Rechtsanwältin oder eines Rechtsanwaltes koppele[919], ist dieses Argument bei einer Prozeßführung durch die Gewerkschaft oder den Frauenverband als Repräsentanten nicht schlagkräftig.
Die Rechtskrafterstreckung derartiger Urteile wäre nicht nur auf Gewerkschaftsmitglieder beschränkt, sondern auf die gesamte Gruppe betroffener Arbeitnehmerinnen, die ausgemacht und vom Gericht benachrichtigt wurde.
Für die hier interessierenden Fälle stellt sich weiterhin die Frage, inwiefern Leistungsklagen durch die Gewerkschaften oder Frauenverbände in Form von „class actions" geführt werden könnten.
Leistungsklagen mit Rechtskrafterstreckung auf gleichermaßen Betroffene durch die Gewerkschaften werden nach amerikanischem Recht entweder für nicht zulässig gehalten[920], oder ihre Zulässigkeit ist zumindest äußerst umstritten[921]. Allerdings muß in diesem Zusammenhang hervorgehoben werden, daß im amerikanischen Recht aufgrund einer anderen Rechtstradition „class actions" bereits lange existieren und insbesondere durch die Rolle der Rechtsanwältinnen und -anwälte bei dieser Art von Prozessen die spezifischen Probleme, die in Deutschland hinsichtlich der Inanspruchnahme von „class actions" bestünden[922], nicht bestehen. Gerade weil in USA von „class actions" in anderem Rahmen häufig Gebrauch gemacht wird, stellt sich das Bedürfnis nach Leistungsklagen in Form von „class actions" durch die Gewerkschaften nicht in derselben Form wie in Deutschland, wo wiederum die Rechtsanwältinnen und -anwälte eine völlig andere Stellung im Prozeß einnehmen und die Gebührenordnung auch ganz anders ist.
Da es in Deutschland wenig erfolgversprechend scheint, „class actions", die von einer Eigeninitiative der Betroffenen abhängig wären, einzuführen, stellt sich die Frage, ob gegenüber einer „class action", bei der die Gewerkschaft die Gruppe repräsentieren würde, grundsätzliche Bedenken bestehen.
Während bei einer Feststellungs- und Unterlassungsklage die Gewerkschaften oder Frauenverbände durchaus geeignete Repräsentantinnen und Repräsentanten sein können, weil sie

---

[918] Vgl. im einzelnen oben, Kap. 5.1.5.1.1.
[919] Kötz, in Homburger/Kötz: Klagen Privater im öffentlichen Interesse, S. 87
[920] Schlei/Grossman: a.a.O., S. 651.
[921] Vgl. Note, Harv. L. Rev. 95, S. 1627.
[922] Das sind die oben bereits mehrfach angesprochene mangelnde Eigeninitiative und die andere Rolle der Rechtsanwältinnen und –anwälte.

sich bereits vorher für die Verfolgung der Klageziele eingesetzt haben, erscheint dies für eine Leistungsklage problematisch. Hier ist vielmehr der persönliche Bezug durch die Antragstellerin erforderlich, da es sonst eher einer prozeßstandschaftlichen Konstruktion ähneln würde.
Eine „class action" gerichtet auf Zahlung, bei der eine betroffene Arbeitnehmerin als Repräsentantin der Gruppe auftritt, deren Klage aber im übrigen von der Gewerkschaft oder dem Frauenverband unterstützt, betrieben und finanziell getragen würde, und die Rechtskrafterstreckung hinsichtlich des Feststellungsteils auf sämtliche gleichermaßen Betroffenen entfaltete, erscheint als beste Lösung der hier in Frage kommenden Möglichkeiten.
Sicher kann hier eingewendet werden, daß das Ergebnis einer Rechtskrafterstreckung lediglich für den feststellenden Teil gegenüber der bisherigen Situation keine entscheidende Veränderung bringt, da die jeweiligen Klägerinnen hinsichtlich ihres eigenen Leistungsanspruchs weiterhin gezwungen sind, individuell die Umsetzung gegenüber ihrem Arbeitgeber durchzusetzen. Jedoch erscheint diese Lösung als einzig sinnvolle und praktisch handhabbare. Leistungsklagen mit Rechtskrafterstreckung, wie in den USA zulässig, sind von den Zulassungsvoraussetzungen her so aufwendig und langwierig, daß sie als Klagen häufig scheitern. Eine Umsetzung der Leistungsklagen nach amerikanischem Vorbild auch ins deutsche Recht würde voraussetzen, daß der Tenor für jede einzelne Klägerin gefaßt werden könnte. Dies erscheint jedoch nicht praktikabel.
Ein Feststellungstenor, bei dem für sämtliche beteiligten Klägerinnen immerhin der Anspruch dem Grunde nach gerichtlich feststehen würde, hätte zur Folge, daß zumindest sämtliche Anspruchsberechtigten als Gruppenmitglieder genannt wären. Der Leistungsanspruch im einzelnen wäre dann für die Betroffenen im Vergleich zur derzeitigen Situation wesentlich leichter individuell durchzusetzen, da sie sich ja lediglich hinsichtlich der Höhe mit ihrem Arbeitgeber gerichtlich auseinandersetzen müßten. Steht ein Anspruch der einzelnen Berechtigten gegenüber dem Arbeitgeber erst einmal gerichtlich fest, so erscheint es nur noch als kleinere Hürde, diesen im Hinblick auf den genauen einzelnen Leistungsanspruch umzusetzen.

Auch bei diesem Lösungsvorschlag besteht noch das Problem, daß eine Arbeitnehmerin sich für einen derartigen Prozeß zur Verfügung stellen muß, jedoch erscheint dieses Problem als vergleichsweise gering vor dem Hintergrund der Vorzüge einer derartigen Klagemöglichkeit. Die Prozeßführung hinge nicht von der Initiative einer einzelnen Arbeitnehmerin oder von Rechtsanwältinnen oder Rechtsanwälten ab, was jeweils größeren Bedenken begegnet, wie bereits ausgeführt wurde. Dadurch, daß die Arbeitnehmerin von der Gewerkschaft oder dem Frauenverband unterstützt würde, wäre sie finanziell nicht mit dem Risiko des Prozeßverlustes behaftet. Schließlich wurden und werden seit langem Prozesse geführt, bei denen eine Arbeitnehmerin oder ein Arbeitnehmer unterstützt von der Gewerkschaft klagt, bespielsweise, um bestimmte Grundsatzfragen klären zu lassen. So wurde auch der Fall der Klägerin Frau Weber-v. Hartz betrieben. Die Prozeßführung würde sich diesbezüglich nicht gegenüber der derzeitigen Situation verändern.
Wie bei den amerikanischen „class actions", die auf Zahlung gerichtet sind, wäre eine Benachrichtigungspflicht durch das Gericht schon vor Prozeßbeginn an sämtliche betroffenen Gruppenmitglieder erforderlich, um dem Grundrecht aus Art. 103 Abs 1 GG auf rechtliches Gehör genügend Rechnung zu tragen. Die Benachrichtigung wäre an die Möglichkeit zu bin-

den, sich von dem Prozeß „abzukoppeln“, und damit die Rechtskrafterstreckung auszuschließen[923].
Durch die Rechtskrafterstreckung der Urteile hinsichtlich des Feststellungsteils auf die ganze Gruppe wäre mit einem Urteil, das den Arbeitgeber zu einer „Anpassung nach oben“ zwingt, ein entscheidender Schritt gewonnen.

6.4.4 Auskunftsanspruch

Damit derartige Klagen allerdings erfolgreich geführt werden könnten, wäre es unbedingt erforderlich, einen zivilrechtlichen Auskunftsanspruch[924] des Verbands gesetzlich zu regeln, damit der Verband die für Glaubhaftmachung in einem Prozeß - und zwar sowohl für Feststellungsklagen als auch für etwaige Leistungsklagen - erforderlichen Beweismaterialien und Informationen über das Lohngefüge eines Unternehmens bekäme. Daran anknüpfend wäre es möglich, eine „class“ überhaupt ausfindig zu machen, und im Falle einer angestrebten Leistungsklage, eine geeignete Repräsentantin auswählen, und sie von einer Prozeßführung zu überzeugen.
Ein gewohnheitsrechtlicher Auskunftsanspruch, beziehungsweise aus § 242 BGB hergeleiteter, scheidet hier deswegen aus, weil dieser eine Sonderverbindung[925] zwischen Anspruchsteller und Anspruchsgegner voraussetzt, solche aber zwischen Gewerkschaft oder Verband und Arbeitgeber nicht bestehen.
Es wäre diesbezüglich ein Einsichtsrecht einzuführen, das dem Verband Einsicht in die Bruttolöhne und -gehälter der Beschäftigten eines Betriebs oder Unternehmens gewährt (ähnlich dem Einsichtsrecht des Betriebsrats nach § 80 Abs. 2 BetrVG). Es müßte festgelegt werden, daß bei Vorliegen bestimmter Anhaltspunkte[926] bestimmte Unterlagen zur Verfügung gestellt werden müssen, damit Kopien oder Aufzeichnungen angefertigt werden könnten. Einzelheiten wären gesetzlich genau festzulegen[927].
Ohne einen Auskunftsanspruch ist der Nachweis diskriminierender Lohnstrukturen gegenüber der Gruppe jeweils betroffener Arbeitnehmerinnen im Vergleich zu männlichen Kollegen unter dem Aspekt der gleichen/gleichartigen als auch unter dem Aspekt der gleichwertigen Arbeit kaum zu führen. Denn wie sollen der Verband oder die einzelnen Arbeitnehmerinnen genaue statistische Informationen über die gesamte Lohnstruktur des Unternehmens oder Betriebs bekommen?
Allerdings setzt die Einführung eines Einsichts- und Auskunftsanspruchs voraus, daß die Arbeitgeber entsprechende Statistiken über Löhne und Gehälter überhaupt führen. Eine entsprechende Dokumentationspflicht wäre gesetzlich festzulegen[928].

---

[923] Möglichkeit, „to opt out“, s. oben, Kap. 5.1.5.1.6.
[924] Staudinger-Schmidt, § 242, Rn. 829. Nach Ansicht der h.M. ist eine Herleitung des Auskunftsanspruchs aus § 242 BGB nicht mehr notwendig, weil die Regelungsinhalte zu Gewohnheitsrecht geworden sind.
[925] Staudinger- Schmidt, Vor § 242, Rn. 829.
[926] Auch bei den sonstigen Auskunftsansprüchen, beispielsweise dem begründeten Verdacht eines zu Schadensersatz verpflichtenden Verhaltens, erforderlich.
[927] Bereits im Jahr 1988 sollte nach den Vorstellungen der EG-Kommission ein entsprechendes Informations- und Auskunftsrecht in einer RL zur Beweislast im Bereich des gleichen Entgelts und der Gleichbehandlung von Frauen und Männern festgelegt werden. Auch die im Vorfeld der Verabschiedung des 2. Gleichberechtigungsgesetz des Bundes diskutierten Vorschläge, die Arbeitgeber zu einer Auskunft gegenüber Bewerberinnen zu verpflichten, um feststellen zu können, ob einer Entscheidung diskriminierungsfreie Erwägungen zugrunde liegen, wurden nicht berücksichtigt (s. hierzu: Pfarr: Das Zweite Gleichberechtigungsgesetz, RdA 1995, S. 207, Fn. 47).
[928] S. o. 6.3.1. Dort wurde das Erfordernis einer Dokumentationspflicht der Arbeitgeber bereits im Zusammenhang mit einem behördlichen Auskunfts- und Untersuchungsanspruch angesprochen.

Die Einführung eines Auskunfts- und Informationsrechts würde auch aus datenschutzrechtlichen Gründen keinen unzulässigen Eingriff in die Rechte Dritter darstellen, da es hierbei um mögliche Benachteiligungen einer ganzen Gruppe durch diskriminierendes Verhalten eines Arbeitgebers geht. Die Untersuchungen richten sich hierbei an den Lohnstrukturen und ihren Auswirkungen auf die Arbeitnehmerinnen des Unternehmens aus[929].

6.5 Schlußbemerkung

Mit der Arbeit sollte gezeigt werden, daß im Bereich der Lohngleichheit die Gleichberechtigung der Frauen nach wie vor auf sich warten läßt. Die Bemühungen von Rechtsprechung und Literatur zielen - abgesehen von einzelnen Ansätzen - dabei immer – noch – auf Verbesserungen auf materieller Ebene. Für eine tatsächliche Verbesserung ist jedoch eine den spezifischen Bedürfnissen der Gruppe der Frauen - und hier der Arbeitnehmerinnen - angepaßte Prozeßführungsmöglichkeit erforderlich.

Hierfür kommen verschiedene Formen in Betracht.

In diesem Kapitel wurde die Einführung von Verbandsklagen in Anlehnung an im deutschen Recht bereits existierende Formen von Verbandsklagen überlegt. Vor dem Hintergrund, daß der Verband jeweils ein eigenes Recht einklagt, erscheint es schwierig, ein derartiges Recht so zu gestalten, daß es die gewünschten kollektiven Verbesserungen für benachteiligte Arbeitnehmerinnen brächte. Im übrigen entfaltet ein durch den Verband erstrittenes Urteil keine Rechtskrafterstreckung auf die Verbandsmitglieder.

Des weiteren wurde die Einführung einer Behördenklage nach amerikanischem Vorbild überlegt. Im Hinblick auf die damit in den USA gemachten Erfahrungen wird die Errichtung einer derartigen Bundesbehörde, die mit entsprechenden Klagerechten ausgestattet wäre, jedoch abgelehnt. Die Trägheit einer großen Behörde verbunden mit ihrer Abhängigkeit von politischen Machtverhältnissen hat sich als großes Manko in den USA herausgestellt. Da die Effizienz einer solchen Behörde schließlich auch stark von ihrer finanziellen Ausstattung abhängt, erscheint die Einführung einer derartigen Behörde und Behördenklage nicht als empfehlenswerter Weg.

Unter Berücksichtigung aller maßgeblichen Faktoren erscheint die Einführung von bestimmten „class actions", bei denen für Feststellungs- und Unterlassungsklagen Gewerkschaften und Frauenverbände als Repräsentanten zugelassen wären, die aber auch Leistungsklagen vorsehen, am geeignetsten.

Mit dieser Klageform könnte durch die Rechtskrafterstreckung solcher Urteile die angestrebte Breitenwirkung auf die gesamte Gruppe betroffener Arbeitnehmerinnen erzielt werden. Würde man eine derartige Klage durch Gewerkschaften oder Frauenverbände als Repräsentanten zulassen, könnte man damit auch das Problem der sonst für „class actions" erforderlichen Initiative einzelner, die problematisch erscheint, umgehen. Die Zulässigkeit derartiger Klagen müßte ähnlich den amerikanischen Regelungen an eine Reihe von Zulässigkeitserfordernissen gekoppelt werden.

Welcher Form der Gesetzgeber den Vorzug gibt, ist letztlich eine politische Entscheidung. Die Einführung von Verbandsklagen oder „class actions" stellt ein liberaleres Instrument dar, bei dem der Staat auf die privaten Regelungsmechanismen vertraut, während er bei Einführung einer Behördenklage die Einflußnahmemöglichkeit selbst an sich zieht, dann aber auch für eine erfolgreiche Umsetzung allein verantwortlich ist.

---

929 Zu den Einzelheiten, s. Wisskirchen: Mittelbare Diskriminierung, S. 173.

Um eine ausgewogene Prozeßführung zu ermöglichen, wäre es erforderlich, Informations- und Untersuchungsbefugnisse einzuführen, die, notfalls sanktionsbewehrt, die notwendigen Tatsacheninformationen liefern.

Diese neuen Pfade bieten in vielerlei Hinsicht Möglichkeiten, die Forderung „gleicher Lohn für gleiche und gleichwertige Arbeit“ effektiver als bisher in die Wirklichkeit umzusetzen.

ABKÜRZUNGSVERZEICHNIS:

AFG	Arbeitsförderungsgesetz
AGB	Allgemeine Geschäftsbedingungen
AiB	Arbeitsrecht im Betrieb
ANBA	Amtliche Nachrichten der Bundesanstalt für Arbeit
ArbuR	Arbeit und Recht
ArbGG	Arbeitsgerichtsgesetz
BA	Bundesanstalt für Arbeit
BB	Betriebsberater
BeitrAB	Beiträge zur Arbeitsmarkt- und Berufsforschung
BeschFG	Beschäftigungsförderungsgesetz
BGBl.	Bundesgesetzblatt
BMBW	Bundesministerium für Bildung und Wissenschaft
DB	Der Betrieb
DIW	Deutsches Institut für Wirtschaftsforschung
DÖV	Die öffentliche Verwaltung
EGV	Vertrag zur Gründung der Europäischen Gemeinschaft
EuGH	Europäischer Gerichtshof
EuGRZ	Europäische Grundrechte Zeitschrift
EuZW	Europäische Zeitschrift für Wirtschaftsrecht
GG	Grundgesetz für die Bundesrepublik Deutschland
IAB	Institut für Arbeitsmarkt- und Berufsforschung
ibv	Informationen für die Beratungs- und Vermittlungsdienste der BA
IntRevComPP	International Review of Comparative Public Politics
JR	Juristische Rundschau
JuS	Juristische Schulung
LabLJ	Labor Law Journal
MittAB	Mitteilungen zur Arbeitsmarkt- und Berufsforschung
NGG	Gewerkschaft Nahrung Genuß Gaststätten
NJW	Neue Juristische Wochenschrift
NVwZ	Neue Zeitschrift für Verwaltungsrecht
NZA	Neue Zeitschrift für Arbeits- und Sozialrecht
PersR	Der Personalrat
PhysBl.	Physikalische Blätter
RIW	Recht der Internationalen Wirtschaft
SAMF	Schriften zur Arbeitsmarktforschung
SGB	Sozialgesetzbuch
S.Ct.Rev.	Supreme Court Review
U.Chic.L.Rev.	University of Chicago Law Review
WSI-Mitt.	WSI-Mitteilungen
ZfA	Zeitschrift für Arbeitsrecht
ZfBevWiss	Zeitschrift für Bevölkerungswissenschaften
ZTR	Zeitschrift für Tarifrecht
ZVglRWiss	Zeitschrift für vergleichende Rechtswissenschaft
ZZP	Zeitschrift für Zivilprozeß

LITERATURVERZEICHNIS:

Allen, Robin: How to Prepare a Case for an Industrial Tribunal, 2. Aufl., Manchester 1987

Andrews, Neil: Principles of Civil Procedure, London 1994

Ankersen, Per: Wahrnehmung von Arbeitnehmerrechten durch Betriebsrat und Gewerkschaft, JuS 1995, S. 862-870

Arbeitsgruppe Lohngleichheit, Lohngleichheit für Mann und Frau, Schlußbericht Eidgenössisches Justiz- und Polizei Departement (EJPD), Bern, Oktober 1988 (EDMZ Nr. 407.290 d.f)

Arbeitsmarkt 1996 – Arbeitsmarktanalyse für die alten und die neuen Bundesländer, Sondernummer der Amtlichen Nachrichten der Bundesanstalt für Arbeit, Nürnberg, Juni 1997

Arbeitsmarktreport für Frauen, Beilage zu ANBA 1/1994, Nürnberg, Januar 1994

Arrow, Kenneth.: The Theory of Discrimination, in: Ashenfelter, O. und Rees, A. (Hg.): Discrimination in Labor Markets, New Jersey 1973, S. 3-33

Autorengemeinschaft Paderborn: Eingruppierungsunterschiede von Frauen und Männern beim Staat als Arbeitgeber, in: MittAB 22, 1989, 2, S. 248-269.

Barnard, David/Houghton, Mark: The New Civil Court in Action, London 1993

Beck-Gernsheim, Elisabeth: Der geschlechtsspezifische Arbeitsmarkt, 2. Aufl., Frankfurt 1981

Becker, Gary S.: The Economics of Discrimination, 2. Aufl., Chicago 1971

Becker, Gary S.: Human Capital, New York 1964

Benda, Ernst: Notwendigkeit und Möglichkeit positiver Aktionen zugunsten von Frauen im öffentlichen Dienst. Rechtsgutachten erstattet im Auftrag der Senatskanzlei - Leitstelle Gleichstellung der Frau - der Freien und Hansestadt Hamburg, Hamburg 1986, zit.: Notwendigkeit

Berni, Markus: Verbandsklagen als Mittel privatrechtlicher Störungsabwehr, St. Galler Studien zum Privat-, Handels- und Wirtschaftsrecht, Bern 1992

Bertelsmann, Klaus: Anmerkung zum EuGH-Urt. v. 17.10.1989 (Danfoss), ArbuR 1991, S. 124-128

Bertelsmann, Klaus: Ein Weg zur Verwirklichung? - Der Europäische Gerichtshof und die Entgeltgleichheit, in Winter (Hg.): Frauen verdienen mehr, Berlin 1994, S. 163-184

Bertelsmann,K./Colneric,N./Pfarr,H./Rust,U.: Handbuch zur Frauenerwerbstätigkeit, Arbeitsrecht/Sozialrecht/ Frauenförderung, Bd. 1 und 2, Neuwied 1993, Loseblattausgabe

v. Beseler/ Jacobs-Wüstefeld: Law Dictionary, English-German, 4. Aufl., Berlin 1986

BGB RGRK, Das Bürgerliche Gesetzbuch mit besonderer Berücksichtigung der Rechtsprechung des Reichsgerichts und des Bundesgerichtshofs, Band II Teil 3/1, §§ 611 – 620, Berlin 1997

Binkert, Gerhard/Preis, Bernd: Zeugenbeweis in der (arbeits-) gerichtlichen Praxis, in: ArbuR 1995, S. 77-82

Böhmer, Maria: Gesetze zur Gleichberechtigung von Männern und Frauen in Bund und Ländern, Konrad Adenauer Stiftung, 2. Aufl., Sankt Augustin 1994

Botschaft zum Bundesgesetz über die Gleichstellung von Frau und Mann (Gleichstellungsgesetz) und zum Bundesbeschluß über die Genehmigung einer Änderung der Verordnung über die Zuweisung der Ämter an die Departemente und der Dienste an die Bundeskanzlei vom 24. Februar 1993 (93.024), Schweiz

Brecht: Heimarbeitsgesetz-Kommentar, München 1977

BT-Drucksache, Verhandlungen des Dt. BT., 8. Wahlperiode, Drucksachen Band 267, Drucks. 8/4461, Bonn 1980

Bundesministerium für Bildung und Wissenschaft (BMBW) (Hg.): Berufsbildungsbericht 1993

Coester-Waltjen, Dagmar: Zielsetzung und Effektivität eines Antidiskrimierungsgesetzes, ZRP 1982, S. 217 f.

Colneric, Ninon: Gleichberechtigung von Mann und Frau im Europäischen Gemeinschaftsrecht, BB 1988, S. 968

Colneric, Ninon: Quotenregelungen zur Frauenförderung. Anmerkungen zum Beschluß des BAG vom 22.06.1993 - 1 AZR 590/93, in: PersR 1994, S. 45-47

Dam, Kenneth W.: Class action notice: who needs it? S.Ct.Rev. 1974, S. 97

Damm-Rüger, Sigrid: Ausbildung und Berufssituation erwerbstätiger Frauen und Männer in Ost und West, Ergebnisse aus dem Bundesinstitut für Berufsbildung/Institut für Arbeitsmarkt und Berufsforschung-Erhebung 1991/92, Berlin 1994

Däubler, Wolfgang: Das Arbeitsrecht 2, 10. vollständig überarbeitete, erweiterte Neuausgabe, Reinbek 1995

Däubler, Wolfgang: Kollektive Durchsetzung individueller Rechte? in: ArbuR 1995, S. 305-312

Däubler, Wolfgang: Tarifvertragsrecht, 3. Aufl., Baden-Baden 1993

Däubler, Wolfgang/Hege, Hans: Koalitionsfreiheit, Baden-Baden 1976

Däubler/Kittner/Klebe: Betriebsverfassungsgesetz mit Wahlordnung. Kommentar für die Praxis, 5. Aufl., Köln 1996

Degen, Barbara: Anmerkung zu LAG-Urt. v. 17.11.1992 - 1 Sa 39/92 in: Arbeitsrecht im Betrieb 1993, S. 190-192

Degen Barbara.: Frauenförderung und Verfassungsrecht, in: PersR 1991, S. 205-207

Derleder, Peter: Die Wiederkehr des Unterlassungsanspruchs, in ArbuR 1995, S. 13-19

Deutsches Institut für Wirtschaftsforschung (DIW): Einführung der Sozialversicherungspflicht für 610-Mark-Jobs und Abschaffung der Pauschalbesteuerung, in: DIW Wochenbericht Nr. 45 v. 06.11.1997

Dietz/Richardi: Betriebsverfassungsrecht Kommentar, 6. Aufl., München, Band 1, 1981, Band 2, 1982

Donohue, John, J.: Prohibiting sex discrimination in the workplace: an economic perspective, U.Chic.L.Rev. 56 (1989), S. 1337

Dürk, Barbara: Vom Aufschrei in die Niederungen der kleinen Schritte - Die Aufwertungskampagne von Frauen in der ÖTV, in: Winter (Hg.): Frauen verdienen mehr, Berlin 1994, S. 117-131

Eidgenössisches Büro für die Gleichstellung von Frau und Mann (Hg.): Gleichstellung im Erwerbsleben. Informationen zum Bundesgesetz über die Gleichstellung von Frau und Mann, Bern 1996

Emmerich, Volker: Das Recht des unlauteren Wettbewerbs, 3. Aufl., München 1990

Engelbrech, Gerhard: Erwerbsverhalten und Berufsverlauf von Frauen: Ergebnisse neuerer Untersuchungen im Überblick, in: MittAB 2/1987

Engelbrech, Gerhard: Der Arbeitsmarkt für Frauen in den alten und neuen Bundesländern, in: BeitrAB 167, S. 20-32

Engelbrech, Gerhard: Berufsausbildung, Berufseinstieg und Berufsverlauf von Frauen, in: MittAB 3/1991, S. 531-558

Engelbrech, Gerhard: Die Situation von Frauen in den neuen Bundesländern beim Übergang zur Marktwirtschaft: - Individualisierung arbeitsmarkt- und sozialpolitischer Problemlagen oder gesellschaftliche Herausforderung? in: ZfBevWiss 4/1992, S. 477-493

Engelbrech, Gerhard/Reinberg, Alexander: Frauen und Männer in der Beschäftigungskrise der 90er Jahre, Entwicklung der Erwerbstätigkeit in West und Ost nach Branchen, Berufen und Qualifikationen – Eine Untersuchung auf der Basis von Mikrozensusdaten – in: IAB-Werkstattbericht Nr. 11 v. 08.09.1997

Equal Opportunities Commission (ed.): 15th Annual Report 1990, London 1991

Equal Opportunities Commission (ed.): 16th Annual Report 1991, London 1992

Equal Opportunities Commission (ed.): 17th Annual Report 1992, London 1993

Equal Opportunities Review, No. 42, London, März/April 1992

Equal Opportunities Review, No. 46, London, November/Dezember 1992

Equal Opportunities Review, No. 62, London, Juli/August 1995

Ermisch, John F./Joshi, Heather E./Wright, Robert E.: Women's Wages in Great Britain, in: IntRevCompPP 3/1991, S. 221-240

Etzel, Gerhard: Betriebsverfassungsrecht, 5. Aufl., Neuwied 1995

Eyraud, F. und andere: Equal Pay Protection In Industrialised Market Economics: In Search Of Greater Effectiveness, Genf 1993

Fabricius/Kraft/Wiese/Kreutz: Betriebsverfassungsgesetz Gemeinschaftskommentar, Band II, 5. Aufl., Neuwied 1995

Falke, Josef/Höland, Armin/Rhode, Barbara/Zimmermann, Gabriele: Kündigungspraxis und Kündigungsschutz in der Bundesrepublik Deutschland. Eine empirische Untersuchung im Auftrag des Bundesministeriums für Arbeit und Sozialordnung, Bonn 1981

Felber, Christina/Monté, Krisha/Röhl, Sabine: Zur Situation von Wissenschaftlerinnen im Transformationsprozeß der Universitäten und Hochschulen in (Ost-)Berlin und im Land Brandenburg, in: BeitrAB 179, Nürnberg 1994, S. 495-522

Feldhoff, Kerstin: Der Anspruch auf gleichen Lohn für gleichwertige Arbeit - Zur mittelbaren Diskriminierung von Frauen in Entgelttarifverträgen, Bad.-Bad. 1998

Feldhoff, Kerstin: Anmerkung zur Entscheidung des LAG Hamm v. 11.08.1997 – 16 Sa 213/96, in: ArbuR 1998, S. 293-295

Fiedler, Angela/Regenhard, Ursula: Das Arbeitseinkommen der Frauen, Berlin 1987

Fisahn, Andreas: Rechtmäßigkeit von >>Quotenregelungen<< nach Änderung des Art. 3 II GG, in: Neue Justiz 1995, S. 352-356

Fitting/Kaiser/Heither/Engels: Betriebsverfassungsgesetz, Handkommentar, 18. Aufl., München 1996

Freivogel: Elisabeth: Die Verbandsklage und -beschwerde im neuen Gleichstellungsgesetz, in: Yvo Schwander/René Schaffhauser (Hg.): Das Bundesgesetz über die Gleichstellung von Frau und Mann, Veröffentlichung des Schweizer Instituts für Verwaltungskurse an der Universität St. Gallen, Bd. 41, St. Gallen 1996

Freivogel, Elisabeth: Tragweite und Durchsetzung der materiellen Bestimmungen des Gleichstellungsgesetzes im Gerichtsprozeß unter besonderer Berücksichtigung der Verbandsklage, Tagung der Stiftung für die Weiterbildung schweizerischer Richter und des Eidg. Büros für die Gleichstellung von Frau und Mann vom 16.01.1996 zum Gleichstellungsgesetz, Bern 1996

Friauf, Karl-Heinrich: Gleichberechtigung der Frau als Verfassungsauftrag, Stuttgart 1981

Friedrich, Werner: Sozialversicherungsfreie Beschäftigung, Untersuchung im Auftrag des Ministers für Arbeit und Sozialordnung, Köln 1989

Fuchsloch, Christine/Weber, Ingrid: Geschlechterquoten im öffentlichen Dienst, ArbuR 1994, S. 409-416

Gamillscheg, Franz: Durchsetzungsschwächen des Tarifvertrags, in: ArbuR 1996, S. 354-359

Gamillscheg, Franz: Die Durchsetzung tariflicher Ansprüche, in: Festschrift für Wolfram Henckel, Berlin/New York 1995, S. 215 -233.

Galperin/Löwisch: Betriebsverfassungsgesetz Kommentar, 6. Aufl., Band 1 und 2, München 1982

Geiger, Rudolf: EG-Vertrag. Kommentar zu dem Vertrag zur Gründung der Europäischen Gemeinschaft, 2. Aufl., München 1995

Gensior, Sabine: Berufliche Weiterbildung für Frauen in den neuen Ländern, in: BMBW (Hg.), Reihe Bildung - Wissenschaft aktuell, Bonn, 11/1991

Gensior, Sabine/Lappe, Lothar: Arbeitsmarkt und Frauenerwerbsarbeit, in: SAMF, Arbeitspapier 1983-2, Paderborn 1983

Gerhard, Ute/Limbach, Jutta (Hg.): Rechtsalltag von Frauen, Frankfurt 1988

Gerhardt, Walter (Hg.): Festschrift für Wolfram Henckel, Berlin 1995

Getman-Progrebin: Labor Relations. The basic processes, law and practice, New York 1988

Gilles, Peter : Prozeßrechtliche Probleme von verbraucherpolitischer Bedeutung bei den neuen Verbraucherverbandsklagen im deutschen Zivilrecht, in: ZZP 1985, S. 1-31

Gitter, Wolfgang: Gleichberechtigung der Frau: Aufgaben und Möglichkeiten, NJW 1982, S. 1567

Glucklich, Pauline: The Effects Of Statutory Employment Policies On Women In The United Kingdom Labour Market, in: Sex Discrimination And Equal Opportunity. The Labour Market And Employment Policy (Hg: Schmid,Günther/Weitzel, Renate), Aldershot 1984, reprinted 1986

Gnade/Kehrmann/Schneider/Blanke/Klebe: Betriebsverfassungsgesetz, Basiskommentar mit Wahlordnung, 7. Aufl., Köln 1997

Goodman, Elizabeth/Torrington, Derek: The Equal Pay Act - The State of the Law, in: Employee, Vol. 6 (1984), No. 2, S. 29-32

Gottschall, Karin: Vom „weiblichen Arbeitsvermögen" zur „doppelten Vergesellschaftung" - Zur Rezeption und Kritik eines für die Frauenarbeitsforschung zentralen Paradigmas, in: SAMF 1990 - 1, Paderborn, S. 40-54

Grabitz, E./Hilf, M.: Kommentar zur Europäischen Union, Band I, 11. Ergänzungslieferung, München 1997

Greenlaw, Paul, S./Kohl, John P.: Thirty Years of Civil Rights: The EPA/Title VII Sex-Based Wage Discrimination Controversy, Lab.L.J. 1994, S. 240

Gregory, Jeanne: Equal Value/Comparable Worth: National Statute and Case Law in Britain and the USA

Grunsky, Wolfgang: Antragsbefugnis der Gewerkschaft zur Feststellung der Tarifvertragswidrigkeit einer Betriebsvereinbarung, DB 1990, S. 526-533

Grunsky, Wolfgang: Arbeitsgerichtsgesetz Kommentar, 7. Aufl., München 1995

Halsbury's Statutes of England and Wales, Vol. 6, 4. Aufl., London 1992

Halsbury's Statutes of England and Wales, Vol. 16, 4. Aufl., London 1990

Handkommentar zum Vertrag über die Europäische Union (EUV/EGV), Köln 1995

Hausen, K./Krell, G. (Hg.): Frauenerwerbsarbeit. Forschungen zu Geschichte und Gegenwart, München 1993

Hegewisch, Ariane/Gregory, Jeanne: Ein Kampf mit Windmühlen? - Die Erfahrungen mit dem Prinzip „gleicher Lohn für gleichwertige Arbeit" in Großbritannien, in: Winter (Hg.): Frauen verdienen mehr, Berlin 1994, S. 269-294

Heiking, Angelika/Vogelheim, Elisabeth: Frauen mischen mit - Gegenwärtige und zukünftige Tarifpolitik in der IG Metall aus Frauensicht, in: Winter (Hg.): Frauen verdienen mehr, Berlin 1994, S. 99-115

Hellwig, G./Nickel, H.M. (Hg.): Frauen in Deutschland 1945-1992, Bonn 1993

Hepple, B.: The Judicial Process in Claims for Equal Pay and Equal Treatment in the United Kingdom, in: Women, Employment and European Equality Law, (Hrsg. Christopher McCrudden) London 1987, S. 143-160

Hille, Barbara: Geschlechtstypische Präferenzen und Benachteiligungen - Weibliche Jugendliche in Bildung, Ausbildung und Studium, in: Frauen in Deutschland 1945-1992 (Helwig, G./Nickel, H.M., Hg.), Bonn 1993, S. 215-231

Holst, Elke/Schupp, Jürgen: Perspektiven der Erwerbsbeteiligung von Frauen im vereinten Deutschland, in: BeitrAB 179, S.140-174

Holtschmidt, Ralf: Die Gleichstellung nach dem Heimarbeitergesetz, Jur. Diss., Mannheim 1984

Homburger, Adolf/Kötz, Hein: Klagen Privater im öffentlichen Interesse. Arbeiten zur Rechtsvergleichung Bd. 68, Frankfurt a.M. 1975, zit.: Klagen Privater

v. Hoyningen-Huene, Gerrick: Drittbeziehungen in der Betriebsverfassung, RdA 1992, S. 355

Hujer, Reinhard/Löwenbein, Oded: Einkommensverläufe von Frauen unter besonderer Berücksichtigung betrieblicher Seniorität, in: Mayer/Allmendinger/Huinink (Hg.): Vom Regen in die Traufe, Frankfurt a.M., New York 1991, S. 185 ff.

Informationen für die Beratungs- und Vermittlungsdienste der Bundesanstalt für Arbeit - Nürnberg v. 22.01.1997, Nr. 4/97

Informationen für die Beratungs- und Vermittlungsdienste der Bundesanstalt für Arbeit - Nürnberg v. 25.02.1998, Nr. 8/98

Institut der deutschen Wirtschaft (iwd) Führungskräftebefragung, Ohne Diplom läuft wenig, in: iwd Nr. 19, v. 08.05.1997

Jacobs, Jerry A. (Hg.): Gender Inequality at Work, Thousand Oaks 1995

Janssen-Jurreit: „USA: Gemeinsamer Kampf von Frauen und Minderheiten. Haben die Bürgerrechtsgesetze Amerika verändert?" in: Frauenprogramm - Gegen Diskriminierung -Gesetzgebung - Aktionspläne - Selbsthilfe, ein Handbuch, 1979, S. 268 ff.

Jarrass/Pieroth: Grundgesetz für die Bundesrepublik Deutschland, 3. Aufl., München 1995

Jochmann-Döll, Andrea: Gleicher Lohn für gleichwertige Arbeit, München 1990, zit.: Gleicher Lohn

Jochmann-Döll, Andrea: Gleicher Lohn für gleichwertige Arbeit -eine vergleichende Untersuchung-, in: ArbuR 1992, S. 360-369

Jochmann-Döll, A./Hausen, Krell, G.: Die Methoden haben gewechselt, die „Geschlechtsabzüge" sind gleich geblieben. Auf dem Weg zu einer Neubewertung von Frauenarbeit? In: Hausen, K./Krell, G. (Hg.): Frauenerwerbsarbeit. Forschungen zu Geschichte und Gegenwart, S. 133-148

Jonung, Christina: Patterns of Occupational Segregation by Sex in the Labor Market, in: Schmid/Weitzel: Sex Discrimination and Equal Opportunity, Aldershot 1984, S. 44-68

Kahn, Peggy/Meehan, Elizabeth: Equal Value/Comparable Worth in the UK and the USA, London 1992

Kaiser, (Hg.): Wir wollen mehr als gleichen Lohn, Reinbek, 1980

Karsten, Maria-Eleonora: Frauen arbeiten ander(e)s - Frauenarbeit in personenbezogenen sozialen Dienstleistungen, in: Winter (Hg.): Frauen verdienen mehr, Berlin 1994, S. 25-41

Kempen, Otto Ernst/Zachert, Ulrich: Tarifvertragsgesetz Kommentar für die Praxis, 3. Aufl., Köln 1997

Klauder, Wolfgang: Wirtschaftliche und gesellschaftliche Bedeutung der Frauenerwerbstätigkeit heute und morgen in: ZfBevWiss 4/1992, S. 435-463

Kloepfer, Michael: Umweltrecht, München 1990

König, Doris: Die Grundgesetzänderung in Art. 3 Abs. 2. Ein Fortschritt auf dem Weg zu tatsächlicher Gleichberechtigung? in: DÖV 1995, S. 837-846

Koch, Harald: Kollektiver Rechtsschutz im Zivilprozeß. Arbeiten zur Rechtsvergleichung Bd. 83, Frankfurt a.M. 1976, zit.: Kollektiver Rechtsschutz

Kotkin, Minna J.: Public Remedies For Private Wrongs: Rethinking the Title VII Back Pay Remedy, 41 Hastings L. J. 1301 (1990)

Krell, Gertraude: Die Verfahren der Arbeitsbewertung - Kritische Bestandsaufnahme und Perspektiven, in: Winter (Hg.): Frauen verdienen mehr, Berlin 1994, S. 43-55

Krüger, Helga: Geschlecht als Strukturkategorie im Bildungssystem: Alte und neue Konturen geschlechtsspezifischer Diskriminierung in : SAMF, Arbeitskreis Sozialwissenschaftliche Arbeitsmarktforschung, Arbeitsmarkt und Frauenerwerbsarbeit, Paderborn, Arbeitspapier 19, 1989, S. 63-101

Kugler, Peter: Lohndiskriminierung in der Schweiz: Evidenz von Mikrodaten, Forschungsbericht 1, EJPD 1988

Kulawik, Teresa: Gleichstellungspolitik in Schweden - Kritische Betrachtungen eines „Modells" -; in: WSI-Mitteilungen 4/1992, S. 226-234

Lang, Klaus/Harbisch, H./Lübben, H.: „Wird bezahlt, was verlangt wird?" Eingruppierung, Arbeitsbewertung, Qualifikation. In: Lang, Kl./Meine, H./Ohl, H.(Hg.): Arbeit - Entgelt - Leistung. Handbuch Tarifarbeit im Betrieb, Köln 1991

Langan, P./Henderson, L.: Civil Procedure, 3. Aufl., London 1983

Lange, D./Black, St.: Der Zivilprozeß in den Vereinigten Staaten, Heidelberg, 1987

Langen/Bunte: Kommentar zum deutschen und europäischen Kartellrecht, Band I, 8. Aufl., Neuwied 1997

Lappe, Lothar: Die Arbeitssituation erwerbstätiger Frauen, Frankfurt 1981

Levine, Marvin: Comparable Worth in the 1980s: Will Collective Bargaining Supplant Legislative Initiatives and Judicial Interpretations?, LabLJ 1987, S. 323-334

Löfström, Asa/Gustafsson, Siv: Policy Changes and Women's Wages in Sweden, in: IntRevComPP 3/1991, S. 313-329

Löwisch/Rieble: Tarifvertragsgesetz-Kommentar, München 1992

Loritz, Karl-Georg: Das Bundesarbeitsgericht und die „Neue Beweglichkeit" in: ZfA 1985, S. 185-212

Lüke, Wolfgang.: Die Beteiligung Dritter im Zivilprozeß, Tübingen 1993

Lutz, Burkard/Sengenberger, Werner: Arbeitsmarktstrukturen und öffentliche Arbeitsmarktpolitik, Göttingen 1974

Maier, Friederike: Arbeitsmarktsegregation und patriarchalische Gesellschaftsstruktur. Thesen zu einem gesellschaftssystem-übergreifenden Zusammenhang. In: Autorinnengemeinschaft (Hg.): Erklärungsansätze zur geschlechtsspezifischen Spaltung des Arbeitsmarktes. Arbeitspapier 1990-1 des Arbeitskreises Sozialwissenschaftliche Arbeitsmarktforschung (SAMF), S. 54-90

Maier, Friederike: Zwischen Arbeitsmarkt und Familie - Frauenarbeit in den alten Bundesländern, in: Frauen in Deutschland 1945-1992, Helwig, G./Nickel, H.M., (Hg.), Bonn 1993, S. 257-279

Mark, Jürgen: Amerikanische Class Action und deutsches Zivilprozeßrecht, in: EuZW 1994, S. 238- 242

Mayer, Karl Ulrich; Allmendinger, Jutta; Huinink, Johannes (Hg.): Vom Regen in die Traufe: Frauen zwischen Beruf und Familie, Frankfurt a.M., New York 1991

McCrudden, Christopher: Between Legality and Reality, in: IntRevCompPP 3/1991, S. 179-219

McCrudden, Christopher: Equal Pay in the United Kingdom, in: Equal Pay Protection in Industrialised Market Economies. In Search of Greater Effectiveness (Hrsg. F. Eyraud u.a.), Genf 1993

Matthies, Hildegard/Mückenberger, Ulrich/Offe, Claus/Peter, Edgar/Raasch, Sibylle: Arbeit 2000. Anforderungen an eine Neugestaltung der Arbeitswelt, Reinbek 1994

Matthießen, Volker: Antragsbefugnisse der Tarifparteien im arbeitsgerichtlichen Beschlußverfahren, DB 1988, S. 285-290

Maurer, Hartmut: Allgemeines Verwaltungsrecht, 11. Aufl., München 1997

Merten, Detlef: Über Staatsziele, DÖV 1993, S. 368-377

Mincer, Jacob und Polachek, S.: Family Investments in Human Capital: Earnings of Women, in: Journal of Political Economy, 82, 1974, 2, S. 76-108

Michlitsch, Joseph: Guidelines related to diparate impact, burden of proof, and the 1991 Civil Rights Act: analysis of federal court cases upto Wards Cove, in Labor Law Journal 1995, S. 515-542

Mockenhaupt, Ines-Maria: Gleicher Lohn für "gleiche" Arbeit oder für "vergleichbare" Arbeit, ZfA 1984, S. 31

v. Münch, Ingo: Grundgesetz-Kommentar Band I, 4. Aufl., München 1992

Münchener Handbuch des Arbeitsrechts, Band 1, Individualarbeitsrecht I, München 1992

Münchener Handbuch des Arbeitsrechts, Band 2, Individualarbeitsrecht II, München 1993

Münchener Handbuch des Arbeitsrechts, Band 3, Kollektives Arbeitsrecht I, München 1993

Münchener Kommentar BGB, Band 4, München 1997

Münchener Kommentar ZPO, Band I, München 1992

Neumann, Karin: Nur fünf Prozent an der Spitze, Im Schneckentempo rücken Frauen in Top-Positionen vor, in: Informationen des Deutschen Frauenrates, Heft 5 v. 5. Juni 1997

Nessler, Volker: Richterrecht wandelt EG-Richtlinien. Die EuGH-Rechtsprechung zur unmittelbaren Wirkung von Richtlinien als Problem des europäischen Richterrechts, in: RIW 1993, S. 206-214

Nickel, Hildegard Maria: „Mitgestalterinnen des Sozialismus" - Frauenarbeit in der DDR, in: Frauen in Deutschland 1945-1992 (Helwig, G./Nickel, H.M., Hg.), Bonn 1993, S. 233-255

Note.: Certifying Classes and Subclasses in Title VII Suits, Harv.L.Rev. 99 (1985/6), S. 619

Note.: Developments in the law - class actions, Harv.L.Rev. 89 (1976), S. 1319

Note: Reconsidering Union Class Representation in Title VII Suits, Harv. L. Rev. 95 (1982), S. 1627

Offe, Claus (Hg.): Opfer des Arbeitsmarktes. Zur Theorie der struktrurierten Arbeitslosigkeit, Neuwied 1977

O'Neill, June: The Wage Gap Between Men and Women in the United States, in: IntCompPP 1991, S. 353-369

Ostner, Ilona: Beruf und Hausarbeit. Die Arbeit der Frau in unserer Gesellschaft, 2. Aufl., Frankfurt/New York, 1979

Otten, August Wilhelm: Heimarbeit - Ein Dauerrechtsverhältnis eigener Art, NZA 1995, S. 289-296

Palandt BGB-Kommentar, 53. Aufl., München 1994

Palandt BGB-Kommentar, 56. Aufl., München 1997

Peter, Gabriele: Gesetzlicher Mindestlohn: Eine Maßnahme gegen Niedriglöhne von Frauen, Baden-Baden 1995

Pfarr, Heide M.: Das Zweite Gleichberechtigungsgesetz, RdA 1995, S. 204-211

Pfarr, Heide M.: Gleicher Lohn für gleichwertige Arbeit - Verantwortung der Tarifvertragsparteien oder Aufgabe von Gerichten? in: WSI-Mitteilungen (1981), 34. Jg., Heft 4, S. 269-272

Pfarr, Heide M.: Mittelbare Diskriminierung von Frauen, in: NZA 1986, S.585-589

Pfarr, Heide M.: Quoten und Grundgesetz. Notwendigkeit und Verfassungsmäßigkeit von Frauenförderung, Baden-Baden 1988, zit.: Quoten

Pfarr, Heide M./Bertelsmann, Klaus: Diskriminierung im Erwerbsleben. Ungleichbehandlung von Frauen und Männern in der Bundesrepublik, Baden-Baden 1989, zit.: Diskriminierung

Pfarr, Heide M./Bertelsmann, Klaus: Lohngleichheit - Zur Rechtsprechung bei geschlechtsspezifischer Entgeltdiskriminierung, Stuttgart 1981, zit.: Lohngleichheit

Pfarr, Heide M./Kocher, Eva: Kollektivverfahren im Arbeitsrecht. Arbeitnehmerschutz und Gleichberechtigung durch Verfahren, Baden-Baden 1998

Pfau-Effinger, Birgit: Geschlechtsspezifische Unterschiede auf dem Arbeitsmarkt: Grenzen segmentationstheoretischer Erklärung, in: SAMF, Arbeitspapier 1990-1, Paderborn 1990.

Pfromm, H.-A.: Solidarische Lohnpolitik. Zur wirtschaftlichen und sozialen Problematik tariflicher Lohnstrukturnivellierung, Köln 1978

Preis, Ulrich: Grundfragen der Vertragsgestaltung im Arbeitsrecht, 1993

Preis, Ulrich: Kompensation von Ungleichgewichtslagen in der Rechtsprechung der Arbeitsgerichte und der Zivilgerichte - ein Vergleich, in: ArbuR 1994, S. 139-152

Raasch, Sibylle: Frauenquoten und Männerrechte, Baden-Baden 1991

Rabe-Kleberg, Ursula: Frauenberufe. Zur Segmentierung der Berufswelt, Theorie und Praxis der Frauenforschung, Band 6, Bielefeld 1987

Rabe-Kleberg, Ursula: Unter Wert - Über den gesellschaftlichen Umgang mit Bildung und Arbeit von Frauen, in: Winter (Hg.): Frauen verdienen mehr, Berlin 1994, S. 17-24

Ramm, Thilo: Die Parteien des Tarifvertrags, Stuttgart 1961

Reiche, Karin: Studie zur Gleichstellung von Frau und Mann an der TU Dresden, Dresden 1994

Reskin, B. F.: Segregating workers: Occupational differences by race, ethnicity , and sex. Paper presented at the Annual Meetings of the Industrial Relationts Research Association, Boston 1994

Richter, Dagmar/Lang, Susanne (Hg.): Geschlechterverhältnisse - schlechte Verhältnisse, Verpaßte Chancen der Moderne, Marburg 1994

Rohmert, Walter/Rutenfranz, Joseph: Arbeitswissenschaftliche Beurteilung der Belastung und Beanspruchung an unterschiedlichen industriellen Arbeitsplätzen, Bonn 1975

Roloff, Juliane: Zu Problemen der Erwerbsbeteiligung der Frauen in den neuen Bundesländern, ZfBevWiss 4/1992, S. 465-475

Rosenberg/Schwab/Gottwald: Zivilprozeßrecht, 15. Auflage, München 1993

Rottleuthner: Rechtssoziologische Studien zur Arbeitsgerichtsbarkeit, Baden-Baden 1984

Rules of the Supreme Court, in: Halsbury Laws of England

Sachs, Michael: Grenzen des Diskriminierungsverbots. Eine Untersuchung zur Reichweite des Unterscheidungsverbots nach Art. 3 Abs. 2 und 3 Grundgesetz, München 1987

Sachs, Michael: Die Quotenregelung und der Rentenalterbeschluß des Bundesverfassungsgerichts, in: NVwZ 1991, S. 437-442

Sacksofsky, Ute: Das Grundrecht auf Gleichberechtigung, 2. erw. Aufl., Baden-Baden 1996

Sannwald, Rüdiger: Die Reform des Grundgesetzes, in: NJW 1994, S. 3313-3320

Schack, Haimo: Einführung in das US-amerikanische Zivilprozeßrecht, München 1988

Schaub, Günter: Arbeitsrechtshandbuch, 7. Aufl., München 1992

Schenk, Sabine: Qualifikationsstruktur und Qualifikationsbedarf erwerbstätiger Frauen in den neuen Bundesländern, in: BeitrAB 167, Nürnberg 1992, S. 33-48

Schiek, Dagmar: Die Schnecke Fortschritt kriecht rückwärts: Das zweite Gleichberechtigungsgesetz, in: STREIT 1/1995, S. 3-13

Schiek, Dagmar: Zweites Gleichberechtigungsgesetz für die Privatwirtschaft, Köln 1995

Schiek/Buhr/Dieball/Fritsche/Klein-Schonnefeld/Malzahn/Wankel: Frauengleichstellungsgesetze des Bundes und der Länder, Kommentar für die Praxis, Köln 1996

Schlachter, Monika: Probleme der mittelbaren Benachteiligung im Anwendungsbereich des Art. 119 EGV, in: NZA 1995, S. 393 -398

Schlachter, Monika: Wege zur Gleichberechtigung. Vergleich des Arbeitsrechts der Bundesrepublik Deutschland und der Vereinigten Staaten, München 1993, zit.: Wege

Schlei, Barbara Lindemann/Grossman, Paul: Employment Discrimination Law, 2. Aufl., Washington D.C. 1983, zit.: Employment Discrimination

Schlei, Barbara Lindemann/Grossman, Paul: Employment Discrimination Law (Supplement 1989), Washington D.C. 1989

Schlurmann, Christa: Die Class Action im Recht der USA, Diss., Köln 1978

Schmid, Günther/Weitzel, Renate: Sex Discrimination and Equal Opportunity, Aldershot 1986 oder 1984

Schmitt Glaeser, Walter: Abbau des tatsächlichen Gleichberechtigungsdefizits der Frauen durch gesetzliche Quotenregelungen, Stuttgart 1982

Schmitt Glaeser, Walter: Die Sorge des Staates um die Gleichberechtigung der Frau, DÖV 1982, S. 381-389

Schober, Karen: Junge Frauen beim Übergang vom Bildungs- ins Beschäftigungssystem: die Lage in den neuen Bundesländern in: BeitrAB 179, Nürnberg 1994, S. 523-566

Schönholz, Siegfried: Alternativen im Gerichtsverfahren, Amsterdam 1984

Schöpp-Schilling, Hanna Beate: Gleicher Lohn für gleichwertige Arbeit. Neuere Entwicklungen in den USA In: Gerhard, Ute/Limbach, Jutta (Hg.): Rechtsalltag von Frauen, Frankfurt/M. 1988, S. 221-239

Schulz, Erika/Kirner, Ellen: Arbeitskräfteangebot von Frauen in Deutschland bis zum Jahr 2010, in: BeitrAB 179, Nürnberg 1994, S. 73-96

Schwarze, Johannes/Gornig, Martin/Steinhöfel, Michael: Die Bedeutung der Frauenerwerbstätigkeit für die Einkommensverteilung in beiden deutschen Staaten, in: Arbeit und Sozialpolitik, 6/1990, S. 202-206

Sengenberger, Werner: Die gegenwärtige Arbeitslosigkeit - auch ein Strukturproblem des Arbeitsmarktes, Frankfurt 1978

Sengenberger, Werner/Lutz, Burkard, s.unter Lutz, Burkard

Seeland, Rolf: Das Gleichberechtigungssystem in den USA und in den Mitgliedsstaaten der EG unter besonderer Berücksichtigung der Verhältnisse von Männern und Frauen im Arbeitsleben, in: ZVerglRWiss 81 (1982), S. 286-319

Seibert, Hilde: Endlich Gleichbehandlung durch gerechte Eingruppierung in: Einigkeit, 1/94, S. 13

Sessar-Karpp, Ellen/Harder, Elke: Erwerbstätigkeit, Arbeitslosigkeit und Weiterbildung von Frauen in den neuen Bundesländern in: BeitrAB 179, Nürnberg 1994, S. 567-614

Slupik, Vera: Die Entscheidung des Grundgesetzes für Parität im Geschlechterverhältnis. Zur Bedeutung von Art. 3 II GG in Recht und Wirklichkeit, Berlin 1988

Soergel: Kommentar zum Bürgerlichen Gesetzbuch, Band 4/1, 12. Auflage, Stuttgart 1997

Sozialversicherungsfreie Beschäftigung -Wiederholungsuntersuchung-, Untersuchung im Auftrag des Bundesministers für Arbeit und Sozialordnung, Köln 1993

Statistisches Bundesamt, Löhne und Gehälter, Fachserie 16, Reihe 2.1., Arbeiterverdienste in Industrie und Handel, Stuttgart, 1980, 1985, 1990, 1994

Statistisches Bundesamt, Löhne und Gehälter, Fachserie 16, Reihe 2.2., Angestelltenverdienste in Industrie und Handel, Stuttgart, 1980, 1985, 1990, 1994

Staudinger: Kommentar zum BGB, Einl zu §§ 241 ff.; §§ 241-243, 13. Bearbeitung 1995, Berlin

Staudinger: Kommentar zum BGB, §§ 607-615, 13. Bearbeitung., Berlin 1996

Stein/Jonas: Kommentar zur ZPO, Band 1, 21. Aufl., Tübingen 1993

Strauss, David: Affirmative Action and the Public Interest, in: The Supreme Court Review 1995, Chicago 1996

Szydlik, Marc: Die Segmentierung des Arbeitsmarktes in der BRD, in: Bolle, Michael/Strümpel, Burkhard (Hg.), Beiträge zur Sozialökonomik der Arbeit, Berlin 1990

Thomas/Putzo: ZPO-Kommentar, 20. Auflage, München 1997

Ulbig, S.: Frauen in den Naturwissenschaften, Phys. Bl. 50 (1994), Nr.7/8

Ulmer/Brandner/Hensen: AGB-Gesetz Kommentar zum Gesetz zur Regelung des Rechts der allgemeinen Geschäftsbedingungen, 8. Aufl., Köln 1997

US Department of Labor, Women's Bureau: Facts on Working Women, No. 90-3; 93-5

US Department of Labor, Women's Bureau: 20 Leading Occupations of Employed Women 1996 Annual Averages, Homepage Febr. 1997

Victorin, Anders: Equal Pay In Sweden - The Position Of The Law in: International Review of Comparative Public Policy; 3/1991, Hrsg. Steven L. Willborn, Greenwich, Conneticut

Vogel, Hans-Jochen:Verfassungsreform und Geschlechterverhältnis. Zur Ergänzung des Art. 3 Abs. 2 GG durch ein Staatsziel Frauenförderung, in Eckart Klein (Hg.), Grundrechte, soziale Ordnung und Verfassungsgerichtsbarkeit, Festschrift für Ernst Benda zum 70. Geburtstag, Heidelberg 1994, S. 395-420

Wagner, Petra: Die Organisation weiblicher Erwerbsarbeit im Umbruch - Überlegungen zur Entwicklung geringfügiger Beschäftigung in den neuen Bundesländern, in BeitrAB 167, Nürnberg 1992, S. 74-85

Weiler, Anni: Frauenlöhne - Männerlöhne. Gewerkschaftliche Politik zu geschlechtsspezifischen Lohnstrukturierung, Frankfurt/M. 1992

Weiler, Anni: „Gleicher Lohn für gleiche Arbeit" oder Frauenlohnpolitik? Der gewerkschaftliche Ansatz zur geschlechtsspezifischen Lohnstrukturierung in der Bundesrepublik Deutschland und in Schweden. In: Richter, D./ Lang, S. (Hg.): Geschlechterverhältnisse - Schlechte Verhältnisse. Verpaßte Chance der Moderne?, Marburg 1994, S. 108-121

Weiler, Anni: Lohngerechtigkeit durch Lohntechnik? Geschlechtsspezifische Lohnstrurkturierung, gewerkschaftliche Tarifpolitik und frauenlohnpolitische Ansätze zur Neubewertung von Frauenarbeit, in: Winter (Hg.): Frauen verdienen mehr, Berlin 1994, S. 57-78

Wiedemann, Eberhard: Rückkehr ins Erwerbsleben bei älteren Arbeitslosen und Frauen sehr erschwert in: IAB-Kurzbericht 24/1992

Wiedemann, Herbert/Stumpf, Hermann: TVG, 5. Aufl., München 1977

Willborn, Steven L.: A Comparable Worth Primer, Lexington 1986

Willms, Angelika: Die Entwicklung der Frauenerwerbstätigkeit im Deutschen Reich - eine historisch-soziologische Studie, in: BeitrAB 50, Nürnberg 1980

Winter, Regine: Ausbildung, Arbeitsanforderungen und Tarifvertrag: Erzieherinnen tragen (k)eine Verantwortung? in: Winter (Hg.): Frauen verdienen mehr, Berlin 1994, S. 247-268

Winter, Regine: Beschäftigungswunder oder blaues Wunder, in: Die Mitbestimmung 1993, Heft 6, S. 25-27

Winter, Regine (Hg.): Entgeltgleichheit in Tarifverträgen - Ein uneingelöster Rechtsanspruch, in: Winter (Hg.): Frauen verdienen mehr. Zur Neubewertung von Frauenarbeit im Tarifsystem, Berlin 1994, S. 133-161

Winter, Regine: Gleiches Entgelt für gleichwertige Arbeit: Ein Prinzip ohne Praxis, Bad.-Bad. 1998

Wisskirchen, Gerlind: Mittelbare Diskriminierung von Frauen im Erwerbsleben, Berlin 1994, zit.: Mittelbare Diskriminierung

Wißmann, Hellmut: Geschlechterdiskriminierung, EG-Recht und Tarifverträge, in: ZTR 1994, S. 223-231

Wißmann, Hellmut: Europäischer Gerichtshof und Arbeitsgerichtsbarkeit -Kooperation mit Schwierigkeiten, in: RdA 1995, S. 193-203

Wolf, Manfred: Die Klagebefugnis der Verbände, Tübingen 1971

Wolfinger, Claudia: Der schwierige Weg ins duale System. Fallstudien zur Ausbildungsbereitschaft ostdeutscher Betriebe, in: MittAB 3/1993, S. 188

Wlotzke, Ottfried: Betriebsverfassungsgesetz, 2. Aufl., München 1992

Zachert, Ulrich: Grenzen für eine Absenkung tariflicher Schutzstandards, in NZA 1994, S. 529-534

Zöller, ZPO-Kommentar, 20. Aufl., Köln 1997

INTERNATIONALRECHTLICHE STUDIEN
Beiträge zum Internationalen Privatrecht,
zum Einheitsrecht und zur Rechtsvergleichung

Herausgegeben von Ulrich Magnus

Band 1 Birgit Reimers-Zocher: Beweislastfragen im Haager und Wiener Kaufrecht. 1995.

Band 2 Lenja Vespermann: Schadensersatz bei Beeinträchtigung rechts- oder sittenwidriger Interessen im deutschen und französischen Recht. 1996.

Band 3 Peter Cypra: Die Rechtsbehelfe im Verfahren der Vollstreckbarerklärung nach dem EuGVÜ unter besonderer Berücksichtigung der Ausgestaltung in Deutschland und Frankreich. 1996.

Band 4 Brigitta Lurger: Regulierung und Deregulierung im europäischen Privatrecht. 1997.

Band 5 Uta Gutknecht: Das Nacherfüllungsrecht des Verkäufers bei Kauf- und Werklieferungsverträgen. Rechtsvergleichende Untersuchung zum CISG, zum US-amerikanischen Uniform Commercial Code, zum deutschen Recht und zu dem Vorschlag der Kommission zur Überarbeitung des deutschen Schuldrechts. 1996.

Band 6 Stefan Abel: Die Qualifikation der Schenkung. Zur Methode der Qualifikation im Internationalen Schuldvertragsrecht. 1997.

Band 7 Daniel Kötz: Verkäuferpflichten und Rechtsbehelfe des Käufers im neuen norwegischen Kaufrecht vom 13. Mai 1988 Nr. 27 im Vergleich zum UN-Kaufrecht vom 11. April 1980 (CISG). 1997.

Band 8 Olaf Beier: Grundsätze eines europäischen transportmittelübergreifenden Schadensrechts für den Gütertransport. Eine rechtsvergleichende Untersuchung unter besonderer Berücksichtigung der CMR, der ER/CIM 1990, des WA/HP und der HVR. 1999.

Band 9 Ulrich Krüger: Modifizierte Erfolgshaftung im UN-Kaufrecht. Die Haftungsbefreiung bei Lieferung vertragswidriger Ware gemäß Art. 79 CISG. 1999.

Band 10 Wolf-Henning Hammer: Das Zurückhaltungsrecht gemäß Art. 71 CISG im Vergleich zu den Kaufgesetzen der nordischen Staaten unter Einbeziehung transportrechtlicher Aspekte. Eine rechtsvergleichende Studie. 1999.

Band 11 Ulrich Quay: Der Consulting-Vertrag im Internationalen Privatrecht. 2000.

Band 12 Axel Halfmeier: Die Veröffentlichung privater Tatsachen als unerlaubte Handlung. Eine rechtsvergleichende Untersuchung. 2000.

Band 13 Stephanie Scholz: Lohngleichheit durch Verfahren. Eine Studie zur Förderung der Lohngleichheit durch verfahrensrechtliche Ansätze. 2000.

Annette Grotkamp

Die Bedeutung des Gesamtbetriebsrats und die Abgrenzung seiner Zuständigkeit zu den Einzelbetriebsräten im Rahmen des Strukturwandels in der deutschen Wirtschaft

Frankfurt/M., Berlin, Bern, New York, Paris, Wien, 1999. XLIV, 204 S.
Zivilrechtliche Schriften. Beiträge zum Wirtschafts-, Bank- und Arbeitsrecht.
Herausgegeben von Peter Kreutz und Dieter Reuter. Bd. 19
ISBN 3-631-34490-2 · br. DM 79.–*

Die Arbeit behandelt die gesteigerte Bedeutung des Gesamtbetriebsrats und schwerpunktmäßig die Abgrenzung seiner Zuständigkeit zu den Einzelbetriebsräten. Die Strukturänderungen in der deutschen Wirtschaft infolge Internationalisierung und Globalisierung haben für die Unternehmen zu einem immer härter werdenden Wettbewerb geführt. Damit sie sich dieser veränderten wirtschaftlichen Situation möglichst schnell und effizient anpassen können, ist eine Ausweitung der Kompetenzen des Gesamtbetriebsrats notwendig geworden. Die Zuständigkeitsregelung des § 50 Abs. 1 Satz 1 BetrVG 1972 hat aufgrund ihrer unklaren Formulierung zu erheblichen Auslegungsschwierigkeiten sowie zu Rechtsunsicherheit in der Theorie und Praxis geführt und wird den heutigen Anforderungen nicht mehr gerecht. Deshalb verfolgt die Verfasserin nicht nur das Ziel, der Praxis eine Orientierungshilfe für die Auslegung der jetzigen gesetzlichen Regelung zu geben, sondern auch den Gesetzgeber zu einer klareren Neuregelung des § 50 BetrVG zu veranlassen. Zu diesem Zweck hat sie einen neuen Gesetzesvorschlag gemacht.

Aus dem Inhalt: Gesteigerte Bedeutung des Gesamtbetriebsrats durch den Strukturwandel in der deutschen Wirtschaft · Geschichtliche Entwicklung und Rechtsstellung des Gesamtbetriebsrats · Zuständigkeitsabgrenzung zu den Einzelbetriebsräten · Aufgabenverteilung · Verfahrensfragen · Kritik an der jetzigen gesetzlichen Regelung des § 50 Abs. 1 Satz 1 BetrVG 1972 und neuer Gesetzesvorschlag

Frankfurt/M · Berlin · Bern · New York · Paris · Wien
Auslieferung: Verlag Peter Lang AG
Jupiterstr. 15, CH-3000 Bern 15
Telefax (004131) 9402131
*inklusive Mehrwertsteuer
Preisänderungen vorbehalten